경상북도교육청
교육공무직원 필기시험

인성검사 3회 + 모의고사 7회 + 면접 + 무료공무직특강

시대에듀

2025 최신판 시대에듀 경상북도교육청 교육공무직원 필기시험
인성검사 3회 + 모의고사 7회 + 면접 + 무료공무직특강

Always with you

사람의 인연은 길에서 우연하게 만나거나 함께 살아가는 것만을 의미하지는 않습니다.
책을 펴내는 출판사와 그 책을 읽는 독자의 만남도 소중한 인연입니다.
시대에듀는 항상 독자의 마음을 헤아리기 위해 노력하고 있습니다. 늘 독자와 함께하겠습니다.

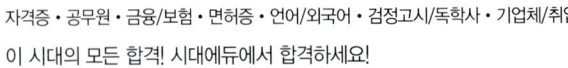

PREFACE 머리말

경상북도교육청은 2025년에 교육공무직원을 채용할 예정이다. 채용절차는 「응시원서 접수 ➜ 서류평가/필기시험 ➜ 면접시험 ➜ 합격자 발표」 순서로 진행하며, 직무별로 서류심사 및 필기시험을 구분하여 실시하므로 반드시 확정된 채용공고를 확인해야 한다. 또한, 서류심사 및 필기시험 합격자에 한하여 면접에 응시할 수 있는 자격이 주어지므로 필기시험에서의 고득점을 통해 타 수험생과의 차별화된 전략이 필요하다.

이에 시대에듀에서는 경상북도교육청 교육공무직원 필기시험을 준비하는 수험생들을 위해 다음과 같은 특징의 본서를 출간하게 되었다.

도서의 특징

❶ **경상북도교육청 기관 소개**
- 경상북도교육청 기관 소개를 수록하여 교육목표 및 교육공무직원 업무에 대한 전반적인 이해가 가능하도록 하였다.

❷ **4개년 기출복원문제**
- 2024~2021년 시행된 경상북도교육청 필기시험 기출문제를 복원 수록하여 최근 출제경향을 파악할 수 있도록 하였다.

❸ **인성검사 소개 및 모의테스트**
- 인성검사 소개 및 모의테스트 2회분을 통해 인성검사 문항을 사전에 익히고 체계적으로 연습할 수 있도록 하였다.

❹ **직무능력검사 핵심이론 및 기출예상문제**
- 경상북도교육청 교육공무직원 직무능력검사 5개 영역별 핵심이론 및 기출예상문제를 수록하여 필기시험에 완벽히 대비하도록 하였다.

❺ **최종점검 모의고사**
- 실제 시험과 같은 문항 수와 출제영역으로 구성된 모의고사 4회분을 수록하여 시험 전 자신의 실력을 스스로 점검할 수 있도록 하였다.

❻ **면접 소개 및 예상 면접질문**
- 면접 소개 및 예상 면접질문을 통해 한 권으로 경상북도교육청 교육공무직원 채용을 준비할 수 있도록 하였다.

끝으로 본서를 통해 경상북도교육청 교육공무직원 채용을 준비하는 모든 수험생에게 합격의 행운이 따르기를 진심으로 기원한다.

SDC(Sidae Data Center) 씀

INTRODUCE
경상북도교육청 이야기

◆ **교육청 비전**

세계교육 표준으로 삶의 힘을 키우는 따뜻한 경북교육

정책방향

- 삶이 있는 교육과정
- 따뜻함을 더하는 학교
- 힘이 되는 미래교육
- 혁신하는 교육지원

◆ **교육청 상징**

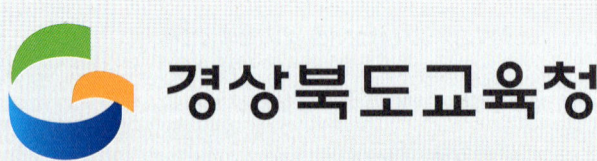

경상북도교육청의 심벌마크는 경북교육의 이니셜인 G를 나타내면서 "지·덕·체"의 전인교육의 조화 속에 인재육성의 지표를 향해 역동적으로 발전하는 미래 경북교육을 형상화한 것이다.

Orange, Blue, Green의 3색이 조화를 이룬 발전적이며 열정적으로 전진하는 모습을 형상화한 것으로, Orange 색상은 지식의 활성화, Blue 색상은 조화, Green 색상은 미래가치를 의미하며, 심벌마크가 그려내는 상승구조는 발전, 정렬, 최고의 의미를 담고 있어 경상북도교육청의 미래비전을 시각적으로 잘 표현해준다.

힘차게 전진하는 경상북도 교육의 힘, 세계를 향해 뻗어 나가는 정신, 행복과 감동을 주는 학교의 러브 마크를 만들기 위한 의지가 담겨있다.

◆ **경북교육 핵심가치**

따뜻한 경북교육

Gyeongsangbuk-do Office of Education

의미

따뜻한 — '따뜻함'이란 한 아이도 포기하지 않는 어머니의 품과 같은 보살핌과 배려로 아이들의 행복한 삶을 책임지는 것이다.

경북교육 — 경북교육은 모든 아이들이 자신의 미래를 살아갈 수 있는 힘을 기를 수 있도록 결과보다는 과정을, 다그침보다는 기다림을 지향하는 교육이다.

규격

분홍색 원
온 누리(모든 학생)를 구석구석 비추는 (보살피는) 햇살 (교육)을 의미한다.

분홍색
따뜻함과 섬세함, 여성스러움(엄마의 품)을 의미한다.

흰색 글씨
민선 4기 교육감의 새 출발, 새로운 시작을 의미한다.

글자체(대한민국 독도체)
독도교육의 선봉으로의 경북교육 또는 경북교육의 독도 수호의지를 의미한다.

INFORMATION
교육공무직원 소개

◆ **교육공무직원의 8가지 의무**

1 교육공무직원은 맡은 바 직무를 성실히 수행하여야 하며, 직무를 수행함에 있어 사용부서의 장의 직무상의 명령을 이행하여야 한다.

2 교육공무직원이 근무지를 이탈할 경우에는 사용부서의 장에게 허가를 받아야 한다. 다만, 불가피한 사유로 사전허가를 받을 수 없는 경우에는 구두 또는 유선으로 허가를 받아야 한다.

3 교육공무직원은 근무기간 중은 물론, 근로관계가 종료된 후에도 직무상 알게 된 사항을 타인에게 누설하거나 부당한 목적을 위하여 사용하여서는 아니 된다. 다만, 공공기관의 정보공개에 관한 법률 및 그 밖의 법령에 따라 공개하는 경우는 그러하지 아니하다.

4 교육공무직원은 직무의 내·외를 불문하고 그 품위를 손상하는 행위를 하여서는 아니 된다.

5 교육공무직원은 공과 사를 명백히 분별하고 국민의 권리를 존중하며, 친절·공정하고 신속·정확하게 모든 업무를 처리하여야 한다.

6 교육공무직원은 직무와 관련하여 직접 또는 간접을 불문하고 사례를 주거나 받을 수 없다.

7 교육공무직원은 다른 직무를 겸직할 수 없다. 다만, 부득이한 경우에는 사용부서의 장에게 신청하고 사전 허가를 받아야 한다.

8 사용부서의 장은 업무에 지장을 주거나 교육기관 특성상 부적절한 영향을 초래할 우려가 있는 경우 겸직을 허가하지 아니하거나 겸직 허가를 취소할 수 있다.

◆ 교육공무직원의 업무

구분	내용
늘봄행정실무사	• 늘봄학교 업무 추진 　- 늘봄학교 운영 계획 수립 　- 늘봄학교 프로그램 운영 및 관리 　- 늘봄학교 예산 편성 및 운영 　- 늘봄학교 관련 공문 처리 　- 늘봄학교 관련 제반 업무 및 학교장이 지정하는 업무 　※ 늘봄지원실장(임기제 교육연구사) 배치 및 학교 여건에 따라 업무 조정 가능
특수교육실무사	• 특수교육대상학생에 대하여 담당 교사의 지시에 따른 보조 역할 　- 교수·학습 활동, 교내외활동 　- 방과후활동 　- 급식/등하교 지도 　- 신변처리
조리사	• 조리/위생/배식 관리 • 구매식품 검수 지원 • 급식 설비 및 기구 관리 • 영양사 업무 지원
영양사	• 물품 구매/검수 • 식단 작성 • 식생활 지도 • 영양 관리 및 상담 • 조리원 관리 • 위생 관리
교육실무원	• 학교 일지 관리 • 공문 접수 및 처리 • 주간 및 월중 행사 계획 • 교직원 연수 안내 및 보고 • 안전공제회 업무 • 학교 행사 및 각종 회의 지원 • 각종 재정 지원 사업 운영 지원
돌봄전담사	• 학생 관리 • 생활/급식/귀가 지도 • 월간 운영계획 작성 • 돌봄교실 관리 　예 NEIS 활용, 출결 관리, 일지 작성 등

MISSION
교육행정서비스헌장

◆ **교육행정서비스헌장이란?**
교육행정기관이 제공하는 ❶ 행정서비스의 기준과 내용, ❷ 제공방법 및 절차, ❸ 잘못된 서비스에 대한 시정 및 보상조치 등을 구체적으로 정하여 공표하고, 이의 실현을 민원인인 국민에게 약속하는 제도

◆ **도입 배경**
❶ 행정환경의 변화에 따라 행정서비스도 행정기관 편의 위주에서 고객 편의 위주로 일대 쇄신의 필요성 제기
❷ 교육청 추진상황 행정기관 서비스의 고객 기대 충족 목적
❸ 정부 개혁의 성공적 추진을 뒷받침하기 위한 개혁 전략의 차원

◆ **도입 목적**
❶ 수요자의 필요와 요구에 적극적으로 대응하고 공공서비스를 효율적으로 제공
❷ 공무원의 책무성 제고와 임무를 명확히 함으로써, 공공기관이 제공하는 서비스의 수준을 한층 높여 '수요자 만족'을 실현

◆ **경상북도교육청 교육행정서비스헌장**
경상북도교육청 전 직원은 모든 고객에게 최상의 교육행정서비스를 제공하여 고객이 감동하는 『따뜻한 경북교육』을 실현하기 위해 다음과 같이 실천할 것이다.

> **우리는** 밝은 표정과 상냥한 말씨로 고객을 맞이하며, 업무를 신속·정확·공정하게 처리할 것이다.
> **우리는** 고객의 다양한 요구와 의견을 수렴하고 교육정책에 적극 반영하여 수요자 중심의 교육행정서비스를 제공할 것이다.
> **우리는** 행정처리 과정에서 부당하게 처리하였거나 고객에게 불편을 초래한 경우, 이를 개선하고 소정의 보상을 할 것이다.
> **우리는** 교육행정서비스에 대하여 매년 평가를 받고 부족한 부분을 보완할 것이다.

이와 같은 우리의 목표를 달성하기 위해 구체적인 『행정서비스 이행표준』을 정하고 이를 청렴하고 성실하게 실천할 것이다.

STUDY PLAN

학습플랜

> **1주 완성 학습플랜**
> 본서에 수록된 전 영역을 단기간에 끝낼 수 있도록 구성한 학습플랜이다. 한 번에 전 영역을 공부하지 않고, 한 영역을 집중적으로 공부할 수 있도록 하였다. 인성검사 및 필기시험에 대한 기초 학습은 되어 있으나, 학습계획 세우기에 자신이 없는 분들이나 미리 시험에 대비하지 못해 단시간에 많은 분량을 봐야 하는 수험생에게 추천한다.

ONE WEEK STUDY PLAN

	1일 차 ☐	2일 차 ☐	3일 차 ☐
Start!	____월____일	____월____일	____월____일

4일 차 ☐	5일 차 ☐	6일 차 ☐	7일 차 ☐
____월____일	____월____일	____월____일	____월____일

STRUCTURES
도서 200% 활용하기

기출복원문제

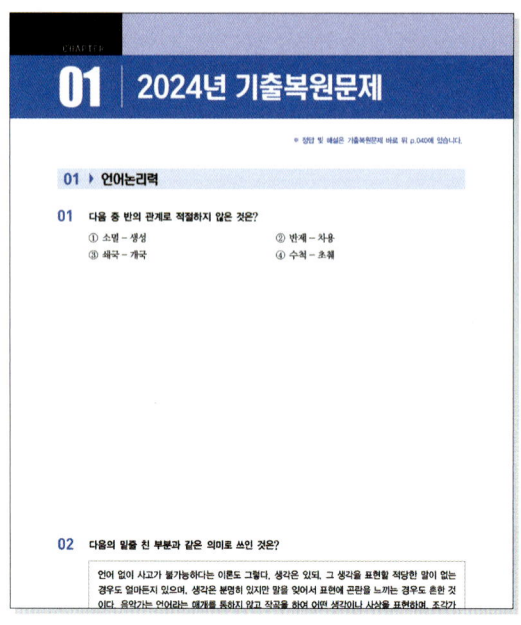
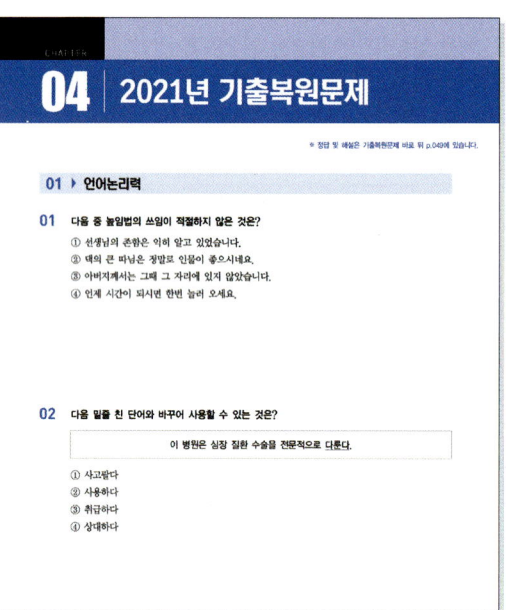

▶ 4개년(2024~2021년) 경상북도교육청 기출복원문제를 수록하여 최근 출제경향을 파악하도록 하였다.

인성검사 & 면접

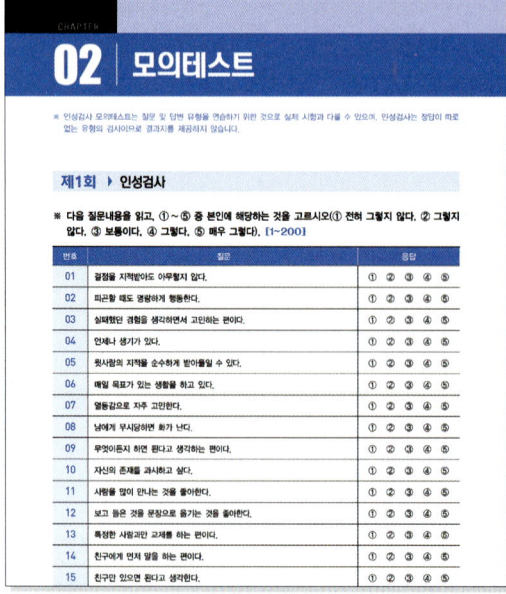
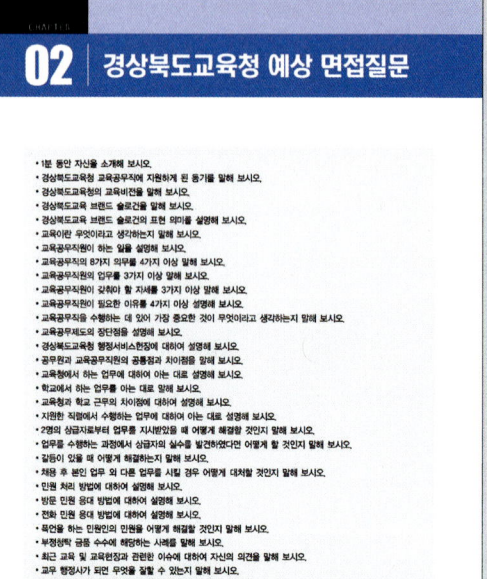

▶ 인성검사 모의테스트 및 예상 면접질문을 수록하여 경상북도교육청 인재상에 부합하는지 확인하도록 하였다.

직무능력검사

▶ 직무능력검사 출제영역에 대한 핵심이론 및 기출예상문제를 수록하여 출제유형을 학습할 수 있도록 하였다.

최종점검 모의고사

▶ 실제 시험과 유사하게 구성된 최종점검 모의고사 4회를 수록하여 필기시험에 대비할 수 있도록 하였다.

CONTENTS
이 책의 차례

Add+ 4개년 기출복원문제
CHAPTER 01 2024년 경상북도교육청 기출복원문제 · 2
CHAPTER 02 2023년 경상북도교육청 기출복원문제 · 10
CHAPTER 03 2022년 경상북도교육청 기출복원문제 · 20
CHAPTER 04 2021년 경상북도교육청 기출복원문제 · 30

PART 1 인성검사
CHAPTER 01 인성검사 소개 · 2
CHAPTER 02 모의테스트 · 13

PART 2 직무능력검사
CHAPTER 01 언어논리력 · 30
CHAPTER 02 수리력 · 68
CHAPTER 03 문제해결력 · 98
CHAPTER 04 공간지각력 · 130
CHAPTER 05 관찰탐구력 · 162

PART 3 최종점검 모의고사
제1회 최종점검 모의고사 · 174
제2회 최종점검 모의고사 · 192
제3회 최종점검 모의고사 · 212
제4회 최종점검 모의고사 · 234

PART 4 면접
CHAPTER 01 면접 소개 · 262
CHAPTER 02 경상북도교육청 예상 면접질문 · 270

별책 정답 및 해설
PART 2 직무능력검사 · 2
PART 3 최종점검 모의고사 · 34

Add+

4개년
기출복원문제

CHAPTER 01 2024년 경상북도교육청 기출복원문제
CHAPTER 02 2023년 경상북도교육청 기출복원문제
CHAPTER 03 2022년 경상북도교육청 기출복원문제
CHAPTER 04 2021년 경상북도교육청 기출복원문제

※ 경상북도교육청 기출복원문제는 수험생들의 후기를 통해 시대에듀에서 복원한 문제로 실제 문제와 다소 차이가 있을 수 있으며, 본 저작물의 무단전재 및 복제를 금합니다.

CHAPTER 01 | 2024년 기출복원문제

※ 정답 및 해설은 기출복원문제 바로 뒤 p.040에 있습니다.

01 ▶ 언어논리력

01 다음 중 반의 관계로 적절하지 않은 것은?

① 소멸 – 생성
② 반제 – 차용
③ 쇄국 – 개국
④ 수척 – 초췌

02 다음의 밑줄 친 부분과 같은 의미로 쓰인 것은?

> 언어 없이 사고가 불가능하다는 이론도 그렇다. 생각은 있되, 그 생각을 표현할 적당한 말이 없는 경우도 얼마든지 있으며, 생각은 분명히 있지만 말을 잊어서 표현에 곤란을 느끼는 경우도 흔한 것이다. 음악가는 언어라는 매개를 <u>통하지</u> 않고 작곡을 하여 어떤 생각이나 사상을 표현하며, 조각가는 언어 없이 조형을 한다. 또 우리는 흔히 새로운 물건, 새로운 생각을 이제까지 없던 새 말로 만들어 명명하기도 한다.

① 그의 주장은 앞뒤가 잘 <u>통하지</u> 않는다.
② 바람이 잘 <u>통하는</u> 곳에 빨래를 널어야 잘 마른다.
③ 그 시상식은 텔레비전을 <u>통해</u> 전국에 중계되었다.
④ 청소년들은 기성세대와 말이 <u>통하지</u> 않는다고 말한다.

03 다음 글의 내용으로 적절하지 않은 것은?

> 골격근에서 전체 근육은 근육섬유를 뼈에 연결시키는 주변 조직인 힘줄과 결합조직을 모두 포함한다. 골격근의 근육섬유가 수축할 때 전체 근육의 길이가 항상 줄어드는 것은 아니다. 근육 수축의 종류 중 근육섬유가 수축함에 따라 전체 근육의 길이가 변화하는 것을 '등장수축'이라 하는데, 등장수축은 근육섬유 수축과 함께 전체 근육의 길이가 줄어드는 '동심 등장수축'과 전체 근육의 길이가 늘어나는 '편심 등장수축'으로 나뉜다.
> 반면에 근육섬유가 수축함에도 불구하고 전체 근육의 길이가 변하지 않는 수축을 '등척수축'이라고 한다. 예를 들어 아령을 손에 들고 팔꿈치의 각도를 일정하게 유지하고 있는 상태에서 위팔의 이두근 근육섬유는 끊임없이 수축하고 있지만, 이 근육에서 만드는 장력이 근육에 걸린 부하량, 즉 아령의 무게와 같아 전체 근육의 길이가 변하지 않기 때문에 등척수축을 하는 것이다. 등척수축은 골격근의 주변 조직과 근육섬유 내에 있는 탄력섬유의 작용에 의해 일어난다. 근육에 부하가 걸릴 때, 이 부하를 견디기 위해 탄력섬유가 늘어나기 때문에 근육섬유는 수축하지만 전체 근육의 길이는 변하지 않는 등척수축이 일어날 수 있다.

① 골격근은 힘줄과 결합조직을 모두 포함한다.
② 등척수축은 탄력섬유의 작용에 의해 일어난다.
③ 등장수축에서는 근육섬유가 수축할 때, 전체 근육 길이가 줄어든다.
④ 등척수축에서는 근육섬유가 수축할 때, 전체 근육 길이가 변하지 않는다.

04 다음 문단을 논리적 순서대로 바르게 나열한 것은?

(가) 개념사를 역사학의 한 분과로 발전시킨 독일의 역사학자 코젤렉은 '개념은 실재의 지표이자 요소'라고 하였다. 이 말은 실타래처럼 얽혀 있는 개념과 정치·사회적 실재, 개념과 역사적 실재의 관계를 정리하기 위한 중요한 지침으로 작용한다. 그에 의하면 개념은 정치적 사건이나 사회적 변화 등의 실재를 반영하는 거울인 동시에 정치·사회적 사건과 변화의 실제적 요소이다.

(나) 개념은 정치적 사건과 사회적 변화 등에 직접 관련되어 있거나 그것을 기록, 해석하는 다양한 주체들에 의해 사용된다. 이러한 주체들, 즉 '역사 행위자'들이 사용하는 개념은 여러 의미가 포개어진 층을 이룬다. 개념사에서는 사회·역사적 현실과 관련하여 이러한 층들을 파헤치면서 개념이 어떻게 사용되어 왔는가, 이 과정에서 그 의미가 어떻게 변화했는가, 어떤 함의들이 거기에 투영되었는가, 그 개념이 어떠한 방식으로 작동했는가 등에 대해 탐구한다.

(다) 이상에서 보듯이 개념사에서는 개념과 실재를 대조하고 과거와 현재의 개념을 대조함으로써, 그 개념이 대응하는 실재를 정확히 드러내고 있는가, 아니면 실재의 이해를 방해하고 더 나아가 왜곡하는가를 탐구한다. 이를 통해 코젤렉은 과거에 대한 '단 하나의 올바른 묘사'를 주장하는 근대 역사학의 방법을 비판하고, 과거의 역사 행위자가 구성한 역사적 실재와 현재 역사가가 만든 역사적 실재를 의미있게 소통시키고자 했다.

(라) 사람들이 '자유', '민주', '평화' 등과 같은 개념들을 사용할 때, 그 개념이 서로 같은 의미를 갖는 것은 아니다. 자유의 경우, '구속받지 않는 상태'를 강조하는 개념으로 쓰이는가 하면, '자발성'이나 '적극적인 참여'를 강조하는 개념으로 쓰이기도 한다. 이러한 정의와 해석의 차이로 인해 개념에 대한 논란과 논쟁이 늘 있어 왔다. 바로 이러한 현상에 주목하여 출현한 것이 코젤렉의 '개념사'이다.

(마) 또한 개념사에서는 '무엇을 이야기 하는가.'보다는 '어떤 개념을 사용하면서 그것을 이야기하는가.'에 관심을 갖는다. 개념사에서는 과거의 역사 행위자가 자신이 경험한 '현재'를 서술할 때 사용한 개념과 오늘날의 입장에서 '과거'의 역사 서술을 이해하기 위해 사용한 개념의 차이를 밝힌다. 그리고 과거의 역사를 현재의 역사로 번역하면서 양자가 어떻게 수렴될 수 있는가를 밝히는 절차를 밟는다.

① (가) – (나) – (다) – (라) – (마)
② (라) – (가) – (나) – (마) – (다)
③ (라) – (나) – (가) – (다) – (마)
④ (마) – (나) – (가) – (다) – (라)

02 ▶ 수리력

01 둘레가 6km인 공원을 나래는 자전거를 타고, 진혁이는 걷기로 했다. 같은 방향으로 돌면 1시간 30분 후에 다시 만나고, 서로 반대 방향으로 돌면 1시간 후에 만난다. 나래의 속력은?

① 4.5km/h
② 5km/h
③ 5.5km/h
④ 6km/h

02 어느 오리농장은 오리를 방목 사육하면서 개를 풀어 오리를 지키고 있다고 한다. 오리와 개의 다리 수의 합이 72개이고 오리와 개의 수의 합이 33마리일 때, 오리와 개는 각각 몇 마리인가?

① 오리 : 30마리, 개 : 3마리
② 오리 : 28마리, 개 : 5마리
③ 오리 : 26마리, 개 : 7마리
④ 오리 : 24마리, 개 : 9마리

03 어느 공장에서 생산되는 제품은 50개 중에 1개의 꼴로 불량품이 발생한다고 한다. 이 공장에서 생산되는 제품을 임의로 2개 고를 때, 2개 모두 불량품일 확률은?

① $\dfrac{1}{50}$
② $\dfrac{1}{250}$
③ $\dfrac{1}{1,250}$
④ $\dfrac{1}{2,500}$

04 다음은 연도별 황사 발생횟수와 지속일수에 관한 자료이다. 이에 대한 설명으로 옳지 않은 것은?

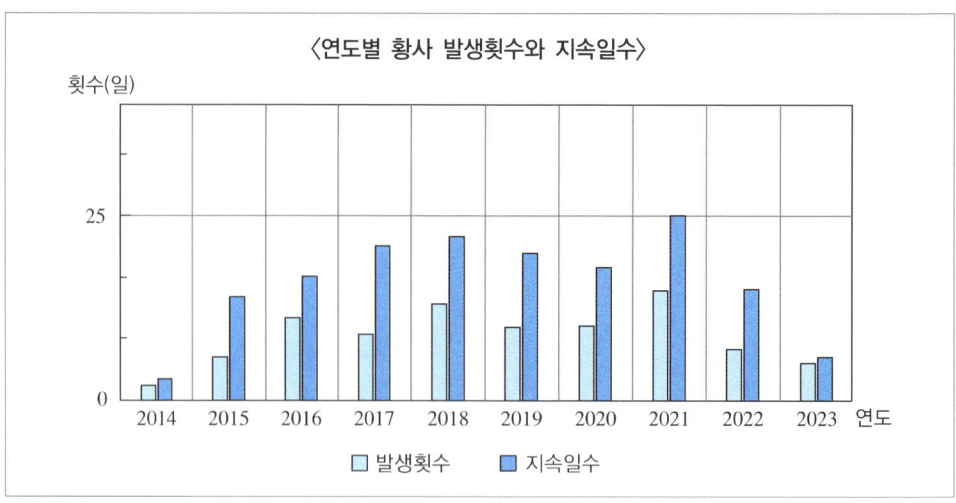

① 황사의 지속일수는 2021년에 25일로 가장 높았다.
② 황사의 발생횟수는 2016년에 최고치를 기록했다.
③ 2021년 이후 연도별 황사 발생횟수는 감소하는 추세이다.
④ 2021년 이후 연도별 황사 지속일수는 감소하는 추세이다.

03 ▶ 문제해결력

01 일정한 규칙으로 수를 나열할 때, 빈칸에 들어갈 알맞은 수는?

| −65 ( ) −25 −15 −10 −5 |

① −55
② −50
③ −45
④ −40

02 다음 명제가 모두 참일 때, 참이 아닌 것은?

- 운동을 좋아하는 사람은 담배를 좋아하지 않는다.
- 커피를 좋아하는 사람은 담배를 좋아한다.
- 커피를 좋아하지 않는 사람은 주스를 좋아한다.
- 과일을 좋아하는 사람은 커피를 좋아하지 않는다.

① 운동을 좋아하는 사람은 커피를 좋아하지 않는다.
② 주스를 좋아하지 않는 사람은 담배를 좋아한다.
③ 과일을 좋아하는 사람은 담배를 좋아한다.
④ 운동을 좋아하는 사람은 주스를 좋아한다.

03 다음 명제가 모두 참일 때, 빈칸에 들어갈 명제로 가장 적절한 것은?

전제1. 양식 자격증이 없다면 레스토랑에 취직할 수 없다.
전제2. 양식 자격증을 획득하려면 양식 실기시험에 합격해야 한다.
결론. _____

① 양식 실기시험에 합격하면 레스토랑에 취직할 수 있다.
② 레스토랑에 취직하려면 양식 실기시험에 합격해야 한다.
③ 양식 자격증이 있으면 레스토랑에 취직할 수 있다.
④ 양식 실기시험에 합격하면 양식 자격증을 획득할 수 있다.

04 ▶ 공간지각력

01 다음 그림과 같이 화살표 방향으로 종이를 접은 후, 펀치로 구멍을 뚫어 다시 펼쳤을 때의 그림으로 가장 적절한 것은?

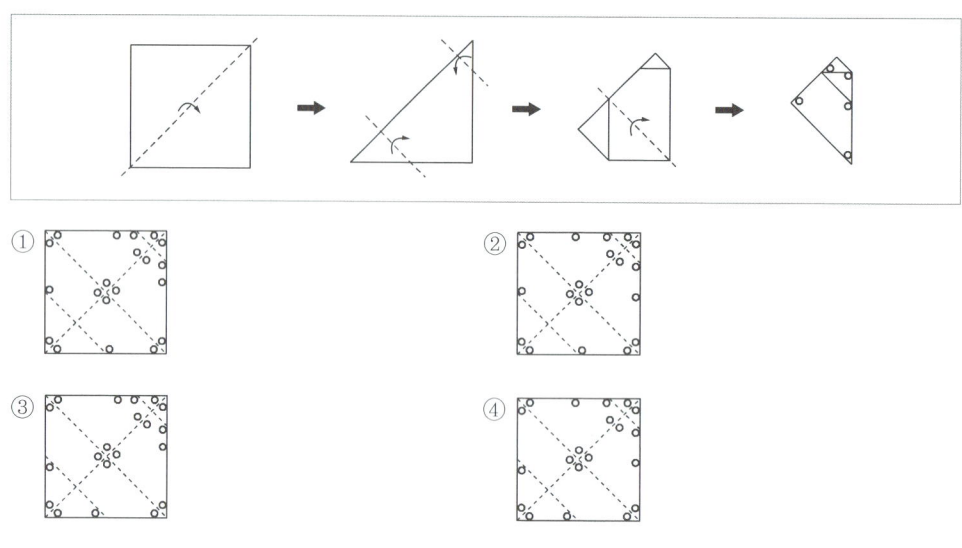

02 다음 단면과 일치하는 입체도형은?

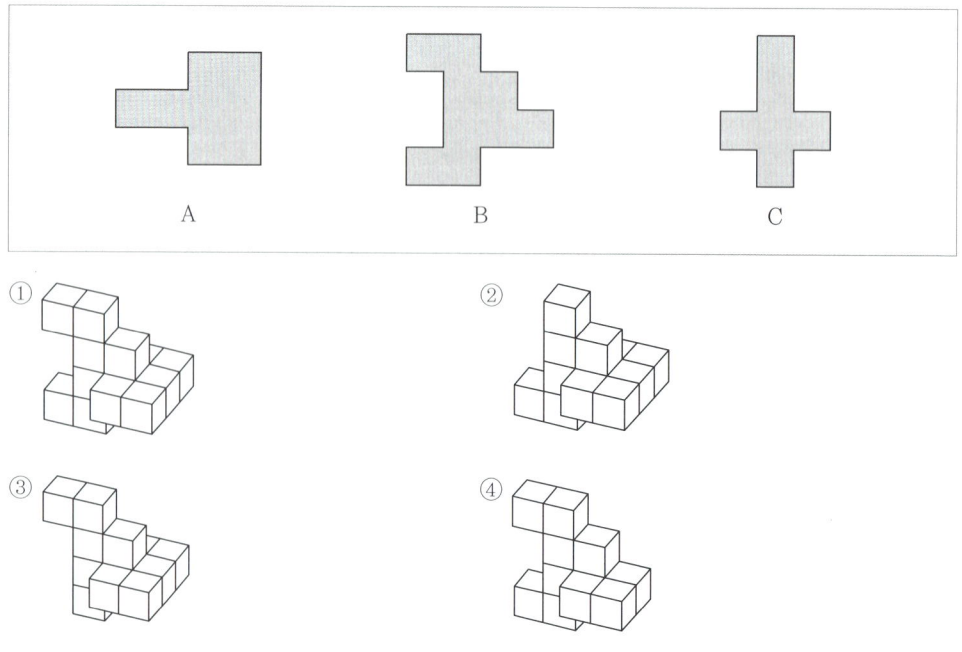

03 다음 입체도형 중 나머지와 다른 도형은?

① 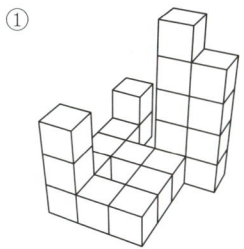   ②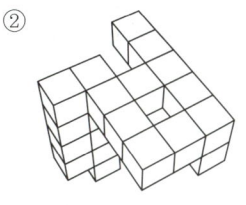

③ 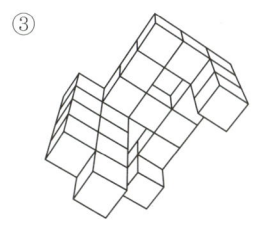   ④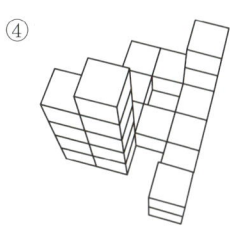

CHAPTER 02 | 2023년 기출복원문제

※ 정답 및 해설은 기출복원문제 바로 뒤 p.042에 있습니다.

01 ▶ 언어논리력

01 다음 중 글과 관련된 사자성어로 가장 적절한 것은?

> 2019년부터 시작된 코로나바이러스의 발병률 및 치명률이 감소하고, 사회적 거리두기 등 각종 봉쇄 정책이 점차 완화되면서 팬데믹 퍼피(Pandemic Puppy) 문제가 발생하고 있다.
> 팬데믹 퍼피는 코로나바이러스로 인해 사람들의 교류가 줄어들고 집에서 지내는 시간이 많아짐에 따라 입양된 반려동물들이다. 그러나 팬데믹 기간 동안 외로움을 달래기 위해 입양된 반려동물들은 각종 봉쇄 조치가 풀리고 일상회복이 이루어지면서 파양률이 급증하고 있다. 영국의 반려동물 보험 회사인 펫플랜의 조사에 따르면 팬데믹 기간에 반려동물을 입양한 18 ~ 34세 응답자 중 46%가 입양을 한 것에 후회한다고 답변하였다. 특히 강아지들의 경우 봉쇄 기간에는 사람들과 오랜 시간을 함께 보내다가 빈집에 혼자 남게 되면서 분리불안과 같은 문제 행동이 자주 발생하고, 이것이 파양의 주요 원인으로 작용하고 있다.
> 이처럼 팬데믹 퍼피는 기나긴 봉쇄 기간 동안 사람들의 외로움을 달래주고 정서적 안정을 주었지만, 일상이 회복됨에 따라 반려동물의 필요성을 느끼지 못하게 된 사람들에 의해 많은 수가 유기견 보호소로 보내지고 있다.

① 토사구팽
② 죽마고우
③ 화룡점정
④ 지록위마

02 다음 중 단어의 형성이 나머지와 다른 것은?

① 발품
② 손목
③ 맨발
④ 손발

03 다음 중 단어의 품사가 나머지와 다른 것은?

① 비슷하다
② 드러나다
③ 파랗다
④ 구수하다

04 다음 문장을 논리적 순서대로 나열한 것은?

> (가) 가언적 명령과 달리, 우리가 이상적 인간으로서 가지는 일정한 의무를 정언적 명령이라고 한다.
> (나) 칸트는 이와 같은 정언적 명령들의 체계가 곧 도덕이라고 보았다.
> (다) 칸트는 우리가 특정한 목적을 달성하기 위해 준수해야 할 일, 또는 어떤 처지가 되지 않기 위해 회피해야 할 일에 대한 것을 가언적 명령이라고 했다.
> (라) 이는 절대적이고 무조건적인 의무이며, 이에 복종함으로써 뒤따르는 결과가 어떠하든 그와 상관없이 우리가 따라야 할 명령이다.

① (가) – (나) – (라) – (다)
② (나) – (다) – (라) – (가)
③ (다) – (가) – (라) – (나)
④ (다) – (라) – (가) – (나)

05 다음 중 글의 내용으로 적절하지 않은 것은?

> 예술가는 작품에 하나의 의미만을 부여한다. 그러므로 예술 작품을 감상하는 사람이 한 작품을 두고 둘 이상의 의미로 해석하는 것은 모순이다. 어떤 특정한 시공간과 상황에서 예술 작품이 창작된다는 점을 전제한다면, 그 예술 작품의 해석은 창작의 과정과 맥락을 모두 종합할 때 가능해진다. 이럴 때 비로소 해석은 유의미해지는 것이다.
> 달리 말하면 작품에 대한 해석은 작품의 내재적 요소만으로는 파악하기 어렵고, 그 작품을 창작한 작가의 경험과 사상, 시대 상황 등 외재적 요소까지 종합하여 살펴보아야 완전해진다. 차이코프스키의 '백조의 호수'와 피카소의 '게르니카'를 예로 들면, 이 작품들을 둘러싸고 있는 창작 맥락을 종합적으로 살펴야 유일한 의미를 찾아낼 수 있는 것이다.
> 위에서 말한 것처럼, 예술 작품의 해석은 작품의 단일한 의미를 찾아내는 데 목적이 있지만 실제로 그 목적이 꼭 실현되는 것은 아니다. 그것은 이론적으로 가능할 뿐 실제로 그것이 실현되기는 불가능해 보인다. 그렇더라도 우리는 모든 예술 작품의 단일한 의미를 찾으려고 노력해야 한다. 예술 작품의 해석이란 그러한 이상을 추구하는 부단한 여정이기 때문이다.

① 단지 작품만을 가지고는 예술가가 부여한 의미를 찾기 어렵다.
② 예술 작품의 해석 목적은 작품의 단일한 의미를 찾는 데 있다.
③ 작품의 내·외재적 요소를 통해 해석하면 반드시 작품의 단일한 의미를 찾을 수 있다.
④ 예술 작품에는 작가가 처한 상황이 반영된다.

06 다음 글의 제목으로 가장 적절한 것은?

> 코로나19의 지역 감염이 확산됨에 따라 감염병 위기경보 수준이 '경계'에서 '심각'으로 격상되었다. 이처럼 감염병 위기 단계가 높아지면 무엇이 달라질까?
> 감염병 위기경보 수준은 '관심', '주의', '경계', '심각'의 4단계로 나뉘며, 각 단계에 따라 정부의 주요 대응 활동이 달라진다. 먼저, 해외에서 신종감염병이 발생하여 유행하거나 국내에서 원인불명 또는 재출현 감염병이 발생하면 '관심' 단계의 위기경보가 발령된다. 관심 단계에서 질병관리본부는 대책반을 운영하여 위기 징후를 모니터링하고, 필요할 경우 현장 방역 조치와 방역 인프라를 가동한다. 해외에서의 신종감염병이 국내로 유입되거나 국내에서 원인불명 또는 재출현 감염병이 제한적으로 전파되면 '주의' 단계가 된다. 주의 단계에서는 질병관리본부의 중앙방역대책본부가 설치되어 운영되며, 유관기관은 협조체계를 가동한다. 또한 '관심' 단계에서 가동된 현장 방역 조치와 방역 인프라, 모니터링 및 감시 시스템은 더욱 강화된다. 국내로 유입된 해외의 신종감염병이 제한적으로 전파되거나 국내에서 발생한 원인불명 또는 재출현 감염병이 지역 사회로 전파되면 '경계' 단계로 격상된다. 경계 단계에서는 중앙방역대책본부의 운영과 함께 보건복지부 산하에 중앙사고수습본부가 설치된다. 필요할 경우 총리 주재하에 범정부 회의가 개최되고, 행정안전부는 범정부 지원본부의 운영을 검토한다. 마지막으로 해외의 신종감염병이 국내에서 지역사회 전파 및 전국 확산을 일으키거나 국내 원인불명 또는 재출현 감염병이 전국적으로 확산되면 위기경보의 가장 높은 단계인 '심각' 단계로 격상된다. 이 단계에서는 범정부적 총력 대응과 함께 필요할 경우 중앙재난안전대책본부를 운영하게 된다. 이때 경계 단계에서의 총리 주재하에 범정부 회의가 이루어지던 방식은 중앙재난안전대책본부가 대규모 재난의 예방·대비·대응·복구 등에 관한 사항을 총괄하고 조정하는 방식으로 달라진다.

① 코로나19 감염 확산에 따른 대응 방안
② 감염병 위기경보 단계 상향에 따른 국민 행동수칙 변화
③ 시간에 따른 감염병 위기경보 단계의 변화
④ 감염병 위기경보 단계에 따른 정부의 대응 변화

02 ▶ 수리력

01 농도 4%의 소금물 ag과 7.75%의 소금물 bg을 섞어 농도 6%의 소금물 600g을 만들었을 때, 농도 4%의 소금물의 양은?

① 240g
② 280g
③ 320g
④ 360g

02 G사는 창립일을 맞이하여 초대장을 준비하려고 한다. VIP 초대장을 완성하는데 혼자서 만들 경우 A대리는 6일, B사원은 12일이 걸린다. A대리와 B사원이 함께 VIP 초대장을 만들 경우, 완료할 때까지 며칠이 걸리는가?

① 2일
② 3일
③ 4일
④ 5일

03 상자 A, B, C, D 안에 장난감이 각각 a, b, c, d개 들어 있다. 〈조건〉이 다음과 같을 때, 항상 참인 것은?

> **조건**
> • 상자 A ~ D에 들어있는 장난감 수는 모두 다르다.
> • 상자 B에 들어있는 장난감의 수는 나머지 A, C, D 세 상자에 들어있는 장난감 수의 평균과 같다.
> • 상자 D에 들어있는 장난감의 수가 가장 적다.

① 상자 B의 장난감 수는 전체의 25%이다.
② 상자 B에 들어있는 장난감의 수가 가장 많다.
③ 상자 A와 상자 B의 장난감 수의 합과 상자 C와 상자 D의 장난감 수의 합은 같다.
④ 상자 A와 상자 C에 들어있는 장난감 수의 합은 상자 D에 들어있는 장난감 수의 2배이다.

04 새로운 원유의 정제비율을 조사하기 위해 상압증류탑을 축소한 Pilot Plant에 새로운 원유를 투입해 사전분석 실험을 시행했다. 다음과 같은 실험 결과를 얻었다고 할 때, 아스팔트는 최초 투입한 원유의 양 대비 몇 % 생산되는가?

⟨사전분석 실험 결과⟩

[단위 : L(리터)]

구분	생산량
LPG	투입한 원유량의 5%
휘발유	LPG를 생산하고 남은 원유량의 20%
등유	휘발유를 생산하고 남은 원유량의 50%
경유	등유를 생산하고 남은 원유량의 10%
아스팔트	경유를 생산하고 남은 원유량의 4%

① 1.168% ② 1.368%
③ 1.568% ④ 1.768%

05 너비 6m, 폭 2.4m, 높이 2.5m인 컨테이너에 너비 0.4m, 폭 0.2m, 높이 0.5m인 상자들을 넣을 때, 넣을 수 있는 상자의 최대 개수는?(단, 상자의 밑면은 어느 방향으로 놓아도 상관없으나 쌓는 상자의 방향은 모두 같아야 하며, 빈 공간이 생겨도 무관하다)

① 720개 ② 864개
③ 900개 ④ 924개

03 ▶ 문제해결력

01 다음 명제가 모두 참일 때, 항상 참인 것은?

- 딸기에는 비타민 C가 키위의 2.6배 정도 함유되어 있다.
- 귤에는 비타민 C가 키위의 1.6배 정도 함유되어 있다.
- 키위에는 비타민 C가 사과의 5배 정도 함유되어 있다.

① 키위의 비타민 C 함유량이 가장 많다.
② 딸기의 비타민 C 함유량이 가장 많다.
③ 귤의 비타민 C 함유량이 가장 많다.
④ 사과의 비타민 C 함유량이 가장 많다.

02 어느 호텔 라운지에서 투숙자 중 1명에 의하여 화분이 깨진 사건이 발생했다. 이 호텔에는 A ~ D 4명의 투숙자가 있었으며, 각 투숙자는 아래와 같이 진술하였다. 4명의 투숙자 중 3명은 진실을 말하고, 1명이 거짓말을 하고 있다면 화분을 깬 범인은?

- A : 나는 깨지 않았다. B도 깨지 않았다. C가 깨뜨렸다.
- B : 나는 깨지 않았다. C도 깨지 않았다. D도 깨지 않았다.
- C : 나는 깨지 않았다. D도 깨지 않았다. A가 깨뜨렸다.
- D : 나는 깨지 않았다. B도 깨지 않았다. C도 깨지 않았다.

① A ② B
③ C ④ D

03 기획실에서 근무하고 있는 직원 A~D 4명은 서로의 프로젝트 참여 여부에 관하여 다음과 같이 진술하였고, 이들 중 단 1명만이 진실을 말하였다. 이들 가운데 반드시 프로젝트에 참여하는 사람은 누구인가?

- A : 나는 프로젝트에 참여하고, B는 프로젝트에 참여하지 않는다.
- B : A와 C 중 적어도 한 명은 프로젝트에 참여한다.
- C : 나와 B 중 적어도 한 명은 프로젝트에 참여하지 않는다.
- D : B와 C 중 한 명이라도 프로젝트에 참여한다면, 나도 프로젝트에 참여한다.

① A
② B
③ C
④ D

04 기숙사에서 간밤에 도난 사건이 발생하였다. 물건을 훔친 사람은 1명이며, 이 사건에 대해 기숙사생 A~D 4명은 다음과 같이 진술하였다. 4명 중 1명만이 진실을 말했을 때, 다음 중 물건을 훔친 범인은 누구인가?(단, 기숙사에는 A~D 4명만 거주 중이며, 이들 중 반드시 범인이 있다)

- A : 어제 B가 훔치는 것을 봤다.
- B : C와 D는 계속 같이 있었으므로 2명은 범인이 아니다.
- C : 나와 B는 어제 하루 종일 자기 방에만 있었으므로 둘 다 범인이 아니다.
- D : C와 나는 계속 같이 있었으니, A와 B 중에 범인이 있다.

① A
② B
③ C
④ D

05 다음은 우리나라 자동차 등록번호 부여방법과 G교육청 학교지원과 직원의 자동차 등록번호이다. 〈보기〉 중 자동차 등록번호가 잘못 부여된 것은 모두 몇 개인가?(단, G교육청 학교지원과 직원의 자동차는 모두 비사업용 승용차이다)

〈자동차 등록번호 부여방법〉

- 차량종류 – 차량용도 – 일련번호 순으로 부여한다.
- 차량종류별 등록번호

승용차	승합차	화물차	특수차	긴급차
100~699	700~799	800~979	980~997	998~999

- 차량용도별 등록번호

구분	문자열
비사업용	가, 나, 다, 라, 마 거, 너, 더, 러, 머, 버, 서, 어, 저 고, 노, 도, 로, 모, 보, 소, 오, 조 구, 누, 두, 루, 무, 부, 수, 우, 주
운수사업용	바, 사, 아, 자
택배사업용	배
렌터카	하, 허, 호

- 일련번호
  1000~9999 숫자 중 임의 발급

보기

〈G교육청 학교지원과 직원의 자동차 등록번호〉

- 680 더 3412
- 521 버 2124
- 431 사 3019
- 531 서 9898
- 501 라 4395
- 421 저 2031
- 241 가 0291
- 670 로 3502
- 702 나 2838
- 431 구 3050
- 600 루 1920
- 912 라 2034
- 321 우 3841
- 214 하 1800
- 450 무 8402
- 531 고 7123

① 3개 ② 4개
③ 5개 ④ 6개

04 ▶ 공간지각력

01 다음과 같은 정사각형의 종이를 화살표 방향으로 접고 〈보기〉의 좌표가 가리키는 위치에 구멍을 뚫었다. 다시 펼쳤을 때 뚫린 구멍의 위치를 좌표로 나타낸 것으로 옳은 것은?(단, 좌표가 그려진 사각형의 크기와 종이의 크기는 일치하며, 종이가 접힐 때 종이의 위치는 바뀌지 않는다)

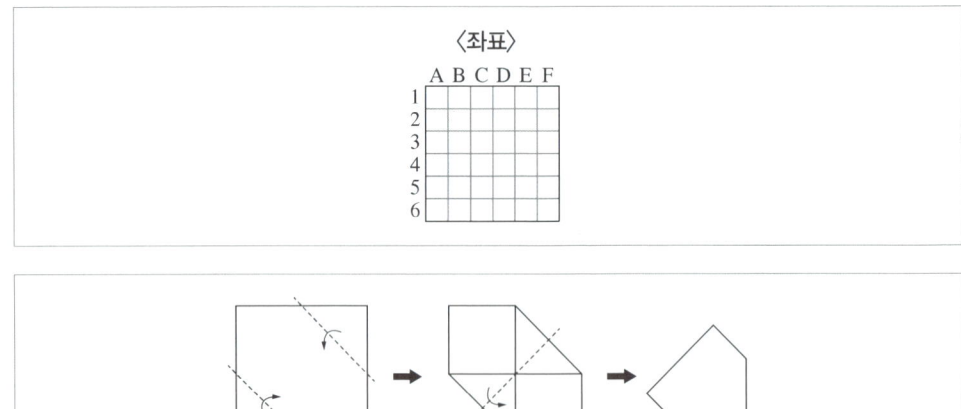

보기

C5

① A3, A4, C5, D6 ② A5, B4, B6, C5
③ A5, B6, C5, D2 ④ B4, C5, C6, D2

02 다음 도형들은 일정한 규칙으로 변화하고 있다. 물음표에 들어갈 알맞은 도형을 고르면?

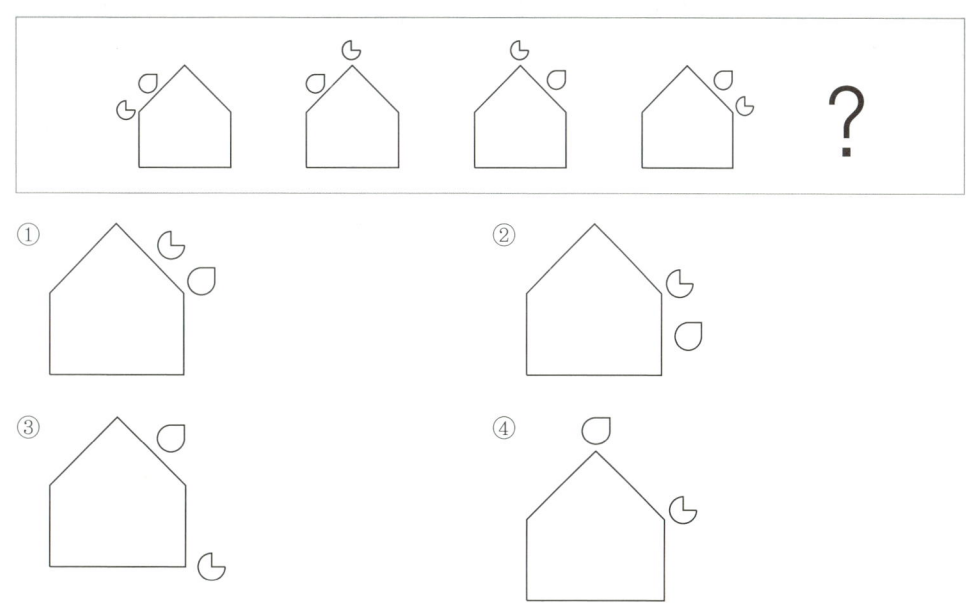

03 다음과 같은 모양을 만드는 데 사용된 블록의 개수를 고르면?(단, 보이지 않는 곳의 블록은 있다고 가정한다)

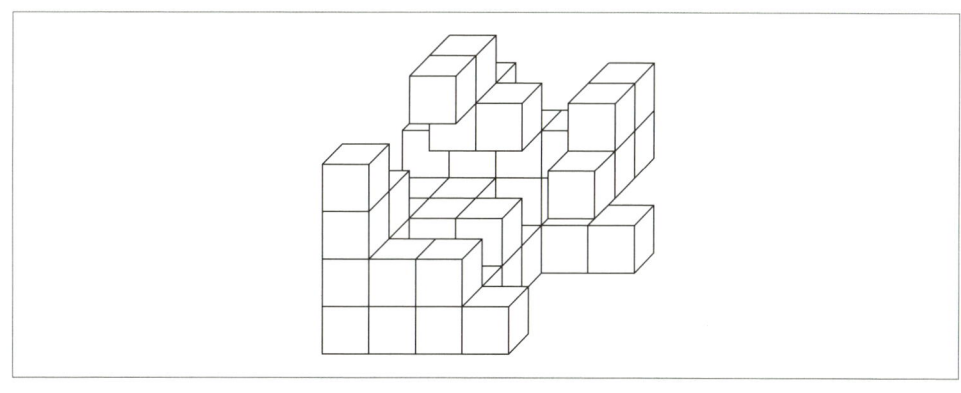

① 46개 ② 47개
③ 48개 ④ 49개

03 | 2022년 기출복원문제

※ 정답 및 해설은 기출복원문제 바로 뒤 p.046에 있습니다.

01 ▶ 언어논리력

01 다음 빈칸에 들어갈 가장 적절한 단어를 고르면?

> 탄산 : 사이다 = ( ) : 공기

① 하늘
② 산소
③ 바람
④ 물

02 다음 제시된 9개의 단어 중 3개의 단어와 공통 연상되는 단어로 가장 적절한 것은?

필름	우체국	전화
공원	카드	배우
휴양림	원각사	동전

① 편지
② 텔레비전
③ 영화
④ 현금

03 다음의 밑줄 친 부분과 같은 의미로 쓰인 것은?

> 우리 회사는 이번 정부 사업에서 판매권을 <u>땄다</u>.

① 이 병을 <u>따기</u> 위해서는 병따개가 필요할 것 같아.
② 선영이네 과일 가게는 막내딸 선영이의 이름을 <u>딴</u> 것이다.
③ 서글서글한 막내 사위는 이번 가족 행사에서 장인어른에게 많은 점수를 <u>땄다</u>.
④ 지난 올림픽에서 금메달을 <u>딴</u> 선수는 이번 경기에서도 좋은 소식을 전해 줄 것이다.

04 다음 글의 내용으로 가장 적절한 것은?

> 1492년 10월 12일은 스페인 왕실의 후원을 받은 이탈리아 출신 크리스토퍼 콜럼버스가 그해 8월 3일, 서쪽으로 가는 인도 항로를 개척하러 떠났다가 신대륙, 정확히는 산살바도르섬을 발견한 날이다. 구대륙에 국한됐던 유럽인의 시야가 신대륙 아메리카로 확장된 결정적인 순간이다.
> 그러나 콜럼버스는 아메리카 대륙에 첫발을 내디딘 유럽인이 아닌 데다 1506년 죽을 때까지 자신이 발견한 땅을 인도로 알았다. 아메리고 베스푸치가 1507년 두 차례 항해한 끝에 그 땅이 유럽인들이 몰랐던 신대륙이라는 것을 확인했다. 그래서 신대륙은 아메리고의 이름을 따 아메리카로 불리게 됐다. 하지만 콜럼버스가 남긴 업적 하나는 분명하다. 콜럼버스의 발견 이후 유럽인의 세계관이 이전과는 완전히 달라졌다는 것이다.
> 동떨어져 살던 문명 간의 접촉은 다양한 교류와 교환으로 이어진다. 콜럼버스의 신대륙 발견 이후 일어난 생물과 인구의 급격한 이동을 '콜럼버스의 교환'이라고 부른다.
> 신대륙에서만 자라던 옥수수, 감자, 고구마, 강낭콩, 땅콩, 고추 등이 유럽으로 전해졌다. 특히 감자는 유럽인의 주식 중 하나가 됐다. 감자가 유럽인의 식탁에 올라오면서 감자 의존도가 높아져 생긴 비극이 아일랜드의 '감자 대기근'이다. 1845~1852년 감자가 말라죽는 역병이 돌아 수확을 망치자 아일랜드에서 약 100만 명이 굶어 죽었다.
> 구대륙에서 신대륙으로 전해진 것도 많다. 밀, 쌀, 보리, 양파, 당근, 올리브, 후추, 계피, 사과, 복숭아, 배, 바나나, 오렌지, 레몬, 키위, 커피 등은 신대륙에 없었다. '콜럼버스의 교환'이 가져온 최대 이점은 인류를 기아에서 구한 것이다.
> 낙타과 동물인 알파카 외에는 이렇다 할 가축이 없었던 신대륙은 콜럼버스 이후에 천혜의 가축 사육지로 떠올랐다. 구대륙의 소, 말, 돼지, 염소, 양, 닭, 토끼, 낙타 등이 신대륙으로 전파됐다. 이를 통해 원주민들은 동물 고기를 먹을 수 있을 뿐만 아니라 운송 및 이동수단으로 활용하게 됐다.

① 자원의 가치는 지역과 문화에 따라 달라진다.
② 대부분의 자원은 재생 불가능한 고갈 자원으로 가채 연수가 짧다.
③ 자원의 가치는 고정된 것이 아니라 과학 기술의 발달에 따라 달라진다.
④ 대부분의 자원은 매장량이 한정되어 있어 사용할 수 있는 양에 한계가 있다.

05 다음 글의 주제로 가장 적절한 것은?

> 인지부조화는 한 개인이 가지는 둘 이상의 사고, 태도, 신념, 의견 등이 서로 일치하지 않거나 상반될 때 생겨나는 심리적인 긴장상태를 의미한다. 인지부조화는 불편함을 유발하기 때문에 사람들은 이것을 감소시키려고 한다. 인지부조화를 감소시키는 방법은 서로 모순관계에 있어서 양립할 수 없는 인지들 가운데 하나 이상의 인지가 갖는 내용을 바꾸어 양립할 수 있게 만들거나, 서로 모순되는 인지들 간의 차이를 좁힐 수 있는 새로운 인지를 추가하여 부조화된 상태를 조화된 상태로 전환하는 것이다.
> 그런데 실제로 부조화를 감소시키는 행동은 비합리적인 면이 있다. 그 이유는 그러한 행동들이 사람들로 하여금 중요한 사실을 배우지 못하게 하고 자신들의 문제에 대하여 실제적인 해결책을 찾지 못하도록 할 수 있기 때문이다. 부조화를 감소시키려는 행동은 자기방어적인 행동이고, 부조화를 감소시킴으로써 우리는 자신의 긍정적인 이미지, 즉 자신이 선하고 현명하며 상당히 가치 있는 인물이라는 긍정적인 측면의 이미지를 유지하게 된다. 비록 자기 방어적인 행동이 유용한 것으로 생각될 수 있지만, 이러한 행동은 부정적 결과를 초래할 수 있다.

① 인지부조화를 극복하기 위해 합리적인 사고가 필요하다.
② 인지부조화는 자기 방어적 행동을 유발하여 정신건강을 해친다.
③ 인지부조화는 합리적인 사고에 도움을 준다는 점에서 긍정적이다.
④ 인지부조화를 감소시키는 방법의 비합리성으로 인해 부정적 결과가 초래될 수 있다.

02 ▶ 수리력

01 원가가 2,000원인 제품에 15%의 마진을 붙여 정가로 판매하였다. 총 판매된 제품은 160개이고, 그중 8개 제품에 하자가 발견되어 판매가격의 두 배를 보상금으로 지불했을 때 얻은 이익은?

① 10,800원　　　　　　　　② 11,200원
③ 16,800원　　　　　　　　④ 18,200원

02 현재 동생은 통장에 10,000원이 있고 형은 0원이 있다. 형은 한 달에 2,000원씩을 저금하고, 동생은 1,500원을 저금한다고 할 때, 몇 개월 후에 형의 통장 잔액이 동생보다 많아지는가?

① 21개월 후　　　　　　　② 26개월 후
③ 31개월 후　　　　　　　④ 32개월 후

03 빨강, 파랑, 노랑, 검정의 4가지 색을 다음 ㄱ, ㄴ, ㄷ, ㄹ에 칠하려고 한다. 같은 색을 여러 번 사용해도 상관없으나, 이웃하여 칠할 수 없다. 색칠하는 전체 경우의 수는?

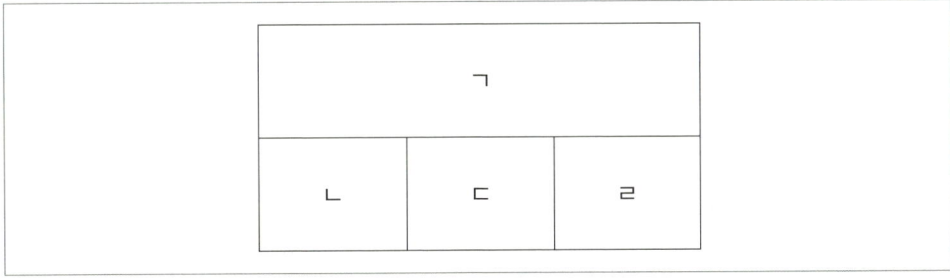

① 24가지　　　　　　　　② 48가지
③ 64가지　　　　　　　　④ 72가지

04 어머니의 나이는 10대인 아들 나이의 3배이다. 이때, 아들과 어머니의 나이의 합이 62보다 작다면 아들은 최대 몇 살인가?

① 14살 ② 15살
③ 16살 ④ 17살

05 어떤 미생물이 다음과 같은 규칙으로 분열한다고 한다. 6월 7일에 미생물 3마리가 분열을 시작한다면, 이 미생물이 30억 마리가 되는 날은?

〈기생충 개체 수 변화〉

(단위 : 마리)

구분	6월 7일	6월 10일	6월 13일	6월 16일	6월 19일
개체 수	3	30	300	3,000	30,000

① 7월 1일 ② 7월 4일
③ 7월 7일 ④ 7월 10일

03 ▶ 문제해결력

01 일정한 규칙으로 수를 나열할 때, 빈칸에 들어갈 알맞은 수는?

23 21 25 19 27 ( ) 29

① 13
② 17
③ 24
④ 31

02 일정한 규칙에 따라 수·문자를 나열할 때, 빈칸에 들어갈 알맞은 문자는?

ㄹ 5 六 ㅠ ( ) 11 ㅊ N

① ㅠ
② P
③ ㅎ
④ 九

03 다음 명제가 모두 참일 때, 항상 참인 것은?

- 늦잠을 자지 않으면 부지런하다.
- 늦잠을 자면 건강하지 않다.
- 비타민을 챙겨먹으면 건강하다.

① 비타민을 챙겨먹으면 부지런하다.
② 부지런하면 비타민을 챙겨먹는다.
③ 늦잠을 자면 비타민을 챙겨먹는다.
④ 늦잠을 자면 부지런하지 않다.

04 G부서는 회식 메뉴를 선정하려고 한다. 다음 〈조건〉에 따라 주문할 메뉴를 선택한다고 할 때, 반드시 주문할 메뉴를 모두 고르면?

> **조건**
> - 삼선짬뽕은 반드시 주문한다.
> - 양장피와 탕수육 중 하나는 반드시 주문하여야 한다.
> - 자장면을 주문하는 경우, 탕수육은 주문하지 않는다.
> - 자장면을 주문하지 않는 경우에만 만두를 주문한다.
> - 양장피를 주문하지 않으면, 팔보채를 주문하지 않는다.
> - 팔보채를 주문하지 않으면, 삼선짬뽕을 주문하지 않는다.

① 삼선짬뽕, 자장면, 양장피
② 삼선짬뽕, 탕수육, 양장피
③ 삼선짬뽕, 팔보채, 양장피
④ 삼선짬뽕, 탕수육, 만두

05 김대리는 체육대회에 참여할 직원 명단을 작성하고자 한다. A~F 6명의 직원들이 다음 〈조건〉에 따라 참여한다고 할 때, 체육대회에 반드시 참여하는 직원의 수는?

> **조건**
> - A가 참여하면 F는 참여하지 않고, B는 체육대회에 참여한다.
> - C가 체육대회에 참여하면 D는 체육대회에 참여하지 않는다.
> - E가 체육대회에 참여하지 않으면 C는 체육대회에 참여한다.
> - B와 E 중 1명만 체육대회에 참여한다.
> - D는 체육대회에 참여한다.

① 2명　　　　　　　　　　② 3명
③ 4명　　　　　　　　　　④ 5명

04 ▶ 공간지각력

01 다음 그림과 같이 화살표 방향으로 종이를 접은 후, 일부분을 잘라내어 다시 펼쳤을 때의 그림으로 가장 적절한 것은?

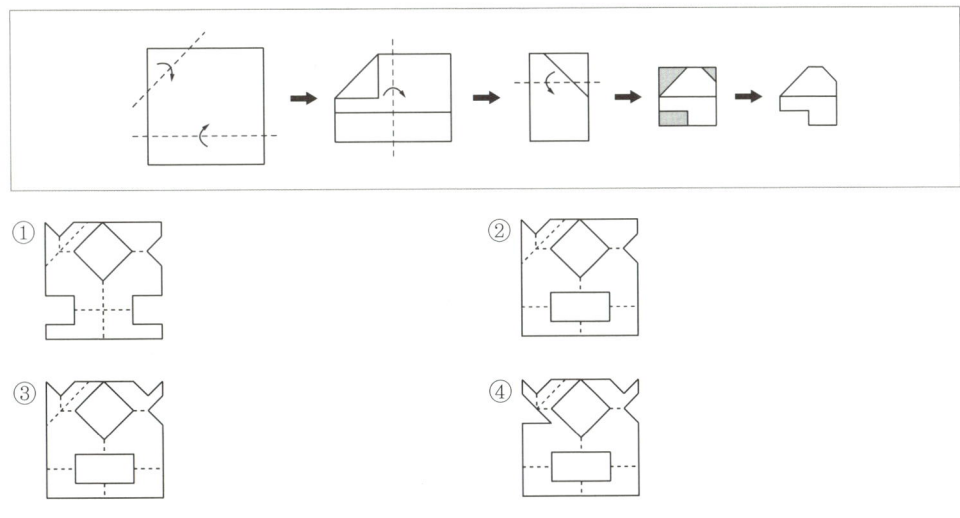

02 다음 그림과 같이 접었을 때, 나올 수 있는 뒷면의 모양으로 가장 적절한 것은?

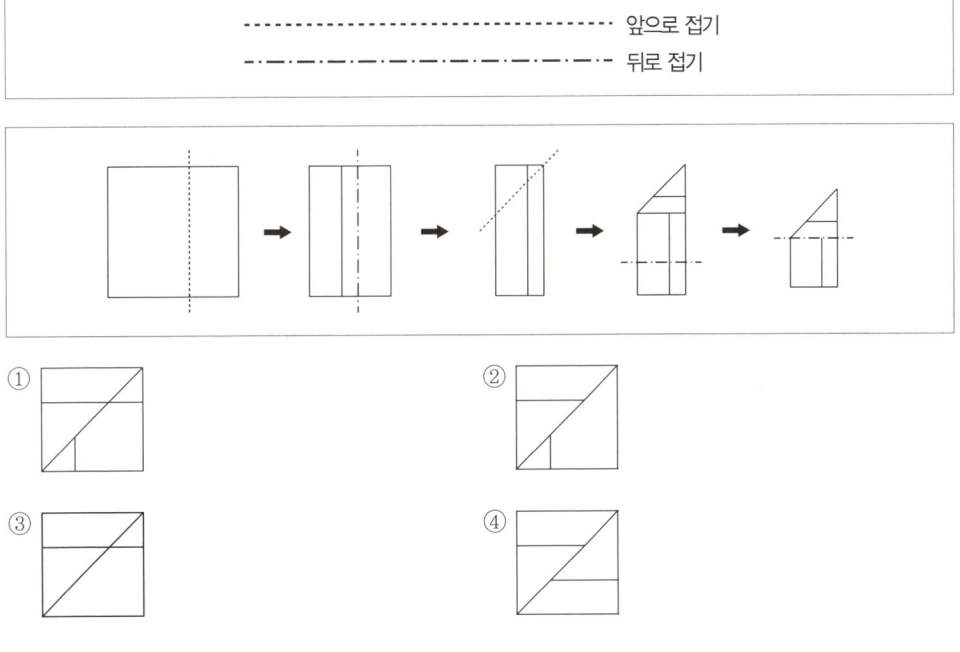

03 다음 전개도로 입체도형을 만들었을 때, 만들어질 수 있는 것은?

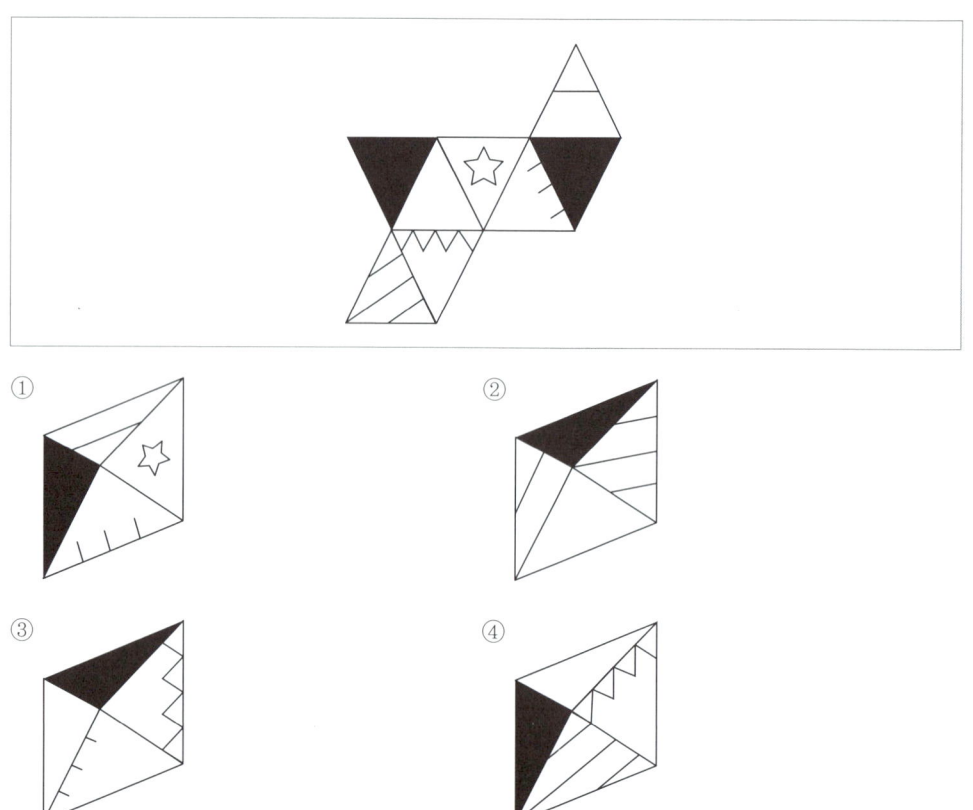

04 다음 전개도로 정육면체를 만들었을 때, 만들어질 수 없는 것은?

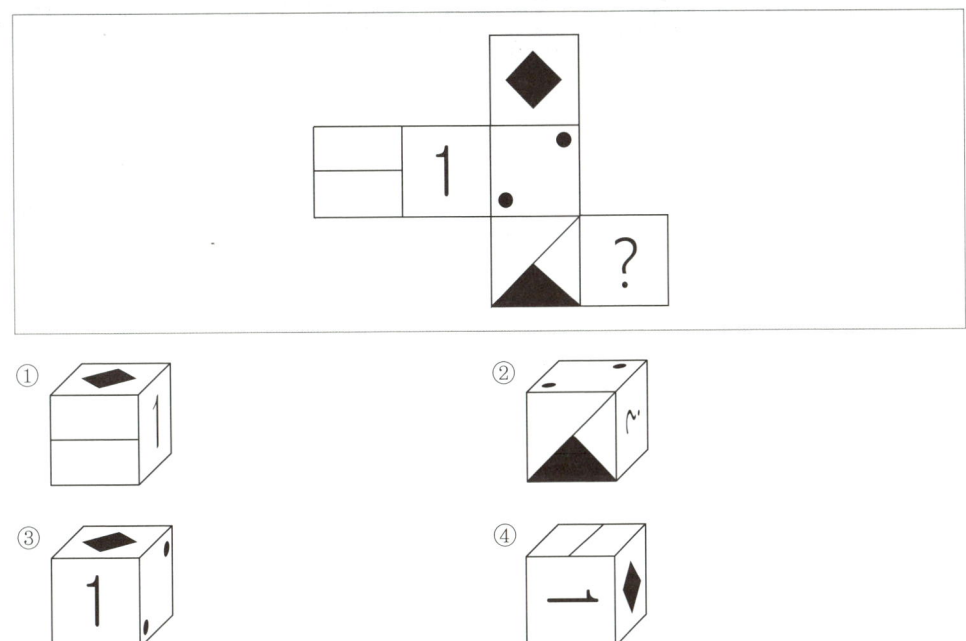

05 다음 블록이 빈틈없이 쌓여있을 때, 블록의 전체 개수는?(단, 보이지 않는 곳의 블록은 있다고 가정한다)

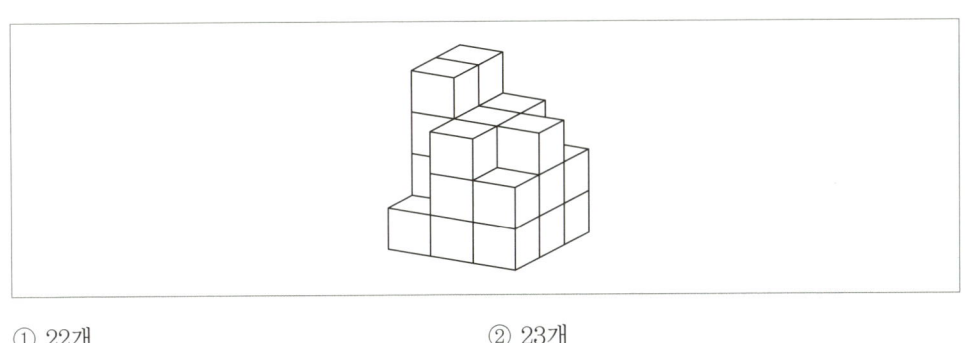

① 22개 ② 23개
③ 24개 ④ 25개

04 | 2021년 기출복원문제

※ 정답 및 해설은 기출복원문제 바로 뒤 p.049에 있습니다.

01 ▶ 언어논리력

01 다음 중 높임법의 쓰임이 적절하지 않은 것은?

① 선생님의 존함은 익히 알고 있었습니다.
② 댁의 큰 따님은 정말로 인물이 좋으시네요.
③ 아버지께서는 그때 그 자리에 있지 않았습니다.
④ 언제 시간이 되시면 한번 놀러 오세요.

02 다음 밑줄 친 단어와 바꾸어 사용할 수 있는 것은?

> 이 병원은 심장 질환 수술을 전문적으로 <u>다룬다</u>.

① 사고팔다
② 사용하다
③ 취급하다
④ 상대하다

03 다음 중 밑줄 친 단어의 맞춤법이 옳은 것은?

① 그렇게 덜렁거리더니 결국에는 네가 일을 <u>벌리는구나</u>.
② 점심에는 친구들과 <u>김치찌게</u>를 먹었다.
③ 한약을 <u>다릴</u> 때는 불 조절이 중요하다.
④ 그는 긴 여행에 체력이 <u>부쳤다</u>.

04 다음 글의 내용으로 적절하지 않은 것은?

> 꿀벌은 인간에게 단순히 달콤한 꿀을 제공하는 것을 넘어 크나큰 유익을 선사해왔다. 꿀벌은 꽃을 찾아다니며 자신에게 필요한 단백질과 탄수화물을 꽃가루와 꿀에서 얻는데, 이를 꽃가루받이(Pollination)라 한다. 이 과정에서 벌의 몸에 묻은 꽃가루가 암술머리로 옮겨가고, 그곳에서 씨방으로 내려간 꽃가루는 식물의 밑씨와 결합한다. 씨가 생기고 뒤이어 열매가 열린다. 인간이 재배하는 작물 중 30%는 꽃가루받이에 의존하며, 세계 식량의 90%를 차지하는 100대 농작물 중 71%는 꿀벌 덕분에 얻을 수 있는 것들이다.
>
> 그러나 오랜 시간 동안 지구의 생태계를 지켜온 꿀벌은 지구에서 급격히 사라져가고 있다. 군집 붕괴 현상(Colony Collapse Disorder)이라고 불리는 이 현상은 2006년 플로리다에서 시작되어, 아메리카와 유럽, 아시아, 오세아니아에 이르기까지 지구촌 전역으로 확산되고 있다. 벌집을 나간 벌이 다시 돌아오지 않아 여왕벌과 유충이 잇달아 집단 폐사하면서 미국은 2006년에 비해 꿀벌의 개체 수가 40% 정도 감소했고, 2007년 여름 이미 북반구 꿀벌의 약 25%가 사라졌다는 보고가 있었다. 지구상에 존재하는 식물의 상당수는 벌을 매개로 종족을 번식한다. 꽃가루받이를 할 벌이 사라진다는 것은 꿀벌을 매개로 해 번식하는 식물군 전체가 열매를 맺지 못할 위기에 놓인다는 것을 의미한다.
>
> 벌을 위협하는 요인은 비단 몇 가지로 단정 지어 설명하기는 어렵다. 살충제와 항생제, 대기오염은 꿀벌을 병들게 만들었고, 꿀벌에게 필요한 수많은 식물들이 '잡초'라는 오명을 쓰고 사라졌다. 최근에는 휴대폰 등 전자기기의 전자파가 꿀벌의 신경계를 마비시킨다는 연구 결과도 있다. 꿀벌이 사라짐에 따라 매년 과수원에는 꽃가루받이 수작업을 위해 수천 명의 자원봉사자가 투입되고 있지만, 이는 미봉책에 불과하다. 인류의 삶에서, 나아가 전 생태계에서 양봉업과 농업이 차지하는 위상을 재확인한다. 그리하여 꿀벌과 상생할 수 있는 농업 방식과 도시 환경을 강구해야 할 것이다.

① 꿀벌의 개체 수가 감소하는 원인은 현대 문명사회의 도래와 관련이 깊다.
② 대다수 식물들은 벌을 매개로 한 방법 이외에 번식할 수 있는 방법이 없다.
③ 밖으로 나간 꿀벌이 다시 돌아오지 않아 꿀벌의 개체 수가 줄어드는 현상을 군집 붕괴 현상이라고 한다.
④ 꿀벌이 식물의 번식에 도움을 주는 것은 자신의 먹이를 얻는 과정에서 비의도적으로 이루어지는 현상이다.

05 다음 문단을 논리적 순서대로 바르게 나열한 것은?

(가) 대부분의 반딧불이는 빛을 사랑의 도구로 사용하지만, 어떤 반딧불이는 번식 목적이 아닌 적대적 목적으로 사용하기도 한다. 포투루스(Photurus)라는 반딧불이의 암컷은 아무렇지 않게 상대 반딧불이를 잡아먹는다. 이 무시무시한 작업을 벌이기 위해 암컷 포투루스는 포티너스(Photinus) 암컷의 불빛을 흉내 낸다. 이를 자신과 같은 종으로 생각한 수컷 포티너스가 사랑이 가득 찬 마음으로 암컷 포투루스에게 달려들지만, 정체를 알았을 때는 이미 너무 늦었다는 것을 알게 된다.

(나) 먼저 땅에 사는 반딧불이 한 마리가 60마리 정도의 다른 반딧불이들과 함께 일렬로 빛을 내뿜는 경우가 있다. 수많은 반딧불이가 기차처럼 한 줄을 지어 리더의 지시에 따르듯 한 반딧불이의 섬광을 따라 불빛을 내는 모습은 마치 작은 번개처럼 보인다. 이처럼 반딧불이는 집단으로 멋진 작품을 연출하는데, 그중 가장 유명한 것은 동남아시아에 서식하는 반딧불이다. 이들은 공동으로 동시에 그리고 완벽하게 발광함으로써 크리스마스 트리의 불빛을 연상시키기도 한다. 그러다 암컷을 발견한 반딧불이는 무리에서 빠져나와 암컷을 향해 직접 빛을 번쩍거리기도 한다.

(다) 이렇게 다른 종의 불빛을 흉내 내는 반딧불이는 북아메리카에서 흔히 찾아볼 수 있다. 그러므로 짝을 찾아 헤매는 수컷 반딧불이에게 황혼이 찾아드는 하늘은 유혹의 무대인 동시에 위험한 장소이기도 하다. 성욕을 채우려 연인을 찾다 그만 식욕만 왕성한 암컷을 만나게 되는 비운을 맞을 수 있기 때문이다.

(라) 사랑과 관련하여 반딧불이의 섬광은 여러 가지 형태의 신호가 있으며, 빛 색깔의 다양성, 밝기, 빛을 내는 빈도, 빛의 지속성 등에서 반딧불이 자신만의 특징을 가지기도 한다. 예를 들어 황혼 무렵에 사랑을 나누고 싶어 하는 반딧불이는 오렌지색을 선호하며, 그래도 역시 사랑엔 깊은 밤이 최고라는 반딧불이는 초록 계열의 색을 선호한다. 발광 장소도 땅이나 공중, 식물 등 그 선호도가 다양하다. 반딧불이는 이런 모든 요소를 결합하여 다양한 모습을 보여주는데 이런 다양성이 조화를 이루거나 또는 동시에 이루어지게 되면 말 그대로 장관을 이루게 된다.

(마) 이처럼 혼자 행동하기를 좋아하는 반딧불이는 빛을 번쩍거리면서 서식지를 홀로 돌아다니기도 한다. 대표적인 뉴기니 지역의 반딧불이는 짝을 찾아 좁은 해안선과 근처 숲 사이를 반복적으로 왔다 갔다 한다. 반딧불이 역시 달이 빛나고 파도가 철썩이는 해변을 사랑을 나누기에 최적인 로맨틱한 장소로 여기는 것이다.

① (가) - (나) - (다) - (라) - (마)
② (가) - (다) - (라) - (나) - (마)
③ (나) - (가) - (다) - (마) - (라)
④ (라) - (나) - (마) - (가) - (다)

02 ▶ 수리력

01 원가가 2,000원인 아이스크림에 $a\%$의 이익을 더해서 정가를 정했다. 그러나 아이스크림이 팔리지 않아서 $a\%$의 절반만큼을 할인율로 정해 할인 판매하였더니 개당 이익이 240원이었다. 이때 a의 값은?

① 30
② 32
③ 36
④ 40

02 총무부에서 다과비 50,000원으로 간식을 구매하려고 한다. a스낵은 1,000원, b스낵은 1,500원, c스낵은 2,000원이며 3가지 스낵을 각각 1개 이상 산다고 한다. 다과비를 모두 사용하여 스낵을 구매할 때, 구매한 스낵의 최대 개수는?

① 48개
② 47개
③ 45개
④ 43개

03 현준이는 집에서 도서관으로 가는데 $\frac{1}{2}$ 지점까지는 시속 2km로 걸어가고, 나머지 반은 시속 6km로 뛰어갔더니 총 20분이 걸렸다. 이때, 집에서 도서관까지의 거리는?

① 0.5km
② 1km
③ 1.5km
④ 2km

04 물 200g에 소금 100g과 20% 식염수 200g을 넣으면 몇 %의 식염수가 되는가?

① 22%
② 24%
③ 26%
④ 28%

05 A~H 8명의 후보 선수 중 4명을 뽑을 때, A, B, C를 포함하여 뽑을 확률은?

① $\frac{1}{14}$
② $\frac{1}{5}$
③ $\frac{3}{8}$
④ $\frac{1}{2}$

03 ▶ 문제해결력

01 다음의 결과에 따라 많이 찾은 순서대로 바르게 나열한 것은?

- 숨은 그림 찾기에서 민수가 철수보다 더 많이 찾았다.
- 숨은 그림 찾기에서 철수가 영희보다 더 적게 찾았다.
- 숨은 그림 찾기에서 민수가 영희보다 더 적게 찾았다.

① 영희 – 철수 – 민수 ② 영희 – 민수 – 철수
③ 철수 – 영희 – 민수 ④ 민수 – 철수 – 영희

02 다음 명제들이 모두 참일 때, 사슴보다 큰 동물의 수는?

- 코끼리는 토끼보다 크다.
- 토끼는 악어보다 작다.
- 악어는 코끼리보다 작다.
- 상어는 코끼리보다 크다.
- 악어는 사슴보다 크다.

① 1마리 ② 2마리
③ 3마리 ④ 알 수 없다.

03 다음 명제를 통해 추론할 수 없는 것은?

- 대기업에 취업을 하려면 중국어 면접을 통과해야 한다.
- 중국어 면접을 잘 보려면 중국어 회화 레슨을 받는 것이 좋다.

① 중국어 면접을 통과하지 못하면 대기업에 취업할 수 없다.
② 중국어 회화 레슨을 받지 않고도 중국어 면접을 통과할 수 있다.
③ 중국어 회화 레슨을 받고도 중국어 면접을 통과하지 못할 수 있다.
④ 중국어 회화 레슨을 받으면 중국어 면접에서 높은 점수를 받을 수 있다.

※ 일정한 규칙으로 수·문자를 나열할 때, 빈칸에 들어갈 알맞은 수 또는 문자를 고르시오. [4~5]

04

a 2 c 5 h 13 ( ) 34

① k ② n
③ q ④ u

05

25 24 8 23 -8 38 -39 ( )

① 78 ② 84
③ 121 ④ -121

04 ▶ 공간지각력

01 다음 그림과 같이 화살표 방향으로 종이를 접은 후, 일부분을 잘라내어 다시 펼쳤을 때의 그림으로 가장 적절한 것은?

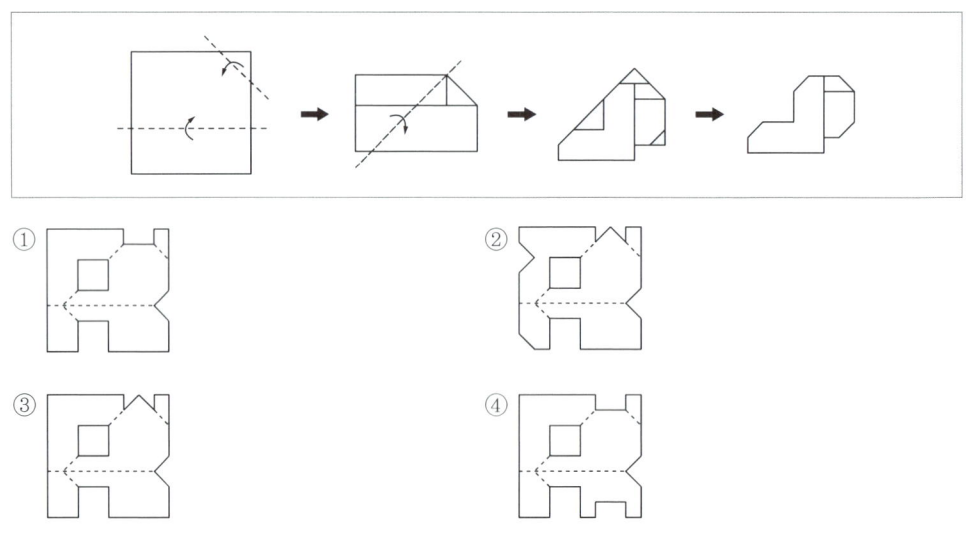

02 다음 전개도로 입체도형을 만들었을 때, 다른 도형이 나오는 것은?

① 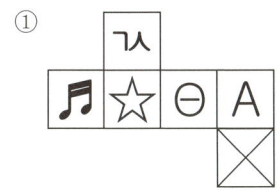   ②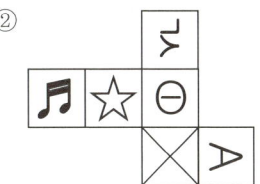

③    ④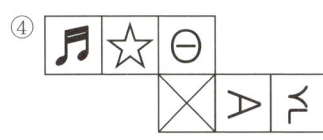

03 다음은 정육면체 나무토막을 쌓아서 만든 도형을 두 방향에서 본 모양이다. 이러한 모양을 만들기 위해서 필요한 나무토막의 최소 개수는?

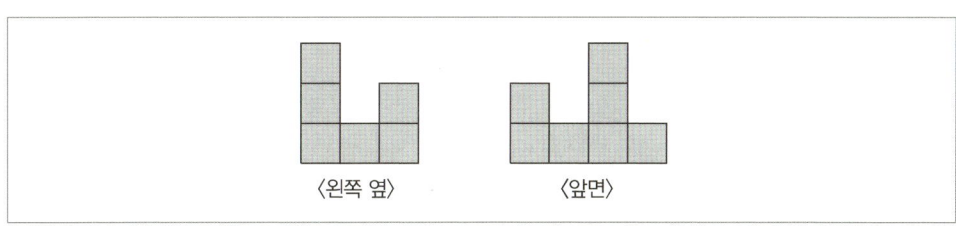

① 7개   ② 8개
③ 9개   ④ 10개

04 정면이 다음과 같도록 정육면체의 전개도를 접은 후, 조건에 따라 회전시켰을 때 정면에서 바라본 모양으로 가장 적절한 것은?

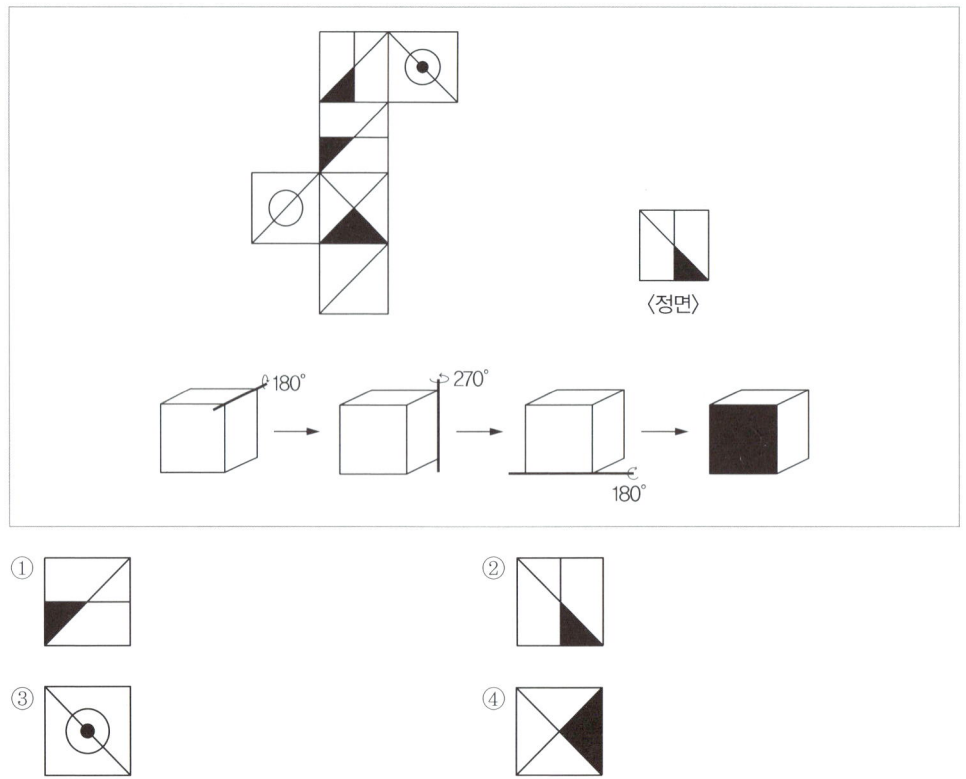

① ② ③ ④

05 다음 세 블록을 합쳤을 때 나올 수 있는 형태로 가장 적절한 것은?

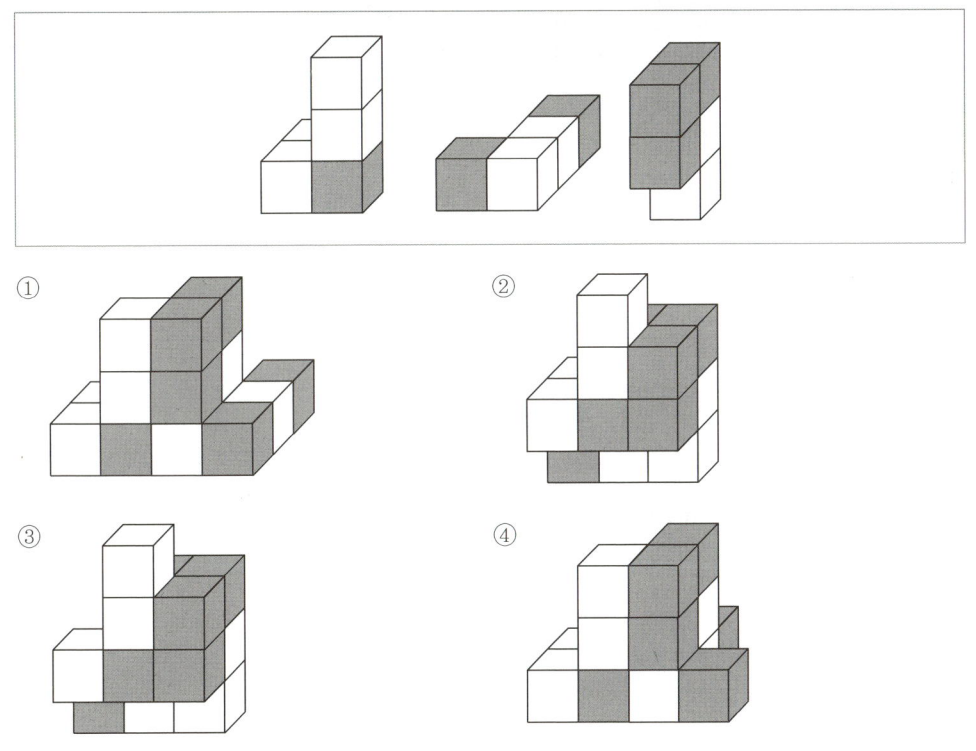

CHAPTER 01 | 2024년 기출복원문제

01 ▶ 언어논리력

01	02	03	04
④	③	③	②

01
정답 ④

'수척 – 초췌'는 유의 관계이다.
- 수척 : 몸이 몹시 야위고 마른 듯함
- 초췌 : 병, 근심, 고생 따위로 얼굴이나 몸이 여위고 파리함

02
정답 ③

밑줄 친 부분은 '무엇을 매개로 하거나 중개하다.'라는 의미로 사용되었다. 이와 같은 의미로 사용된 것은 ③이다.

오답분석
① 말이나 문장 따위의 논리가 이상하지 아니하고 의미의 흐름이 적절하게 이어져 나가다.
② 막힘이 없이 흐르다.
④ 마음 또는 의사나 말 따위가 다른 사람과 소통되다.

03
정답 ③

등장수축은 전체 근육 길이가 줄어드는 동심 등장수축과 늘어나는 편심 등장수축으로 나뉜다.

04
정답 ②

제시문은 코젤렉의 '개념사'에 대한 정의와 특징에 대한 글이다. 따라서 (라) 개념에 대한 논란과 논쟁 속에서 등장한 코젤렉의 개념사 – (가) 코젤렉의 개념사와 개념에 대한 분석 – (나) 개념에 대한 추가적인 분석 – (마) 개념사에 대한 추가적인 분석 – (다) 개념사의 목적과 코젤렉의 주장의 순서대로 배열하는 것이 적절하다.

02 ▶ 수리력

01	02	03	04
②	①	④	②

01
정답 ②

나래가 자전거를 탈 때의 속력을 $x$km/h, 진혁이가 걸을 때의 속력을 $y$km/h라고 하자.
$1.5(x-y)=6 \cdots ㉠$
$x+y=6 \cdots ㉡$
㉠과 ㉡을 연립하면 $x=5$, $y=1$이다.
따라서 나래의 속력은 5km/h이다.

02
정답 ①

오리의 수를 x마리, 개의 수를 y마리라고 하자.
$x+y=33 \cdots ㉠$
$2x+4y=72 \cdots ㉡$
$2\times㉠-㉡$으로 연립하면 $2y=6$이므로 $y=3$이다.
따라서 오리는 30마리, 개는 3마리이다.

03
정답 ④

50개 중 1개의 꼴로 불량품이 발생한다고 하였으므로 불량품일 확률은 $\frac{1}{50}$이다.
따라서 임의의 제품 2개를 고를 때, 모두 불량품일 확률은 $\frac{1}{50} \times \frac{1}{50} = \frac{1}{2,500}$이다.

04
정답 ②

연도별 황사의 발생횟수는 2021년에 최고치를 기록했다.

03 ▶ 문제해결력

01	02	03		
④	③	②		

01
정답 ④

(앞의 항)−(뒤의 항)=(다음 항)
−65 → (−40) → −25 → −15 → −10 → −5

02
정답 ③

- 운동을 좋아하는 사람 → 담배를 좋아하지 않음 → 커피를 좋아하지 않음 → 주스를 좋아함
- 과일을 좋아하는 사람 → 커피를 좋아하지 않음 → 주스를 좋아함

오답분석
① 1번째 명제와 2번째 명제의 대우로 추론할 수 있다.
② 3번째 명제의 대우와 2번째 명제로 추론할 수 있다.
④ 1번째 명제, 2번째 명제의 대우, 3번째 명제로 추론할 수 있다.

03
정답 ②

'양식 자격증이 있다.'를 A, '레스토랑에 취직하다.'를 B, '양식 실기시험에 합격해야 하다.'를 C라고 하면 전제1은 ~A → ~B, 전제2는 A → C이다. 전제1의 대우는 B → A이므로 B → A → C가 성립한다. 따라서 결론인 빈칸에는 B → C인 '레스토랑에 취직하려면 양식 실기시험에 합격해야 한다.'가 적절하다.

04 ▶ 공간지각력

01	02	03		
②	①	②		

01
정답 ②

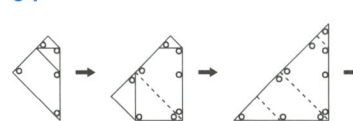

02
정답 ①

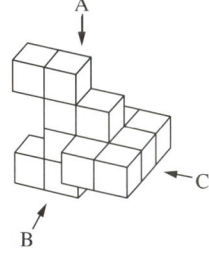

03
정답 ②

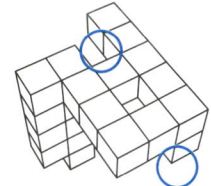

CHAPTER 02 | 2023년 기출복원문제

01 ▶ 언어논리력

01	02	03	04	05
①	③	②	③	③
06				
④				

01 정답 ①

토사구팽(兔死狗烹)은 토끼가 죽으면 토끼를 잡던 사냥개도 필요 없게 되어 주인에게 삶아 먹힌다는 뜻으로, 필요할 때는 쓰고 필요 없을 때는 야박하게 버리는 경우를 이르는 말이다. 팬데믹 기간 동안 사람들은 반려동물을 입양하여 정서적 안정을 얻었지만, 봉쇄가 풀리고 일상이 회복되면서 더는 필요성을 느끼지 못해 반려동물을 유기하고 있으므로 이에 관련된 가장 적절한 사자성어는 토사구팽이다.

오답분석

② 죽마고우(竹馬故友) : 대말을 타고 놀던 벗이라는 뜻으로, 어릴 때부터 같이 놀며 자란 벗을 가리킴
③ 화룡점정(畫龍點睛) : 무슨 일을 하는 데에 가장 중요한 부분을 완성함을 비유적으로 이르는 말. 용을 그리고 난 후에 마지막으로 눈동자를 그려 넣었더니 그 용이 실제 용이 되어 홀연히 구름을 타고 하늘로 날아 올라갔다는 고사에서 유래
④ 지록위마(指鹿爲馬) : 윗사람을 농락하여 권세를 마음대로 함을 이르는 말. 중국 진(秦)나라의 조고(趙高)가 자신의 권세를 시험하여 보고자 황제 호해(胡亥)에게 사슴을 가리키며 말이라고 한 데서 유래

02 정답 ③

맨발은 '다른 것이 없는'의 뜻을 가진 접두사 '맨'이 붙은 파생어이다.

오답분석

① 발품 : 신체기관인 '발'과 수고를 뜻하는 '품'이 결합된 합성어이다.
② 손목 : 신체기관인 '손'과 '목'이 결합된 합성어이다.
④ 손발 : 신체기관인 '손'과 '발'이 결합된 합성어이다.

03 정답 ②

'드러나다'는 '가려 있거나 보이지 않던 것이 보이게 되다.'의 뜻을 가진 동사이다.

오답분석

① 비슷하다 : '두 개의 대상이 크기, 모양, 상태, 성질 따위가 똑같지는 아니하지만 전체적 또는 부분적으로 일치하는 점이 많은 상태에 있다.'의 뜻을 가진 형용사이다.
③ 파랗다 : '맑은 가을 하늘이나 깊은 바다, 새싹과 같이 밝고 선명하게 푸르다.'의 뜻을 가진 형용사이다.
④ 구수하다 : '보리차, 숭늉, 된장국 따위에서 나는 맛이나 냄새와 같다.'의 뜻을 가진 형용사이다.

04 정답 ③

제시문은 칸트의 가언적 명령에 대한 정의와 그에 반대되는 정언적 명령에 대해 설명하는 내용의 글이다. 따라서 (다) 칸트는 우리가 특정한 목적을 달성하기 위해 준수해야 할 일, 또는 회피해야 할 일을 가언적 명령이라고 정의함 - (가) 가언적 명령과 달리, 우리가 이상적 인간으로서 가지는 일정한 의무는 정언적 명령이라고 정의함 - (라) 이는 절대적이고 무조건적인 의무이며, 이에 복종함으로써 뒤따르는 결과가 어떠하든 그와 상관없이 우리가 따라야 할 명령임 - (나) 칸트는 이와 같은 정언적 명령들의 체계가 곧 도덕이라고 주장함의 순으로 나열되는 것이 적절하다.

05 정답 ③

제시문의 세 번째 문단에서 예술 작품을 통한 해석으로 작품의 단일한 의미를 찾아내는 것이 꼭 실현되는 것은 아님을 알 수 있다.

06 정답 ④

제시문은 총 4단계로 나뉘는 감염병 위기경보 수준을 설명하면서, 각 단계에 따라 달라지는 정부의 주요 대응 활동에 대해 이야기하고 있다.

02 ▶ 수리력

01	02	03	04	05
②	③	①	②	③

01 정답 ②

$a+b=600$ … ㉠

$\dfrac{4}{100}a+\dfrac{7.75}{100}b=600\times\dfrac{6}{100}$ … ㉡

㉡에 ㉠을 대입하여 정리하면
$4a+7.75\times(600-a)=3,600$
→ $3.75a=1,050$
∴ $a=280$

따라서 농도 4%의 소금물의 양은 280g이다.

02 정답 ③

초대장을 만드는 일의 양을 1이라고 하면 혼자서 만들 때 걸리는 기간이 A대리는 6일, B사원은 12일이 걸린다.

즉, 하루에 끝낼 수 있는 일의 양은 각각 $\dfrac{1}{6}$, $\dfrac{1}{12}$ 이므로,

두 사람이 함께 일하면 하루에 끝낼 수 있는 양은 $\dfrac{1}{6}+\dfrac{1}{12}=\dfrac{3}{12}=\dfrac{1}{4}$ 이다.

따라서 A대리와 B사원이 함께 초대장을 만들 때 걸리는 총 기간은 4일이다.

03 정답 ①

상자에 있는 전체 장난감의 수를 N개라 하면
$a+b+c+d=a+\dfrac{a+c+d}{3}+c+d=\dfrac{4}{3}(a+c+d)=N$이
므로 $a+c+d=\dfrac{3}{4}N$이다.

따라서 b는 전체의 장난감 수 $\left(1-\dfrac{3}{4}\right)\times100=25\%$이다.

오답분석

② 서로 다른 여러 수의 평균값은 그 수들의 최솟값보다 크고 최댓값보다 작은 수이므로 b는 a나 c보다 클 수 없다.
③ 주어진 조건으로는 알 수 없다.
④ a와 c의 평균이므로 d는 a와 c 사이의 수이지만 '상자 D에 들어있는 장난감의 수가 가장 적다.'는 조건과 일치하지 않는다.

04 정답 ②

최초 투입한 원유의 양을 aL라 하면 다음과 같다.
- LPG를 생산하고 남은 원유의 양 : $(1-0.05a)=0.95a$L
- 휘발유를 생산하고 남은 원유의 양 : $0.95a(1-0.2)=0.76a$L
- 등유를 생산하고 남은 원유의 양 : $0.76a(1-0.5)=0.38a$L
- 경유를 생산하고 남은 원유의 양 : $0.38a(1-0.1)=0.342a$L

따라서 아스팔트의 생산량은 $0.342a\times0.04=0.01368a$L이므로, 아스팔트는 최초 투입한 원유의 양 대비 $0.01368\times100=1.368\%$가 생산된다.

05 정답 ③

상자를 컨테이너에 넣을 수 있는 경우는 다음과 같다.

i) 컨테이너의 높이 부분과 상자의 높이 부분을 나란히 놓는 경우

구분	컨테이너	상자	넣을 수 있는 상자 수
너비	6m	0.4m	6÷0.4=15개
폭	2.4m	0.2m	2.4÷0.2=12개
높이	2.5m	0.5m	2.5÷0.5=5개

컨테이너에 넣을 수 있는 상자의 개수는 $15\times12\times5=900$개이다.

ii) 컨테이너의 폭 부분과 상자의 높이 부분을 나란히 놓는 경우

구분	컨테이너	상자	넣을 수 있는 상자 수
너비	6m	0.4m	6÷0.4=15개
폭	2.4m	0.5m	2.4÷0.5≒4개
높이	2.5m	0.2m	2.5÷0.2≒12개

컨테이너에 넣을 수 있는 상자의 개수는 $15\times4\times12=720$개이다.

iii) 컨테이너의 너비 부분과 상자의 높이 부분을 나란히 놓는 경우

구분	컨테이너	상자	넣을 수 있는 상자 수
너비	6m	0.5m	6÷0.5=12개
폭	2.4m	0.2m	2.4÷0.2=12개
높이	2.5m	0.4m	2.5÷0.4≒6개

컨테이너에 넣을 수 있는 상자의 개수는 $12\times12\times6=864$개이다.

따라서 컨테이너에 넣을 수 있는 상자의 최대 개수는 900개이다.

03 ▶ 문제해결력

01	02	03	04	05
②	①	②	④	③

01
정답 ②

제시된 명제에 따라 비타민 C의 함유량이 가장 적은 과일을 순서대로 정리하면, '사과 – 키위(=5사과) – 귤(=1.6키위=8사과) –딸기(=2.6키위=13사과)' 순이다.
따라서 딸기의 비타민 C 함유량이 가장 많고, 사과의 비타민 C 함유량이 가장 적은 것을 알 수 있다.

02
정답 ①

제시된 각각의 진술을 거짓말이라고 가정하고 정리하면 다음과 같다.
- A의 주장이 거짓일 때 : A가 깨뜨린 것이 된다.
- B의 주장이 거짓일 때 : A와 C가 깨뜨린 것이 된다.
- C의 주장이 거짓일 때 : 한 명은 C가 깼다고 말하고, 두 명은 깨지 않았다고 말한 것이 된다.
- D의 주장이 거짓일 때 : A와 C가 깨뜨린 것이 된다.

따라서 A가 거짓말을 하였고, A가 화분을 깨뜨렸다.

03
정답 ②

제시문에 따르면 B의 진술이 거짓일 경우 A와 C는 모두 프로젝트에 참여하지 않으며, C의 진술이 거짓일 경우 B와 C는 모두 프로젝트에 참여한다. 그러므로 B와 C의 진술은 동시에 거짓이 될 수 없으므로 둘 중 한 명의 진술은 반드시 참이 된다. 이에 따라 각 진술이 참인 경우를 보면 다음과 같다.
- B의 진술이 참인 경우
  A는 프로젝트에 참여하지 않으며, B와 C는 모두 프로젝트에 참여한다. B와 C 모두 프로젝트에 참여하므로 D는 프로젝트에 참여하지 않는다.
- C의 진술이 참인 경우
  A는 프로젝트에 참여하지 않으며, B는 프로젝트에 참여한다. C는 프로젝트에 참여하지 않으나, B가 프로젝트에 참여하므로 D는 프로젝트에 참여하지 않는다.

따라서 반드시 프로젝트에 참여하는 사람은 B이다.

04
정답 ④

A의 진술과 C의 진술이 서로 모순되므로 2명 중 1명은 진실을 말하고 있다.
- A의 진술이 참인 경우
  범인은 B가 된다. 그러나 이 경우 B, C, D 모두 거짓을 말하는 것이나, D의 진술이 거짓일 경우 A와 B는 범인이 아니므로 모순이다.
- C의 진술이 참인 경우
  B와 C는 범인이 아니며 A, B, D의 진술은 모두 거짓이다. A의 진술이 거짓이므로 B는 범인이 아니고, B의 진술이 거짓이므로 C와 D 2명 중 범인이 있다. 마지막으로 D의 진술도 거짓이므로 A와 B는 범인이 아니다.

따라서 물건을 훔친 범인은 D이다.

05
정답 ③

- 702 나 2838 : '702'는 승합차에 부여되는 자동차 등록번호이다.
- 431 사 3019 : '사'는 운수사업용 차량에 부여되는 자동차 등록번호이다.
- 912 라 2034 : '912'는 화물차에 부여되는 자동차 등록번호이다.
- 214 하 1800 : '하'는 렌터카에 부여되는 자동차 등록번호이다.
- 241 가 0291 : '0291'은 발급될 수 없는 일련번호이다.

따라서 비사업용 승용차의 자동차 등록번호로 잘못 부여된 것은 모두 5개이다.

04 ▶ 공간지각력

01	02	03		
②	②	②		

01
정답 ②

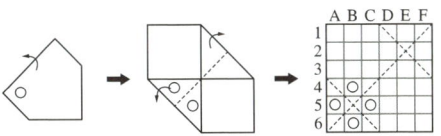

02
정답 ②

중간의 가장 큰 도형은 움직이지 않는 것을 기준으로, 외부의 작은 도형들은 시계 방향으로 꼭짓점과 변을 기준으로 번갈아 시계 방향으로 이동하는 규칙이다.

03
정답 ②

층별로 블록의 개수를 구하면 다음과 같다.
- 1층 : 5×5−7=18개
- 2층 : 25−13=12개
- 3층 : 25−16=9개
- 4층 : 25−19=6개
- 5층 : 25−23=2개

∴ 18+12+9+6+2=47개

03 | 2022년 기출복원문제

01 ▶ 언어논리력

01	02	03	04	05
②	③	③	①	④

01 　　　　　　　　　　　정답 ②

사이다에는 탄산이 함유되어 있고, 공기에는 산소가 함유되어 있다.

02 　　　　　　　　　　　정답 ③

필름, 배우, 원각사(한국 최초의 서양식 사설극장)를 통해 '영화'를 연상할 수 있다.

03 　　　　　　　　　　　정답 ③

밑줄 친 부분은 '점수나 자격 따위를 얻다.'라는 의미로, 이와 같은 의미로 쓰인 것은 ③이다.

오답분석
① 꽉 봉한 것을 뜯다.
② 이름이나 뜻을 취하여 그와 같게 하다.
④ 노름, 내기, 경기 따위에서 이겨 돈이나 상품 따위를 얻다.

04 　　　　　　　　　　　정답 ①

제시문은 자원의 상대성에 대한 내용으로, 유럽과 신대륙 간 필요한 자원의 가치에 따라 교환이 일어나고 있는 상황을 설명한다.

오답분석
②·④ 자원의 유한성에 대한 설명이다.
③ 자원의 가변성에 대한 설명이다.

05 　　　　　　　　　　　정답 ④

제시문에서는 인지부조화의 개념과 과정을 설명한 후, 이러한 인지부조화를 감소시키는 행동에 자기 방어적인 행동을 유발하는 비합리적인 면이 있음을 지적한다. 그리고 이러한 행동이 부정적 결과를 초래할 수 있다고 밝히고 있다.

02 ▶ 수리력

01	02	03	04	05
②	①	②	②	②

01 　　　　　　　　　　　정답 ②

제품 1개를 판매했을 때 얻는 이익은 $2,000 \times 0.15$원이므로 정가는 2,300원이다.
판매이익은 $160 \times 300 = 48,000$원이고, 하자 제품에 대한 보상금액은 $8 \times 2 \times 2,300 = 36,800$원이다.
따라서 얻은 이익은 $48,000 - 36,800 = 11,200$원이다.

02 　　　　　　　　　　　정답 ①

- n개월 후 형의 통장 잔액 : $2,000 \times n$
- n개월 후 동생의 통장 잔액 : $10,000 + 1,500 \times n$
$2,000n > 10,000 + 1,500n \rightarrow n > 20$
따라서 형의 통장 잔액이 동생보다 많아질 때는 21개월 후이다.

03 　　　　　　　　　　　정답 ②

ㄱ, ㄴ, ㄷ, ㄹ 순으로 칠한다면 가장 면적이 넓은 ㄱ에 4가지를 칠할 수 있고, ㄴ은 ㄱ과 달라야 하므로 3가지, ㄷ은 ㄱ, ㄴ과 달라야 하므로 2가지, ㄹ은 ㄱ, ㄷ과 달라야 하므로 2가지를 칠할 수 있다.
따라서 색칠하는 전체 경우의 수는 $4 \times 3 \times 2 \times 2 = 48$가지이다.

04 　　　　　　　　　　　정답 ②

아들의 나이를 x살이라고 하면, 어머니의 나이는 $3x$살이다.
$x + 3x < 62 \rightarrow x < 15.5$
따라서 아들의 최대 나이는 15살이다.

05 　　　　　　　　　　　정답 ②

미생물은 3일마다 10배씩 증가하고 있다. 그러므로 6월 7일에 미생물 3마리가 분열을 시작하여 30억 마리가 되려면 30억$= 3 \times 10^9$이므로 $3 \times 9 = 27$일 후이다.
따라서 미생물이 30억 마리가 되는 날은 6월 7일을 기준으로 27일 후인 7월 4일이다.

03 ▶ 문제해결력

01	02	03	04	05
②	①	①	③	①

01 정답 ②

홀수 항은 +2, 짝수 항은 −2로 나열된 수열이다.
따라서 (   )=19−2=17이다.

02 정답 ①

홀수 항은 +2, 짝수 항은 +3으로 나열된 수열이다.

ㄹ	5	六	ㅠ	(ㅠ)	11	ㅊ	N
4	5	6	8	8	11	10	14

03 정답 ①

제시된 명제를 논리기호화하면 다음과 같다.
• 늦잠을 잠 : p
• 부지런함 : q
• 건강함 : r
• 비타민을 챙겨먹음 : s
그러므로 '∼p → q', 'p → ∼r', 's → r'가 성립한다.
어떤 명제가 참이면 그 대우도 참이므로, 첫 번째, 세 번째 명제와 두 번째 명제의 대우를 연결하면 's → r → ∼p → q'가 된다. 따라서 's → q'는 참이다.

[오답분석]
② 's → q'의 역이며, 참인 명제의 역은 참일 수도 거짓일 수도 있다.
③ 'p → s'이므로 참인지 거짓인지 알 수 없다.
④ '∼p → q'의 이이며, 참인 명제의 이는 참일 수도 거짓일 수도 있다.

04 정답 ③

제시된 조건을 논리기호화하면 다음과 같다.
• 첫 번째 조건 : 삼선짬뽕
• 마지막 조건의 대우 : 삼선짬뽕 → 팔보채
• 다섯 번째 조건의 대우 : 팔보채 → 양장피
세 번째, 네 번째 조건의 경우 자장면에 대한 단서가 없으므로 전건 및 후건의 참과 거짓을 판단할 수 없다. 그러므로 탕수육과 만두도 주문 여부를 알 수 없다.
따라서 반드시 주문할 메뉴는 삼선짬뽕, 팔보채, 양장피이다.

05 정답 ①

제시된 조건을 논리기호화하면 다음과 같다.
• A → ∼F & B
• C → ∼D
• ∼E → C
• B or E
• D

다섯 번째 조건에 의해 D가 참여하므로 두 번째 조건의 대우인 D → ∼C에 의해 C는 참여하지 않고, 세 번째 조건의 대우인 ∼C → E에 의해 E는 참여한다. E가 참여하므로 네 번째 조건에 의해 B는 참여하지 않는다. 또한 첫 번째 조건의 대우인 F or ∼B → ∼A에 의해 A는 참여하지 않는다. 그리고 F는 제시된 조건으로는 반드시 참여하는지 알 수 없다.
따라서 반드시 체육대회에 참여하는 직원은 D, E 2명이다.

04 ▶ 공간지각력

01	02	03	04	05
②	①	④	②	④

01   정답 ②

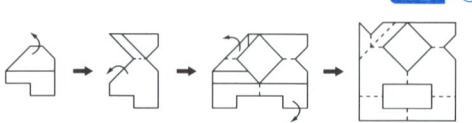

02   정답 ①

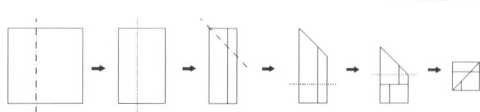

03   정답 ④

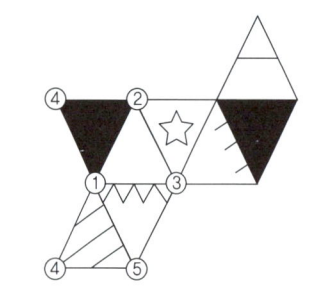

04   정답 ②

05   정답 ④

- 1층 : 3×3=9개
- 2층 : 9−1=8개
- 3층 : 9−3=6개
- 4층 : 9−7=2개

따라서 블록의 개수는 25개이다.

CHAPTER 04 | 2021년 기출복원문제

01 ▶ 언어논리력

01	02	03	04	05
③	③	④	②	④

01　정답 ③
있지 않았습니다. → 계시지 않았습니다.
아버지에 대한 높임의 표현으로는 주체높임인 '계시다'가 적절하다.

02　정답 ③
제시문의 '다루다'는 '어떤 물건이나 일거리 따위를 어떤 성격을 가진 대상 혹은 어떤 방법으로 취급하다.'는 의미로 사용되었으므로 '취급하다'로 바꾸어 사용할 수 있다.

오답분석
① 사고팔다 : 물건 따위를 사기도 하고 팔기도 하다.
② 사용하다 : 일정한 목적이나 기능에 맞게 쓰다.
④ 상대하다 : 1. 서로 마주 대하다.
　　　　　　　2. 서로 겨루다.

03　정답 ④

오답분석
① 벌리는구나 → 벌이는구나
② 김치찌게 → 김치찌개
③ 다릴 → 달일

04　정답 ②
제시문 두 번째 문단의 마지막 두 문장에 따르면 지구상의 많은 식물들이 꿀벌을 매개로 번식하며, 꽃가루받이를 할 꿀벌이 사라진다면 이러한 식물군 전체가 열매를 맺지 못할 위기에 놓인다고 하였다. 그러나 마지막 문단 네 번째 줄에 따르면 자원봉사자를 투입하여 꽃가루받이 수작업이 이루어지고 있다고 하였으므로, 벌을 매개로 한 방법 이외에 번식할 수 있는 방법이 없다는 것은 적절하지 않다.

오답분석
① 마지막 문단에서 꿀벌의 개체 수가 줄어드는 원인으로 살충제와 항생제, 대기오염, 전자파 등을 들고 있으며, 이는 현대 문명사회에 이르러서 생겨난 것들이다.
③ 두 번째 문단의 첫 번째 ~ 세 번째 문장을 통해 알 수 있다.
④ 첫 번째 문단에 따르면 벌은 꽃가루와 꿀을 얻는 과정에서 꽃가루를 옮겨 식물의 번식에 도움을 주므로, 비의도적인 것이라고 할 수 있다.

05　정답 ④
제시된 문단을 논리적으로 나열하려면 각 문단의 첫 부분과 마지막 부분을 살펴봐야 한다. 연결어나 지시어가 없고, 글의 전체적 주제를 제시하는 문단이 가장 처음에 올 가능성이 높다. 따라서 사랑과 관련하여 여러 형태의 빛 신호를 가지고 있는 반딧불이를 소개하는 내용의 (라) 문단이 맨 처음에 와야 한다. 다음으로는 (라) 문단의 마지막 내용과 연결되는 반딧불이 집단의 불빛으로 시작해 반딧불이의 단독행동으로 끝이 나는 (나) 문단이 이어지는 것이 자연스럽다. 그리고 단독으로 행동하기를 좋아하는 반딧불이가 짝을 찾는 모습을 소개한 (마) 문단이 이어져야 하며, 그러한 특성을 이용해 먹잇감을 찾는 반딧불이의 종류를 이야기하는 (가) 문단이 오는 것이 옳다. (다) 문단은 (가) 문단에 이어지는 내용이므로 그 뒤에 배치되어야 한다.

02 ▶ 수리력

01	02	03	04	05
④	①	②	④	①

01
정답 ④

- 아이스크림의 정가 : $2,000(1+\frac{a}{100})$원
- 아이스크림의 할인율 : $\frac{a}{100} \times \frac{1}{2} = \frac{a}{200}$
- 할인된 아이스크림의 가격 : $2,000\left(1+\frac{a}{100}\%\right) \times \left(1-\frac{a}{200}\right)$원
- 아이스크림 1개당 이익 : $2,000\left(1+\frac{a}{100}\%\right) \times \left(1-\frac{a}{200}\right)$ $-2,000 = 240$원

$2,000\left(1+\frac{a}{100}\right) \times \left(1-\frac{a}{200}\right) - 2,000 = 240$

→ $a^2 - 100a + 2,400 = 0$
→ $(a-40)(a-60) = 0$
∴ $a = 40$, $a = 60$

따라서 40%나 60%를 할인한 경우 240원의 이익이 발생한다.

02
정답 ①

스낵을 가장 많이 구매하기 위해서는 가격이 낮은 스낵을 가장 많이 구매하면 된다. a, b, c스낵을 1개씩 구매한 금액은 $1,000+1,500+2,000 = 4,500$원이고, 나머지 금액은 $50,000 - 4,500 = 45,500$원이다.
이때 a, c스낵은 천 원 단위이므로 b스낵을 1개 더 사야 하고, 남은 금액으로 a스낵을 $44,000 \div 1,000 = 44$개 구매한다.
따라서 a스낵 $44+1 = 45$개, b스낵 2개, c스낵 1개를 구매하여 최대 $45+2+1 = 48$개의 스낵을 구매할 수 있다.

03
정답 ②

집에서 도서관까지의 거리를 $x$km라 하면
$\frac{0.5x}{2} + \frac{0.5x}{6} = \frac{1}{3}$
$15x + 5x = 20$
∴ $x = 1$
따라서 집에서 도서관까지의 거리는 1km이다.

04
정답 ④

- (농도) $= \frac{(소금)}{(소금물)} \times 100 = \frac{(소금)}{(소금+물)} \times 100$
- 20% 식염수 200g에 들어있는 소금의 양 : $\frac{20}{100} \times 200 = 40$

$\frac{100+40}{200+100+200} \times 100 = 28$

따라서 28%의 식염수가 된다.

05
정답 ①

8명의 선수 중 4명을 뽑는 경우의 수는 $_8C_4 = \frac{8 \times 7 \times 6 \times 5}{4 \times 3 \times 2 \times 1}$ $= 70$가지이고, A, B, C를 포함하여 4명을 뽑는 경우의 수는 A, B, C를 제외한 5명 중 1명을 뽑으면 되므로 $_5C_1 = 5$가지이다.

따라서 구하고자 하는 확률은 $\frac{5}{70} = \frac{1}{14}$이다.

03 ▶ 문제해결력

01	02	03	04	05
②	④	④	④	②

01 정답 ②

민수와 영희는 철수보다 숨은 그림을 더 많이 찾았고, 영희가 민수보다 숨은 그림을 더 많이 찾았다. 따라서 영희 – 민수 – 철수 순서로 숨은 그림을 더 많이 찾았다.

02 정답 ④

명제들이 모두 참이라면 '상어>코끼리>악어>사슴, 토끼'가 성립한다. 이때, 사슴과 토끼 중 어느 동물이 더 큰지 알 수 없기 때문에 사슴보다 큰 동물이 몇 마리인지 알 수 없다.

03 정답 ④

중국어 회화 레슨을 받으면 중국어 면접에서 높은 점수를 받을 수 있지만, 못 받을 수도 있다.

04 정답 ④

알파벳의 순서를 숫자로 바꾸어 나열하면 1, 2, 3, 5, 8, 13, ( ), 34이다. 이는 피보나치 수열로 앞의 두 항의 합이 다음 항에 해당한다. 따라서 빈칸에 알맞은 문자는 $8+13=21$번째의 알파벳 'u'이다.

05 정답 ②

제3항부터 다음과 같은 규칙을 가지고 있다.
$(n-2)$항$-(n-1)$항$+7=(n)$항, $n \geq 3$
따라서 빈칸에 알맞은 수는 $38-(-39)+7=84$이다.

04 ▶ 공간지각력

01	02	03	04	05
①	③	①	④	②

01 정답 ①

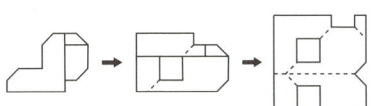

02 정답 ③

03 정답 ①

위에서 봤을 때 쌓을 수 있는 블록의 최소 개수는 다음과 같다.

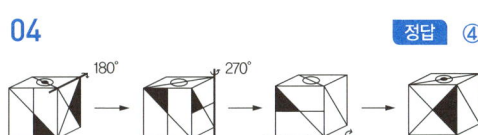

따라서 $2+1+3+1=7$개이다.

04 정답 ④

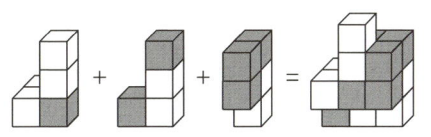

05 정답 ②

아이들이 답이 있는 질문을 하기 시작하면 그들이 성장하고 있음을 알 수 있다.

– 존 J. 플롬프 –

PART 1 인성검사

CHAPTER 01 인성검사 소개

CHAPTER 02 모의테스트

CHAPTER 01 | 인성검사 소개

개인이 업무를 수행하면서 능률적인 성과물을 만들기 위해서는 개인의 능력과 경험 그리고 회사에서의 교육 및 훈련 등이 필요하지만, 개인의 성격이나 성향 역시 중요하다. 여러 직무분석 연구에서 나온 결과들에 따르면, 직무에서의 성공과 관련된 특성들 중 최고 70% 이상이 능력보다는 성격과 관련이 있다고 한다. 따라서 최근 공공기관뿐만 아니라 대부분의 기업들은 인성검사의 비중을 높이고 있는 추세이다.

01 ▶ 인성검사의 개요

1. 인성검사의 의의

인성검사는 1943년 미국 미네소타 대학교의 임상심리학자 Hathaway 박사와 정신과 의사 Mckinley 박사가 제작한 MMPI(Minnesota Multiphasic Personality Inventory)를 원형으로 한 다면적 인성검사를 말한다.
다면적이라 불리는 것은 여러 가지 정신적인 증상들을 동시에 측정할 수 있도록 고안되어 있기 때문이다. 풀이하자면, 개인이 가지고 있는 다면적인 성격을 많은 문항수의 질문을 통해 수치로 나타내는 것이다. 그렇다면 성격이란 무엇인가?
성격은 일반적으로 개인 내부에 있는 특징적인 행동과 생각을 결정해 주는 정신적·신체적 체제의 역동적 조직이라고 말할 수 있으며, 환경에 적응하게 하는 개인적인 여러 가지 특징과 행동양식의 잣대라고 정의할 수 있다.
다시 말하면, 성격이란 한 개인이 환경적 변화에 적응하는 특징적인 행동 및 사고유형이라고 할 수 있으며, 인성검사란 그 개인의 행동 및 사고유형을 서면을 통해 수치적·언어적으로 기술하거나 예언해 주는 도구라 할 수 있다.
신규채용 또는 평가에 활용하는 인성검사로 MMPI 원형을 그대로 사용하는 기업도 있지만, 대부분의 기업에서는 MMPI 원형을 기준으로 연구, 조사, 정보수집, 개정 등의 과정을 통해서 자체 개발한 유형을 사용하고 있다.
인성검사의 구성은 여러 가지 하위 척도로 구성되어 있는데, MMPI 다면적 인성검사의 척도를 살펴보면 기본 척도가 8개 문항으로 구성되어 있고, 2개의 임상 척도와 4개의 타당성 척도를 포함, 총 14개 척도로 구성되어 있으며, 캘리포니아 심리검사(CPI; California Psychological Inventory)의 경우는 48개 문항, 18개의 척도로 구성되어 있다.

2. 인성검사의 해석단계

해석단계는 첫 번째, 각 타당성 및 임상 척도에 대한 피검사자의 점수를 검토하는 방법으로 척도마다 피검사자의 점수가 정해진 범위에 속하는지 여부를 검토하게 된다.

두 번째, 척도별 연관성에 대한 분석으로 각 척도에서의 점수범위가 의미하는 것과 그것들이 나타낼 가설들을 종합하고, 어느 특정 척도의 점수를 근거로 하여 다른 척도들에 대한 예측을 시도하게 된다.

세 번째, 척도 간의 응집 또는 분산을 찾아보고 그에 따른 해석적 가설을 형성하는 과정으로 두 개 척도 간의 관계만을 가지고 해석하게 된다.

네 번째, 매우 낮은 임상 척도에 대한 검토로서, 일부 척도에서 낮은 점수가 특별히 의미 있는 경우가 있기 때문에 신중히 다뤄지게 된다.

다섯 번째, 타당성 및 임상 척도에 대한 형태적 분석으로서, 타당성 척도들과 임상 척도들 전체의 형태적 분석이다. 주로 척도들의 상승도와 기울기 및 굴곡을 해석해서 피검사자에 대한 종합적이고 총체적인 추론적 해석을 하게 된다.

02 ▶ 척도구성

1. MMPI 척도구성

(1) 타당성 척도

타당성 척도는 피검사자가 검사에 올바른 태도를 보였는지, 또 피검사자가 응답한 검사문항들의 결론이 신뢰할 수 있는 결론인가를 알아보는 라이스케일(허위척도)이라 할 수 있다. 타당성 4개 척도는 잘못된 검사태도를 탐지하게 할 뿐만 아니라, 임상 척도와 더불어 검사 이외의 행동에 대하여 유추할 수 있는 자료를 제공해 줌으로써, 의미있는 인성요인을 밝혀주기도 한다.

〈타당성 4개 척도구성〉

무응답 척도 (?)	무응답 척도는 피검사자가 응답하지 않은 문항과 '그렇다'와 '아니다'에 모두 답한 문항들의 총합이다. 척도점수의 크기는 다른 척도점수에 영향을 미치게 되므로, 빠뜨린 문항의 수를 최소로 줄이는 것이 중요하다.
허구 척도 (L)	L 척도는 피검사자가 자신을 좋은 인상으로 나타내 보이기 위해 하는 고의적이고 부정직하며 세련되지 못한 시도를 측정하는 허구 척도이다. L 척도의 문항들은 정직하지 못하거나 결점들을 고의적으로 감춰 자신을 좋게 보이려는 사람들의 장점마저도 부인하게 된다.
신뢰성 척도 (F)	F 척도는 검사문항에 빗나간 방식의 답변을 응답하는 경향을 평가하기 위한 척도로 정상적인 집단의 10% 이하가 응답한 내용을 기준으로 일반 대중의 생각이나 경험과 다른 정도를 측정한다.
교정 척도 (K)	K 척도는 분명한 정신적인 장애를 지니면서도 정상적인 프로파일을 보이는 사람들을 식별하기 위한 것이다. K 척도는 L 척도와 유사하게 거짓답안을 확인하지만 L 척도보다 더 미세하고 효과적으로 측정한다.

(2) 임상 척도

임상 척도는 검사의 주된 내용으로 비정상 행동의 종류를 측정하는 10가지 척도로 되어 있다. 임상 척도의 수치는 높은 것이 좋다고 해석하는 경우도 있지만, 개별 척도별로 해석을 참고하는 경우가 대부분이다.

척도	설명
건강염려증(Hs) Hypochondriasis	개인이 말하는 신체적 증상과 이러한 증상들이 다른 사람을 조정하는 데 사용되고 있지는 않은지 여부를 측정하는 척도로서, 측정내용은 신체의 기능에 대한 과도한 집착 및 이와 관련된 질환이나 비정상적인 상태에 대한 불안감 등이다.
우울증(D) Depression	개인의 비관 및 슬픔의 정도를 나타내는 기분상태의 척도로서, 자신에 대한 태도와 타인과의 관계에 대한 태도, 절망감, 희망의 상실, 무력감 등을 원인으로 나타나는 활동에 대한 흥미의 결여, 불면증과 같은 신체적 증상 및 과도한 민감성 등을 표현한다.
히스테리(Hy) Hysteria	현실에 직면한 어려움이나 갈등을 회피하는 방법인 부인기제를 사용하는 경향 정도를 진단하려는 것으로서 특정한 신체적 증상을 나타내는 문항들과 아무런 심리적·정서적 장애도 가지고 있지 않다고 주장하는 것을 나타내는 문항들의 두 가지 다른 유형으로 구성되어 있다.
반사회성(Pd) Psychopathic Deviate	가정이나 일반사회에 대한 불만, 자신 및 사회와의 격리, 권태 등을 주로 측정하는 것으로서 반사회적 성격, 비도덕적인 성격 경향 정도를 알아보기 위한 척도이다.
남성-여성특성(Mf) Masculinity-Femininity	직업에 관한 관심, 취미, 종교적 취향, 능동·수동성, 대인감수성 등의 내용을 담고 있으며, 흥미형태의 남성특성과 여성특성을 측정하고 진단하는 검사이다.
편집증(Pa) Paranoia	편집증을 평가하기 위한 것으로서 정신병적인 행동과 과대의심, 관계망상, 피해망상, 과대망상, 과민함, 비사교적 행동, 타인에 대한 불만감 같은 내용의 문항들로 구성되어 있다.
강박증(Pt) Psychasthenia	병적인 공포, 불안감, 과대근심, 강박관념, 자기 비판적 행동, 집중력 곤란, 죄책감 등을 검사하는 내용으로 구성되어 있으며, 주로 오랫동안 지속된 만성적인 불안을 측정한다.
정신분열증(Sc) Schizophrenia	정신적 혼란을 측정하는 척도로서 가장 많은 문항에 내포하고 있다. 이 척도는 별난 사고방식이나 행동양식을 지닌 사람을 판별하는 것으로서 사회적 고립, 가족관계의 문제, 성적 관심, 충동억제불능, 두려움, 불만족 등의 내용으로 구성되어 있다.
경조증(Ma) Hypomania	정신적 에너지를 측정하는 것으로서, 사고의 다양성과 과장성, 행동영역의 불안정성, 흥분성, 민감성 등을 나타낸다. 이 척도가 높으면 무엇인가를 하지 않고는 못 견디는 정력적인 사람이다.
내향성(Si) Social Introversion	피검사자의 내향성과 외향성을 측정하기 위한 척도로서, 개인의 사회적 접촉 회피, 대인관계의 기피, 비사회성 등의 인성요인을 측정한다. 이 척도의 내향성과 외향성은 어느 하나가 좋고 나쁨을 나타내는 것이 아니라, 피검사자가 어떤 성향의 사람인가를 알아내는 것이다.

2. CPI 척도구성

〈18 척도〉

척도	설명
지배성 척도 (Do)	강력하고 지배적이며, 리더십이 강하고 대인관계에서 주도권을 잡는 지배적인 사람을 변별하고자 하는 척도이다.
지위능력 척도 (Cs)	현재의 개인 자신의 지위를 측정하는 것이 아니라, 개인의 내부에 잠재되어 있어 어떤 지위에 도달하게끔 하는 자기 확신, 야심, 자신감 등을 평가하기 위한 척도이다.
사교성 척도 (Sy)	사교적이고 활달하며 참여기질이 좋은 사람과, 사회적으로 자신을 나타내기 싫어하고 참여기질이 좋지 않은 사람을 변별하고자 하는 척도이다.
사회적 태도 척도 (Sp)	사회생활에서의 안정감, 활력, 자발성, 자신감 등을 평가하기 위한 척도로서, 사교성과 밀접한 관계가 있다. 고득점자는 타인 앞에 나서기를 좋아하고, 타인의 방어기제를 공격하여 즐거움을 얻고자 하는 성격을 가지고 있다.
자기수용 척도 (Sa)	자신에 대한 믿음, 자신의 생각을 수용하는 자기확신감을 가지고 있는 사람을 변별하기 위한 척도이다.
행복감 척도 (Wb)	근본 목적은 행복감을 느끼는 사람과 그렇지 않은 사람을 변별해 내는 척도 검사이지만, 긍정적인 성격으로 가장하기 위해서 반응한 사람을 변별해 내는 타당성 척도로서의 목적도 가지고 있다.
책임감 척도 (Re)	법과 질서에 대해서 철저하고 양심적이며 책임감이 강해 신뢰할 수 있는 사람과 인생은 이성에 의해서 지배되어야 한다고 믿는 사람을 변별하기 위한 척도이다.
사회성 척도 (So)	사회생활에서 이탈된 행동이나 범죄의 가능성이 있는 사람을 변별하기 위한 척도로서 범죄자 유형의 사람은 정상인보다 매우 낮은 점수를 나타낸다.
자기통제 척도 (Sc)	자기통제의 유무, 충동, 자기중심에서 벗어날 수 있는 통제의 적절성, 규율과 규칙에 동의하는 정도를 측정하는 척도로서, 점수가 높은 사람은 지나치게 자신을 통제하려 하며, 낮은 사람은 자기 통제가 잘 안되므로 충동적이 된다.
관용성 척도 (To)	침묵을 지키고 어떤 사실에 대하여 성급하게 판단하기를 삼가고 다양한 관점을 수용하려는 사회적 신념과 태도를 재려는 척도이다.
좋은 인상 척도 (Gi)	타인이 자신에 대해 어떻게 반응하는가, 타인에게 좋은 인상을 주었는가에 흥미를 느끼는 사람을 변별하고, 자신을 긍정적으로 보이기 위해 솔직하지 못한 반응을 하는 사람을 찾아내기 위한 타당성 척도이다.
추종성 척도 (Cm)	사회에 대한 보수적인 태도와 생각을 측정하는 척도검사이다. 아무렇게나 적당히 반응한 피검사자를 찾아내는 타당성 척도로서의 목적도 있다.
순응을 위한 성취 척도 (Ac)	강한 성취욕구를 측정하기 위한 척도로서 학업성취에 관련된 동기요인과 성격요인을 측정하기 위해서 만들어졌다.
독립성을 통한 성취 척도 (Ai)	독립적인 사고, 창조력, 자기실현을 위한 성취능력의 정도를 측정하는 척도이다.
지적 능률 척도 (Ie)	지적 능률성을 측정하기 위한 척도이며, 지능과 의미 있는 상관관계를 가지고 있는 성격특성을 나타내는 항목을 제공한다.
심리적 예민성 척도 (Py)	동기, 내적 욕구, 타인의 경험에 공명하고 흥미를 느끼는 정도를 재는 척도이다.
유연성 척도 (Fx)	개인의 사고와 사회적 행동에 대한 유연성, 순응성 정도를 나타내는 척도이다.
여향성 척도 (Fe)	흥미의 남향성과 여향성을 측정하기 위한 척도이다.

03 ▶ 인성검사 수검요령

인성검사는 특별한 수검요령이 없다. 다시 말하면 모범답안이 없고, 정답이 없다는 이야기이다. 국어문제처럼 말의 뜻을 풀이하는 것도 아니다. 굳이 수검요령을 말하자면, 진실하고 솔직한 내 생각을 답하는 것이라고 할 수 있다.

인성검사에서 가장 중요한 것은 첫째, 솔직한 답변이다. 지금까지 경험을 통해서 축적된 내 생각과 행동을 거짓 없이 솔직하게 기재하는 것이다. 예를 들어, "나는 타인의 물건을 훔치고 싶은 충동을 느껴 본 적이 있다."라는 질문에 피검사자들은 많은 생각을 하게 된다. 생각해 보라. 유년기에 또는 성인이 되어서도 타인의 물건을 훔치는 일을 저지른 적이 없더라도, 훔치고 싶은 충동은 누구나 조금이라도 다 느껴보았을 것이다. 그런데 간혹 이 질문에 고민을 하는 사람이 있다. 과연 이 질문에 "예"라고 대답하면 담당 검사관들이 나를 사회적으로 문제가 있는 사람으로 여기지는 않을까 하는 생각에 "아니요"라는 답을 기재하게 된다. 이런 솔직하지 않은 답변이 답변의 신뢰와 솔직함을 나타내는 타당성 척도에 좋지 않은 점수를 주게 된다. 둘째, 일관성 있는 답변이다. 인성검사의 수많은 질문 중에는 비슷한 내용의 물음이 여러 개 숨어 있는 경우가 많이 있다. 그 질문들은 피검사자의 '솔직한 답변'과 '심리적인 상태'를 알아보기 위해 반복적으로 나오는 것이다. 가령 "나는 유년 시절 타인의 물건을 훔친 적이 있다."라는 질문에 "예"라고 대답했는데, "나는 유년 시절 타인의 물건을 훔쳐보고 싶은 충동을 느껴본 적이 있다."라는 질문에는 "아니요"라는 답을 기재한다면 어떻겠는가. 일관성 없이 '대충 기재하자'라는 식의 심리적 무성의성 답변이 되거나, 정신적으로 문제가 있는 사람으로 보일 수 있다.

인성검사는 많은 문항을 풀어야 하기 때문에 피검사자들은 지루함과 따분함을 느낄 수 있고 반복된 내용의 질문 때문에 인내심이 바닥날 수도 있다. 그럴수록 인내를 가지고 솔직하게 내 생각을 대답하는 것이 무엇보다 중요한 요령이 될 것이다.

04 ▶ 인성검사 시 유의사항

(1) 충분한 휴식으로 불안을 없애고 정서적인 안정을 취한다. 심신이 안정되어야 자신의 마음을 표현할 수 있다.

(2) 생각나는 대로 솔직하게 응답한다. 자신을 너무 과대포장하지도, 너무 비하시키지도 마라. 답변을 꾸며서 하면 앞뒤가 맞지 않게끔 구성돼 있어 불리한 평가를 받게 되므로 솔직하게 답하도록 한다.

(3) 검사문항에 대해 지나치게 생각해서는 안 된다. 지나치게 몰두하면 엉뚱한 답변이 나올 수 있으므로 불필요한 생각은 삼간다.

(4) 인성검사는 대개 문항 수가 많기에 자칫 건너뛰는 경우가 있는데, 가능한 한 모든 문항에 답해야 한다. 응답하지 않은 문항이 많을 경우 평가자가 정확한 평가를 내리지 못해 불리한 평가를 내릴 수 있기 때문이다.

05 ▶ 인성검사 유형

유형 1

※ 다음 질문내용을 읽고 '예', '아니요' 중 본인에 해당하는 곳에 ○표 하시오. [1~30]

번호	질문	응답	
1	조심스러운 성격이라고 생각한다.	예	아니요
2	사물을 신중하게 생각하는 편이라고 생각한다.	예	아니요
3	동작이 기민한 편이다.	예	아니요
4	포기하지 않고 노력하는 것이 중요하다.	예	아니요
5	일주일의 계획을 만드는 것을 좋아한다.	예	아니요
6	노력의 여하보다 결과가 중요하다.	예	아니요
7	자기주장이 강하다.	예	아니요
8	장래의 일을 생각하면 불안해질 때가 있다.	예	아니요
9	소외감을 느낄 때가 있다.	예	아니요
10	훌쩍 여행을 떠나고 싶을 때가 자주 있다.	예	아니요
11	대인관계가 귀찮다고 느낄 때가 있다.	예	아니요
12	자신의 권리를 주장하는 편이다.	예	아니요
13	낙천가라고 생각한다.	예	아니요
14	싸움을 한 적이 없다.	예	아니요
15	자신의 의견을 상대에게 잘 주장하지 못한다.	예	아니요
16	좀처럼 결단하지 못하는 경우가 있다.	예	아니요
17	하나의 취미를 오래 지속하는 편이다.	예	아니요
18	한번 시작한 일은 끝을 맺는다.	예	아니요
19	행동으로 옮기기까지 시간이 걸린다.	예	아니요
20	다른 사람들이 하지 못하는 일을 하고 싶다.	예	아니요
21	해야 할 일은 신속하게 처리한다.	예	아니요
22	병이 아닌지 걱정이 들 때가 있다.	예	아니요
23	다른 사람의 충고를 기분 좋게 듣는 편이다.	예	아니요
24	다른 사람에게 의존적이 될 때가 많다.	예	아니요
25	타인에게 간섭받는 것은 싫다.	예	아니요
26	의식 과잉이라는 생각이 들 때가 있다.	예	아니요
27	수다를 좋아한다.	예	아니요
28	잘못된 일을 한 적이 한 번도 없다.	예	아니요
29	모르는 사람과 이야기하는 것은 용기가 필요하다.	예	아니요
30	끙끙거리며 생각할 때가 있다.	예	아니요

유형 2

※ 다음 질문내용을 읽고 A, B 중 본인에 해당하는 곳에 ○표 하시오. [1~15]

번호	질문	응답	
1	A 사람들 앞에서 잘 이야기하지 못한다. B 사람들 앞에서 이야기하는 것을 좋아한다.	A	B
2	A 엉뚱한 생각을 잘한다. B 비현실적인 것을 싫어한다.	A	B
3	A 친절한 사람이라는 말을 듣고 싶다. B 냉정한 사람이라는 말을 듣고 싶다.	A	B
4	A 예정에 얽매이는 것을 싫어한다. B 예정이 없는 상태를 싫어한다.	A	B
5	A 혼자 생각하는 것을 좋아한다. B 다른 사람과 이야기하는 것을 좋아한다.	A	B
6	A 정해진 절차에 따르는 것을 싫어한다. B 정해진 절차가 바뀌는 것을 싫어한다.	A	B
7	A 친절한 사람 밑에서 일하고 싶다. B 이성적인 사람 밑에서 일하고 싶다.	A	B
8	A 그때그때의 기분으로 행동하는 경우가 많다. B 미리 행동을 정해두는 경우가 많다.	A	B
9	A 다른 사람과 만났을 때 화제를 찾는 데 고생한다. B 다른 사람과 만났을 때 화제에 부족함이 없다.	A	B
10	A 학구적이라는 인상을 주고 싶다. B 실무적이라는 인상을 주고 싶다.	A	B
11	A 친구가 돈을 빌려달라고 하면 거절하지 못한다. B 본인에게 도움이 되지 않는 차금은 거절한다.	A	B
12	A 조직 안에서는 독자적으로 움직이는 타입이라고 생각한다. B 조직 안에서는 우등생 타입이라고 생각한다.	A	B
13	A 문장을 쓰는 것을 좋아한다. B 이야기하는 것을 좋아한다.	A	B
14	A 직감으로 판단한다. B 경험으로 판단한다.	A	B
15	A 다른 사람이 어떻게 생각하는지 신경 쓰인다. B 다른 사람이 어떻게 생각하든 신경 쓰지 않는다.	A	B

유형 3

※ 다음 질문내용을 읽고 '아니다', '대체로 아니다', '대체로 그렇다', '그렇다' 중 본인에 해당하는 곳에 ○표 하시오. [1~30]

번호	질문	아니다	대체로 아니다	대체로 그렇다	그렇다
1	충동구매는 절대 하지 않는다.				
2	컨디션에 따라 기분이 잘 변한다.				
3	옷 입는 취향이 오랫동안 바뀌지 않고 그대로이다.				
4	남의 물건이 좋아 보인다.				
5	반성하는 일이 거의 없다.				
6	남의 말을 호의적으로 받아들인다.				
7	혼자 있을 때가 편안하다.				
8	모임을 할 때 주도적인 편이다.				
9	남의 말을 좋은 쪽으로 해석한다.				
10	남의 의견을 절대 참고하지 않는다.				
11	일을 시작할 때 계획을 세우는 편이다.				
12	부모님과 여행을 자주 간다.				
13	할 말이 있으면 꼭 해야 직성이 풀린다.				
14	사람을 상대하는 것을 좋아한다.				
15	컴퓨터로 일을 하는 것을 좋아한다.				
16	하루 종일 말하지 않고 지낼 수 있다.				
17	감정조절이 잘 안되는 편이다.				
18	평소 꼼꼼한 편이다.				
19	다시 태어나고 싶은 순간이 있다.				
20	운동을 하다가 다친 적이 있다.				
21	다른 사람의 말보다는 자신의 믿음을 믿는다.				
22	귀찮은 일이 있으면 먼저 해치운다.				
23	정리 정돈하는 것을 좋아한다.				
24	다른 사람의 대화에 끼고 싶다.				
25	카리스마가 있다는 말을 들어본 적이 있다.				
26	미래에 대한 고민이 많다.				
27	친구들의 성공 소식에 씁쓸한 적이 있다.				
28	내가 못하는 것이 있으면 참지 못한다.				
29	계획에 없는 일을 시키면 짜증이 난다.				
30	화가 나면 물건을 집어 던지는 버릇이 있다.				

유형 4

※ 다음 질문내용을 읽고 ① ~ ⑥ 중 본인에 해당하는 것을 고르시오. **[1~3]**

01 최대리가 신약을 개발했는데 치명적이지는 않지만 유해한 부작용이 발견됐다. 그런데 최대리는 묵인하고 신약을 유통시켰다.

    1-(1) 당신은 이 상황에 대해 얼마나 동의하는가?
        ① 0%   ② 20%   ③ 40%   ④ 60%   ⑤ 80%   ⑥ 100%

    1-(2) 자신이라도 그렇게 할 것인가?
        ① 0%   ② 20%   ③ 40%   ④ 60%   ⑤ 80%   ⑥ 100%

02 같은 팀 최대리가 자신의 성과를 높이기 위해 중요한 업무를 상사에게 요구한다.

    2-(1) 다른 팀원도 그 상황에 동의할 것 같은가?
        ① 0%   ② 20%   ③ 40%   ④ 60%   ⑤ 80%   ⑥ 100%

    2-(2) 자신이라도 그렇게 할 것인가?
        ① 0%   ② 20%   ③ 40%   ④ 60%   ⑤ 80%   ⑥ 100%

03 최대리가 회계 보고서 작성 후 오류를 발견했지만 바로잡기엔 시간이 부족하여 그냥 제출했다.

    3-(1) 다른 직원들도 그 상황에 동의할 것 같은가?
        ① 0%   ② 20%   ③ 40%   ④ 60%   ⑤ 80%   ⑥ 100%

    3-(2) 자신이라도 그렇게 할 것인가?
        ① 0%   ② 20%   ③ 40%   ④ 60%   ⑤ 80%   ⑥ 100%

유형 5

※ 각 문항을 읽고 ① ~ ⑥ 중 자신의 성향과 가까운 정도에 따라 ① 전혀 그렇지 않다, ② 그렇지 않다, ③ 조금 그렇지 않다, ④ 조금 그렇다, ⑤ 그렇다, ⑥ 매우 그렇다 중 하나를 선택하시오. 그리고 세 문항 중 자신의 성향과 가장 먼 것(멀다)과 가장 가까운 것(가깝다)을 하나씩 선택하시오. **[1~4]**

01

질문	답안 1 ① ② ③ ④ ⑤ ⑥	답안 2 멀다 가깝다
1. 사물을 신중하게 생각하는 편이라고 생각한다.	☐ ☐ ☐ ☐ ☐ ☐	☐ ☐
2. 포기하지 않고 노력하는 것이 중요하다.	☐ ☐ ☐ ☐ ☐ ☐	☐ ☐
3. 자신의 권리를 주장하는 편이다.	☐ ☐ ☐ ☐ ☐ ☐	☐ ☐

02

질문	답안 1 ① ② ③ ④ ⑤ ⑥	답안 2 멀다 가깝다
1. 노력의 여하보다 결과가 중요하다.	☐ ☐ ☐ ☐ ☐ ☐	☐ ☐
2. 자기주장이 강하다.	☐ ☐ ☐ ☐ ☐ ☐	☐ ☐
3. 어떠한 일이 있어도 출세하고 싶다.	☐ ☐ ☐ ☐ ☐ ☐	☐ ☐

03

질문	답안 1 ① ② ③ ④ ⑤ ⑥	답안 2 멀다 가깝다
1. 다른 사람의 일에 관심이 없다.	☐ ☐ ☐ ☐ ☐ ☐	☐ ☐
2. 때로는 후회할 때도 있다.	☐ ☐ ☐ ☐ ☐ ☐	☐ ☐
3. 진정으로 마음을 허락할 수 있는 사람은 없다.	☐ ☐ ☐ ☐ ☐ ☐	☐ ☐

04

질문	답안 1 ① ② ③ ④ ⑤ ⑥	답안 2 멀다 가깝다
1. 타인에게 간섭받는 것은 싫다.	☐ ☐ ☐ ☐ ☐ ☐	☐ ☐
2. 신경이 예민한 편이라고 생각한다.	☐ ☐ ☐ ☐ ☐ ☐	☐ ☐
3. 난관에 봉착해도 포기하지 않고 열심히 해본다.	☐ ☐ ☐ ☐ ☐ ☐	☐ ☐

유형 6

※ 다음 질문내용을 읽고 ①~⑤ 중 본인에 해당하는 것을 고르시오(① 전혀 그렇지 않다. ② 그렇지 않다. ③ 보통이다. ④ 그렇다. ⑤ 매우 그렇다). 그리고 4개의 문장 중 자신과 가장 먼 것(멀다)과 가장 가까운 것(가깝다)을 하나씩 선택하시오. [1~4]

01　　　　　　　　　　　　　　　　　　　　　　　　　　　　　　　멀다　가깝다
A. 야망이 있다.　　　　　　　　　　　　　① ② ③ ④ ⑤　□　□
B. 평소 사회 문제에 관심이 많다.　　　　　① ② ③ ④ ⑤　□　□
C. 친구들의 생일을 잘 잊는 편이다.　　　　① ② ③ ④ ⑤　□　□
D. 누군가를 챙겨주는 것에 행복을 느낀다.　① ② ③ ④ ⑤　□　□

02　　　　　　　　　　　　　　　　　　　　　　　　　　　　　　　멀다　가깝다
A. 지시하는 것보다 명령에 따르는 것이 편하다.　① ② ③ ④ ⑤　□　□
B. 옆에 사람이 있는 것이 싫다.　　　　　　　　　① ② ③ ④ ⑤　□　□
C. 친구들과 남의 이야기를 하는 것을 좋아한다.　① ② ③ ④ ⑤　□　□
D. 모두가 싫증을 내는 일에도 혼자서 열심히 한다.　① ② ③ ④ ⑤　□　□

03　　　　　　　　　　　　　　　　　　　　　　　　　　　　　　　멀다　가깝다
A. 완성된 것보다 미완성인 것에 흥미가 있다.　　① ② ③ ④ ⑤　□　□
B. 능력을 살릴 수 있는 일을 하고 싶다.　　　　　① ② ③ ④ ⑤　□　□
C. 내 분야에서는 최고가 되고 싶다.　　　　　　　① ② ③ ④ ⑤　□　□
D. 다른 사람의 충고를 잘 받아들이지 못한다.　　① ② ③ ④ ⑤　□　□

04　　　　　　　　　　　　　　　　　　　　　　　　　　　　　　　멀다　가깝다
A. 다소 산만한 편이라는 이야기를 자주 듣는다.　　　① ② ③ ④ ⑤　□　□
B. 주변에 호기심이 많고, 새로운 상황에 잘 적응한다.　① ② ③ ④ ⑤　□　□
C. 타인의 의견을 잘 듣는 편이다.　　　　　　　　　　① ② ③ ④ ⑤　□　□
D. 단체 생활을 좋아하지는 않지만 적응하려고 노력한다.　① ② ③ ④ ⑤　□　□

CHAPTER 02 | 모의테스트

※ 인성검사 모의테스트는 질문 및 답변 유형을 연습하기 위한 것으로 실제 시험과 다를 수 있으며, 인성검사는 정답이 따로 없는 유형의 검사이므로 결과지를 제공하지 않습니다.

제1회 ▶ 인성검사

※ 다음 질문내용을 읽고, ①~⑤ 중 본인에 해당하는 것을 고르시오(① 전혀 그렇지 않다, ② 그렇지 않다, ③ 보통이다, ④ 그렇다, ⑤ 매우 그렇다). **[1~200]**

번호	질문	응답
01	결점을 지적받아도 아무렇지 않다.	① ② ③ ④ ⑤
02	피곤할 때도 명랑하게 행동한다.	① ② ③ ④ ⑤
03	실패했던 경험을 생각하면서 고민하는 편이다.	① ② ③ ④ ⑤
04	언제나 생기가 있다.	① ② ③ ④ ⑤
05	윗사람의 지적을 순수하게 받아들일 수 있다.	① ② ③ ④ ⑤
06	매일 목표가 있는 생활을 하고 있다.	① ② ③ ④ ⑤
07	열등감으로 자주 고민한다.	① ② ③ ④ ⑤
08	남에게 무시당하면 화가 난다.	① ② ③ ④ ⑤
09	무엇이든지 하면 된다고 생각하는 편이다.	① ② ③ ④ ⑤
10	자신의 존재를 과시하고 싶다.	① ② ③ ④ ⑤
11	사람을 많이 만나는 것을 좋아한다.	① ② ③ ④ ⑤
12	보고 들은 것을 문장으로 옮기는 것을 좋아한다.	① ② ③ ④ ⑤
13	특정한 사람과만 교제를 하는 편이다.	① ② ③ ④ ⑤
14	친구에게 먼저 말을 하는 편이다.	① ② ③ ④ ⑤
15	친구만 있으면 된다고 생각한다.	① ② ③ ④ ⑤
16	많은 사람 앞에서 말하는 것이 서툴다.	① ② ③ ④ ⑤
17	반 편성과 교실 이동을 싫어한다.	① ② ③ ④ ⑤
18	다과회 등에서 자주 책임을 맡는다.	① ② ③ ④ ⑤
19	새로운 환경에 쉽게 적응하지 못하는 편이다.	① ② ③ ④ ⑤
20	누구하고나 친하게 교제한다.	① ② ③ ④ ⑤

번호	질문	응답
21	충동구매는 절대 하지 않는다.	① ② ③ ④ ⑤
22	컨디션에 따라 기분이 잘 변한다.	① ② ③ ④ ⑤
23	옷 입는 취향이 오랫동안 바뀌지 않고 그대로이다.	① ② ③ ④ ⑤
24	남의 물건이 좋아 보인다.	① ② ③ ④ ⑤
25	광고를 보면 그 물건을 사고 싶다.	① ② ③ ④ ⑤
26	자신이 낙천주의자라고 생각한다.	① ② ③ ④ ⑤
27	에스컬레이터에서 걷지 않는다.	① ② ③ ④ ⑤
28	꾸물대는 것을 싫어한다.	① ② ③ ④ ⑤
29	고민이 생겨도 심각하게 생각하지 않는다.	① ② ③ ④ ⑤
30	반성하는 일이 거의 없다.	① ② ③ ④ ⑤
31	남의 말을 호의적으로 받아들인다.	① ② ③ ④ ⑤
32	혼자 있을 때가 편안하다.	① ② ③ ④ ⑤
33	친구에게 불만이 있다.	① ② ③ ④ ⑤
34	남의 말을 좋은 쪽으로 해석한다.	① ② ③ ④ ⑤
35	남의 의견을 절대 참고하지 않는다.	① ② ③ ④ ⑤
36	기분 나쁜 일은 금세 잊는 편이다.	① ② ③ ④ ⑤
37	선배와 쉽게 친해진다.	① ② ③ ④ ⑤
38	슬럼프에 빠지면 좀처럼 헤어나지 못한다.	① ② ③ ④ ⑤
39	자신의 소문에 관심을 기울인다.	① ② ③ ④ ⑤
40	주위 사람에게 인사하는 것이 귀찮다.	① ② ③ ④ ⑤
41	기호에 맞지 않으면 거절하는 편이다.	① ② ③ ④ ⑤
42	여간해서 흥분하지 않는 편이다.	① ② ③ ④ ⑤
43	옳다고 생각하면 밀고 나간다.	① ② ③ ④ ⑤
44	항상 무슨 일이든지 해야만 한다.	① ② ③ ④ ⑤
45	휴식시간에도 일하고 싶다.	① ② ③ ④ ⑤
46	걱정거리가 생기면 머릿속에서 떠나지 않는 편이다.	① ② ③ ④ ⑤
47	매일 힘든 일이 너무 많다.	① ② ③ ④ ⑤
48	시험 전에도 노는 계획을 세운다.	① ② ③ ④ ⑤
49	슬픈 일만 머릿속에 남는다.	① ② ③ ④ ⑤
50	사는 것이 힘들다고 느낀 적은 없다.	① ② ③ ④ ⑤

번호	질문	응답
51	처음 만난 사람과 이야기하는 것이 피곤하다.	① ② ③ ④ ⑤
52	비난을 받으면 신경이 쓰인다.	① ② ③ ④ ⑤
53	실패해도 또 다시 도전한다.	① ② ③ ④ ⑤
54	남에게 비판을 받으면 불쾌하다.	① ② ③ ④ ⑤
55	다른 사람의 지적을 순수하게 받아들일 수 있다.	① ② ③ ④ ⑤
56	자신의 프라이드가 높다고 생각한다.	① ② ③ ④ ⑤
57	자신의 입장을 잊어버릴 때가 있다.	① ② ③ ④ ⑤
58	남보다 쉽게 우위에 서는 편이다.	① ② ③ ④ ⑤
59	목적이 없으면 마음이 불안하다.	① ② ③ ④ ⑤
60	일을 할 때에 자신이 없다.	① ② ③ ④ ⑤
61	상대방이 말을 걸어오기를 기다리는 편이다.	① ② ③ ④ ⑤
62	친구 말을 듣는 편이다.	① ② ③ ④ ⑤
63	싸움으로 친구를 잃은 경우가 있다.	① ② ③ ④ ⑤
64	모르는 사람과 말하는 것은 귀찮다.	① ② ③ ④ ⑤
65	아는 사람이 많아지는 것이 즐겁다.	① ② ③ ④ ⑤
66	신호 대기 중에도 조바심이 난다.	① ② ③ ④ ⑤
67	매사에 심각하게 생각하는 것을 싫어한다.	① ② ③ ④ ⑤
68	자신이 경솔하다고 자주 느낀다.	① ② ③ ④ ⑤
69	상대방이 통화 중이어도 자꾸 전화를 건다.	① ② ③ ④ ⑤
70	충동적인 행동을 하지 않는 편이다.	① ② ③ ④ ⑤
71	칭찬도 나쁘게 받아들이는 편이다.	① ② ③ ④ ⑤
72	자신이 손해를 보고 있다고 생각한다.	① ② ③ ④ ⑤
73	어떤 상황에서나 만족할 수 있다.	① ② ③ ④ ⑤
74	무슨 일이든지 자신의 생각대로 하지 못한다.	① ② ③ ④ ⑤
75	부모님에게 불만을 느낀다.	① ② ③ ④ ⑤
76	놀라면 크게 당황하는 편이다.	① ② ③ ④ ⑤
77	주위의 평판이 좋다고 생각한다.	① ② ③ ④ ⑤
78	소문에 휘말려도 크게 신경쓰지 않는다.	① ② ③ ④ ⑤
79	긴급사태에도 당황하지 않고 행동할 수 있다.	① ② ③ ④ ⑤
80	윗사람과 이야기하는 것이 불편하다.	① ② ③ ④ ⑤

번호	질문	응답
81	정색하고 화내기 쉬운 화제를 올릴 때가 있다.	① ② ③ ④ ⑤
82	자신이 좋아하는 연예인을 남들이 욕해도 화가 나지 않는다.	① ② ③ ④ ⑤
83	남을 비판할 때가 있다.	① ② ③ ④ ⑤
84	주체할 수 없을 만큼 여유가 많은 것은 싫어한다.	① ② ③ ④ ⑤
85	의견이 어긋날 때는 한발 양보한다.	① ② ③ ④ ⑤
86	싫은 사람과도 협력할 수 있다.	① ② ③ ④ ⑤
87	사람은 너무 고통거리가 많다고 생각한다.	① ② ③ ④ ⑤
88	걱정거리가 있으면 잠을 잘 수가 없다.	① ② ③ ④ ⑤
89	즐거운 일보다는 괴로운 일이 더 많다.	① ② ③ ④ ⑤
90	싫은 사람이라도 인사를 한다.	① ② ③ ④ ⑤
91	사소한 일에도 신경을 많이 쓰는 편이다.	① ② ③ ④ ⑤
92	누가 나에게 말을 걸기 전에 내가 먼저 말을 걸지 않는다.	① ② ③ ④ ⑤
93	이따금 결심을 빨리 하지 못하기 때문에 손해 보는 경우가 있다.	① ② ③ ④ ⑤
94	사람들은 누구나 곤경에서 벗어나기 위해 거짓말을 할 수 있다.	① ② ③ ④ ⑤
95	어떤 일을 실패하면 두고두고 생각한다.	① ② ③ ④ ⑤
96	비교적 말이 없는 편이다.	① ② ③ ④ ⑤
97	기왕 일을 한다면 꼼꼼하게 하는 편이다.	① ② ③ ④ ⑤
98	지나치게 깔끔한 척을 하는 편에 속한다.	① ② ③ ④ ⑤
99	나를 기분 나쁘게 한 사람을 쉽게 잊지 못하는 편이다.	① ② ③ ④ ⑤
100	수줍음을 많이 타서 많은 사람 앞에 나서길 싫어한다.	① ② ③ ④ ⑤
101	혼자 지내는 시간이 즐겁다.	① ② ③ ④ ⑤
102	주위 사람이 잘 되는 것을 보면 상대적으로 내가 실패한 것 같다.	① ② ③ ④ ⑤
103	어떤 일을 시도하다가 잘 안되면 금방 포기한다.	① ② ③ ④ ⑤
104	이성 친구와 웃고 떠드는 것을 별로 좋아하지 않는다.	① ② ③ ④ ⑤
105	낯선 사람과 만나는 것을 꺼리는 편이다.	① ② ③ ④ ⑤
106	밤낮없이 같이 다닐만한 친구들이 거의 없다.	① ② ③ ④ ⑤
107	연예인이 되고 싶은 마음은 조금도 가지고 있지 않다.	① ② ③ ④ ⑤
108	여럿이 모여서 이야기하는 데 잘 끼어들지 못한다.	① ② ③ ④ ⑤
109	사람들은 이득이 된다면 옳지 않은 방법이라도 쓸 것이다.	① ② ③ ④ ⑤
110	사람들이 정직하게 행동하는 것은 다른 사람의 비난이 두렵기 때문이다.	① ② ③ ④ ⑤

번호	질문	응답
111	처음 보는 사람들과 쉽게 이야기하거나 친해지는 편이다.	① ② ③ ④ ⑤
112	모르는 사람들이 많이 모여 있는 곳에서도 활발하게 행동하는 편이다.	① ② ③ ④ ⑤
113	여기저기에 친구나 아는 사람들이 많이 있다.	① ② ③ ④ ⑤
114	모임에서 말을 많이 하고 적극적으로 행동한다.	① ② ③ ④ ⑤
115	슬프거나 기쁜 일이 생기면 부모나 친구에게 이야기하는 편이다.	① ② ③ ④ ⑤
116	활발하고 적극적이라는 말을 자주 듣는다.	① ② ③ ④ ⑤
117	시간이 걸리는 일이나 놀이에 싫증을 내고, 새로운 놀이나 활동을 원한다.	① ② ③ ④ ⑤
118	혼자 조용히 있거나 책을 읽는 것보다는 사람들과 어울리는 것을 좋아한다.	① ② ③ ④ ⑤
119	새로운 유행이 시작되면 다른 사람보다 먼저 시도해 보는 편이다.	① ② ③ ④ ⑤
120	기분을 잘 드러내기 때문에 남들이 본인의 기분을 금방 알게 된다.	① ② ③ ④ ⑤
121	비유적이고 상징적인 표현보다는 구체적이고 정확한 표현을 더 잘 이해한다.	① ② ③ ④ ⑤
122	주변 사람들의 외모나 다른 특징들을 자세히 기억한다.	① ② ③ ④ ⑤
123	꾸준하고 참을성이 있다는 말을 자주 듣는다.	① ② ③ ④ ⑤
124	공부할 때 세부적인 내용을 암기할 수 있다.	① ② ③ ④ ⑤
125	손으로 직접 만지거나 조작하는 것을 좋아한다.	① ② ③ ④ ⑤
126	상상 속에서 이야기를 잘 만들어 내는 편이다.	① ② ③ ④ ⑤
127	종종 물건을 잃어버리거나 어디에 두었는지 기억을 못하는 때가 있다.	① ② ③ ④ ⑤
128	창의력과 상상력이 풍부하다는 이야기를 자주 듣는다.	① ② ③ ④ ⑤
129	다른 사람들이 생각하지도 않는 엉뚱한 행동이나 생각을 할 때가 종종 있다.	① ② ③ ④ ⑤
130	이것저것 새로운 것에 관심이 많고 새로운 것을 배우고 싶어 한다.	① ② ③ ④ ⑤
131	'왜?'라는 질문을 자주 한다.	① ② ③ ④ ⑤
132	의지와 끈기가 강한 편이다.	① ② ③ ④ ⑤
133	궁금한 점이 있으면 꼬치꼬치 따져서 궁금증을 풀고 싶어 한다.	① ② ③ ④ ⑤
134	참을성이 있다는 말을 자주 듣는다.	① ② ③ ④ ⑤
135	남의 비난에도 잘 견딘다.	① ② ③ ④ ⑤
136	다른 사람의 감정에 민감하다.	① ② ③ ④ ⑤
137	자신의 잘못을 쉽게 인정하는 편이다.	① ② ③ ④ ⑤
138	싹싹하다는 소리를 잘 듣는다.	① ② ③ ④ ⑤
139	쉽게 양보를 하는 편이다.	① ② ③ ④ ⑤
140	음식을 선택할 때 쉽게 결정을 못 내릴 때가 많다.	① ② ③ ④ ⑤

번호	질문	응답
141	계획표를 세밀하게 짜 놓고 그 계획표에 따라 생활하는 것을 좋아한다.	① ② ③ ④ ⑤
142	대체로 할 일을 먼저 해 놓고 나서 노는 편이다.	① ② ③ ④ ⑤
143	시험보기 전에 미리 여유 있게 공부 계획표를 짜 놓는다.	① ② ③ ④ ⑤
144	마지막 순간에 쫓기면서 일하는 것을 싫어한다.	① ② ③ ④ ⑤
145	계획에 따라 규칙적인 생활을 하는 편이다.	① ② ③ ④ ⑤
146	자기 것을 잘 나누어주는 편이다.	① ② ③ ④ ⑤
147	자신의 소지품을 덜 챙기는 편이다.	① ② ③ ④ ⑤
148	신발이나 옷이 떨어져도 무관심한 편이다.	① ② ③ ④ ⑤
149	자기 것을 덜 주장하고, 덜 고집하는 편이다.	① ② ③ ④ ⑤
150	활동이 많으면서도 무난하고 점잖다는 말을 듣는 편이다.	① ② ③ ④ ⑤
151	몇 번이고 생각하고 검토한다.	① ② ③ ④ ⑤
152	여러 번 생각한 끝에 결정을 내린다.	① ② ③ ④ ⑤
153	어떤 일이든 따지려 든다.	① ② ③ ④ ⑤
154	일단 결정하면 행동으로 옮긴다.	① ② ③ ④ ⑤
155	앞에 나서기를 꺼린다.	① ② ③ ④ ⑤
156	규칙을 잘 지킨다.	① ② ③ ④ ⑤
157	나의 주장대로 행동한다.	① ② ③ ④ ⑤
158	지시나 충고를 받는 것이 싫다.	① ② ③ ④ ⑤
159	급진적인 변화를 좋아한다.	① ② ③ ④ ⑤
160	규칙은 반드시 지킬 필요가 없다.	① ② ③ ④ ⑤
161	혼자서 일하기를 좋아한다.	① ② ③ ④ ⑤
162	미래에 대해 별로 염려를 하지 않는다.	① ② ③ ④ ⑤
163	새로운 변화를 싫어한다.	① ② ③ ④ ⑤
164	조용한 분위기를 좋아한다.	① ② ③ ④ ⑤
165	도전적인 직업보다는 안정적인 직업이 좋다.	① ② ③ ④ ⑤
166	친구를 잘 바꾸지 않는다.	① ② ③ ④ ⑤
167	남의 명령을 듣기 싫어한다.	① ② ③ ④ ⑤
168	모든 일에 앞장서는 편이다.	① ② ③ ④ ⑤
169	다른 사람이 하는 일을 보면 답답하다.	① ② ③ ④ ⑤
170	남을 지배하는 사람이 되고 싶다.	① ② ③ ④ ⑤

번호	질문	응답
171	규칙적인 것이 싫다.	① ② ③ ④ ⑤
172	매사에 감동을 자주 받는다.	① ② ③ ④ ⑤
173	새로운 물건과 일에 대한 생각을 자주 한다.	① ② ③ ④ ⑤
174	창조적인 일을 하고 싶다.	① ② ③ ④ ⑤
175	나쁜 일은 오래 생각하지 않는다.	① ② ③ ④ ⑤
176	사람들의 이름을 잘 기억하는 편이다.	① ② ③ ④ ⑤
177	외딴 곳보다는 사람들이 북적거리는 곳에 살고 싶다.	① ② ③ ④ ⑤
178	제조업보다는 서비스업이 마음에 든다.	① ② ③ ④ ⑤
179	농사를 지으면서 자연과 더불어 살고 싶다.	① ② ③ ④ ⑤
180	예절 같은 것은 별로 신경 쓰지 않는다.	① ② ③ ④ ⑤
181	거칠고 반항적인 사람보다 예의바른 사람들과 어울리고 싶다.	① ② ③ ④ ⑤
182	대인관계에서 상황을 빨리 파악하는 편이다.	① ② ③ ④ ⑤
183	계산에 밝은 사람은 꺼려진다.	① ② ③ ④ ⑤
184	친구들과 노는 것보다 혼자 노는 것이 편하다.	① ② ③ ④ ⑤
185	교제범위가 넓은 편이라 사람을 만나는 데 많은 시간을 소비한다.	① ② ③ ④ ⑤
186	손재주는 비교적 있는 편이다.	① ② ③ ④ ⑤
187	기획과 섭외 중 기획을 더 잘할 수 있을 것 같다.	① ② ③ ④ ⑤
188	도서실 등에서 책을 정리하고 관리하는 일을 싫어하지 않는다.	① ② ③ ④ ⑤
189	선입견으로 판단하지 않고 이론적으로 판단하는 편이다.	① ② ③ ④ ⑤
190	예술제나 미술전 등에 관심이 많다.	① ② ③ ④ ⑤
191	행사의 사회나 방송 등 마이크를 사용하는 분야에 관심이 많다.	① ② ③ ④ ⑤
192	하루 종일 방에 틀어 박혀 연구하거나 몰두해야 하는 일은 싫다.	① ② ③ ④ ⑤
193	공상이나 상상을 많이 하는 편이다.	① ② ③ ④ ⑤
194	모르는 사람과도 마음이 맞으면 쉽게 마음을 터놓고 바로 친해진다.	① ② ③ ④ ⑤
195	물건을 만들거나 도구를 사용하는 일이 싫지는 않다.	① ② ③ ④ ⑤
196	새로운 아이디어를 생각해내는 일이 좋다.	① ② ③ ④ ⑤
197	회의에서 사회나 서기를 맡는다면 서기 쪽이 맞을 것 같다.	① ② ③ ④ ⑤
198	사건 뒤에 숨은 본질을 생각해 보기를 좋아한다.	① ② ③ ④ ⑤
199	색채감각이나 미적 센스가 풍부한 편이다.	① ② ③ ④ ⑤
200	다른 사람들의 눈길을 끌고 주목을 받는 것이 아무렇지도 않다.	① ② ③ ④ ⑤

제2회 ▶ 인성검사

※ 다음 질문내용을 읽고, ① ~ ⑤ 중 본인에 해당하는 것을 고르시오(① 전혀 그렇지 않다, ② 그렇지 않다, ③ 보통이다, ④ 그렇다, ⑤ 매우 그렇다). [1~200]

번호	질문	응답
01	취미로 독서와 헬스 중 헬스를 하고 싶다.	① ② ③ ④ ⑤
02	보고 들은 것을 문장으로 옮기기를 좋아한다.	① ② ③ ④ ⑤
03	남에게 뭔가 가르쳐주는 일이 좋다.	① ② ③ ④ ⑤
04	많은 사람과 장시간 함께 있으면 피곤하다.	① ② ③ ④ ⑤
05	엉뚱한 일을 하기 좋아하고 발상도 개성적이다.	① ② ③ ④ ⑤
06	전표 계산 또는 장부 기입 같은 일을 싫증내지 않고 할 수 있다.	① ② ③ ④ ⑤
07	책이나 신문을 열심히 읽는 편이다.	① ② ③ ④ ⑤
08	신경이 예민한 편이며, 감수성도 풍부하다.	① ② ③ ④ ⑤
09	연회석에서 망설임 없이 노래를 부르거나 장기를 보이는 편이다.	① ② ③ ④ ⑤
10	즐거운 캠프를 위해 계획 세우기를 좋아한다.	① ② ③ ④ ⑤
11	데이터를 분류하거나 통계 내는 일을 싫어하지는 않는다.	① ② ③ ④ ⑤
12	드라마나 소설 속 등장인물의 생활과 사고방식에 흥미가 있다.	① ② ③ ④ ⑤
13	자신의 미적 표현력을 살리면 상당히 좋은 작품이 나올 것 같다.	① ② ③ ④ ⑤
14	화려한 것을 좋아하며 주위의 평판에 신경을 쓰는 편이다.	① ② ③ ④ ⑤
15	여럿이서 여행할 기회가 있다면 즐겁게 참가한다.	① ② ③ ④ ⑤
16	여행 소감 쓰기를 좋아한다.	① ② ③ ④ ⑤
17	상품 전시회에서 상품 설명을 한다면 잘할 수 있을 것 같다.	① ② ③ ④ ⑤
18	변화가 적고 손이 많이 가는 일도 꾸준히 하는 편이다.	① ② ③ ④ ⑤
19	신제품 홍보에 흥미가 있다.	① ② ③ ④ ⑤
20	열차 시간표 한 페이지 정도라면 정확하게 옮겨 쓸 자신이 있다.	① ② ③ ④ ⑤
21	자신의 장래에 대해 자주 생각한다.	① ② ③ ④ ⑤
22	혼자 있는 것에 익숙하다.	① ② ③ ④ ⑤
23	별 근심이 없다.	① ② ③ ④ ⑤
24	나의 환경에 아주 만족한다.	① ② ③ ④ ⑤
25	상품을 고를 때 디자인과 색에 신경을 많이 쓴다.	① ② ③ ④ ⑤
26	극단이나 엔터테인먼트에서 일해보고 싶다는 생각을 한 적이 있다.	① ② ③ ④ ⑤
27	외출할 때 날씨가 좋지 않아도 그다지 신경 쓰지 않는다.	① ② ③ ④ ⑤
28	손님을 불러들이는 호객행위도 마음만 먹으면 할 수 있을 것 같다.	① ② ③ ④ ⑤
29	신중하고 주의 깊은 편이다.	① ② ③ ④ ⑤
30	하루 종일 책상 앞에 앉아 있어도 지루해하지 않는 편이다.	① ② ③ ④ ⑤

번호	질문	응답
31	알기 쉽게 요점을 정리한 다음 남에게 잘 설명하는 편이다.	① ② ③ ④ ⑤
32	생물 시간보다는 미술 시간에 흥미가 있다.	① ② ③ ④ ⑤
33	남이 자신에게 상담을 해오는 경우가 많다.	① ② ③ ④ ⑤
34	친목회나 송년회 등의 총무 역할 담당하기를 좋아하는 편이다.	① ② ③ ④ ⑤
35	실패하든 성공하든 그 원인은 꼭 분석한다.	① ② ③ ④ ⑤
36	실내 장식품이나 액세서리 등에 관심이 많다.	① ② ③ ④ ⑤
37	남에게 보이기 좋아하고 지기 싫어하는 편이다.	① ② ③ ④ ⑤
38	대자연 속에서 마음대로 몸을 움직이는 일이 좋다.	① ② ③ ④ ⑤
39	파티나 모임에서 자연스럽게 돌아다니며 인사하는 성격이다.	① ② ③ ④ ⑤
40	무슨 일에 쉽게 빠져드는 편이며 주인의식도 강하다.	① ② ③ ④ ⑤
41	우리나라 분재를 파리에서 파는 방법 따위를 생각하기 좋아한다.	① ② ③ ④ ⑤
42	하루 종일 거리를 돌아다녀도 그다지 피로를 느끼지 않는다.	① ② ③ ④ ⑤
43	컴퓨터의 키보드 조작도 연습하면 잘할 수 있을 것 같다.	① ② ③ ④ ⑤
44	자동차나 모터보트 등의 운전에 흥미를 갖고 있다.	① ② ③ ④ ⑤
45	연예인의 인기비결을 곧잘 생각해 본다.	① ② ③ ④ ⑤
46	과자나 빵을 판매하는 일보다 만드는 일이 나에게 맞을 것 같다.	① ② ③ ④ ⑤
47	대체로 걱정하거나 고민하지 않는다.	① ② ③ ④ ⑤
48	비판적인 말을 들어도 쉽게 상처받지 않는다.	① ② ③ ④ ⑤
49	초등학교 선생님보다는 등대지기가 더 재미있을 것 같다.	① ② ③ ④ ⑤
50	남의 생일이나 명절에 선물을 사러 다니는 일은 귀찮다.	① ② ③ ④ ⑤
51	조심스러운 성격이라고 생각한다.	① ② ③ ④ ⑤
52	훌쩍 여행을 떠나고 싶을 때가 자주 있다.	① ② ③ ④ ⑤
53	사물을 신중하게 생각하는 편이라고 생각한다.	① ② ③ ④ ⑤
54	다른 사람들이 하지 못하는 일을 하고 싶다.	① ② ③ ④ ⑤
55	소외감을 느낄 때가 있다.	① ② ③ ④ ⑤
56	노력의 여하보다 결과가 중요하다.	① ② ③ ④ ⑤
57	다른 사람에게 의존적일 때가 많다.	① ② ③ ④ ⑤
58	타인에게 간섭받는 것은 싫다.	① ② ③ ④ ⑤
59	동작이 기민한 편이다.	① ② ③ ④ ⑤
60	다른 사람에게 항상 움직이고 있다는 말을 듣는다.	① ② ③ ④ ⑤

번호	질문	응답				
61	해야 할 일은 신속하게 처리한다.	①	②	③	④	⑤
62	일주일의 계획을 만드는 것을 좋아한다.	①	②	③	④	⑤
63	잘하지 못하는 게임은 하지 않으려고 한다.	①	②	③	④	⑤
64	자기주장이 강하다.	①	②	③	④	⑤
65	자의식 과잉이라는 생각이 들 때가 있다.	①	②	③	④	⑤
66	포기하지 않고 노력하는 것이 중요하다.	①	②	③	④	⑤
67	어떠한 일이 있어도 출세하고 싶다.	①	②	③	④	⑤
68	대인관계가 귀찮다고 느낄 때가 있다.	①	②	③	④	⑤
69	수다를 좋아한다.	①	②	③	④	⑤
70	장래의 일을 생각하면 불안해질 때가 있다.	①	②	③	④	⑤
71	쉽게 침울해 한다.	①	②	③	④	⑤
72	한번 시작한 일은 끝을 맺는다.	①	②	③	④	⑤
73	막무가내라는 말을 들을 때가 많다.	①	②	③	④	⑤
74	자신의 권리를 주장하는 편이다.	①	②	③	④	⑤
75	쉽게 싫증을 내는 편이다.	①	②	③	④	⑤
76	하나의 취미를 오래 지속하는 편이다.	①	②	③	④	⑤
77	옆에 사람이 있으면 싫다.	①	②	③	④	⑤
78	자신의 의견을 상대에게 잘 주장하지 못한다.	①	②	③	④	⑤
79	토론에서 이길 자신이 있다.	①	②	③	④	⑤
80	좀처럼 결단하지 못하는 경우가 있다.	①	②	③	④	⑤
81	남과 친해지려면 용기가 필요하다.	①	②	③	④	⑤
82	활력이 있다.	①	②	③	④	⑤
83	다른 사람의 일에 관심이 없다.	①	②	③	④	⑤
84	통찰력이 있다고 생각한다.	①	②	③	④	⑤
85	다른 사람에게 위해를 가할 것 같은 기분이 든 때가 있다.	①	②	③	④	⑤
86	지루하면 마구 떠들고 싶어진다.	①	②	③	④	⑤
87	매사에 느긋하고 차분하게 매달린다.	①	②	③	④	⑤
88	친구들이 진지한 사람으로 생각하고 있다.	①	②	③	④	⑤
89	때로는 후회할 때도 있다.	①	②	③	④	⑤
90	친구들과 남의 이야기를 하는 것을 좋아한다.	①	②	③	④	⑤

번호	질문	응답
91	사소한 일로 우는 일이 많다.	① ② ③ ④ ⑤
92	내성적이라고 생각한다.	① ② ③ ④ ⑤
93	당황하면 갑자기 땀이 나서 신경 쓰일 때가 있다.	① ② ③ ④ ⑤
94	어떤 일이 있어도 의욕을 가지고 열심히 하는 편이다.	① ② ③ ④ ⑤
95	진정으로 마음을 허락할 수 있는 사람은 없다.	① ② ③ ④ ⑤
96	집에서 가만히 있으면 기분이 우울해진다.	① ② ③ ④ ⑤
97	굳이 말하자면 시원시원하다.	① ② ③ ④ ⑤
98	난관에 봉착해도 포기하지 않고 열심히 해본다.	① ② ③ ④ ⑤
99	기다리는 것에 짜증내는 편이다.	① ② ③ ④ ⑤
100	감정적으로 될 때가 많다.	① ② ③ ④ ⑤
101	눈을 뜨면 바로 일어난다.	① ② ③ ④ ⑤
102	친구들로부터 줏대 없는 사람이라는 말을 듣는다.	① ② ③ ④ ⑤
103	리더로서 인정을 받고 싶다.	① ② ③ ④ ⑤
104	누구나 권력자를 동경하고 있다고 생각한다.	① ② ③ ④ ⑤
105	다른 사람들에게 남을 배려하는 마음씨가 있다는 말을 듣는다.	① ② ③ ④ ⑤
106	인간관계가 폐쇄적이라는 말을 듣는다.	① ② ③ ④ ⑤
107	누구와도 편하게 이야기할 수 있다.	① ② ③ ④ ⑤
108	몸으로 부딪혀 도전하는 편이다.	① ② ③ ④ ⑤
109	가만히 있지 못할 정도로 침착하지 못할 때가 있다.	① ② ③ ④ ⑤
110	사물을 과장해서 말하지 않는 편이다.	① ② ③ ④ ⑤
111	그룹 내에서는 누군가의 주도하에 따라가는 경우가 많다.	① ② ③ ④ ⑤
112	굳이 말하자면 자의식 과잉이다.	① ② ③ ④ ⑤
113	무슨 일이든 자신을 가지고 행동한다.	① ② ③ ④ ⑤
114	여행을 가기 전에는 세세한 계획을 세운다.	① ② ③ ④ ⑤
115	다른 사람에게 자신이 소개되는 것을 좋아한다.	① ② ③ ④ ⑤
116	차분하다는 말을 듣는다.	① ② ③ ④ ⑤
117	몸을 움직이는 것을 좋아한다.	① ② ③ ④ ⑤
118	의견이 다른 사람과는 어울리지 않는다.	① ② ③ ④ ⑤
119	계획을 생각하기보다 빨리 실행하고 싶어 한다.	① ② ③ ④ ⑤
120	스포츠 선수가 되고 싶다고 생각한 적이 있다.	① ② ③ ④ ⑤

번호	질문	응답
121	융통성이 없는 편이다.	① ② ③ ④ ⑤
122	자신을 쓸모없는 인간이라고 생각할 때가 있다.	① ② ③ ④ ⑤
123	완성된 것보다 미완성인 것에 흥미가 있다.	① ② ③ ④ ⑤
124	작은 소리도 신경 쓰인다.	① ② ③ ④ ⑤
125	굳이 말하자면 장거리 주자에 어울린다고 생각한다.	① ② ③ ④ ⑤
126	모두가 싫증을 내는 일에도 혼자서 열심히 한다.	① ② ③ ④ ⑤
127	커다란 일을 해보고 싶다.	① ② ③ ④ ⑤
128	주위의 영향을 받기 쉽다.	① ② ③ ④ ⑤
129	잘하지 못하는 것이라도 자진해서 한다.	① ② ③ ④ ⑤
130	완고한 편이라고 생각한다.	① ② ③ ④ ⑤
131	타인의 일에는 별로 관여하고 싶지 않다고 생각한다.	① ② ③ ④ ⑤
132	휴일은 세부적인 예정을 세우고 보낸다.	① ② ③ ④ ⑤
133	번화한 곳에 외출하는 것을 좋아한다.	① ② ③ ④ ⑤
134	능력을 살릴 수 있는 일을 하고 싶다.	① ② ③ ④ ⑤
135	자주 깊은 생각에 잠긴다.	① ② ③ ④ ⑤
136	지인을 발견해도 만나고 싶지 않을 때가 많다.	① ② ③ ④ ⑤
137	자질구레한 걱정이 많다.	① ② ③ ④ ⑤
138	가만히 있지 못할 정도로 불안해질 때가 많다.	① ② ③ ④ ⑤
139	이유도 없이 화가 치밀 때가 있다.	① ② ③ ④ ⑤
140	이유도 없이 다른 사람과 부딪힐 때가 있다.	① ② ③ ④ ⑤
141	다른 사람보다 기가 세다.	① ② ③ ④ ⑤
142	친절한 사람 밑에서 일하고 싶다.	① ② ③ ④ ⑤
143	다른 사람이 나를 어떻게 생각하는지 궁금할 때가 많다.	① ② ③ ④ ⑤
144	직접 만나는 것보다 전화로 얘기하는 것이 편하다.	① ② ③ ④ ⑤
145	침울해지면서 아무 것도 손에 잡히지 않을 때가 있다.	① ② ③ ④ ⑤
146	이성적인 사람 밑에서 일하고 싶다.	① ② ③ ④ ⑤
147	다른 사람보다 쉽게 우쭐해진다.	① ② ③ ④ ⑤
148	시를 많이 읽는다.	① ② ③ ④ ⑤
149	성격이 밝다는 말을 듣는다.	① ② ③ ④ ⑤
150	실무적이라는 인상을 주고 싶다.	① ② ③ ④ ⑤

번호	질문	응답
151	어색해지면 입을 다무는 경우가 많다.	① ② ③ ④ ⑤
152	커피가 있어야 안심이 된다.	① ② ③ ④ ⑤
153	어린 시절로 돌아가고 싶을 때가 있다.	① ② ③ ④ ⑤
154	무모할 것 같은 일에 도전하고 싶다.	① ② ③ ④ ⑤
155	하루의 행동을 반성하는 경우가 많다.	① ② ③ ④ ⑤
156	학구적이라는 인상을 주고 싶다.	① ② ③ ④ ⑤
157	내가 아는 것을 남에게 알려주고 싶다.	① ② ③ ④ ⑤
158	굳이 말하자면 기가 센 편이다.	① ② ③ ④ ⑤
159	일의 보람보단 결과를 중요시한다.	① ② ③ ④ ⑤
160	격렬한 운동도 그다지 힘들어하지 않는다.	① ② ③ ④ ⑤
161	가능성보단 현실성에 눈을 돌린다.	① ② ③ ④ ⑤
162	부탁을 잘 거절하지 못한다.	① ② ③ ④ ⑤
163	앞으로의 일을 생각하지 않으면 진정이 되지 않는다.	① ② ③ ④ ⑤
164	상상이 되는 것을 선호한다.	① ② ③ ④ ⑤
165	빌려준 것을 받지 못하는 편이다.	① ② ③ ④ ⑤
166	인생에서 가장 중요한 것은 높은 목표를 갖는 것이다.	① ② ③ ④ ⑤
167	잠을 쉽게 자는 편이다.	① ② ③ ④ ⑤
168	다른 사람이 부럽다고 생각하지 않는다.	① ② ③ ④ ⑤
169	학문보다는 기술이다.	① ② ③ ④ ⑤
170	무슨 일이든 선수를 쳐야 이긴다고 생각한다.	① ② ③ ④ ⑤
171	SNS를 좋아하는 편이다.	① ② ③ ④ ⑤
172	뉴스를 자주 보는 편이다.	① ② ③ ④ ⑤
173	불우이웃을 돕는 편이다.	① ② ③ ④ ⑤
174	취미활동에 돈을 아끼지 않는다.	① ② ③ ④ ⑤
175	혼자서 밥을 먹어도 이상하지 않다.	① ② ③ ④ ⑤
176	기획하는 것보다 영업하는 것이 편하다.	① ② ③ ④ ⑤
177	나만의 특기를 가지고 있다.	① ② ③ ④ ⑤
178	토론자와 사회자 중에서 토론자가 더 어울린다.	① ② ③ ④ ⑤
179	아기자기한 것을 좋아한다.	① ② ③ ④ ⑤
180	통계가 맞지 않으면 신경이 쓰인다.	① ② ③ ④ ⑤

번호	질문	응답
181	100년 전의 풍습에 흥미가 있다.	① ② ③ ④ ⑤
182	신제품 개발보다 기존 상품을 개선하는 것을 선호한다.	① ② ③ ④ ⑤
183	손으로 쓴 글씨에 자신이 있다.	① ② ③ ④ ⑤
184	현재의 삶에 만족한다.	① ② ③ ④ ⑤
185	내 미래는 밝다고 생각한다.	① ② ③ ④ ⑤
186	과학보다는 철학에 관심이 있다.	① ② ③ ④ ⑤
187	원인을 알 수 없으면 반드시 찾아야 한다.	① ② ③ ④ ⑤
188	무언가에 흥미를 느끼는 데 오래 걸린다.	① ② ③ ④ ⑤
189	처음 보는 사람에게 물건을 잘 팔 수 있다.	① ② ③ ④ ⑤
190	언어가 안 통하는 나라에서 잘 생활할 수 있다.	① ② ③ ④ ⑤
191	시각보다는 청각에 민감한 편이다.	① ② ③ ④ ⑤
192	큰 건물이 작은 건물보다 좋다.	① ② ③ ④ ⑤
193	음식을 만드는 것이 물건을 전시하는 것보다 쉽다.	① ② ③ ④ ⑤
194	안 쓰는 물건을 잘 버리는 편이다.	① ② ③ ④ ⑤
195	사람의 인상착의나 이름을 잘 외운다.	① ② ③ ④ ⑤
196	지시를 받는 것보다 지시를 하는 것이 어울린다.	① ② ③ ④ ⑤
197	규칙적으로 먹고 잔다.	① ② ③ ④ ⑤
198	처음 겪는 상황에도 빠르게 대처할 수 있다.	① ② ③ ④ ⑤
199	내가 할 수 있는 것은 내가 한다.	① ② ③ ④ ⑤
200	처음 보는 사람과 얘기하는 것이 어렵지 않다.	① ② ③ ④ ⑤

PART 2 직무능력검사

CHAPTER 01 언어논리력
CHAPTER 02 수리력
CHAPTER 03 문제해결력
CHAPTER 04 공간지각력
CHAPTER 05 관찰탐구력

CHAPTER 01

언어논리력

합격 Cheat Key

출제유형

1 어휘력

어휘의 의미를 정확하게 알고 있는지 평가하는 유형으로, 밑줄 친 어휘와 같은 의미로 쓰인 어휘를 찾는 문제, 주어진 문장 속에서 사용이 적절하지 않은 어휘를 찾는 문제, 주어진 여러 단어의 뜻을 포괄하는 어휘를 찾는 문제 등이 출제되고 있다.

2 나열하기

문장과 문장 사이의 관계 및 글 전체의 흐름을 읽어낼 수 있는지 평가하는 유형으로, 논리적인 순서에 따라 주어진 글의 문장이나 문단을 나열하는 문제가 출제되고 있다.

3 독해

주어진 글의 내용과 일치하거나 일치하지 않는 것 고르기, 주제 / 제목 찾기, 글을 통해 추론할 수 있는 것이나 없는 것 고르기 등 다양한 유형의 독해문제가 출제되고 있다.

학습전략

1 어휘력

- 어휘가 가진 다양한 의미를 묻는 문제가 주로 출제되므로 어휘의 의미를 정확하게 알고 있어야 한다.
- 다의어의 경우 문장 속에서 어떤 의미로 활용되는지 파악하는 것이 중요하므로 예문과 함께 학습하도록 한다.

2 나열하기

- 문장과 문장을 연결하는 접속어의 쓰임에 대해 정확히 알고 있어야 문제를 풀 수 있다.
- 문장 속에 나타나는 지시어는 해당 문장의 앞에 어떤 내용이 오는지에 대한 힌트가 되므로 이에 집중한다.

3 독해

- 지문을 처음부터 끝까지 다 읽기보다는 빈칸의 앞뒤 문장만으로 그 사이에 들어갈 내용을 유추하는 연습을 해야 한다.
- 선택지를 읽으며 빈칸에 들어갈 답을 고른 후 해설과 비교한다. 확실하게 정답을 선택한 경우를 제외하고, 왜 틀렸는지 파악하고 놓친 부분을 반드시 체크하는 습관을 들인다.

CHAPTER 01 언어논리력 핵심이론

01 ▶ 논리구조

논리구조에서는 주로 단락과 문장 간의 관계나 글 전체의 논리적 구조를 정확히 파악했는지를 묻는다. 글의 순서를 바르게 배열하는 유형이 출제되고 있다. 제시문의 전체적인 흐름을 바탕으로 각 문단의 특징, 단락 간의 역할 등을 논리적으로 구조화할 수 있는 능력을 길러야 한다.

(1) 문장의 관계와 원리
　① 문장과 문장 간의 관계
　　㉠ 상세화 관계 : 주지 → 구체적 설명(비교, 대조, 유추, 분류, 분석, 인용, 예시, 비유, 부연, 상술 등)
　　㉡ 문제(제기)와 해결 관계 : 한 문장이 문제를 제기하고, 다른 문장이 그 해결책을 제시하는 관계(과제 제시 → 해결 방안, 문제 제기 → 해답 제시)
　　㉢ 선후 관계 : 한 문장이 먼저 발생한 내용을 담고, 다음 문장이 나중에 발생한 내용을 담고 있는 관계
　　㉣ 원인과 결과 관계 : 한 문장이 원인이 되고, 다른 문장이 그 결과가 되는 관계(원인 제시 → 결과 제시, 결과 제시 → 원인 제시)
　　㉤ 주장과 근거 관계 : 한 문장이 필자가 말하고자 하는 바(주지)가 되고, 다른 문장이 그 문장의 증거(근거)가 되는 관계(주장 제시 → 근거 제시, 의견 제안 → 의견 설명)
　　㉥ 전제와 결론 관계 : 앞 문장에서 조건이나 가정을 제시하고, 뒤 문장에서 이에 따른 결론을 제시하는 관계
　② 문장의 연결 방식
　　㉠ 순접 : 원인과 결과, 부연 설명 등의 문장 연결에 쓰임
　　　예 그래서, 그리고, 그러므로 등
　　㉡ 역접 : 앞글의 내용을 전면적 또는 부분적으로 부정
　　　예 그러나, 그렇지만, 그래도, 하지만 등
　　㉢ 대등・병렬 : 앞뒤 문장의 대비와 반복에 의한 접속
　　　예 및, 혹은, 또는, 이에 반하여 등
　　㉣ 보충・첨가 : 앞글의 내용을 보다 강조하거나 부족한 부분을 보충하기 위해 다른 말을 덧붙이는 문맥
　　　예 단, 곧, 즉, 더욱이, 게다가, 왜냐하면 등
　　㉤ 화제 전환 : 앞글과는 다른 새로운 내용을 이야기하기 위한 문맥
　　㉥ 비유・예시 : 앞글에 대해 비유적으로 다시 말하거나 구체적인 예를 보임
　　　예 예를 들면, 예컨대, 마치 등

③ 원리 접근법

앞뒤 문장의 중심의미 파악	→	앞뒤 문장의 중심 내용이 어떤 관계인지 파악	→	문장 간의 접속어, 지시어의 의미와 기능	→	문장의 의미와 관계성 파악
각 문장의 의미를 어떤 관계로 연결해서 글을 전개하는지 파악해야 한다.		지문 안의 모든 문장은 서로 논리적 관계성이 있다.		접속어와 지시어를 음미하는 것은 독해의 길잡이 역할을 한다.		문단의 중심 내용을 알기 위한 기본 분석 과정이다.

02 ▶ 논리적 이해

(1) 전제의 추론

전제의 추론은 원칙적으로 주어진 내용의 이면에 내포되어 있는 이미 옳다고 인정된 사실을 유추하는 유형이다.
① 먼저 주장이 무엇인지 명확하게 파악해야 한다.
② 주장이 성립하기 위해서 논리적으로 필요한 요건이 무엇인지 생각해 본다.
③ 선택지 중 주장과 논리적으로 인과 관계를 형성할 수 있는 조건을 찾아낸다.

(2) 결론의 추론

주어진 내용을 명확히 이해한 다음, 이를 근거로 이끌어 낼 수 있는 올바른 결론이나 관련 사항을 논리적인 관점에서 찾는 문제 유형이다. 이와 같은 문제는 평상시 비판적이고 논리적인 관점으로 글을 읽는 연습을 충분히 해 두어야 유리하다고 볼 수 있다.

(3) 주제의 추론

주제와 관련된 추론 문제는 적성검사에서 자주 출제되는 유형으로서, 글의 표제, 부제, 주제, 주장, 의도를 파악하는 형태의 문제와 같은 유형이다. 이러한 유형의 문제는 주제를 글의 첫 문단이나 마지막 문단을 통해서 찾을 수 있으며, 그렇지 않으면 문단의 병렬·대등 관계를 파악하면 쉽게 찾을 수 있다. 여러 문단에서 공통된 주제를 추론할 때는 각각의 제시문을 먼저 요약한 뒤, 핵심 키워드를 찾은 다음, 이를 토대로 주제문을 가려내어 하나의 주제를 유추하면 된다. 평소에 제시문을 읽고, 핵심 키워드를 찾아 문장을 구성하는 연습을 많이 해두어야 한다. 또한, 겉으로 드러난 주제나 정보를 찾는 데 그치지 않고 글 속에 숨겨진 의도나 정보를 찾기 위해 꼼꼼히 관찰하는 태도가 필요하다.

CHAPTER 01 | 언어논리력 기출예상문제

정답 및 해설 p.002

01 ▶ 어휘력

대표유형 　**어휘력**

다음 의미를 가진 단어로 가장 적절한 것은?

> 근육 따위가 오그라들거나 사물의 부피나 규모가 줆

① 수상　　　　　　　　② 수축
③ 수준　　　　　　　　④ 수렴

| 해설 | 제시된 의미를 가진 단어는 '수축'이다.

오답분석
① 수상 : 보통과는 달리 이상하여 의심스러움
③ 수준 : 사물의 가치나 질 따위의 기준이 되는 일정한 표준이나 정도
④ 수렴 : 돈이나 물건 따위를 거두어들임. 또는 사물을 오그라들게 함

정답 ②

※ 다음 단어와 동의 또는 유의 관계인 것을 고르시오. [1~4]

01

| 일석이조 |

① 일소일소　　　　　　② 일거양득
③ 일도양단　　　　　　④ 일거양실

02

| 긴장 |

① 순연　　　　　　　　② 초조
③ 흥분　　　　　　　　④ 미연

03

발전

① 동조　　　　　　　　② 진전
③ 발생　　　　　　　　④ 퇴보

04

성취

① 성장　　　　　　　　② 번성
③ 달성　　　　　　　　④ 취득

※ 다음 밑줄 친 단어 중 의미가 서로 비슷한 것을 모두 고르시오. **[5~6]**

05

㉠ 부모님의 <u>명의</u>로 되어있는 시골의 땅을 물려받았다.
㉡ 그는 <u>심지</u>가 유약해 큰일을 맡기기에 의심스럽다.
㉢ 역시 그는 자신의 <u>이름값</u>을 한다.
㉣ 그 계획에 대한 <u>청사진</u>이 있어야 무사히 진행될 것이다.

① ㉠, ㉢　　　　　　　　② ㉠, ㉣
③ ㉡, ㉢　　　　　　　　④ ㉡, ㉣

06

㉠ 그들은 차마 입에 올리기에도 <u>괴란한</u> 말들을 쏟아냈다.
㉡ 영희는 <u>계면쩍은지</u> 머리를 긁적이며 방으로 들어갔다.
㉢ 김사원은 지각도 자주 하고, 요즘 태도가 영 <u>태만해</u>.
㉣ 철수는 본래 눈치가 없고 <u>아둔해서</u> 항상 손해를 본다.
㉤ 그 애가 매사 하는 일이 <u>용렬하기가</u> 그지 없다.
㉥ 내가 아무리 <u>미욱하다고</u> 해도 네 말을 믿을까?

① ㉠, ㉢, ㉣　　　　　　② ㉡, ㉢, ㉤
③ ㉢, ㉣, ㉤　　　　　　④ ㉣, ㉤, ㉥

※ 다음 의미를 가진 단어로 가장 적절한 것을 고르시오. [7~8]

07

| 어리석은 체하면서도 속으로는 엉큼하다. |

① 의뭉스럽다 ② 미욱스럽다
③ 결곡하다 ④ 어리벙벙하다

08

| 야위거나 메말라 윤기가 없고 조금 거칠다. |

① 살망하다 ② 조쌀하다
③ 까칠하다 ④ 해쓱하다

09 다음 관용어구들의 빈칸에 공통으로 들어갈 적절한 것은?

- 돼지를 ____
- 도랑을 ____
- 사군자를 ____
- 술을 ____

① 잡다 ② 놓다
③ 치다 ④ 붓다

10 다음 ㉠ ~ ㉣의 빈칸에 들어갈 단어를 순서대로 짝지은 것은?

대중이 급부상한 두 번째 이유는 문명의 __㉠__ 에 있다. 정치사상에 대한 것이든, 과학 기술에 대한 것이든 지금껏 문명은 꾸준히 발달해왔다. 자유, 평등의 이념을 바탕으로 __㉡__ 한 사유를 전개하여 만들어 낸 근대 정치사상과 자연에 대한 치밀한 탐구를 통해 발견해낸 자연 과학적 원리들은 대중의 삶에 __㉢__ 영향을 미쳤다. 그런데 여기서 문제는 대중이 자신들의 삶에서 __㉣__ 누리게 된 생활 편의를 아주 당연한 것으로 여기게 되었다는 데 있다.

① 퇴보 – 치열 – 긍정적인 – 갑자기
② 퇴보 – 안일 – 긍정적인 – 서서히
③ 발달 – 치열 – 부정적인 – 서서히
④ 발달 – 치열 – 긍정적인 – 갑자기

※ 다음 문장에서 빈칸에 들어가기에 적절하지 않은 단어를 고르시오. **[11~13]**

11
- 조직 개편안은 _____ 단계일 뿐 그 실현 여부는 아직 불투명하다.
- 항상 대책을 _____하는 덕분에 문제가 발생해도 막힘없이 해결해 왔다.
- 컴퓨터는 계산기의 필요성에 관한 _____에서 발전되었다.

① 착상 ② 입안
③ 고안 ④ 구상

12
- 오래 살다보면 삶의 이치를 _____하기 마련이다.
- 그녀는 상당히 많은 주식을 _____하고 있다.
- 백날 책만 읽어봐야 알 수 없고 경험으로 _____해야 한다.
- 그는 고향에 넓은 땅을 _____하고 있는 부자이다.

① 소유 ② 지참
③ 터득 ④ 체득

13
- 교칙은 모든 학생에게 예외 없이 _____된다.
- 회사까지는 지하철을 _____하는 것이 편리하다.
- 여가를 _____하여 외국어를 배우는 직장인이 늘고 있다.
- 그는 너무 순진해서 주변 사람들에게 종종 _____을 당하곤 한다.

① 사용 ② 이용
③ 적용 ④ 활용

※ 다음 글의 빈칸에 들어갈 단어를 〈보기〉에서 적절하게 짝지은 것을 고르시오. [14~17]

14

분식 회계란 기업이 재정 상태나 경영 실적을 실제보다 좋게 보이게 하기 위해 __(가)__ 한 방법으로 자산이나 이익을 부풀려 계산하는 회계를 말한다. 주주와 채권자들의 판단을 __(나)__ 시켜 손해를 끼치기 때문에 법으로 금지되어 있지만, 한국에서는 공인 회계사의 감사 보고서를 통한 분식 회계 사실이 제대로 밝혀지지 않는 경우가 많다. 분식 회계 수법 역시 여러 가지여서 아직 창고에 쌓여 있는 재고의 가치를 장부에 과대 __(다)__ 하는 수법, 팔지도 않은 물품의 매출전표를 끊어 매출 채권을 부풀리는 방법, 매출 채권의 대손 충당금을 __(라)__ 로 적게 쌓아 이익을 부풀리는 수법 등이 주로 이용된다. 특히 불황기에 이러한 분식회계 수법이 자주 이용되는데, 주주·채권자들에게 손해를 끼침은 물론, 탈세와도 관련이 있어 상법 등 관련 법규에서도 금지하고 있다.

보기

㉠ 부당   ㉡ 정당   ㉢ 왜곡   ㉣ 분산   ㉤ 계상   ㉥ 격상   ㉦ 실수   ㉧ 고의

	(가)	(나)	(다)	(라)
①	㉠	㉢	㉤	㉦
②	㉠	㉢	㉤	㉧
③	㉡	㉢	㉤	㉦
④	㉡	㉣	㉥	㉦

15

인플루엔자는 흔히 고열, 오한, 두통, 근육통 또는 피로감과 같은 전신증상과 함께 기침, 인후통과 같은 호흡기 증상의 갑작스러운 시작을 특징으로 하는 급성 열성 호흡기질환이다. 특히 겨울철에 흔한 여러 가지 호흡기 바이러스에 의한 일반적인 감기와 증상이 매우 유사하기 때문에 __(가)__ 진단이 어렵다. 하지만 인플루엔자는 감기와 다른 질환이고, 감기와 달리 치명적인 합병증을 __(나)__ 할 수 있으며, 항바이러스 치료제와 효과적인 백신 사용이 가능하기 때문에 진단이 필요하다. 임상적으로 중요한 점은 감기와 달리 인플루엔자는 갑작스럽게 시작되기 때문에 고열이 시작된 시점을 정확하게 기억할 수 있다는 것이다. 이에 비해 감기는 미열이 서서히 시작되기 때문에 정확하게 증상이 시작된 시각을 잘 기억하지 못한다. 또한 인플루엔자는 두통, 피로감, 근육통 및 관절통 등 __(다)__ 심한 몸살이라고 표현하는 전신 __(라)__ 이 뚜렷하여 일상생활이 불가능할 정도이다.

보기

㉠ 감별   ㉡ 변별   ㉢ 유추   ㉣ 유발   ㉤ 소위   ㉥ 특히   ㉦ 증상   ㉧ 상징

	(가)	(나)	(다)	(라)
①	㉠	㉢	㉤	㉦
②	㉠	㉢	㉤	㉧
③	㉠	㉣	㉤	㉦
④	㉡	㉣	㉥	㉦

16

1434년 7월 1일, 조선 왕조는 자격루(自擊漏)라고 불리는 자동 물시계를 국가의 새로운 표준 시계로 __(가)__ 했다. 세종의 명을 받은 장영실은 더 정확한 물시계를 만들기 위해 시각을 __(나)__ 하는 잣대의 길이를 4배가량 키워 눈금을 세밀하게 새겨 넣고, 물받이 통을 비울 때도 연속적으로 시간을 잴 수 있게 통을 2개로 늘렸다. 여기에 자동으로 시간을 알려 주는 장치를 더하여 자격루를 완성하였다. 조선 왕조에는 자격루가 제작되기 전부터 시간을 알려 주는 일을 담당하는 관청이 있었다. 물시계를 맡은 관리는 밤낮으로 물시계를 지켜보면서 시간을 알려 주었는데, 가끔 제때를 놓쳐 처벌되는 경우도 있었다. 이런 상황에서 자동으로 시간을 알려 주는 장치가 있는 정확한 물시계의 제작은 모든 시계 제작 기술자의 꿈이었으며, 예부터 정확한 시간을 알려 줄 __(다)__ 을/를 지닌 왕의 소망이기도 하였다. 자격루는 그 꿈을 __(라)__ 시킨 15세기의 첨단 기술이었던 것이다.

보기
ㄱ 선별   ㄴ 채택   ㄷ 측정   ㄹ 평가   ㅁ 책무   ㅂ 권리   ㅅ 실현   ㅇ 실천

	(가)	(나)	(다)	(라)
①	ㄱ	ㄷ	ㅁ	ㅅ
②	ㄱ	ㄹ	ㅂ	ㅇ
③	ㄴ	ㄷ	ㅁ	ㅅ
④	ㄴ	ㄹ	ㅁ	ㅇ

17

광고주들은 광고를 통해 상품의 인지도를 높이고 상품에 대한 호의적 태도를 확산시키려 한다. 간접 광고에서는 이러한 광고 __(가)__ 을/를 거두기 위해 주류적 배치와 주변적 배치를 __(나)__ 한다. 주류적 배치는 출연자가 상품을 __(다)__ 하거나 대사를 통해 상품을 언급하는 것이고, 주변적 배치는 화면 속의 배경을 통해 상품을 노출하는 것인데, 시청자들은 주변적 배치보다 주류적 배치에 더 주목하기 때문에 주류적 배치가 광고 __(라)__ 이/가 높다.

보기
ㄱ 활용   ㄴ 효용   ㄷ 효과   ㄹ 조율   ㅁ 효율   ㅂ 사용   ㅅ 과시   ㅇ 효능

	(가)	(나)	(다)	(라)
①	ㄴ	ㄱ	ㅂ	ㅁ
②	ㄴ	ㄹ	ㅅ	ㅇ
③	ㄷ	ㄱ	ㅂ	ㅁ
④	ㄷ	ㄱ	ㅂ	ㅇ

18 다음은 표준어 규정 중의 일부이다. (가) ~ (라)에 대한 구체적 예시 자료로 적절하지 않은 것은?

> (가) 기술자에게는 '-장이', 그 외에는 '-쟁이'가 붙는 형태를 표준어로 삼는다.
> (나) 준말이 널리 쓰이고 본말이 잘 쓰이지 않는 경우에는, 준말만을 표준어로 삼는다.
> (다) 어원에서 멀어진 형태로 굳어져서 널리 쓰이는 단어는, 그것을 표준어로 삼는다.
> (라) '웃-' 및 '윗-'은 명사 '위'에 맞추어 '윗-'으로 통일하지만, '아래, 위'의 대립이 없는 단어는 '웃-'으로 발음되는 형태를 표준어로 삼는다.

① (가) : '소금쟁이'를 표준어로 삼고, '소금장이'를 버림
② (나) : '솔개'를 표준어로 삼고, '소리개'를 버림
③ (다) : '사글세'를 표준어로 삼고, '삭월세'를 버림
④ (라) : '웃도리'를 표준어로 삼고, '윗도리'를 버림

19 다음 중 밑줄 친 부분의 띄어쓰기가 가장 적절한 것은?

① 이번 회의에 <u>참석하는데</u> 많은 준비가 필요했다.
② 너는 정말 <u>쓸데 없는</u> 일만 하는구나.
③ 이 일을 어떻게 <u>처리해야 할 지</u> 걱정이야.
④ 여행을 <u>다녀온 지</u> 벌써 세 달이 지났어.

20 다음 중 밑줄 친 단어의 발음이 적절하지 않은 것은?

① 아이가 책을 <u>읽고</u> 있어. – [일꼬]
② 시를 한 수 <u>읊고</u> 있었다. – [읍꼬]
③ 시냇물이 참 <u>맑구나</u>. – [막꾸나]
④ <u>늙지</u> 않는 비결이 뭔가? – [늑찌]

21 다음 글의 내용과 관련이 있는 한자성어로 가장 적절한 것은?

> 부채위기를 해결하겠다고 나선 유럽 국가들의 움직임이 당장 눈앞에 닥친 위기 상황을 모면하려는 미봉책이라서 안타깝다. 유럽중앙은행(ECB)의 대차대조표에서 명백한 정황이 드러난다. ECB에 따르면 지난해 말 대차대조표가 2조 730억 유로를 기록해 사상 최고치를 기록했다. 3개월 전에 비해 5,530억 유로 늘어난 수치이다. 문제는 ECB의 장부가 대폭 부풀어 오른 배경이다. 유로존 주변국의 중앙은행은 채권을 발행해 이를 담보로 ECB에서 자금을 조달한다. 이렇게 ECB의 자금을 손에 넣은 중앙은행은 정부가 발행한 국채를 사들인다. 금융시장에서 '팔기 힘든' 국채를 소화하기 위한 임기응변인 셈이다.

① 하석상대(下石上臺) ② 탄주지어(呑舟之魚)
③ 양상군자(梁上君子) ④ 배반낭자(杯盤狼藉)

22 다음 밑줄 친 두 단어의 관계와 유사한 것은?

> <u>그랭이법</u>이란 자연석을 그대로 활용해 땅의 흔들림을 흡수하는 놀라운 기술이다. 즉 기둥이나 석축 아래에 울퉁불퉁한 자연석을 먼저 쌓은 다음, 그 위에 올리는 기둥이나 돌의 아랫부분을 자연석 윗면의 굴곡과 같은 모양으로 맞추어 마치 톱니바퀴처럼 맞물리게 하는 기법이다. 이 같은 작업을 <u>그랭이질</u>이라고도 하는데 그랭이질을 하기 위해서는 오늘날의 컴퍼스처럼 생긴 그랭이칼이 필요하다. 주로 대나무를 사용해 만든 그랭이칼은 끝의 두 가닥을 벌릴 수 있는데, 주춧돌 역할을 하는 자연석에 한쪽을 밀착시킨 후 두 가닥 중 다른 쪽에 먹물을 묻혀 기둥이나 석축 부분에 닿도록 한다.

① 이공보공(以空補空) – 바늘 끝에 알을 올려놓지 못한
② 수즉다욕(壽則多辱) – 보기 싫은 반찬이 끼마다 오른
③ 함포고복(含哺鼓腹) – 한 가랑이에 두 다리 넣는다.
④ 망양보뢰(亡羊補牢) – 소 잃고 외양간 고친다.

※ 제시된 단어와 동일한 관계가 되도록 빈칸에 들어갈 가장 적절한 단어를 고르시오. [23~25]

23

새 : 독수리=( ) : 장미

① 꽃 ② 백합
③ 나무 ④ 동물

24

독점 : 공유=( ) : 창조

① 앙심 ② 모방
③ 연상 ④ 발명

25

고속도로 : 이정표=바다 : ( )

① 해협 ② 등대
③ 방파제 ④ 운하

※ 다음 짝지어진 단어 사이의 관계가 나머지와 다른 하나를 고르시오. [26~27]

26
① 서론 – 본론 – 결론 ② 초급 – 중급 – 고급
③ 빨강 – 노랑 – 파랑 ④ 중학교 – 고등학교 – 대학교

27
① 과오 – 착오 – 잘못 ② 사유 – 이유 – 연유
③ 상처 – 생채기 – 상흔 ④ 종이 – 이면지 – 책

※ 다음 단어에서 공통적으로 연상할 수 있는 단어로 가장 적절한 것을 고르시오. [28~29]

28

| 바퀴, 지구, 팽이 |

① 자기 ② 회전
③ 하향 ④ 연동

29

| 물다, 경제, 물 |

① 사람 ② 거품
③ 상승 ④ 온도

30 다음 9개의 단어 중 3개의 단어와 공통으로 연상되는 단어로 가장 적절한 것은?

으뜸	국가	왕자
신부	반지	카메라
해	예배	결혼

① 미국 ② 혈육
③ 금 ④ 왕

02 ▶ 나열하기

대표유형 1 문단 나열

다음 글을 논리적 순서대로 나열한 것은?

(가) 그런데 책으로 된 종이사전과 머릿속 사전의 조직은 서로 다른 것으로 보인다.
(나) 예컨대 '청진기'라는 단어 대신에, 사전에서 그 다음에 배열될 것으로 예상되는 '청진선'이 선택되는 식이다. 그러나 그런 경우는 드물다.
(다) '사전'하면 흔히 'ㄱ, ㄴ, ㄷ' 순으로 배열된 국어사전을 떠올리지만, 인간의 머릿속에도 사전이 있는 것으로 생각된다. 이를 '머릿속 사전'이라 부른다.
(라) 만약 머릿속 사전도 이와 동일한 방식으로 조직되어 있다면 말실수를 할 때 한글 자모 순서상 가장 근접해 있는 단어가 선택될 것이다.
(마) 종이사전은 한글 자모 순서로 단어들을 배열하는 것이 표준이다.
(바) 가장 가까이 있으므로 그 단어를 얼른 생각해 낼 것으로 예측되기 때문이다.

① (다) – (가) – (마) – (라) – (바) – (나)
② (다) – (나) – (마) – (라) – (가) – (바)
③ (마) – (다) – (가) – (나) – (라) – (바)
④ (마) – (바) – (나) – (다) – (가) – (라)

| 해설 | 제시문은 머릿속 사전에 관한 글이다. 따라서 (다) 머릿속 사전에 대한 정보 – (가) 종이사전과 머릿속 사전의 차이 – (마) 종이사전의 배열 : 한글 자모 순서 – (라) 머릿속 사전의 배열 – (바) 머릿속 사전이 종이사전과 다른 이유 – (나) 예시 순으로 나열하는 것이 적절하다.

정답 ①

※ 다음 글을 논리적 순서대로 나열한 것을 고르시오. [1~4]

01

(가) 역사 연구가는 대상을 마음대로 조립할 수 있다. 프랑스대혁명을 예로 들더라도 그는 그것을 그의 관점에 따라 다르게 조립할 수 있다.
(나) 문학과 역사의 차이는 문학 연구가와 역사 연구가를 비교할 때 더욱 뚜렷하게 드러난다.
(다) 그것은 수정 불가능한, 완전히 결정되어 있는 우주이다.
(라) 그러나 문학 연구가의 경우 그러한 조립은 불가능하다. 이광수의 『무정』은 그것이 처음으로 발표된 1917년이나 1973년이나 마찬가지 형태로 제시된다.

① (가) – (나) – (라) – (다) ② (나) – (가) – (라) – (다)
③ (나) – (다) – (가) – (라) ④ (라) – (나) – (다) – (가)

02

(가) 결국 이를 다시 생각하면, 과거와 현재의 문화 체계와 당시 사람들의 의식 구조, 생활상 등을 역추적할 수 있다는 말이 된다. 즉, 동물의 상징적 의미가 문화를 푸는 또 하나의 열쇠이자 암호가 되는 것이다. 그리고 동물의 상징적 의미를 통해 인류의 총체인 문화의 실타래를 푸는 것은 우리는 어떤 존재인가라는 정체성에 대한 답을 하는 과정이 될 수 있다.
(나) 인류는 선사시대부터 생존을 위한 원초적 본능에서 동굴이나 바위에 그림을 그리는 일종의 신앙 미술을 창조했다. 신앙 미술은 동물에게 여러 의미를 부여하기 시작했고, 동물의 상징적 의미는 현재까지도 이어지고 있다. 1억 원 이상 복권 당첨자의 23%가 돼지꿈을 꿨다거나, 황금돼지해에 태어난 아이는 만복을 타고난다는 속설 때문에 결혼과 출산이 줄을 이었고, 대통령 선거에서 '두 돼지가 나타나 두 뱀을 잡아 먹는다.'는 식으로 후보들이 홍보를 하기도 했다. 이렇게 동물의 상징적 의미는 우리 시대에도 여전히 유효한 관념으로 남아 있는 것이다.
(다) 동물의 상징적 의미는 시대나 나라에 따라 변하고 새로운 역사성을 담기도 했다. 예를 들면, 뱀은 다산의 상징이자 불사의 존재이기도 했지만, 사악하고 차가운 간사한 동물로 여겨지기도 했다. 하지만 그리스에서 뱀은 지혜의 신이자, 아테네의 상징물이었고, 논리학의 상징이었다. 그리고 과거에 용은 숭배의 대상이었으나, 상상의 동물일 뿐이라는 현대의 과학적 사고는 지금의 용에 대한 믿음을 약화시키고 있다.
(라) 동물의 상징적 의미가 이렇게 다양하게 변하는 것은 문화가 살아 움직이기 때문이다. 문화는 인류의 지식, 신념, 행위의 총체로서, 동물의 상징적 의미 또한 문화에 속한다. 문화는 항상 현재 진행형이기 때문에 현재의 생활이 바로 문화이며, 이것은 미래의 문화로 전이된다. 문화는 과거, 현재, 미래가 따로 떨어진 게 아니라 뫼비우스의 띠처럼 연결되어 있는 것이다. 다시 말하면 그 속에 포함된 동물의 상징적 의미 또한 거미줄처럼 얽히고설켜 형성된 것으로, 그 시대의 관념과 종교, 사회·정치적 상황에 따라 의미가 달라질 수밖에 없다는 말이다.

① (가) – (다) – (라) – (나) ② (나) – (다) – (라) – (가)
③ (나) – (라) – (다) – (가) ④ (다) – (나) – (라) – (가)

03

(가) 동아시아의 문명 형성에 가장 큰 영향력을 끼친 책을 꼽을 때, 그중에 『논어』가 빠질 수 없다. 『논어』는 공자(B.C 551 ~ 479)가 제자와 정치인 등을 만나서 나눈 이야기를 담고 있다. 공자의 활동기간으로 따져보면 『논어』는 지금으로부터 대략 2,500년 전에 쓰인 것이다. 지금의 우리는 한나절에 지구 반대편으로 날아다니고, 여름에 겨울 과일을 먹는 그야말로 공자는 상상할 수도 없는 세상에 살고 있다.

(나) 2,500년 전의 공자와 그가 대화한 사람 역시 우리와 마찬가지로 '호모 사피엔스'이기 때문이다. 2,500년 전의 사람도 배고프면 먹고, 졸리면 자고, 좋은 일이 있으면 기뻐하고, 나쁜 일이 있으면 화를 내는 오늘날의 사람과 다름없었다. 불의를 보면 공분하고, 전쟁보다 평화가 지속되기를 바라고, 예술을 보고 들으며 즐거워했는데, 오늘날의 사람도 마찬가지이다.

(다) 물론 2,500년의 시간으로 인해 달라진 점도 많고 시대와 문화에 따라 '사람다움이 무엇인가?'에 대한 답은 다를 수 있지만, 사람은 돌도 아니고 개도 아니고 사자도 아니라 여전히 사람일 뿐인 것이다. 즉 현재의 인간이 과거보다 자연의 힘에 두려워하지 않고 자연을 합리적으로 설명할 수는 있지만, 인간적 약점을 극복하고 신적인 존재가 될 수는 없는 그저 인간일 뿐인 것이다.

(라) 『논어』의 일부는 여성과 아동, 이민족에 대한 당시의 편견을 드러내고 있어 이처럼 달라진 시대의 흐름에 따라 폐기될 수밖에 없지만, 이를 제외한 부분은 '오래된 미래'로서 읽을 가치가 있는 것이다.

(마) 이론의 생명 주기가 짧은 학문의 경우, 2,500년 전의 책은 역사적 가치가 있을지언정 이론으로서는 폐기 처분이 당연시된다. 그런데 왜 21세기의 우리가 2,500년 전의 『논어』를 지금까지도 읽고, 또 읽어야 할 책으로 간주하고 있는 것일까?

① (가) – (마) – (나) – (다) – (라)
② (가) – (마) – (나) – (라) – (다)
③ (가) – (마) – (다) – (나) – (라)
④ (나) – (다) – (가) – (마) – (라)

04

(가) 초연결사회란 사람, 사물, 공간 등 모든 것들이 인터넷으로 서로 연결돼, 모든 것에 대한 정보가 생성 및 수집되고 공유・활용되는 것을 말한다. 즉, 모든 사물과 공간에 새로운 생명이 부여되고 이들의 소통으로 새로운 사회가 열리고 있는 것이다.

(나) 최근 '초연결사회(Hyper Connected Society)'란 말을 주위에서 심심치 않게 들을 수 있다. 인터넷을 통해 사람 간의 연결은 물론 사람과 사물, 심지어 사물 간의 연결 등 말 그대로 '연결의 영역 초월'이 이뤄지고 있다.

(다) 나아가 초연결사회는 단지 기존의 인터넷과 모바일 발전의 맥락이 아닌 우리가 살아가는 방식 전체, 즉 사회의 관점에서 미래사회의 새로운 패러다임으로 큰 변화를 가져올 전망이다.

(라) 초연결사회에서는 인간 대 인간은 물론, 기기와 사물 같은 무생물 객체끼리도 네트워크를 바탕으로 상호 유기적인 소통이 가능해진다. 컴퓨터, 스마트폰으로 소통하던 과거와 달리 초연결 네트워크로 긴밀히 연결되어 오프라인과 온라인이 융합되고, 이를 통해 새로운 성장과 가치 창출의 기회가 증가할 것이다.

① (가) – (나) – (다) – (라)
② (가) – (나) – (라) – (다)
③ (나) – (가) – (다) – (라)
④ (나) – (가) – (라) – (다)

대표유형 2   위치 찾기

다음 글에서 〈보기〉의 문장이 들어갈 위치로 가장 적절한 곳은?

그럼 이제부터 제형에 따른 특징과 복용 시 주의점을 알아보겠습니다. 먼저 산제나 액제는 복용해야 하는 용량에 맞게 미세하게 조절이 가능합니다. 그리고 정제나 캡슐제에 비해 노인이나 소아가 약을 삼키기 쉽고 약효도 빠르게 나타납니다. (가) 캡슐제는 캡슐로 약물을 감싸서 자극이 강한 약물을 복용할 때 생기는 불편을 줄일 수 있고, 정제로 만들면 약효가 떨어질 수 있는 경우에 사용되어 약효를 유지할 수 있습니다. (나) 하지만 캡슐제는 캡슐이 목구멍이나 식도에 달라붙을 수 있기 때문에 충분한 양의 물과 함께 복용해야 합니다. (다)
그리고 정제는 일정한 형태로 압축되어 있어 산제나 액제에 비해 보관이 간편하고 정량을 복용하기 쉽습니다. 이러한 정제는 약물의 성분이 빠르게 방출되는 속방정과 서서히 지속적으로 방출되는 서방정으로 구분할 수 있습니다. (라) 서방정은 오랜 시간 일정하게 약의 효과를 유지할 수 있어 복용 횟수를 줄일 수 있습니다. 그런데 서방정은 함부로 쪼개거나 씹어서 먹으면 안 됩니다. 왜냐하면 약물의 방출 속도가 달라져 부작용의 위험이 커질 수 있기 때문입니다.
오늘 강연 내용은 유익하셨나요? 이번 강연이 약에 대한 이해를 높일 수 있는 계기가 되었으면 합니다. 또한 약과 관련해 더 궁금한 내용이 있다면 '온라인 의약 도서관'을 통해 찾아보실 수 있습니다. 마지막으로 상세한 복약 정보는 꼭 의사나 약사에게 확인하시기 바랍니다. 경청해 주셔서 감사합니다.

보기

하지만 이 둘은 정제에 비해 변질되기 쉬우므로 특히 보관에 주의해야 하고 복용 전 변질 여부를 잘 확인해야 합니다.

① (가) ② (나)
③ (다) ④ (라)

| 해설 | 보기의 '이 둘'은 제시문의 산제와 액제를 의미하므로 이 둘에 관해 설명하고 있는 위치에 들어가야 함을 알 수 있다. 또 상반되는 사실을 나타내는 두 문장을 이어 줄 때 사용하는 접속어 '하지만'을 통해 산제와 액제의 단점을 이야기하는 보기 문장 앞에는 산제와 액제의 장점에 관한 내용이 와야 함을 알 수 있다. 따라서 (가)에 들어가는 것이 적절하다.

정답 ①

※ 다음 글에서 〈보기〉의 문장이 들어갈 위치로 가장 적절한 곳을 고르시오. [5~7]

05

(가) 자연계는 무기적인 환경과 생물적인 환경이 상호 연관되어 있으며 그것은 생태계로 불리는 한 시스템을 이루고 있음이 밝혀진 이래, 이 이론은 자연을 이해하기 위한 가장 기본이 되는 것으로 받아들여지고 있다. (나) 그동안 인류는 더 윤택한 삶을 누리기 위하여 산업을 일으키고 도시를 건설하며 문명을 이룩해왔다. (다) 이로써 우리의 삶은 매우 윤택해졌으나 우리의 생활환경은 오히려 훼손되고 있으며 환경오염으로 인한 공해가 누적되고 있고, 우리 생활에서 없어서는 안 될 각종 자원도 바닥이 날 위기에 놓이게 되었다. (라) 따라서 우리는 낭비되는 자원, 그리고 날로 황폐해져 가는 자연에 대하여 우리가 해야 할 시급한 임무가 무엇인지를 깨닫고, 이를 실천하기 위해 우리 모두의 지혜와 노력을 모아야만 한다.

보기

만약 우리가 이 위기를 슬기롭게 극복해내지 못한다면 인류는 머지않아 파멸에 이르게 될 것이다.

① (가) ② (나)
③ (다) ④ (라)

06

기억이 착오를 일으키는 프로세스는 인상적인 사물을 받아들이는 단계부터 이미 시작된다. (가) 감각적인 지각 대부분은 무의식중에 기록되고 오래 유지되지 않는다. (나) 대개는 수 시간 안에 사라져 버리며, 약간의 본질만이 남아 장기 기억이 된다. 무엇이 남을지는 선택에 의해서이기도 하고, 그 사람의 견해에 따라서도 달라진다. (다) 분주하고 정신이 없는 장면을 보여 주고, 나중에 그 모습에 관해서 이야기하게 해 보자. (라) 어느 부분에 주목하고, 또 어떻게 그것을 해석했는지에 따라 즐겁기도 하고 무섭기도 하다. 단순히 정신 사나운 장면으로만 보이는 경우도 있다. 기억이란 원래 일어난 일을 단순하게 기록하는 것이 아니다.

보기

일어난 일에 대한 묘사는 본 사람이 무엇을 중요하게 판단하고, 무엇에 흥미를 느꼈느냐에 따라 크게 다르다.

① (가) ② (나)
③ (다) ④ (라)

07

정보란 무엇인가? 이 점은 정보화 사회를 맞이하면서 우리가 가장 깊이 생각해 보아야 할 문제이다. 정보는 그냥 객관적으로 주어진 대상인가? 그래서 그것은 관련된 당사자들에게 항상 가치중립적이고 공정한 지식이 되는가? 결코 그렇지 않다. 똑같은 현상에 대해 정보를 만들어 내는 방식은 매우 다양할 수 있다. 정보라는 것은 인간에 의해 가공되는 것이고 그 배경에는 언제나 나름대로의 입장과 가치관이 깔려 있게 마련이다.

정보화 사회가 되어 정보가 넘쳐나는 듯하지만 사실 우리 대부분은 그 소비자로 머물러 있을 뿐 적극적인 생산의 주체로 나서지 못하고 있다. 이런 상황에서는 우리의 생활을 질적으로 풍요롭게 해 주는 정보를 확보하기가 대단히 어렵다. 사실 우리가 일상적으로 구매하고 소비하는 정보란 대부분이 일회적인 심심풀이용이 많다. (가)

또한 정보가 많을수록 좋은 것만은 아니다. 오히려 정보의 과잉은 무기력과 무관심을 낳는다. 네트워크와 각종 미디어와 통신 기기의 회로들 속에서 정보가 기하급수적인 속도의 규모로 증식하고 있는 데 비해, 그것을 수용하고 처리할 수 있는 우리 두뇌의 용량은 진화하지 못하고 있다. 이 불균형은 일상의 스트레스 또는 사회적인 교란으로 표출된다. 정보 그 자체에 집착하는 태도에서 벗어나 무엇이 필요한지를 분별할 수 있는 능력이 배양되어야 한다. (나)

정보는 얼마든지 새롭게 창조될 수 있다. 컴퓨터의 기계적인 언어로 입력되기 전까지의 과정은 인간의 몫이다. 기계가 그것을 대신하기는 불가능하다. 따라서 정보화 시대의 중요한 관건은 컴퓨터에 대한 지식이나 컴퓨터를 다루는 방법이 아니라, 무엇을 담을 것인가에 대한 인간의 창조적 상상력이다. 그것은 마치 전자레인지가 아무리 좋아도 그 자체로 훌륭한 요리를 보장하지는 못하는 것과 마찬가지이다. (다)

정보와 지식 그 자체로는 딱딱하게 굳어 있는 물건처럼 존재하는 듯 보인다. 그러나 그것은 커뮤니케이션 속에서 살아 움직이며 진화한다. 끊임없이 새로운 의미가 발생하고 또한 더 고급으로 갱신되어 간다. 따라서 한 사회의 정보화 수준은 그러한 소통의 능력과 직결된다. 정보의 순환 속에서 끊임없이 새로운 정보로 거듭나는 역동성이 없이는 아무리 방대한 데이터베이스라 해도 그 기능에 한계가 있기 때문이다. (라)

> **보기**
>
> 한 가지 예를 들어 보자. 어떤 나라에서 발행하는 관광 안내 책자는 정보가 섬세하고 정확하다. 그러나 그 책을 구입해 관광을 간 소비자들은 종종 그 내용의 오류를 발견한다. 그리고 많은 이들이 그것을 그냥 넘기지 않고 수정 사항을 엽서에 적어서 출판사에 보내준다. 출판사는 일일이 현지에 직원을 파견하지 않고도 책자를 개정할 수 있다.

① (가) ② (나)
③ (다) ④ (라)

03 ▶ 독해

대표유형 | **단문독해**

01 다음 글의 주제로 가장 적절한 것은?

> 허파는 들이마신 공기를 허파모세혈관 속의 정맥혈액(Venous Blood)에 전달하여 혈액을 산소화시키는 기능을 한다. 허파 주위에 있는 가슴막공간은 밀폐되어 있지만, 허파 속은 외부 대기와 자유롭게 통하고 있어서 허파의 압력이 유지된다.
> 가슴막공간이 가로막, 갈비사이근육 및 다른 근육들의 수축에 의해서 확장되면 허파 내압이 떨어지게 되어 허파가 확장되고, 따라서 외부공기가 안으로 빨려 들어오는 흡기작용(Inspiration)을 한다. 반대로 호흡근육들이 이완될 때는 가슴막공간이 작아지게 되고, 허파의 탄력조직이 오므라들면 공기가 밖으로 나가는 호기작용(Expiration)을 한다.
> 사람이 편안한 상태에서 교환되는 공기의 양인 호흡용적(Tidal Volume)은 약 500ml이며, 폐활량(Viral Lung Volume)은 심호흡 시 교환되는 양으로 3,700ml 이상이 된다. 최대호기작용 후에도 잔류용적(Residual Capacity) 약 1,200ml의 공기가 허파에 남아있다. 성인의 경우 편안한 상태에서의 정상 호흡횟수는 1분에 12~20회이며, 어린이는 1분에 20~25회이다.

① 허파의 기능 ② 허파의 구조
③ 허파의 위치 ④ 허파의 정의

| 해설 | 제시문은 허파의 혈액 산소화 기능, 호흡 기능을 설명하고 있다.

정답 ①

02 다음 글에 대한 내용으로 적절하지 않은 것은?

> 프로이센의 철학자인 임마누엘 칸트는 근대 계몽주의를 정점에 올려놓음은 물론 독일 관념철학의 기초를 세운 것으로 유명하다. 그는 인식론을 다룬 저서는 물론 종교와 법, 역사에 관해서도 중요한 책을 썼는데, 특히 칸트가 만년에 출간한 『실천이성 비판』은 이후 윤리학과 도덕 철학 분야에 지대한 영향을 끼쳤다.
> 이 책에 따르면 악은 단순히 이 세상의 행복을 얻으려는 욕심의 지배를 받아 이를 실천의 원리로 삼는 것이며, 선은 이러한 욕심의 지배에서 벗어나 내부에서 우러나오는 단호한 도덕적 명령을 받는 것이다. 순수하게 도덕적 명령을 따른다는 것은 오직 의무를 누구나 지켜야만 할 의무이기에 이행한다는 태도, 즉 형식적 태도를 의미한다. 칸트는 태초에 선과 악이 처음에 있어서 원리가 결정되는 것이 아니라 그 반대라는 것을 선언한 것이다.

① 임마누엘 칸트는 독일 관념철학의 기초를 세웠다.
② 임마누엘 칸트는 철학은 물론 종교와 법, 역사에 관한 책을 저술했다.
③ 임마누엘 칸트는 만년에 『실천이성 비판』을 출간했다.
④ 임마누엘 칸트는 행복을 악으로, 도덕적 명령을 선으로 규정했다.

| 해설 | 임마누엘 칸트는 단순히 이 세상의 행복을 얻으려는 욕심의 지배를 받아 이를 실천의 원리로 삼는 것을 악으로 규정했을 뿐, 행복 그 자체를 악으로 판단하진 않았다.

정답 ④

※ 다음 글에 대한 내용으로 적절하지 않은 것을 고르시오. [1~3]

01

헤로도토스의 앤드로파기(식인종)나 신화나 전설적 존재들인 반인반양, 켄타우루스, 미노타우로스 등은 아무래도 역사적인 구체성이 크게 결여된 편이다. 반면에 르네상스의 야만인 담론에 등장하는 야만인들은 서구의 전통 야만인관에 의해 각색되었지만, 이전과는 달리 현실적 구체성을 띠고 나타난다. 하지만 이때도 문명의 시각이 작동하여 야만인이 저질 인간으로 인식되는 것은 마찬가지이다. 다만 이런 인식이 서구 중심의 세계체제 형성과 관련을 맺는다는 점이 이전과의 차이점이다. 르네상스 야만인상은 서구인의 문명건설 과업과 관련하여 만들어진 것이다. '신대륙 발견'과 더불어 '문명'과 '야만'의 접촉이 빈번해지자 야만인은 더는 신화적·상징적·문화적 이해 대상이 아니다. 이제 그는 실제 경험의 대상으로서 서구인의 일상생활에까지 모습을 드러내는 존재이다.

특히 주목해야 할 점은 콜럼버스의 '신대륙 발견' 이후로 야만인 담론은 유럽인이 '발견'한 지역의 원주민들과 집단으로 직접 만나는 실제 체험과 관련되어 있다는 사실이다. 르네상스 이전이라고 해서 이방의 원주민들을 만나지 않았을 리 없겠지만 그때에는 원주민에 관한 정보가 직접 경험에 의한 것이라기보다는 뜬소문에 근거하거나 아니면 순전히 상상의 산물인 경우가 많았다. 반면에 르네상스 시대 야만인은 그냥 원주민이 아니다. 이때 원주민은 식인종이며 바로 이 점 때문에 문명인의 교화를 받거나 정복과 절멸의 대상이 된다. 이 점은 코르테스가 정복한 아스테카 제국인 멕시코를 생각하면 쉽게 이해할 수 있다.

멕시코는 당시 거대한 제국으로서 유럽에서도 유례를 찾아보기 힘들 정도로 인구 25만의 거대한 도시를 건설한 '문명국'이었다. 하지만 멕시코 정벌에 참여한 베르날 디아즈는 나중에 이 경험을 토대로 한 회고록 『뉴 스페인 정복사』에서 멕시코 원주민들을 지독한 식인습관을 가진 것으로 매도한다. 멕시코 원주민들이 식인종으로 규정되고 나면 그들이 아무리 스페인 정복군이 눈이 휘둥그레질 정도로 발달된 문화를 가지고 있어도 소용이 없다. 그들은 집단으로 '식인 야만인'으로 규정됨으로써 정복의 대상이 되고 또 이로 말미암아 세계사의 흐름에 큰 변화가 오게 된다. 거대한 대륙의 주인이 바뀌는 것이다.

① 고대에 형성된 야만인 이미지들은 경험에 의한 것이기보다 허구의 산물이었다.
② 르네상스 이후 서구인의 야만인 담론은 전통적인 야만인관과 단절을 이루었다.
③ 르네상스 이후 야만인은 서구의 세계제패 전략의 관점에서 인식되고 평가되었다.
④ 스페인 정복군에 의한 아즈테카 문명의 정복은 서구 야만인 담론을 통해 합리화되었다.

02

엘리스에 따르면, 인간의 심리적 문제는 개인의 비합리적인 신념의 산물이다. 엘리스가 말하는 비합리적 신념의 공통적 특성은 다음과 같다. 첫째, 당위적 사고이다. 이러한 사고방식은 스스로에게 너무나 많은 것을 요구하게 하고, 세상이 자신의 당위에서 조금만 벗어나 있어도 그것을 참지 못하는 경직된 사고를 유발하게 된다. 둘째, 지나친 과장이다. 이는 문제 상황을 지나치게 과장함으로써 문제에 대한 차분하고 객관적인 접근을 가로막는다. 셋째, 자기 비하이다. 이러한 사고방식은, 자신의 부정적인 한 측면을 기초로 자신의 인격 전체를 폄하하는 부정적 사고방식을 낳게 된다.

① 당위적 사고는 경직된 사고를 유발한다.
② 지나친 과장은 객관적 사고를 가로막는다.
③ 비합리적 신념에는 공통적 특징들이 존재한다.
④ 심리적 문제가 비합리적인 신념의 원인이 된다.

03

물은 상온에서 액체 상태이며, 100℃에서 기체인 수증기로 변하고, 0℃ 이하에서는 고체인 얼음으로 변한다. 만일 물이 상온 상태에서 기체이거나 보다 높은 온도에서 끓어 고체 상태라면 물이 구성 성분의 대부분을 차지하는 생명체는 존재하지 않았을 것이다.

생물체가 생명을 유지하기 위해서 물에 의존하는 것은 무엇보다 물 분자 구조의 특징에서 비롯된다. 물 1분자는 1개의 산소 원자(O)와 2개의 수소 원자(H)가 공유 결합을 이루고 있는데, 2개의 수소 원자는 약 104.5°의 각도로 산소와 결합한다. 이때 산소 원자와 수소 원자는 전자를 1개씩 내어서 전자쌍을 만들고 이를 공유한다. 하지만 전자쌍은 전자친화도가 더 큰 산소 원자 쪽에 가깝게 위치하여 산소 원자는 약한 음전하(−)를, 수소는 약한 양전하(+)를 띠게 되어 물 분자는 극성을 가지게 된다. 따라서 극성을 띤 물 분자들끼리는 서로 다른 물 분자의 수소와 산소 사이에 전기적 인력이 작용하는 결합이 형성된다.

물 분자가 극성을 가지고 있어서 물은 여러 가지 물질을 잘 녹이는 특성을 가진다. 그래서 우리 몸에서 용매 역할을 하며, 각종 물질을 운반하는 기능을 담당한다. 물은 혈액을 구성하고 있어 영양소, 산소, 호르몬, 노폐물 등을 운반하며, 대사 반응, 에너지 전달 과정의 매질 역할을 하고 있다. 또한 전기적 인력으로 결합된 구조는 물의 비열이 큰 성질을 갖게 한다. 비열은 물질 1g의 온도를 1℃ 높이기 위해 필요한 열량을 말하는데, 이는 물질의 고유한 특성이다. 체액은 대부분 물로 구성되어 있어서 상당한 추위에도 어느 정도까지는 체온이 내려가는 것을 막아 준다. 특히 우리 몸의 여러 생리 작용은 효소 단백질에 의해 일어나는데, 단백질은 온도 변화에 민감하므로 체온을 유지하는 것은 매우 중요하다.

① 물 분자는 극성을 띠어 전기적 인력을 가진다.
② 물의 비열은 쉽게 변하는 특징이 있다.
③ 물은 물질의 전달 과정에서 매질로 역할을 한다.
④ 물 분자를 이루는 산소와 수소는 전자를 공유한다.

04 다음 글의 제목으로 가장 적절한 것은?

중세 유럽에서는 토지나 자원을 왕실이 소유하고 있었다. 사람들은 이러한 토지나 자원을 이용하려면 일정한 비용을 지불해야했다. 예를 들어 광산을 개발하거나 수산물을 얻는 사람들은 해당 자원의 이용에 대한 비용을 왕실에 지불하였고 이는 왕실의 권력과 부의 유지를 돕는 동시에 국가의 재정을 보충하는 역할을 하였는데 이때 지불한 비용이 바로 로열티이다.

로열티의 개념은 산업 혁명과 함께 발전하였다. 산업 혁명을 통해 특허, 상표 등의 지적 재산권이 보호되기 시작하면서 기업들은 이러한 권리를 보유한 개인이나 조직에게 사용에 대한 보상을 지불하게 되었다. 지적 재산권은 기업이 특정한 기술, 디자인, 상표 등을 보유하고 있을 때 그들에게 독점적인 권리를 제공하고 이러한 권리의 보호와 보상을 위해 로열티 제도가 도입되었다.

로열티는 기업과 지적 재산권 소유자 간의 계약에 의해 설정되는 형태로 발전하였다. 기업이 특정 제품을 판매하거나 특정 기술을 이용하는 경우 지적 재산권 소유자에게 계약에 따라 정해진 로열티를 지불하게 된다. 이로써 지적 재산권을 보유한 개인이나 조직은 자신들의 창작물이나 기술의 사용에 대한 보상을 받을 수 있으며, 기업들은 이러한 지적 재산권의 이용을 허가받아 경쟁 우위를 확보할 수 있게 되었다.

현재 로열티는 제품 판매나 라이선스, 저작물의 이용 등 다양한 형태로 나타나며 지적 재산권의 보호와 경제적 가치를 확보하는 중요한 수단으로 작용하고 있다. 로열티는 지식과 창조성의 보상으로서의 역할을 수행하며 기업들의 연구 개발을 촉진하고 혁신을 격려한다. 이처럼 로열티 제도는 기업과 지적 재산권 소유자 간의 상호 협력과 혁신적인 경제 발전에 기여하는 중요한 구조적 요소이다.

① 지적 재산권을 보호하는 방법
② 로열티 지급 시 유의사항
③ 지적 재산권의 정의
④ 로열티 제도의 유래와 발전

※ 다음 글의 내용으로 가장 적절한 것을 고르시오. [5~6]

05

사람들은 고급문화가 오랫동안 사랑을 받는 것이고, 대중문화는 일시적인 유행에 그친다고 생각하고 있다. 그러나 이러한 판단은 근거가 확실치 않다. 예컨대, 모차르트의 음악은 지금껏 연주되고 있지만, 비슷한 시기에 활동했고 당대에는 비슷한 평가를 받았던 살리에리의 음악은 현재 아무도 연주하지 않는다. 모르긴 해도 그렇게 사라진 예술가가 한둘이 아니지 않을까. 그런가 하면 1950~1960년대 엘비스 프레슬리와 비틀즈의 음악은 지금까지도 매년 가장 많은 저작권료를 발생시킨다. 이른바 고급문화의 유산들이 수백 년간 역사 속에서 형성된 것인 데 반해 우리가 대중문화라 부르는 문화 산물은 그 역사가 고작 100년을 넘지 않았다.

① 비틀즈의 음악은 오랫동안 사랑을 받고 있으니 고급문화라고 할 수 있다.
② 살리에리는 모차르트와 같은 시대에 살며 대중음악을 했던 인물이다.
③ 많은 저작권료를 받는 작품이라면 고급문화로 인정해야 한다.
④ 대중문화가 일시적인 유행에 그칠지 여부는 아직 판단하기 곤란하다.

06

우리는 선인들이 남긴 훌륭한 문화유산이나 정신 자산을 언어(특히, 문자 언어)를 통해 얻는다. 언어가 시대를 넘어 문명을 전수하는 역할을 하는 것이다. 언어를 통해 전해진 선인들의 훌륭한 문화유산이나 정신 자산은 당대의 문화나 정신을 살찌우는 밑거름이 된다. 만약 언어가 없다면 선인들과 대화하는 일은 불가능할 것이다. 그렇게 되면 인류사회는 앞선 시대와 단절되어 더 이상의 발전을 기대할 수 없게 된다. 인류가 지금과 같은 고도의 문명사회를 이룩할 수 있었던 것도 언어를 통해 선인들과 끊임없이 대화하며 그들에게서 지혜를 얻고 그들의 훌륭한 정신을 이어받았기 때문이다.

① 언어는 인간에게 유일한 의사소통의 도구이다.
② 과거의 문화유산은 남김없이 계승되어야 한다.
③ 문자 언어는 음성 언어보다 우월한 가치를 가진다.
④ 문명의 발달은 언어를 매개로 이루어져 왔다.

※ 다음 글의 주제로 가장 적절한 것을 고르시오. [7~11]

07

우리 민족은 처마 끝의 곡선, 버선발의 곡선 등 직선보다는 곡선을 좋아했고, 그러한 곡선의 문화가 곳곳에 배어 있다. 이것은 민요의 경우도 마찬가지이다. 서양 음악에서 '도'가 한 박이면 한 박, 두 박이면 두 박, 길든 짧든 같은 음이 곧게 지속되는데 우리 음악은 '시김새'에 의해 음을 곧게 내지 않고 흔들어 낸다. 시김새는 어떤 음높이의 주변에서 맴돌며 가락에 멋을 더하는 역할을 하는 장식음이다. 시김새란 '삭다'라는 말에서 나왔다. 그렇기 때문에 시김새라는 단어가 김치 담그는 과정에서 생겨났다고 볼 수 있다. 김치를 담글 때 무나 배추를 소금에 절여 숨을 죽이고 갖은 양념을 해서 일정 기간 숙성시켜 맛을 내듯, 시김새 역시 음악가가 손과 마음으로 삭여냈을 때 맛이 드는 것과 비슷하기 때문이다. 이 때문에 시김새가 '삭다'라는 말에서 나온 것으로 본다. 더욱이 같은 재료를 썼는데도 집집마다 김치 맛이 다르고, 지방에 따라 양념을 고르는 법이 달라 다른 맛을 내듯 시김새는 음악 표현의 질감을 달리하는 핵심 요소이다.

① 민요에서 볼 수 있는 우리 민족의 곡선 문화
② 시김새에 의한 민요의 특징
③ 시김새의 정의와 어원
④ 시김새와 김치의 공통점

08

표준화된 언어는 의사소통을 효과적으로 하기 위하여 의도적으로 선택해야 할 공용어로서의 가치가 있다. 반면에 방언은 지역이나 계층의 언어와 문화를 보존하고 드러냄으로써 국가 전체의 언어와 문화를 다양하게 발전시키는 토대로서의 가치가 있다. 이러한 의미에서 표준화된 언어와 방언은 상호 보완적인 관계에 있다. 표준화된 언어가 있기에 정확한 의사소통이 가능하며, 방언이 있기에 개인의 언어생활에서나 언어 예술 활동에서 자유롭고 창의적인 표현이 가능하다. 결국 우리는 표준화된 언어와 방언 둘 다의 가치를 인정해야 하며, 발화(發話) 상황(狀況)을 잘 고려해서 표준화된 언어와 방언을 잘 가려서 사용할 줄 아는 능력을 길러야 한다.

① 창의적인 예술 활동에서는 방언의 기능이 중요하다.
② 표준화된 언어와 방언에는 각각 독자적인 가치와 역할이 있다.
③ 정확한 의사소통을 위해서는 표준화된 언어가 꼭 필요하다.
④ 표준화된 언어와 방언을 구분할 줄 아는 능력을 길러야 한다.

09

> 발전된 산업사회는 인간을 단순한 수단으로 지배하기 위한 새로운 수단을 발전시키고 있다. 여러 사회 과학들과 심층 심리학이 이를 위해서 동원되고 있다. 목적이나 이념의 문제를 배제하고 가치판단으로부터의 중립을 표방하는 사회 과학들은 쉽게 인간을 조종하기 위한 기술적·합리적인 수단을 개발해서 대중 지배에 이바지한다. 마르쿠제는 발전된 산업사회에 있어서의 이러한 도구화된 지성을 비판하면서 이것을 '현대인의 일차원적 사유'라고 불렀다. 비판과 초월을 모르는 도구화된 사유라는 것이다. 따라서 산업사회에서의 합리화라는 것은 기술적인 수단의 합리화를 의미하는 데 지나지 않는다.
>
> 발전된 산업사회는 이와 같이 사회 과학과 도구화된 지성을 동원해서 인간을 조종하고 대중을 지배할 뿐만 아니라 향상된 생산력을 통해서 인간을 매우 효율적으로 거의 완전하게 지배한다. 곧 발전된 산업사회는 그의 높은 생산력을 통해서 늘 새로운 수요들을 창조하고 이러한 새로운 수요들을 광고 및 매스컴과 모든 선전수단을 동원해서 인간의 삶을 위한 불가결의 것으로 만든다. 그뿐만 아니라 사회구조와 생활 조건을 변화시켜서 그러한 수요들을 필수적인 것으로 만들어서 인간으로 하여금 그것들을 지향하지 않을 수 없게 한다. 이렇게 산업사회는 늘 새로운 수요의 창조와 그 공급을 통해서 인간의 삶을 거의 완전히 지배하고 그의 인격을 사로잡아 버릴 수 있게 되어가고 있다.

① 산업사회에서 도구화된 지성의 문제점
② 산업사회의 발전과 경제력 향상
③ 산업사회의 특징과 문제점
④ 산업사회의 기술적인 수단

10

경제학에서는 한 재화나 서비스 등의 공급이 기업에 집중되는 양상에 따라 시장 구조를 크게 독점시장, 과점시장, 경쟁시장으로 구분하고 있다. 소수의 기업이 공급의 대부분을 차지할수록 독점시장에 가까워지고, 다수의 기업이 공급을 나누어 가질수록 경쟁시장에 가까워진다. 이렇게 시장 구조를 구분하기 위해서 사용하는 지표 중의 하나가 바로 '시장집중률'이다.

시장집중률을 이해하기 위해서는 먼저 '시장점유율'에 대한 이해가 있어야 한다. 시장점유율이란 시장 안에서 특정 기업이 차지하고 있는 비중을 의미하는데, 생산량, 매출액 등을 기준으로 측정할 수 있다. Y기업의 시장점유율을 생산량 기준으로 측정한다면 '(Y기업의 생산량)÷(시장 내 모든 기업 생산량의 총합)×100'으로 나타낼 수 있다.

시장점유율이 시장 내 한 기업의 비중을 나타내 주는 수치라면, 시장집중률은 시장 내 일정 수의 상위 기업들이 차지하는 비중을 나타내 주는 수치, 즉 일정 수의 상위 기업의 시장점유율을 합한 값이다. 몇 개의 상위 기업을 기준으로 삼느냐는 나라마다 자율적으로 결정하고 있는데, 우리나라에서는 상위 3대 기업의 시장점유율을 합한 값을, 미국에서는 상위 4대 기업의 시장점유율을 합한 값을 시장집중률로 채택하여 사용하고 있다. 이렇게 산출된 시장집중률을 통해 시장 구조를 구분해 볼 수 있는데, 시장집중률이 높으면 그 시장은 공급이 소수의 기업에 집중되어 있는 독점시장으로 구분하고, 시장집중률이 낮으면 공급이 다수의 기업에 의해 분산되어 있는 경쟁시장으로 구분한다. 한국개발연구원에서는 어떤 산업에서의 시장집중률이 80% 이상이면 독점시장, 60% 이상 80% 미만이면 과점시장, 60% 미만이면 경쟁시장으로 구분하고 있다.

시장집중률을 측정하는 기준에는 여러 가지가 있기 때문에 어느 것을 기준으로 삼느냐에 따라 측정 결과에 차이가 생기며 이에 대한 경제학적인 해석도 달라진다. 어느 시장의 시장집중률을 '생산량' 기준으로 측정했을 때 A, B, C기업이 상위 3대 기업이고 시장집중률이 80%로 측정되었다고 하더라도, '매출액' 기준으로 측정했을 때는 D, E, F기업이 상위 3대 기업이 되고 시장집중률이 60%가 될 수도 있다.

이처럼 시장집중률은 시장 구조를 구분하는 데 매우 유용한 지표이며, 이를 통해 시장 내의 공급이 기업에 집중되는 양상을 파악해 볼 수 있다.

① 시장 구조의 변천사　　　　　② 시장집중률의 개념과 의의
③ 독점시장과 경쟁시장의 비교　④ 우리나라 시장점유율의 특성

11

쇼펜하우어의 주장에 따르면 우리가 살고 있는 세계의 진정한 본질은 의지이며 그 속에 있는 모든 존재는 맹목적인 삶의 의지에 의해서 지배당하고 있다. 쇼펜하우어는 우리가 일상적 또는 학문적으로 접근하는 세계가 단지 표상의 세계일 뿐이라고 주장하는데, 인간의 이성은 단지 이러한 표상의 세계만을 파악할 수 있을 뿐이다. 그에 따르면 존재하는 세계의 모든 사물들은 우선적으로 표상으로서 드러나게 된다. 시간과 공간 그리고 인과율에 의해서 파악되는 세계가 나의 표상인데, 이러한 표상의 세계는 오직 나에 의해서, 즉 인식하는 주관에 의해서만 파악되는 세계이다. 쇼펜하우어에 따르면 이러한 주관은 모든 현상의 세계, 즉 표상의 세계에서 주인의 역할을 하는 '나'이다.

이러한 주관을 이성이라고 부를 수도 있는데, 이성은 표상의 세계를 이끌어가는 주인공의 역할을 하는 것이다. 그러나 쇼펜하우어는 여기서 한발 더 나아가 표상의 세계에서 주인의 역할을 하는 주관 또는 이성이 의지의 지배를 받는다고 주장한다. 즉, 쇼펜하우어는 이성에 의해서 파악되는 세계의 뒤편에는 참된 본질적 세계인 의지의 세계가 있으므로 표상의 세계는 제한적이며 표면적인 세계일 뿐 결코 이성 또는 주관에 의해서 파악될 수 없다고 주장한다. 오히려 그는 그동안 인간이 진리를 파악하는 데 최고의 도구로 칭송받던 이성이나 주관을 의지에 끌려 다니는 피지배자일 뿐이라고 비판한다.

① 표상 세계 안에서의 이성의 역할과 한계
② 표상 세계의 극복과 그 해결 방안
③ 의지의 세계와 표상의 세계 간의 차이
④ 세계의 주인으로서 주관의 표상능력

12 다음 글의 주장에 대한 비판으로 적절하지 않은 것은?

> 동물실험이란 교육, 시험, 연구 및 생물학적 제제의 생산 등 과학적 목적을 위해 동물을 대상으로 실시하는 실험 또는 그 과학적 절차를 말한다. 전 세계적으로 매년 약 6억 마리의 동물들이 실험에 쓰이고 있다고 추정되며, 대부분의 동물들은 실험이 끝난 뒤 안락사를 시킨다.
>
> 동물실험은 대개 인체실험의 전 단계로 이루어지는데, 검증되지 않은 물질을 바로 사람에게 주입하여 발생하는 위험을 줄일 수 있다는 점에서 필수적인 실험이라고 말할 수 있다. 물론 살아있는 생물을 대상으로 하는 실험이기 때문에 대체(Replacement), 감소(Reduction), 개선(Refinement)으로 요약되는 3R 원칙에 입각하여 실험하는 것이 당연하다. 굳이 다른 방법이 있다면 그 방법을 채택할 것이며, 희생이 되는 동물의 수를 최대한 줄이고 필수적인 실험 조건 외에는 자극을 주지 않아야 한다.
>
> 하지만 그럼에도 보다 안전한 결과를 도출해내기 위한 동물실험은 필요악이며, 이러한 필수적인 의약실험조차 금지하려 한다는 것은 기술 발전 속도를 늦춰 약이 필요한 누군가의 고통을 감수하자는 이기적인 주장과 같다고 할 수 있다.

① 화장품 업체들의 동물실험과 같은 사례를 통해, 생명과 큰 연관이 없는 실험은 필요악이라고 주장할 수 없다.
② 3R 원칙과 같은 윤리적 강령이 법적인 통제력을 지니지 않은 이상 실제로 얼마나 엄격하게 지켜질 것인지는 알 수 없다.
③ 과거와 달리 현대에서는 인공 조직을 배양하여 실험의 대상으로 삼을 수 있으므로 동물실험 자체를 대체하는 것이 가능하다.
④ 아무리 엄격하게 통제된 실험이라고 해도 동물 입장에서 바라본 실험이 비윤리적이며 생명체의 존엄성을 훼손하는 행위라는 사실을 벗어날 수는 없다.

13 다음 글이 비판하려는 주장으로 가장 적절한 것은?

> 경제 문제는 대개 해결이 가능하다. 대부분의 경제 문제에는 몇 개의 해결책이 있다. 그러나 모든 해결책은 누군가가 상당한 손실을 반드시 감수해야 한다는 특징을 갖고 있다. 하지만 누구도 이 손실을 자발적으로 감수하고자 하지 않으며, 우리의 정치제도는 누구에게도 이 짐을 짊어지라고 강요할 수 없다. 우리의 정치적·경제적 구조로는 실질적으로 제로섬(Zero-sum)적인 요소를 지니는 경제 문제에 전혀 대처할 수 없다.
>
> 대개의 경제적 해결책은 대규모의 제로섬적인 요소를 갖기 때문에 큰 손실을 수반한다. 모든 제로섬 게임에 승자가 있다면 반드시 패자가 있으며, 패자가 존재해야만 승자가 존재할 수 있다. 경제적 이득이 경제적 손실을 초과할 수도 있지만, 손실의 주체에게 손실의 의미란 상당한 크기의 경제적 이득을 부정할 수 있을 만큼 매우 중요하다. 어떤 해결책으로 인해 평균적으로 사회는 더 잘살게 될 수도 있지만, 이 평균이 훨씬 더 잘살게 된 수많은 사람들과 훨씬 더 못살게 된 수많은 사람들을 감춘다. 만약 당신이 더 못살게 된 사람 중 하나라면 내 수입이 줄어든 것보다 다른 누군가의 수입이 더 많이 늘었다고 해서 위안을 얻지는 않을 것이다. 결국 우리는 우리 자신의 수입을 보호하기 위해 경제적 변화가 일어나는 것을 막거나 사회가 우리에게 손해를 입히는 공공정책이 강제로 시행되는 것을 막기 위해 싸울 것이다.

① 빈부격차를 해소하는 것만큼 중요한 정책은 없다.
② 사회의 총생산량이 많아지게 하는 정책이 좋은 정책이다.
③ 경제문제에서 모두가 만족하는 해결책은 존재하지 않는다.
④ 경제적 변화에 대응하는 정치제도의 기능에는 한계가 존재한다.

14 다음 글의 내용을 읽고 사회변동에 가장 큰 영향력을 미치는 매체로 가장 적절한 것은?

현재의 수신자가 미래의 발신자가 될 수 있는지 여부는 사회변동의 밑바탕이다. 사회혁명은 수신자였던 피지배 계급이 발신자로 전면에 나서는 순간 발발한다. 사회혁명을 거치면 과거의 발신자와 수신자의 위치가 바뀐다. 부르주아 혁명을 거치면서 발신을 독점했던 왕과 성직자는 더이상 독점적 지위를 유지하지 못하게 되었다. 과거의 수신자였던 부르주아는 혁명을 통해 새로운 발신자로 등장했다. 이처럼 발신과 수신의 관계가 뒤바뀔 가능성이 남아 있느냐의 여부는 사회변동의 가능성과 밀접한 관련을 맺고 있다. 그래서 지배하는 계급은 지배받는 사람들이 발신자가 될 수 있는 가능성을 최대한 차단한다. 발신과 수신 구조의 고착화는 지배를 연장할 수 있는 매우 중요한 수단이다. 지배를 영속화하려면 수신의 충실도를 높이되, 수신 과정에서 학습 효과가 발휘되는 장치를 차단하면 된다.

레이먼드 윌리엄스는 그러한 사례를 읽고 쓰는 능력의 보급에 개입된 정치학에서 찾는다. 산업혁명 초기의 영국에서 교육 조직이 개편될 때, 지배 계층은 노동자 계층에게 읽는 능력은 가르쳐주되 쓰는 능력은 가르쳐주지 않으려 했다. 노동자 계층이 글을 읽을 줄 알게 되면 새로운 지시사항을 보다 쉽게 이해할 수 있고, 성서를 읽음으로써 도덕적 계발의 효과까지 얻을 수 있다. 노동자 계급이 읽는 능력을 획득하면, 수신의 충실도가 높아지는 것이다. 그러나 노동자 계급이 쓸 수 있는 능력을 획득하게 되면 정치적 지배에 균열이 생길 수 있다. 지배 계급의 입장에서 노동자들이 반드시 글을 쓸 줄 알아야 할 필요는 없었다. 일반적으로 노동자 계층이 학습을 하거나 명령을 할 일은 없었기 때문이다. 기껏해야 이따금씩 공적인 목적으로 사인을 하는 일 정도가 전부였을 것이다.

텔레비전은 읽고 쓰는 능력의 불균등한 배치와 보급을 통해 노렸던 정치적 효과를 완성한 미디어이다. 대중 미디어란 민주적이지 않다는 뜻이다. 텔레비전만큼 발신과 수신의 비대칭성을 당연하게 여기는 미디어가 또 있는가? 수백만 명이 텔레비전을 시청할 수 있지만, 텔레비전에 출연하는 사람은 소수에 국한된다. 텔레비전은 발신과 수신의 비대칭을 영구화하면서, 동시에 수신의 반복을 통한 학습 효과조차 차단한 미디어이다.

① 책
② 신문
③ SNS
④ 영화

15 다음 글을 뒷받침하는 사례로 적절하지 않은 것은?

> 미장센(mise en scène)은 프랑스어로 연극무대에서 쓰이는 '연출'을 의미한다. 연극을 공연할 때, 연출자는 등장인물의 동작이나 무대장치, 조명 등에 관한 지시를 세부적으로 명시하지 않는다. 그리고 연극의 서사를 효과적으로 전달하기 위해 무대 위에 있는 모든 시각 대상을 배열하고 조직한다. 최근에는 미장센이 연극뿐만 아니라 영화 용어로 정착했다. 영화에서 미장센은 '카메라에 찍히는 모든 장면을 사전에 계획하고 밑그림을 그리는 것'이다. 즉 카메라가 특정 장면을 찍기 시작하여 멈추기까지 화면 속에 담기는 이미지를 만들어 내는 작업이다. 감독은 자신의 의도에 따라 프레임 내부에서 배경, 인물, 조명, 의상, 분장 등 영화적 요소를 적재적소에 배치한다. 쉽게 말하면 화면 구성으로, 편집이 아닌 한 화면 속에 담기는 이미지의 모든 구성 요소들이 주제를 드러내도록 하는 작업을 가리킨다. 따라서 영화를 볼 때 요소 중에서 하나가 두드러지면 연출자가 신경 써서 의도한 미장센으로 이해하면 된다.

① 영화 '올드보이'에서 주인공 오대수가 15년 동안 갇혀있는 방은 8평이고, 그를 가둔 이우진의 방은 108평으로 설정하여, 관객들이 두 주인공의 대립감을 시각적으로 느끼게 했다.
② 영화 '장화, 홍련'에서 어두운 조명과 음침한 색깔의 가구를 통해 집을 안락한 곳이 아닌 무서운 공간으로 연출하였다.
③ 영화 '고산자'는 주인공 김정호의 사계절 여정 장면을 담기 위해 봄, 여름, 가을, 겨울을 각각 촬영하여 편집한 뒤 한 장면으로 만들었다.
④ 영화 '이터널 선샤인'에서 감독은 주인공의 잠재의식을 표현하기 위해 현장감 있는 촬영 기법인 '트랩 도어(Trap Door)' 기법과 빠른 의상변화를 사용하였다.

16 다음 글에서 밑줄 친 ㉠의 사례로 적절하지 않은 것은?

> 현대인은 대인 관계에 있어서 가면을 쓰고 살아간다. 물론 그것이 현대사회를 살아가기 위한 인간의 기본적인 조건인지도 모른다. 사회학자들은 사람이 다른 사람과 교제를 할 때, 상대방에 대한 자신의 인상을 관리하려는 속성이 있다는 점에 동의한다. 즉, 사람들은 대체로 남 앞에 나설 때에는 가면을 쓰고 연기를 하는 배우와 같이 행동한다는 것이다.
> 왜 그런 상황이 발생하는 것일까? 그것은 주로 대중문화의 속성에 기인한다. 사실 20세기의 대중문화는 과거와 다른 새로운 인간형을 탄생시키는 배경이 되었다고 말할 수 있다. 특히, 광고는 내가 다른 사람의 눈에 어떻게 보일 것인가 하는 점을 끊임없이 반복하고 강조함으로써 ㉠ 그 광고를 보는 사람들에게 조바심이나 공포감을 불러일으키기까지 한다.
> 그중에서도 외모와 관련된 제품의 광고는 개인의 삶의 의미가 '자신이 남에게 어떤 존재로 보이느냐?'라는 것을 무수히 주입시킨다. 역사학자들도 '연기하는 자아'의 개념이 대중문화의 부상과 함께 더욱 의미 있는 것이 되었다고 말한다. 그들은 적어도 20세기 초부터 '성공'은 무엇을 잘하고 열심히 하는 것이 아니라 '인상 관리'를 어떻게 하느냐에 달려 있다고 한다. 이렇게 자신의 일관성을 잃고 상황에 따라 적응하게 되는 현대인들은 대중매체가 퍼뜨리는 유행에 민감하게 반응하는 과정에서 자신의 취향을 형성해 가고 있다.

① 40대 회사원 박대한 씨는 여유 넘치는 가장의 모습을 보여주는 아파트 광고를 본 후, 아파트 청약을 위해 여기저기 대출을 알아보고 있다.
② 잡지에서 '올 여름 멋쟁이 여성들의 트렌드 따라잡기'라는 기획기사를 읽은 박겨레 씨는 유행에 뒤처지지 않기 위해 잡지에 나온 것과 비슷한 옷을 여러 벌 구입했다.
③ 여고생 김영희 양은 저칼로리 다이어트 식품 광고에 나오는 같은 또래 모델의 늘씬한 몸매를 본 후, 자신의 통통한 몸매를 바꾸기 위해 동네 수영장에 다니기 시작했다.
④ 카레이서 이한국 씨는 어렸을 때 '전설의 고향'이라는 납량 드라마를 보고 난 후 밤에 화장실 가기가 무서워 아침까지 꾹 참았던 적이 많았다고 한다.

17 다음 글에서 밑줄 친 ㉠~㉣의 사례로 적절하지 않은 것은?

> 좌절과 상실을 당하여 상대방에 대해 외향적 공격성을 보이는 ㉠ <u>원(怨)</u>과 무력한 자아를 되돌아보고 자책하고 한탄하는 내향적 공격성인 ㉡ <u>탄(嘆)</u>이 한국의 고유한 정서인 한(恨)의 기점이 되고 있다. 이러한 것들은 체념의 정서를 유발할 수 있다. 이른바 한국적 한에서 흔히 볼 수 있는 소극적・퇴영적인 자폐성과 허무주의, 패배주의 등은 이러한 체념적 정서의 부정적 측면이다. 그러나 체념에 부정적인 것만 있는 것은 아니다. 오히려 체념에 철저함으로써 달관의 경지에 나아갈 수 있다. 세상의 근원을 바라볼 수 있는 관조의 눈이 열리게 되는 것이다. 여기서 더욱 중요하게 보아야 하는 것이 한국적 한의 또 다른 내포다. 그것은 바로 '밝음'에 있다. 한이 세상과 자신에 대한 공격성을 갖는 것이 아니라 오히려 세계와 대상에 대하여 연민을 갖고, 공감할 수 있는 풍부한 감수성을 갖는 경우가 있다. 이를 ㉢ <u>정(情)으로서의 한</u>'이라고 할 수 있다. 또한 한이 간절한 소망과 연결되기도 한다. 결핍의 상황으로 인한 한이 그에 대한 강한 욕구 불만에 대한 반사적 정서로서의 간절한 소원을 드러내는 것이다. 이것이 ㉣ '<u>원(願)으로서의 한</u>'이다.

① ㉠ : 매질에 이 몸 죽으면 귀신 되어 그 한을 풀리로다.
② ㉡ : 농부들 하는 말이 여자가 한 품으면 오뉴월에 서리 내리니 춘향 한을 어이할고.
③ ㉢ : 제비도 못 잊어서 다시 돌아와 이별을 안타까워하는 듯. 흥부는 한이 많은 사람이라 눈물을 흘리며 이별을 하는구나.
④ ㉣ : 심청 팔자 무상하여 맹인 아비뿐이온데, 아비의 평생 한이 눈뜨기에 있사온데, 백미 삼백 석을 시주하면 아비 눈을 뜬다 하나 가세가 빈한하여 가진 것이 몸밖에 없사오니 이 몸 사갈 사람 지시하여 주옵소서.

18 다음 중 글의 전개 구조에 대한 설명으로 가장 적절한 것은?

> ㉠ 중국에 생원이 있듯이 우리나라에는 양반이 있다. 중국의 고정림(顧亭林)이 온 천하 사람이 생원이 되는 것을 우려하였던 바, 나는 온 나라 사람이 양반이 되는 것을 우려한다.
> ㉡ 그런데 양반의 폐단은 더욱 심한 바가 있다. 생원은 실제로 과거에 응시해서 생원 칭호를 얻는 것이지만, 양반은 문무관(文武官)도 아니면서 허명(虛名)만 무릅쓰는 것이다.
> ㉢ 생원은 정원(定員)이 있으나 양반은 도대체 한절(限節)이 없으며, 생원은 세월이 지남에 따라 변천이 있으나 양반은 한번 얻으면 백세토록 버리지 않는다.
> ㉣ 항차 생원의 폐는 양반이 모두 다 겸하여 지녔음에랴.
> ㉤ 그러하니 내가 바라는 바는, 온 나라 사람이 양반이 되어 온 나라에 양반이 없는 것과 같이 되도록 하는 것이다.

① ㉠~㉣은 ㉤의 근거가 된다.
② ㉡은 ㉠의 상술 문단이다.
③ ㉢은 ㉠의 상술 문단이다.
④ ㉣은 ㉠의 부연 문단이다.

19 다음 중 글의 전개 구조에 대한 설명으로 적절하지 않은 것은?

> ㉠ 점차 우리의 생활에서 집단이 차지하는 비중이 커지고, 사회가 조직화되어 가는 현대 사회에서는 개인의 윤리 못지않게 집단의 윤리, 즉 사회 윤리의 중요성도 커지고 있다.
> ㉡ 그러나 이러한 사회 윤리가 단순히 개개인의 도덕성이나 윤리 의식의 강화에 의해서만 이루어지는 것은 아니다.
> ㉢ 그것은 개개인이 도덕적이라는 것과 그들로 이루어진 사회가 도덕적이라는 것은 별개의 문제이기 때문이다.
> ㉣ 물론, 그것은 인격을 지니고 있는 개인과는 달리 전체의 이익을 합리적으로 추구하는 사회의 본질적 특성에서 연유하는 것이기도 하다.
> ㉤ 따라서 우리는 현대 사회의 특성에 맞는 사회 윤리의 정립을 통해 올바른 사회를 지향하는 노력을 계속해야 할 것이다.

① ㉠은 ㉡~㉤의 논의에 대한 전제이다.
② ㉡은 ㉠에 대한 논리적 반론이다.
③ ㉣은 ㉢에 대한 보충 설명이다.
④ ㉤은 ㉠~㉣의 논리적인 귀결이다.

20 다음 글의 내용 전개 방식으로 가장 적절한 것은?

> '휴리스틱(Heuristic)'은 문제를 해결하거나 불확실한 사항에 대해 판단을 내릴 필요가 있지만 명확한 실마리가 없을 경우에 사용하는 편의적·발견적인 방법이다. 우리말로는 쉬운 방법, 간편법, 발견법, 어림셈 또는 지름길 등으로 표현할 수 있다. 1905년 알베르트 아인슈타인은 노벨 물리학상 수상 논문에서 휴리스틱을 '불완전하지만 도움이 되는 방법'이라는 의미로 사용했다. 수학자인 폴리아는 휴리스틱을 '발견에 도움이 된다.'는 의미로 사용했고, 수학적인 문제 해결에도 휴리스틱 방법이 매우 유효하다고 했다.
> 휴리스틱을 이용하는 방법은 거의 모든 경우에 어느 정도 만족스럽고, 경우에 따라서는 완전한 답을 재빨리, 그것도 큰 노력 없이 얻을 수 있다는 점에서 사이먼의 '만족화' 원리와 일치하는 사고방식인데, 가장 전형적인 양상이 '이용가능성 휴리스틱(Availability Heuristic)'이다. 이용가능성이란 어떤 사상(事象)이 출현할 빈도나 확률을 판단할 때, 그 사상과 관련해서 쉽게 알 수 있는 사례를 생각해내고 그것을 기초로 판단하는 것을 뜻한다.
> 그러나 휴리스틱이 때로는 터무니없는 실수를 자아내는 원인이 되기도 한다. 불확실한 의사결정을 이론화하기 위해서는 확률이 필요하기 때문에 사람들이 확률을 어떻게 다루는지가 중요하다. 확률은 이를테면 어떤 사람이 선거에 당선될지, 경기가 좋아질지, 시합에서 어느 편이 우승할지 따위를 '전망'할 때 이용된다. 대개 그러한 확률은 어떤 근거를 기초로 객관적인 판단을 내리기도 하지만, 대부분은 직감적으로 판단을 내리게 된다. 그런데 직감적인 판단에서 오는 주관적인 확률은 과연 정확한 것일까?
> 카너먼과 트버스키는 일련의 연구를 통해 인간이 확률이나 빈도를 판단할 때 몇 가지 휴리스틱을 이용하지만, 그에 따라 얻게 되는 판단은 객관적이며 올바른 평가와 상당한 차이가 있다는 의미로 종종 '바이어스(Bias)'가 동반되는 것을 확인했다. 이용가능성 휴리스틱이 일으키는 바이어스 가운데 하나가 '사후 판단 바이어스'이다. 우리는 어떤 일이 벌어진 뒤에 '그렇게 될 줄 알았어.' 또는 '그렇게 될 거라고 처음부터 알고 있었어.'와 같은 말을 자주 한다. 이렇게 결과를 알고 나서 마치 사전에 그것을 예견하고 있었던 것처럼 생각하는 바이어스를 '사후 판단 바이어스'라고 한다.

① 인과 관계를 중심으로 분석 대상에 대한 논리적 접근을 시도하고 있다.
② 핵심 개념을 설명하면서 그와 유사한 개념들과 비교함으로써 이해를 돕고 있다.
③ 전달하고자 하는 정보를 다양한 맥락에서 재구성하여 반복적으로 제시하고 있다.
④ 분석 대상과 관련되는 개념들을 연쇄적으로 제시하며 정보의 확대를 꾀하고 있다.

CHAPTER 02

수리력

합격 Cheat Key

출제유형

1　응용수리

수의 관계에 대해 알고 그것을 응용하여 계산할 수 있는지, 그리고 미지수를 구하기 위해 필요한 계산식을 세울 수 있는지를 평가하는 유형이다. 기초적인 유형을 정확하게 알고, 이를 활용하는 난이도 있는 문제도 연습을 해야 한다.

2　자료해석

표나 그래프 등 주어진 자료를 보고 필요한 정보를 빠르게 찾아 해석할 수 있는지를 평가하는 유형이다. 자료계산, 자료해석은 그래프 해석이나 변환, 묶음 문제 추리 등 다양한 유형으로 출제하고 있으므로 여러 문제풀이를 통해 익숙해질 수 있도록 한다.

| 학습전략 |

1 응용수리

- 정확하게 답을 구하지 못하면 답을 맞출 수 없게 출제되고 있으므로 정확하게 계산하는 연습을 해야 한다.
- 정형화된 유형을 풀어보고 숙지하여 기본을 튼튼히 해야 한다.
- 경우의 수나 확률과 같은 유형은 고등학교 수준의 문제를 풀어 보는 것이 도움이 될 수 있다.

2 자료해석

- 표, 꺾은선그래프, 막대그래프, 원그래프 등 다양한 형태의 자료를 눈에 익힌다. 그래야 실제 시험에서 자료가 제시되었을 때 중점을 두고 파악해야 할 부분이 더욱 선명하게 보일 것이다.
- 자료해석 유형의 문제는 제시되는 정보의 양이 매우 많으므로 시간을 절약하기 위해서는 문제를 읽은 후 바로 자료 분석에 들어가는 것보다는, 선택지를 먼저 읽고 필요한 정보만 추출하여 답을 찾는 것이 좋다.

CHAPTER 02 수리력 핵심이론

01 ▶ 응용수리

1. 수의 관계

(1) 약수와 배수
a가 b로 나누어떨어질 때, a는 b의 배수, b는 a의 약수

(2) 소수
1과 자기 자신만을 약수로 갖는 수. 즉, 약수의 개수가 2개인 수

(3) 합성수
1과 자신 이외의 수를 약수로 갖는 수. 즉, 소수가 아닌 수 또는 약수의 개수가 3개 이상인 수

(4) 최대공약수
2개 이상의 자연수의 공통된 약수 중에서 가장 큰 수

(5) 최소공배수
2개 이상의 자연수의 공통된 배수 중에서 가장 작은 수

(6) 서로소
1 이외에 공약수를 갖지 않는 두 자연수. 즉, 최대공약수가 1인 두 자연수

(7) 소인수분해
주어진 합성수를 소수의 거듭제곱의 형태로 나타내는 것

(8) 약수의 개수
자연수 $N = a^m \times b^n$에 대하여, N의 약수의 개수는 $(m+1) \times (n+1)$개

(9) 최대공약수와 최소공배수의 관계
두 자연수 A, B에 대하여, 최소공배수와 최대공약수를 각각 L, G라고 하면 $A \times B = L \times G$가 성립한다.

2. 방정식의 활용

(1) 날짜·요일·시계

    ① 날짜·요일
        ㉠ 1일=24시간=1,440분=86,400초
        ㉡ 날짜·요일 관련 문제는 대부분 나머지를 이용해 계산한다.

    ② 시계
        ㉠ 시침이 1시간 동안 이동하는 각도 : 30°
        ㉡ 시침이 1분 동안 이동하는 각도 : 0.5°
        ㉢ 분침이 1분 동안 이동하는 각도 : 6°

(2) 시간·거리·속력

    ① (시간)=$\dfrac{(거리)}{(속력)}$

    ② (거리)=(속력)×(시간)
        ㉠ 기차가 터널을 통과하거나 다리를 지나가는 경우
          : (기차가 움직인 거리)=(기차의 길이)+(터널 또는 다리의 길이)
        ㉡ 두 사람이 반대 방향 또는 같은 방향으로 움직이는 경우
          : (두 사람 사이의 거리)=(두 사람이 움직인 거리의 합 또는 차)

    ③ (속력)=$\dfrac{(거리)}{(시간)}$
        ㉠ 흐르는 물에서 배를 타는 경우
          : (하류로 내려갈 때의 속력)=(배 자체의 속력)+(물의 속력)
            (상류로 올라갈 때의 속력)=(배 자체의 속력)−(물의 속력)

(3) 나이·인원·개수

    구하고자 하는 것을 미지수로 놓고 식을 세운다. 동물의 경우 다리의 개수에 유의해야 한다.

(4) 원가·정가

    ① (정가)=(원가)+(이익), (이익)=(정가)−(원가)
    ② a원에서 $b\%$ 할인한 가격=$a \times \left(1 - \dfrac{b}{100}\right)$

(5) **일률 · 톱니바퀴**

① 일률

전체 일의 양을 1로 놓고, 시간 동안 한 일의 양을 미지수로 놓고 식을 세운다.

- (일률)$=\dfrac{(작업량)}{(작업기간)}$

- (작업기간)$=\dfrac{(작업량)}{(일률)}$

- (작업량)$=$(일률)$\times$(작업기간)

② 톱니바퀴

(톱니 수)$\times$(회전수)$=$(총 맞물린 톱니 수)

즉, A, B 두 톱니에 대하여, (A의 톱니 수)$\times$(A의 회전수)$=$(B의 톱니 수)$\times$(B의 회전수)가 성립한다.

(6) **농도**

① (농도)$=\dfrac{(용질의 양)}{(용액의 양)}\times 100$

② (용질의 양)$=\dfrac{(농도)}{100}\times$(용액의 양)

(7) **수 I**

① 연속하는 세 자연수 : $x-1$, x, $x+1$

② 연속하는 세 짝수(홀수) : $x-2$, x, $x+2$

(8) **수 II**

① 십의 자릿수가 x, 일의 자릿수가 y인 두 자리 자연수 : $10x+y$

이 수에 대해, 십의 자리와 일의 자리를 바꾼 수 : $10y+x$

② 백의 자릿수가 x, 십의 자릿수가 y, 일의 자릿수가 z인 세 자리 자연수 : $100x+10y+z$

(9) **증가 · 감소에 관한 문제**

① x가 $a\%$ 증가 : $\left(1+\dfrac{a}{100}\right)x$

② y가 $b\%$ 감소 : $\left(1-\dfrac{b}{100}\right)y$

3. 경우의 수·확률

(1) 경우의 수

① 경우의 수 : 어떤 사건이 일어날 수 있는 모든 가짓수

② 합의 법칙

　㉠ 두 사건 A, B가 동시에 일어나지 않을 때, A가 일어나는 경우의 수를 m, B가 일어나는 경우의 수를 n이라고 하면, 사건 A 또는 B가 일어나는 경우의 수는 $m+n$이다.

　㉡ '또는', '~이거나'라는 말이 나오면 합의 법칙을 사용한다.

③ 곱의 법칙

　㉠ A가 일어나는 경우의 수를 m, B가 일어나는 경우의 수를 n이라고 하면, 사건 A와 B가 동시에 일어나는 경우의 수는 $m \times n$이다.

　㉡ '그리고', '동시에'라는 말이 나오면 곱의 법칙을 사용한다.

④ 여러 가지 경우의 수

　㉠ 동전 n개를 던졌을 때, 경우의 수 : 2^n

　㉡ 주사위 m개를 던졌을 때, 경우의 수 : 6^m

　㉢ 동전 n개와 주사위 m개를 던졌을 때, 경우의 수 : $2^n \times 6^m$

　㉣ n명을 한 줄로 세우는 경우의 수 : $n! = n \times (n-1) \times (n-2) \times \cdots \times 2 \times 1$

　㉤ n명 중, m명을 뽑아 한 줄로 세우는 경우의 수 : $_n\mathrm{P}_m = n \times (n-1) \times \cdots \times (n-m+1)$

　㉥ n명을 한 줄로 세울 때, m명을 이웃하여 세우는 경우의 수 : $(n-m+1)! \times m!$

　㉦ 0이 아닌 서로 다른 한 자리 숫자가 적힌 n장의 카드에서, m장을 뽑아 만들 수 있는 m자리 정수의 개수 : $_n\mathrm{P}_m$

　㉧ 0을 포함한 서로 다른 한 자리 숫자가 적힌 n장의 카드에서, m장을 뽑아 만들 수 있는 m자리 정수의 개수 : $(n-1) \times {_{n-1}\mathrm{P}_{m-1}}$

　㉨ n명 중, 자격이 다른 m명을 뽑는 경우의 수 : $_n\mathrm{P}_m$

　㉩ n명 중, 자격이 같은 m명을 뽑는 경우의 수 : $_n\mathrm{C}_m = \dfrac{_n\mathrm{P}_m}{m!}$

　㉪ 원형 모양의 탁자에 n명을 앉히는 경우의 수 : $(n-1)!$

⑤ 최단거리 문제 : A에서 B 사이에 P가 주어져 있다면, A와 P의 최단거리, B와 P의 최단거리를 각각 구하여 곱한다.

(2) 확률

① (사건 A가 일어날 확률) $= \dfrac{(\text{사건 A가 일어나는 경우의 수})}{(\text{모든 경우의 수})}$

② 여사건의 확률

　㉠ 사건 A가 일어날 확률이 p일 때, 사건 A가 일어나지 않을 확률은 $(1-p)$이다.

　㉡ '적어도'라는 말이 나오면 주로 사용한다.

③ 확률의 계산
  ㉠ 확률의 덧셈
    두 사건 A, B가 동시에 일어나지 않을 때, A가 일어날 확률을 p, B가 일어날 확률을 q라고 하면, 사건 A 또는 B가 일어날 확률은 $(p+q)$이다.
  ㉡ 확률의 곱셈
    A가 일어날 확률을 p, B가 일어날 확률을 q라고 하면, 사건 A와 B가 동시에 일어날 확률은 $(p \times q)$이다.
④ 여러 가지 확률
  ㉠ 연속하여 뽑을 때, 꺼낸 것을 다시 넣고 뽑는 경우 : 처음과 나중의 모든 경우의 수는 같다.
  ㉡ 연속하여 뽑을 때, 꺼낸 것을 다시 넣지 않고 뽑는 경우 : 나중의 모든 경우의 수는 처음의 모든 경우의 수보다 1만큼 작다.
  ㉢ (도형에서의 확률) = $\dfrac{(해당하는\ 부분의\ 넓이)}{(전체\ 넓이)}$

02 ▶ 자료해석

(1) 꺾은선(절선)그래프
  ① 시간적 추이(시계열 변화)를 표시하는 데 적합하다.
    예 연도별 매출액 추이 변화 등
  ② 경과·비교·분포를 비롯하여 상관관계 등을 나타낼 때 사용한다.

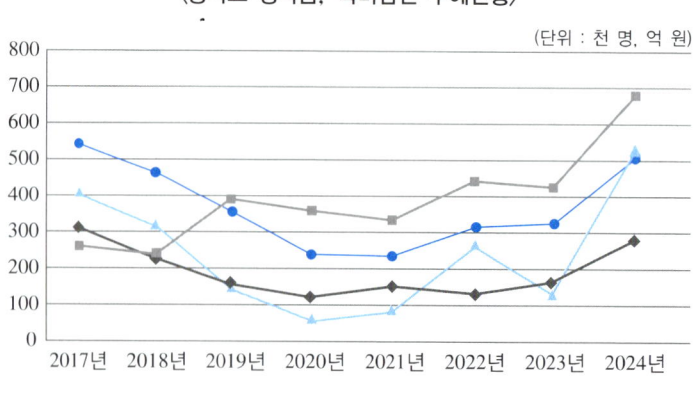

〈중학교 장학금, 학비감면 수혜현황〉
(단위 : 천 명, 억 원)

(2) 막대그래프

① 비교하고자 하는 수량을 막대 길이로 표시하고, 그 길이를 비교하여 각 수량 간의 대소관계를 나타내는 데 적합하다.

예 영업소별 매출액, 성적별 인원분포 등

② 가장 간단한 형태로 내역·비교·경과·도수 등을 표시하는 용도로 사용한다.

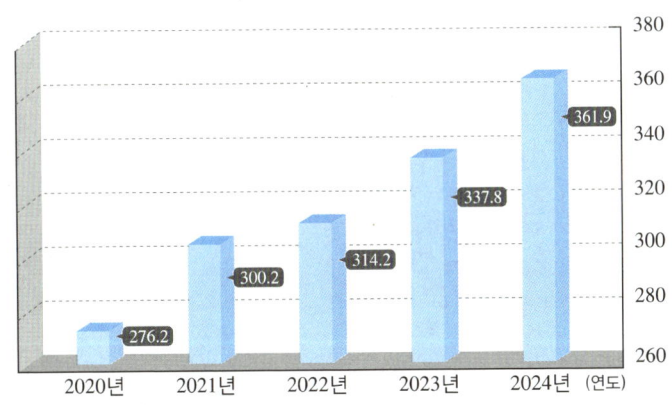

(3) 원그래프

① 내역이나 내용의 구성비를 분할하여 나타내는 데 적합하다.

예 제품별 매출액 구성비 등

② 원그래프를 정교하게 작성할 때는 수치를 각도로 환산해야 한다.

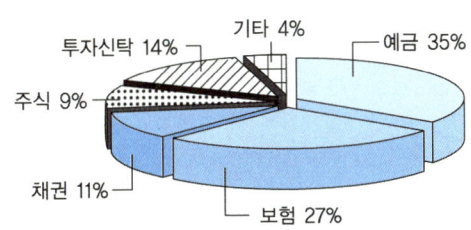

(4) 점그래프
　① 지역분포를 비롯하여 도시, 지방, 기업, 상품 등의 평가나 위치, 성격을 표시하는 데 적합하다.
　　　예 광고비율과 이익률의 관계 등
　② 종축과 횡축에 두 요소를 두고, 보고자 하는 것이 어떤 위치에 있는가를 알고자 할 때 사용한다.

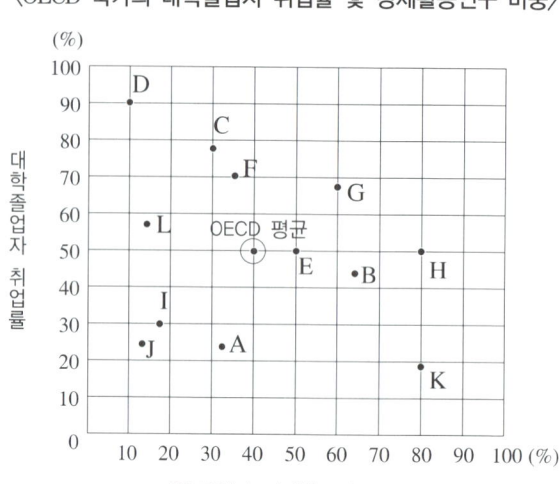

⟨OECD 국가의 대학졸업자 취업률 및 경제활동인구 비중⟩

(5) 층별그래프
　① 합계와 각 부분의 크기를 백분율로 나타내고 시간적 변화를 보는 데 적합하다.
　② 합계와 각 부분의 크기를 실수로 나타내고 시간적 변화를 보는 데 적합하다.
　　　예 상품별 매출액 추이 등
　③ 선의 움직임보다는 선과 선 사이의 크기로써 데이터 변화를 나타내는 그래프이다.

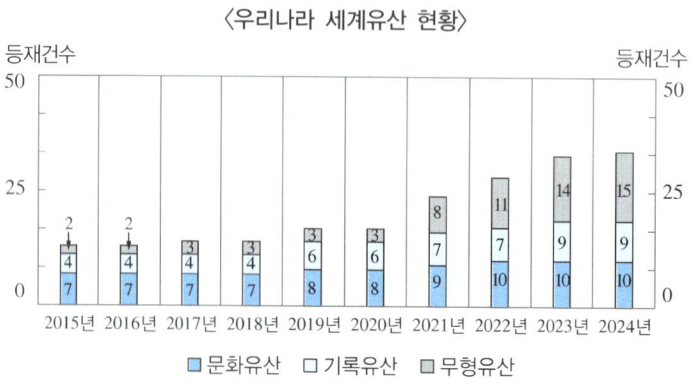

⟨우리나라 세계유산 현황⟩

(6) 레이더 차트(거미줄그래프)

① 다양한 요소를 비교할 때, 경과를 나타내는 데 적합하다.
   예 매출액의 계절변동 등
② 비교하는 수량을 직경, 또는 반경으로 나누어 원의 중심에서의 거리에 따라 각 수량의 관계를 나타내는 그래프이다.

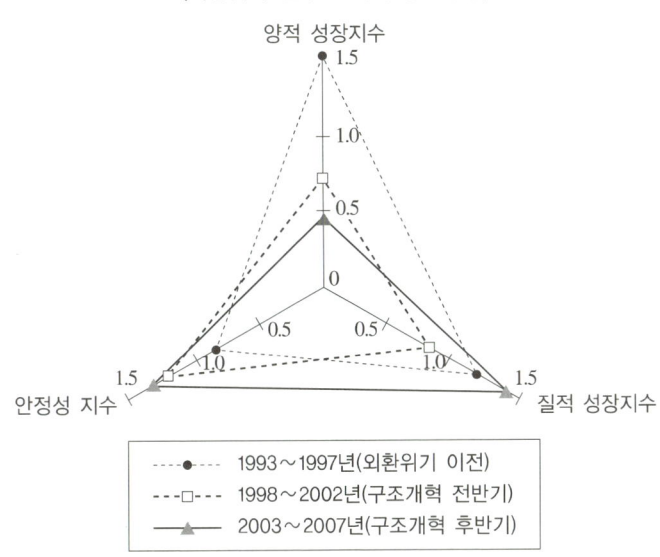

〈외환위기 전후 한국의 경제상황〉

CHAPTER 02 | 수리력 기출예상문제

정답 및 해설 p.009

01 ▶ 기본계산

대표유형 1 　사칙연산

다음 식을 계산한 값으로 옳은 것은?

$$0.901+5.468-2.166$$

① 2.194　　　　　　　　② 4.203
③ 6.206　　　　　　　　④ 8.535

| 해설 | $0.901+5.468-2.166=6.369-2.166=4.203$

정답 ②

※ 다음 식을 계산한 값으로 옳은 것을 고르시오. [1~5]

01

$$206+644+677$$

① 1,447　　　　　　　　② 1,467
③ 1,517　　　　　　　　④ 1,527

02

$$(200,000-15,140) \div 237$$

① 780　　　　　　　　② 830
③ 880　　　　　　　　④ 910

03

$$1{,}113 \div 371 + 175$$

① 178　　　　　　　　　　② 188
③ 189　　　　　　　　　　④ 199

04

$$(48^2 + 16^2) \div 16 + 88$$

① 232　　　　　　　　　　② 233
③ 247　　　　　　　　　　④ 248

05

$$32 \times \frac{4{,}096}{256} - 26 \times \frac{361}{19}$$

① 18　　　　　　　　　　② 22
③ 18.4　　　　　　　　　④ 22.4

대표유형 2 　대소비교

다음 빈칸에 들어갈 수로 옳은 것은?

$$0.7 < (\ \ ) < 0.8$$

① $\dfrac{2}{3}$ ② $\dfrac{5}{8}$

③ $\dfrac{7}{9}$ ④ $\dfrac{8}{13}$

| 해설 | $\dfrac{7}{9} ≒ 0.78$

오답분석

① $\dfrac{2}{3} ≒ 0.67$

② $\dfrac{5}{8} = 0.625$

④ $\dfrac{8}{13} ≒ 0.62$

정답 ③

※ 다음 빈칸에 들어갈 수로 알맞은 것을 고르시오. **[6~9]**

06

$$\dfrac{3}{10} < (\ \ ) < \dfrac{2}{5}$$

① $\dfrac{1}{10}$ ② $\dfrac{7}{30}$

③ $\dfrac{1}{3}$ ④ $\dfrac{7}{15}$

07

$$\dfrac{122}{95} > (\ \ ) > 1.148$$

① $\dfrac{93}{76}$ ② $\dfrac{88}{67}$

③ $\dfrac{66}{47}$ ④ $\dfrac{54}{39}$

08
$$\frac{7}{9} < (\quad) < \frac{7}{6}$$

① $\frac{64}{54}$
② $\frac{13}{18}$
③ $\frac{39}{54}$
④ $\frac{41}{36}$

09
$$1.797 > (\quad) > \frac{22}{15}$$

① 1.398
② $\frac{35}{19}$
③ $\frac{33}{21}$
④ 1.405

10 다음 빈칸에 들어갈 수로 알맞은 것은?(단, $\sqrt{3}=1.732$이고, $\sqrt{2}=1.414$이다)

$$\sqrt{12} > (\quad) > \sqrt{8}$$

① 3.67
② 3.51
③ 2.97
④ 2.71

02 ▶ 응용수리

대표유형 1 | 거리·속력·시간

정주는 4km 떨어진 영화관까지 150m/min의 속도로 자전거를 타고 가다가 중간에 내려 50m/min의 속도로 걸어갔다. 집에서 영화관까지 도착하는 데 30분이 걸렸을 때, 정주가 걸어간 시간은 몇 분인가?

① 5분
② 7분
③ 10분
④ 15분

| 해설 | 정주가 걸어간 시간을 x분이라고 하면 자전거를 타고 간 시간은 $(30-x)$분이다.
$150(30-x)+50x=4,000$
→ $100x=500$
∴ $x=5$
따라서 정주가 걸어간 시간은 5분이다.

정답 ①

---

01 A, B 두 지점을 왕복하는 데 A에서 B로 갈 때에는 16km/h로 달리고, B에서 A로 되돌아올 때에는 8km/h로 걷는다. 왕복하는 시간이 1시간 30분 이내이려면 두 지점은 최대 몇 km 떨어져 있을 수 있는가?

① 5km
② 6km
③ 7km
④ 8km

02 수빈이는 숙소에서 출발하여 시속 $a$km로 걷다가 30분을 쉰 후, 다시 시속 $b$km로 돌아왔다. 총 걸린 시간이 3시간이었다면 수빈이가 쉬기 전까지 걸었던 거리는 몇 km인가?(단, 수빈이는 같은 길을 왕복했다)

① $\dfrac{5}{3(a+b)}$ km
② $\dfrac{5}{a+b}$ km
③ $\dfrac{3ab}{5(a+b)}$ km
④ $\dfrac{5ab}{2(a+b)}$ km

03 A는 뛰어서 200m/min 속도로 가고, B는 걸어서 50m/min의 속도로 간다. B가 A보다 300m 앞에 있을 때, 시간이 얼마나 지나야 서로 만나게 되는가?

① 1분
② 2분
③ 3분
④ 4분

대표유형 2   농도

농도 12%의 소금물 100g에 소금을 더 넣어 농도 20%의 소금물을 만들었다. 이때, 더 넣은 소금의 양은?

① 10g ② 12g
③ 14g ④ 16g

|해설| 추가해야 할 소금의 양을 xg이라고 하면 다음과 같은 식이 성립한다.

$$\frac{12}{100} \times 100 + x = \frac{20}{100} \times (100+x)$$
$$\rightarrow 1{,}200 + 100x = 2{,}000 + 20x$$
$$\therefore x = 10$$

따라서 더 넣은 소금의 양은 10g이다.

정답 ①

04 농도가 15%인 소금물 800g에서 소금물을 조금 퍼내고, 150g의 물을 다시 부었다. 이때, 소금물의 농도가 12%라면, 처음에 퍼낸 소금물의 양은 얼마인가?

① 100g ② 150g
③ 200g ④ 250g

05 소금물 A 100g과 소금물 B 150g을 섞으면, 8%의 소금물이 되고, 소금물 A 200g과 소금물 B 50g을 섞으면, 6%의 소금물이 된다. 소금물 A의 농도는 몇 %인가?

① 5% ② 8%
③ 10% ④ 15%

06 수영장에 오염농도가 5%인 물 20kg이 있다. 이 물에 깨끗한 물을 넣어 오염농도를 1% 줄이려고 한다. 이때, 물을 얼마나 넣어야 하는가?

① 3kg ② 4kg
③ 5kg ④ 6kg

대표유형 3 나이·수

현재 민수와 아버지의 나이 차는 29세이다. 12년 후 아버지의 나이가 민수 나이의 2배보다 9세 많아진다면 현재 민수의 나이는?

① 6세 ② 7세
③ 8세 ④ 9세

| 해설 | 현재 민수의 나이를 x세라고 하면 현재 아버지의 나이는 $(x+29)$세이므로 다음과 같은 식이 성립한다.
$2(x+12)+9=(x+29)+12$
∴ $x=8$
따라서 현재 민수의 나이는 8세이다.

정답 ③

07 라임이와 아버지의 나이 차는 28세이다. 아버지의 나이가 라임이의 나이의 3배라면 현재 아버지의 나이는?

① 40세 ② 42세
③ 44세 ④ 46세

08 현재 현우의 나이는 30살이고, 조카의 나이는 5살이다. 현우의 나이가 조카 나이의 2배가 되는 것은 몇 년 후인가?

① 17년 후 ② 18년 후
③ 19년 후 ④ 20년 후

09 5명으로 이루어진 남성 신인 아이돌 그룹의 모든 멤버 나이 합은 105살이다. 5명 중 3명의 나이는 5명의 평균 나이와 같고, 가장 큰 형의 나이가 24살일 때, 막내의 나이는?

① 18살 ② 19살
③ 20살 ④ 21살

대표유형 4 　　금액

은애는 자신을 포함한 8명의 친구와 놀러 가기 위해 공평하게 일정한 금액을 모았다. 총 금액의 30%는 숙박비에 사용하고 나머지의 40%는 외식비로 사용해 남은 금액이 67,200원일 때 각자 낸 금액은?

① 15,000원 　　　　　　　　② 18,000원
③ 20,000원 　　　　　　　　④ 22,000원

| 해설 | 각자 낸 금액을 x원이라고 하면 총 금액은 $8x$원이다.
$8x - \{(8x \times 0.3) + (8x \times 0.7 \times 0.4)\} = 67,200$
→ $8x - (2.4x + 2.24x) = 67,200$
→ $3.36x = 67,200$
∴ $x = 20,000$
따라서 8명이 각자 20,000원씩 냈다.

정답 ③

10 어떤 백화점에서 20% 할인해서 팔던 옷을 할인된 가격의 30%를 추가로 할인하여 28만 원에 구입하였다면 할인받은 총금액은?

① 14만 원 　　　　　　　　② 18만 원
③ 22만 원 　　　　　　　　④ 28만 원

11 원가의 20%를 추가한 금액을 정가로 하는 제품을 15% 할인해서 50개를 판매한 금액이 127,500원일 때, 이 제품의 원가는?

① 1,500원 　　　　　　　　② 2,000원
③ 2,500원 　　　　　　　　④ 3,000원

12 세희네 가족의 올해의 여름휴가 비용은 작년 대비 교통비는 15%, 숙박비는 24% 증가하여 전체 휴가비용이 20% 증가하였다. 작년 전체 휴가비용이 36만 원일 때, 올해 숙박비는?(전체 휴가비는 교통비와 숙박비의 합이다)

① 160,000원 　　　　　　　② 184,000원
③ 200,000원 　　　　　　　④ 248,000원

대표유형 5   점수 계산

양궁 대회에 참여한 진수, 민영, 지율, 보라 네 명의 최고점이 모두 달랐다. 진수의 최고점과 민영이의 최고점의 2배를 합한 점수가 10점이었고, 지율이의 최고점과 보라의 최고점의 2배를 합한 점수는 35점이었다. 진수의 2배, 민영이의 4배와 지율이의 5배를 한 총점이 85점이었다면 보라의 최고점은 몇 점인가?

① 8점
② 9점
③ 10점
④ 11점

| 해설 | 진수, 민영, 지율, 보라 네 명의 최고점을 각각 a, b, c, d점이라고 하자.
$a+2b=10$ … ㉠
$c+2d=35$ … ㉡
$2a+4b+5c=85$ … ㉢
㉢에 ㉠을 대입하면 다음과 같다.
$2 \times 10 + 5c = 85 \rightarrow 5c = 65$
∴ $c = 13$
c의 값을 ㉡에 대입하여 d를 구하면 다음과 같다.
$13 + 2d = 35 \rightarrow 2d = 22$
∴ $d = 11$
따라서 보라의 최고점은 11점이다.

정답 ④

13 수학시험에서 동일이는 101점, 나정이는 105점, 윤진이는 108점을 받았다. 천포의 점수까지 합친 평균이 105점일 때 천포의 점수는?

① 105점
② 106점
③ 107점
④ 108점

14 A, B, C, D는 국어시험을 보았다. A, C, D의 점수는 각각 85점, 69점, 77점이고 4명의 평균점수는 80점이라고 했을 때, B의 점수는 몇 점인가?

① 86점
② 87점
③ 88점
④ 89점

15 학생 40명이 시험을 보았는데 그 중에서 10명이 불합격이라고 한다. 합격 점수는 전체 학생의 평균보다 4점이 높고, 불합격자의 평균 점수의 2배이다. 합격자의 평균 점수가 합격 점수보다 5점이 높을 때, 합격 점수는 몇 점인가?

① 60점
② 61점
③ 62점
④ 63점

대표유형 6 일의 양

어떤 컴퓨터로 600KB의 자료를 다운받는 데 1초가 걸린다. A씨가 이 컴퓨터를 이용하여 B사이트에 접속해 자료를 다운받는 데까지 1분 15초가 걸렸다. 자료를 다운받을 때 걸리는 시간이 사이트에 접속할 때 걸리는 시간의 4배일 때, A씨가 다운받은 자료의 용량은?

① 24,000KB
② 28,000KB
③ 34,000KB
④ 36,000KB

|해설| 어떤 컴퓨터로 자료를 다운받는 데 걸리는 시간을 x초라고 하자.
자료를 다운받는 데 걸리는 시간이 사이트에 접속하는 데 걸리는 시간의 4배라고 하였으므로 사이트에 접속하는 데 걸리는 시간은 $\frac{1}{4}x$초이다.

$$x + \frac{1}{4}x = 75 \rightarrow 5x = 300$$

$$\therefore x = 60$$

따라서 600KB의 자료를 다운받는 데 1초가 걸리므로 A씨가 다운받은 자료의 용량은 $600 \times 60 = 36,000$KB이다.

정답 ④

---

16 수영장에 물을 가득 채울 때 수도관 A로는 6시간, 수도관 B로는 4시간이 걸린다. 두 수도관을 모두 사용하여 수영장에 물을 가득 채우는 데 걸리는 시간은?

① 2시간
② 2시간 12분
③ 2시간 24분
④ 2시간 36분

17 동수와 세협이는 건담 프라모델을 만들려고 한다. 동수가 혼자 만들면 4일, 세협이가 혼자 만들면 12일 만에 만들 수 있다. 동수가 혼자 하루 동안 프라모델을 조립하고 그 다음 둘이 함께 며칠간 조립했다. 이후 세협이가 혼자 하루 동안 도색을 했더니 건담이 완성되었다. 동수와 세협이는 함께 며칠간 프라모델을 만들었는가?

① 1일
② 2일
③ 3일
④ 4일

18 두 개의 톱니바퀴 A, B가 맞물려 회전하고 있다. A의 톱니가 25개이고 B의 톱니가 35개라면 지금 맞물려 있는 톱니가 다시 만나기 위해서는 A가 최소 몇 바퀴 회전해야 하는가?

① 5바퀴
② 6바퀴
③ 7바퀴
④ 8바퀴

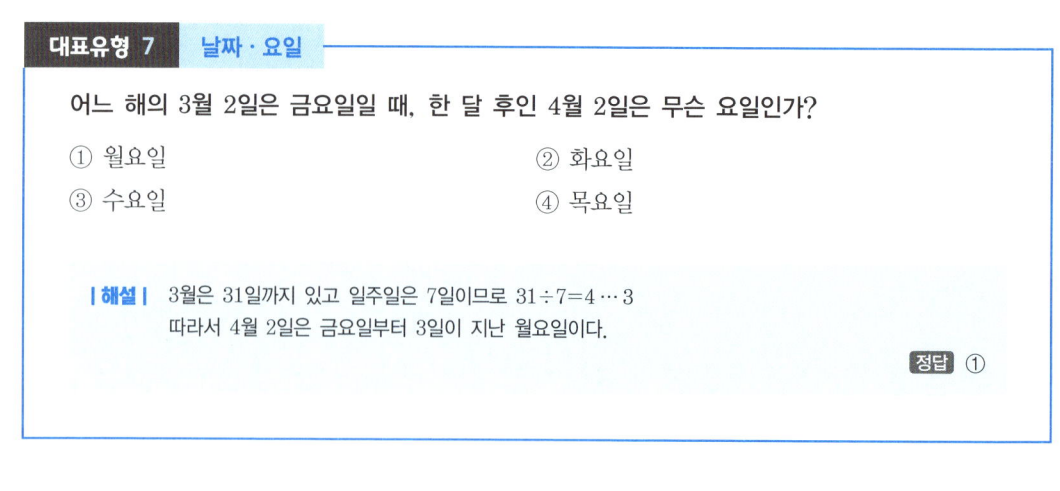

대표유형 7 날짜·요일

어느 해의 3월 2일은 금요일일 때, 한 달 후인 4월 2일은 무슨 요일인가?

① 월요일 ② 화요일
③ 수요일 ④ 목요일

| 해설 | 3월은 31일까지 있고 일주일은 7일이므로 31÷7=4…3
따라서 4월 2일은 금요일부터 3일이 지난 월요일이다.

정답 ①

19 소민이는 7일 일한 후 2일 쉬고, 민준이는 10일 일하고 2일 쉰다고 한다. 두 사람이 같은 날 일을 시작 후 처음으로 동시에 2일 연속 쉬는 날이 같은 날은 며칠 후인가?

① 31일 후 ② 32일 후
③ 33일 후 ④ 34일 후

20 어느 마트에서는 A사 음료수를 12일마다 납품받고 B사 과자를 14일마다 납품받으며 각 납품 당일에는 재고 소진을 위해 할인하여 판매하는 행사를 진행한다고 한다. 4월 9일에 할인 행사를 동시에 진행했을 때 할인 행사가 다시 동시에 진행되는 날은 며칠 후인가?(단, 재고 소진 목적 외 할인 행사는 진행하지 않는다)

① 6월 30일 ② 7월 1일
③ 7월 2일 ④ 7월 3일

21 A회사와 B회사의 휴무 간격은 각각 5일, 7일이다. 일요일인 오늘 두 회사가 함께 휴일을 맞았다면, 앞으로 4번째로 함께하는 휴일은 무슨 요일인가?

① 수요일 ② 목요일
③ 금요일 ④ 토요일

대표유형 8 경우의 수

핸드폰에 찍힌 지문을 통해 비밀번호를 유추하려고 한다. 핸드폰 화면의 1, 2, 5, 8, 9번 위치에 지문이 찍혀 있었으며 면밀히 조사한 결과 지움 버튼에서도 지문이 발견되었다. 핸드폰 비밀번호는 네 자릿수이며, 비밀번호 힌트로 가장 작은 수는 맨 앞에, 가장 큰 수는 맨 뒤라는 것을 알았다. 총 몇 번의 시도를 하면 비밀번호를 반드시 찾을 수 있는가?

① 8번
② 10번
③ 12번
④ 24번

|해설| 5개의 숫자 중 4개의 숫자를 뽑는 경우의 수는 $_5C_4=5$가지이다. 뽑힌 4개의 숫자 중 가장 큰 숫자와 가장 작은 숫자 2개를 제외하고 나머지 숫자 2개의 순서만 정하면 되므로 경우의 수는 $5\times2=10$가지이다.

정답 ②

---

22 어느 회사 서버 비밀번호는 0에서 9까지 10개의 숫자를 사용하여 4자리로 설정할 수 있다. 동일 숫자를 2번 중복 사용하여 설정할 수 있는 비밀번호는 모두 몇 가지인가?

① 3,260가지
② 3,680가지
③ 4,590가지
④ 4,620가지

23 6명의 수영 선수들과 함께 본선 경기를 진행하려고 한다. 본선 경기는 3명씩 2팀으로 먼저 나눠서 진행되며 토너먼트 방식이다. 예선 경기에서 1위, 2위를 한 A, B는 각 팀에 부전승으로 올라갈 수 있도록 자리를 우선으로 배정하였다. 가능한 대진표의 경우의 수는?

① 2가지
② 4가지
③ 6가지
④ 8가지

24 제품 A는 1개에 600원, 제품 B는 1개에 1,000원이다. 거스름돈을 전혀 남기지 않고 12,000원으로 A와 B를 살 수 있는 방법의 수는?(단, A만 모두 사거나 B만 모두 사는 것도 가능하다)

① 4가지
② 5가지
③ 6가지
④ 7가지

대표유형 9   확률

서점에 들렀다가 돌아가는 손님 중 비가 오는 날엔 $\frac{1}{3}$ 이 책을 샀고, 비가 오지 않으면 $\frac{2}{7}$ 가 책을 샀다. 만약 어느 날 비가 올 확률이 $\frac{1}{5}$ 이라고 한다면, 그날 손님이 들어왔다가 책을 살 확률은?

① $\frac{6}{15}$ ② $\frac{8}{35}$

③ $\frac{20}{51}$ ④ $\frac{31}{105}$

|해설|
- 비가 왔을 때 책을 살 확률 : $\frac{1}{5} \times \frac{1}{3} = \frac{1}{15}$
- 비가 오지 않았을 때 책을 살 확률 : $\left(1 - \frac{1}{5}\right) \times \frac{2}{7} = \frac{8}{35}$

따라서 책을 살 확률을 구하면 $\frac{1}{15} + \frac{8}{35} = \frac{31}{105}$ 이다.

정답 ④

25 어느 학교의 학생은 A과목과 B과목 중 한 과목만을 선택한다. A과목과 B과목을 선택한 학생의 비율은 각각 전체의 40%, 60%이고, A과목을 선택한 학생 중 여학생은 30%, B과목을 선택한 학생 중 여학생은 40%이다. 임의로 뽑은 학생이 여학생일 때, 그 학생이 B과목을 선택한 학생일 확률은?

① $\frac{1}{3}$ ② $\frac{2}{3}$

③ $\frac{1}{4}$ ④ $\frac{3}{4}$

26 서로 다른 2개의 주사위를 동시에 던질 때, 나오는 눈의 수의 곱이 4의 배수일 확률은?

① $\frac{1}{6}$ ② $\frac{2}{9}$

③ $\frac{5}{18}$ ④ $\frac{5}{12}$

27 같은 회사에 다니는 A사원과 B사원이 건물 맨 꼭대기 층인 10층에서 엘리베이터를 함께 타고 내려갔다. 두 사원이 서로 다른 층에 내릴 확률은?(단, 두 사원 모두 지하에서는 내리지 않는다)

① $\frac{5}{27}$ ② $\frac{8}{27}$

③ $\frac{2}{3}$ ④ $\frac{8}{9}$

03 ▶ 자료해석

대표유형 1 **자료계산**

다음은 A, B, C학과의 입학 및 졸업자 인원 현황에 대한 자료이다. 빈칸에 들어갈 값으로 가장 적절한 것은?(단, 각 수치는 매년 일정한 규칙으로 변화한다)

〈학과별 입학 및 졸업자 추이〉

(단위 : 명)

구분	A학과		B학과		C학과	
	입학	졸업	입학	졸업	입학	졸업
2019년	70	57	63	50	52	39
2020년	79	66	65	52	56	43
2021년	90	77	58		60	47
2022년	85	72	60	47	50	37
2023년	95	82	62	49	53	40

① 37 ② 45
③ 46 ④ 47

|해설| 매년 A, B, C 각 학과의 입학자와 졸업자의 차이는 13명으로 일정하다.
따라서 빈칸에 들어갈 값은 58-13=45이다.

정답 ②

01 다음은 2023년 8대 아이스크림 유통 기업의 매출액에 대한 자료이다. 매출 상위 2개 기업의 매출액의 합이 차지하는 매출액의 전체 매출액의 몇 %인가?(단, 소수점 둘째 자리에서 반올림한다)

〈8대 아이스크림 유통 기업 매출액〉

(단위 : 억 원)

기업	매출액	기업	매출액
A	432.7	E	255.6
B	237.6	F	360.2
C	118.5	G	192.7
D	305.9	H	156.6

① 약 33.7% ② 약 35.2%
③ 약 36.8% ④ 약 38.5%

02 다음은 우리나라 초·중·고등학생의 사교육 현황을 나타낸 자료이다. 한 달을 4주라고 했을 때, 사교육에 참여한 일반 고등학교 학생의 시간당 사교육비를 구하면?(단, 백의 자리에서 반올림한다)

〈우리나라 초·중·고등학생의 사교육 현황〉

구분		총 사교육비 (억 원)	전체 학생 1인당 연 평균 사교육비 (만 원)	전체 학생 1인당 월 평균 사교육비 (만 원)	참여 학생 1인당 월 평균 사교육비 (만 원)	사교육 참여시간 (주당 평균)
전체		208,718	288.4	24.0	32.7	7.0
초등학교		97,080	294.3	24.5	28.3	8.2
중학교		60,396	305.8	25.5	35.3	7.7
고등학교		51,242	261.1	21.8	41.2	4.1
	일반고	47,512	317.5	26.5	61.1	4.8
	전문고	3,730	80.0	6.7	25.6	2.0

① 약 23,000원   ② 약 27,000원
③ 약 32,000원   ④ 약 37,000원

03 다음은 올해 공항철도를 이용한 월별 여객 수송실적 자료이다. 빈칸 (A), (B), (C)에 들어갈 수는?

〈공항철도 이용 여객 현황〉

(단위 : 명)

구분	수송인원	승차인원	유입인원
1월	287,923	117,532	170,391
2월	299,876	(A)	179,743
3월	285,200	131,250	153,950
4월	272,345	152,370	119,975
5월	(B)	188,524	75,796
6월	268,785	203,557	65,228
7월	334,168	234,617	99,551
8월	326,394	215,890	110,504
9월	332,329	216,866	115,463
10월	312,208	224,644	(C)

※ 유입인원은 환승한 인원임
※ (승차인원)=(수송인원)−(유입인원)

	(A)	(B)	(C)
①	120,133	251,310	97,633
②	120,133	264,320	87,564
③	102,211	251,310	97,633
④	102,211	264,320	97,633

04 다음은 K기업의 팀별 성과급 지급 기준 및 영업팀의 성과평가 결과이다. 영업팀에게 지급되는 성과급의 1년 총액은?(단, 성과평가 등급이 A이면 직전 분기 차감액의 50%를 가산하여 지급한다)

〈성과급 지급 기준〉

성과평가 점수	성과평가 등급	분기별 성과급 지급액
9.0 이상	A	100만 원
8.0~8.9	B	90만 원(10만 원 차감)
7.0~7.9	C	80만 원(20만 원 차감)
6.9 이하	D	40만 원(60만 원 차감)

〈영업팀 평가표〉

구분	1/4분기	2/4분기	3/4분기	4/4분기
유용성	8	8	10	8
안정성	8	6	8	8
서비스 만족도	6	8	10	8

※ 성과평가 점수=(유용성)×0.4+(안정성)×0.4+(서비스 만족도)×0.2

① 350만 원 ② 360만 원
③ 370만 원 ④ 380만 원

05 다음 자료를 근거로 할 때, 하루 동안 고용할 수 있는 최대 인원은?

〈당일 아르바이트 예산 및 인건비〉

총 예산	본예산	500,000원
	예비비	100,000원
인건비	1인당 수당	50,000원
	산재보험료	(수당)×0.504%
	고용보험료	(수당)×1.3%

① 10명 ② 11명
③ 12명 ④ 13명

대표유형 2   자료해석

다음은 청소년의 경제의식에 대한 설문조사 결과를 정리한 자료이다. 이에 대한 설명으로 옳은 것은?(단, 복수응답과 무응답은 없다)

〈경제의식에 대한 설문조사 결과〉

(단위 : %)

설문 내용	구분	전체	성별		학교별	
			남	여	중학교	고등학교
용돈을 받는지 여부	예	84	83	86	88	80
	아니요	16	17	14	12	20
월간 용돈 금액	5만 원 미만	75	74	76	90	60
	5만 원 이상	25	26	24	10	40
금전출납부 기록 여부	기록한다	30	23	36	31	28
	기록 안 한다	70	77	64	69	72

① 용돈을 받는 남학생의 비율이 용돈을 받는 여학생의 비율보다 높다.
② 월간 용돈을 5만 원 미만으로 받는 비율은 중학생이 고등학생보다 높다.
③ 고등학생 전체 인원을 100명이라고 한다면, 월간 용돈을 5만 원 이상 받는 학생은 40명이다.
④ 금전출납부는 기록하는 비율이 기록 안 하는 비율보다 높다.

| 해설 | 월간 용돈을 5만 원 미만으로 받는 비율은 중학생 90%, 고등학생 60%로, 중학생이 고등학생보다 높다.

오답분석
① 용돈을 받는 남학생과 여학생의 비율은 각각 83%, 86%로, 여학생의 비율이 남학생의 비율보다 높다.
③ 고등학생 전체 인원을 100명이라고 한다면, 그중에 용돈을 받는 학생은 80명이다. 80명 중에 월간 용돈을 5만 원 이상 받는 학생의 비율은 40%이므로 80×0.4=32명이다.
④ 전체에서 금전출납부의 기록, 미기록 비율은 각각 30%, 70%로, 기록 안 하는 비율이 기록하는 비율보다 높다.

정답 ②

06 다음은 A도서관에서 특정 시점에 구입한 도서 10,000권에 대한 5년간의 대출현황을 조사한 자료이다. 이에 대한 설명으로 옳지 않은 것은?

〈도서 10,000권의 5년간 대출현황〉

(단위 : 권)

구분	구입~1년	구입~3년	구입~5년
0회	5,302	4,021	3,041
1회	2,912	3,450	3,921
2회	970	1,279	1,401
3회	419	672	888
4회	288	401	519
5회	109	177	230
합계	10,000	10,000	10,000

① 구입 후 1년 동안 도서의 절반 이상이 대출되었다.
② 구입 후 1년 동안 도서의 평균 대출횟수는 약 0.78이다.
③ 구입 후 1년 동안 1회 이상 대출된 도서의 60% 이상이 단 1회 대출되었다.
④ 도서의 약 40%가 구입 후 3년 동안 대출되지 않았으며, 도서의 약 30%가 구입 후 5년 동안 대출되지 않았다.

07 다음은 A지역 전체 가구를 대상으로 원자력발전소 사고 전·후 식수 조달원 변경에 대해 사고 후 설문조사한 결과이다. 이에 대한 설명으로 옳은 것은?

〈원자력발전소 사고 전·후 A지역 조달원별 가구 수〉

(단위 : 가구)

사고 후 조달원 사고 전 조달원	수돗물	정수	약수	생수
수돗물	40	30	20	30
정수	10	50	10	30
약수	20	10	10	40
생수	10	10	10	40

※ A지역 가구의 식수 조달원은 수돗물, 정수, 약수, 생수로 구성되며, 각 가구는 한 종류의 식수 조달원만 이용함

① 사고 전에 식수 조달원으로 정수를 이용하는 가구 수가 가장 많다.
② 사고 전·후 식수 조달원을 변경한 가구 수는 전체 가구 수의 60% 이하이다.
③ 각 식수 조달원 중에서 사고 전·후에 이용 가구 수의 차이가 가장 큰 것은 생수이다.
④ 사고 전에 식수 조달원으로 정수를 이용하던 가구는 모두 사고 후에도 정수를 이용한다.

08 다음은 국가별 자동차 보유 대수를 나타낸 자료이다. 이에 대한 설명으로 옳은 것은?

〈국가별 자동차 보유 대수〉

(단위 : 천 대)

구분	합계	승용차	트럭·버스
미국	129,943	104,898	25,045
독일	18,481	17,356	1,125
프랑스	17,434	15,100	2,334
영국	15,864	13,948	1,916
이탈리아	15,400	14,259	1,141
캐나다	10,029	7,823	2,206
호주	5,577	4,506	1,071
네덜란드	3,585	3,230	355

① 자동차 보유 대수에서 승용차가 차지하는 비율이 가장 높은 것은 프랑스이다.
② 캐나다와 프랑스의 승용차와 트럭·버스의 대수의 비율은 3 : 1로 거의 비슷하다.
③ 유럽 국가들은 미국, 캐나다, 호주와 비교해서 자동차 보유 대수에서 승용차가 차지하는 비율이 높다.
④ 자동차 보유 대수에서 승용차가 차지하는 비율이 가장 낮은 것은 호주이지만, 그래도 90%를 넘는다.

09 다음의 교통수단별 특징을 고려할 때, 오전 9시에 회사에서 출발해 전주역까지 가장 먼저 도착하는 교통수단은 무엇인가?(단, 자료에 제시된 시간 이외는 고려하지 않는다)

〈회사 → 서울역 간 교통편〉

구분	소요시간	출발시간
A버스	24분	매시 20분, 40분
B버스	40분	매시 정각, 20분, 40분
지하철	20분	매시 30분

〈서울역 → 전주역 간 교통편〉

구분	소요시간	출발시간
새마을호	3시간	매시 정각부터 5분 간격
KTX	1시간 32분	9시 정각부터 45분 간격

① A버스 – 새마을호
② B버스 – KTX
③ B버스 – 새마을호
④ 지하철 – KTX

10 다음은 최근 시리얼 제품에 대한 소비자들의 관심이 높아지자 한 소비자단체가 시리얼 제품의 열량과 함량을 비교하여 발표한 자료이다. 이에 대한 설명으로 옳은 것은?

〈시중 시리얼 제품의 열량과 함량 비교(1회 제공량)〉

구분	제품명	열량(kcal)	탄수화물(g)	당류(g)	단백질(g)
일반 제품	콘프라이트	117	27.2	9.7	1.3
	콘프로스트	115	26.6	9.3	1.6
	콘프레이크	152	35.0	2.3	3.0
당 함량을 낮춘 제품	1/3 라이트	118	27.1	5.9	1.4
	라이트슈거	115	26.5	6.8	1.6
견과류 첨가 제품	후레이크	131	24.2	7.2	1.8
	크런치너트 프레이크	170	31.3	10.9	2.7
	아몬드 프레이크	164	33.2	8.7	2.5
초코맛 제품	오곡 코코볼	122	25.0	8.8	2.0
	첵스 초코	115	25.5	9.1	1.5
	초코볼 시리얼	151	34.3	12.9	2.9
체중조절용 제품	라이트업	155	31.4	6.9	6.7
	스페셜K	153	31.4	7.0	6.5
	바디랩	154	31.2	7.0	6.4
	슬림플러스	153	31.4	7.8	6.4

① 당류가 가장 많은 시리얼은 견과류 첨가 제품이다.
② 견과류 첨가 제품은 당 함량을 낮춘 제품보다 단백질 함량이 높은 편이다.
③ 탄수화물 함량이 가장 낮은 시리얼은 당류 함량도 가장 낮은 수치를 보이고 있다.
④ 일반 제품의 시리얼 열량은 체중조절용 제품의 시리얼 열량보다 더 높은 수치를 보이고 있다.

CHAPTER 03

문제해결력

합격 Cheat Key

출제유형

1 수·문자추리

대부분의 기관 필기시험에서 흔히 볼 수 있는 수열추리 유형이다. 나열된 수열이나 문자를 보고 규칙을 찾아서 빈칸에 들어갈 알맞은 숫자나 문자를 고르는 유형으로, 기본적인 수열뿐 아니라 복잡한 형태의 종잡을 수 없는 규칙도 나오는데다가 제한시간도 매우 짧다.

2 언어추리

3~4개의 주어진 명제나 조건으로부터 결론을 도출하거나, 이를 바탕으로 옳거나 옳지 않은 보기를 고르는 문제가 출제되고 있다.

학습전략

1 수 · 문자추리

- 눈으로만 규칙을 찾고자 할 경우 변화된 값을 모두 외우기 어려우므로 나열된 수의 변화된 값이나 문자의 규칙을 적어두면 발견하기 용이하다.
- 규칙이 발견되지 않는 경우에는 홀수 항과 짝수 항을 분리해서 파악하거나 군수열을 생각해본다.

2 언어추리

- 세 개 이상의 비교대상이 등장하며, '~보다', '가장' 등의 표현에 유의해 풀어야 한다.
- '어떤'과 '모든'이 나오는 명제는 벤다이어그램을 활용한다.
- 주어진 규칙과 조건을 파악한 후 이를 도식화(표, 기호 등으로 정리)하여 문제에 접근한다.
- 〈조건〉에 사용된 조사의 의미와 제한사항 등을 제대로 이해해야 정답을 찾을 수 있으므로 문제와 제시된 문장을 꼼꼼히 읽는 습관을 기른다.

CHAPTER 03 | 문제해결력 핵심이론

01 ▶ 수·문자추리

1. 수추리

(1) **등차수열** : 앞의 항에 일정한 수를 더해 이루어지는 수열

(2) **등비수열** : 앞의 항에 일정한 수를 곱해 이루어지는 수열

(3) **계차수열** : 수열의 인접하는 두 항의 차로 이루어진 수열

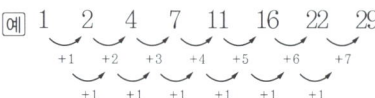

(4) **피보나치 수열** : 앞의 두 항의 합이 그 다음 항의 수가 되는 수열

예 1 1 2 3 5 8 13 21
        1+1 1+2 2+3 3+5 5+8 8+13

(5) **건너뛰기 수열**

- 두 개 이상의 수열이 일정한 간격을 두고 번갈아가며 나타나는 수열

  예 1 1 3 7 5 13 7 19
  - 홀수항 : 1 3 5 7
              +2 +2 +2
  - 짝수항 : 1 7 13 19
              +6 +6 +6

- 두 개 이상의 규칙이 일정한 간격을 두고 번갈아가며 적용되는 수열

(6) 군수열 : 일정한 규칙성으로 몇 항씩 묶어 나눈 수열

예
- 1 1 2 1 2 3 1 2 3 4
  ⇒ <u>1 1 2</u> <u>1 2 3</u> <u>1 2 3 4</u>
- 1 3 4 6 5 11 2 6 8 9 3 12
  ⇒ <u>1 3 4</u> <u>6 5 11</u> <u>2 6 8</u> <u>9 3 12</u>
     1+3=4   6+5=11   2+6=8   9+3=12
- 1 3 3 2 4 8 5 6 30 7 2 14
  ⇒ <u>1 3 3</u> <u>2 4 8</u> <u>5 6 30</u> <u>7 2 14</u>
     1×3=3   2×4=8   5×6=30   7×2=14

2. 문자추리

(1) 알파벳, 자음, 한자, 로마자

1	2	3	4	5	6	7	8	9	10	11	12	13	14	15	16	17	18	19	20	21	22	23	24	25	26
A	B	C	D	E	F	G	H	I	J	K	L	M	N	O	P	Q	R	S	T	U	V	W	X	Y	Z
ㄱ	ㄴ	ㄷ	ㄹ	ㅁ	ㅂ	ㅅ	ㅇ	ㅈ	ㅊ	ㅋ	ㅌ	ㅍ	ㅎ												
一	二	三	四	五	六	七	八	九	十																
i	ii	iii	iv	v	vi	vii	viii	ix	x																

(2) 일반모음

1	2	3	4	5	6	7	8	9	10
ㅏ	ㅑ	ㅓ	ㅕ	ㅗ	ㅛ	ㅜ	ㅠ	ㅡ	ㅣ

(3) 일반모음 + 이중모음(사전 등재 순서)

1	2	3	4	5	6	7	8	9	10	11	12	13	14	15	16	17	18	19	20	21
ㅏ	ㅐ	ㅑ	ㅒ	ㅓ	ㅔ	ㅕ	ㅖ	ㅗ	ㅘ	ㅙ	ㅚ	ㅛ	ㅜ	ㅝ	ㅞ	ㅟ	ㅠ	ㅡ	ㅢ	ㅣ

02 ▶ 언어추리

1. 연역 추론

이미 알고 있는 판단(전제)을 근거로 새로운 판단(결론)을 유도하는 추론이다. 연역 추론은 진리일 가능성을 따지는 귀납 추론과는 달리, 명제 간의 관계와 논리적 타당성을 따진다. 즉 연역 추론은 전제들로부터 절대적인 필연성을 가진 결론을 이끌어내는 추론이다.

(1) 직접 추론

한 개의 전제로부터 중간적 매개 없이 새로운 결론을 이끌어내는 추론이며, 대우 명제가 그 대표적인 예이다.

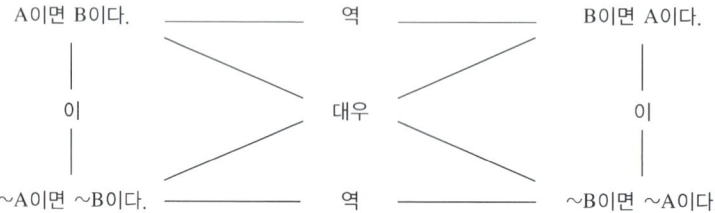

> - 한국인은 모두 황인종이다. (전제)
> - 그러므로 황인종이 아닌 사람이 모두 한국인은 아니다. (결론 1)
> - 그러므로 황인종 중에는 한국인이 아닌 사람도 있다. (결론 2)

(2) 간접 추론

둘 이상의 전제로부터 새로운 결론을 이끌어내는 추론이다. 삼단논법이 가장 대표적인 예이다.

① **정언 삼단논법** : 세 개의 정언명제로 구성된 간접 추론 방식이다. 세 개의 명제 가운데 두 개의 명제는 전제이고, 나머지 한 개의 명제는 결론이다. 세 명제의 주어와 술어는 세 개의 서로 다른 개념을 표현한다.

② **가언 삼단논법** : 가언명제로 이루어진 삼단논법을 말한다. 가언명제란 두 개의 정언명제가 '만일 ~이라면'이라는 접속사에 의해 결합된 복합명제이다. 여기서 '만일'에 의해 이끌리는 명제를 전건이라고 하고, 그 뒤의 명제를 후건이라고 한다. 가언 삼단논법의 종류로는 혼합가언 삼단논법과 순수가언 삼단논법이 있다.

  ㉠ **혼합가언 삼단논법** : 대전제만 가언명제로 구성된 삼단논법이다. 긍정식과 부정식 두 가지가 있으며, 긍정식은 'A면 B이다. A이다. 그러므로 B이다.'이고, 부정식은 'A면 B이다. B가 아니다. 그러므로 A가 아니다.'이다.

  > - 만약 A라면 B이다.
  > - B가 아니다.
  > - 그러므로 A가 아니다.

ⓒ 순수가언 삼단논법 : 대전제와 소전제 및 결론까지 모두 가언명제들로 구성된 삼단논법이다.

> - 만약 A라면 B이다.
> - 만약 B라면 C이다.
> - 그러므로 만약 A라면 C이다.

③ 선언 삼단논법 : '~이거나 ~이다.'의 형식으로 표현되며 전제 속에 선언명제를 포함하고 있는 삼단 논법이다.

> - 내일은 비가 오거나 눈이 온다(A 또는 B이다).
> - 내일은 비가 오지 않는다(A가 아니다).
> - 그러므로 내일은 눈이 온다(그러므로 B이다).

④ 딜레마논법 : 대전제는 두 개의 가언명제로, 소전제는 하나의 선언명제로 이루어진 삼단논법으로, 양도 추론이라고도 한다.

> - 만일 네가 거짓말을 하면, 신이 미워할 것이다. (대전제)
> - 만일 네가 거짓말을 하지 않으면, 사람들이 미워할 것이다. (대전제)
> - 너는 거짓말을 하거나, 거짓말을 하지 않을 것이다. (소전제)
> - 그러므로 너는 미움을 받게 될 것이다. (결론)

2. 귀납 추론

특수한 또는 개별적인 사실로부터 일반적인 결론을 이끌어 내는 추론을 말한다. 귀납 추론은 구체적 사실들을 기반으로 하여 결론을 이끌어 내기 때문에 필연성을 따지기보다는 개연성과 유관성, 표본성 등을 중시하게 된다. 여기서 개연성이란, 관찰된 어떤 사실이 같은 조건하에서 앞으로도 관찰될 수 있는가 하는 가능성을 말하고, 유관성은 추론에 사용된 자료가 관찰하려는 사실과 관련되어야 하는 것을 일컬으며, 표본성은 추론을 위한 자료의 표본 추출이 공정하게 이루어져야 하는 것을 가리킨다. 이러한 귀납 추론은 일상생활 속에서 많이 사용하고, 우리가 알고 있는 과학적 사실도 이와 같은 방법으로 밝혀졌다.

그러나 전제들이 참이어도 결론이 항상 참인 것은 아니다. 단 하나의 예외로 인하여 결론이 거짓이 될 수 있다.

> - 성냥불은 뜨겁다.
> - 연탄불도 뜨겁다.
> - 그러므로 모든 불은 뜨겁다.

위 예문에서 '성냥불이나 연탄불이 뜨거우므로 모든 불은 뜨겁다.'라는 결론이 나왔는데, 반딧불은 뜨겁지 않으므로 '모든 불이 뜨겁다.'라는 결론은 거짓이 된다.

(1) 완전 귀납 추론

관찰하고자 하는 집합의 전체를 다 검증함으로써 대상의 공통 특질을 밝혀내는 방법이다. 이는 예외 없는 진실을 발견할 수 있다는 장점은 있으나, 집합의 규모가 크고 속성의 변화가 다양할 경우에는 적용하기 어려운 단점이 있다.

[예] 1부터 10까지의 수를 다 더하여 그 합이 55임을 밝혀내는 방법

(2) 통계적 귀납 추론

통계적 귀납 추론은 관찰하고자 하는 집합의 일부에서 발견한 몇 가지 사실을 열거함으로써 그 공통점을 결론으로 이끌어 내려는 방식을 가리킨다. 관찰하려는 집합의 규모가 클 때 그 일부를 표본으로 추출하여 조사하는 방식이 이에 해당하며, 표본 추출의 기준이 얼마나 적합하고 공정한가에 따라 그 결과에 대한 신뢰도가 달라진다는 단점이 있다.

[예] 여론조사에서 일부의 국민에 대한 설문 내용을 바탕으로, 이를 전체 국민의 여론으로 제시하는 것

(3) 인과적 귀납 추론

관찰하고자 하는 집합의 일부 원소들이 지닌 인과 관계를 인식하여 그 원인이나 결과를 이끌어 내려는 방식을 말한다.

① 일치법 : 공통적인 현상을 지닌 몇 가지 사실 중에서 각기 지닌 요소 중 어느 한 가지만 일치한다면 이 요소가 공통 현상의 원인이라고 판단

  [예] 마을 잔칫집에서 돼지고기를 먹은 사람들이 집단 식중독을 일으켰다. 따라서 식중독의 원인은 상한 돼지고기가 아닌가 생각한다.

② 차이법 : 어떤 현상이 나타나는 경우와 나타나지 않은 경우를 놓고 보았을 때, 각 경우의 여러 조건 중 단 하나만이 차이를 보인다면 그 차이를 보이는 조건이 원인이 된다고 판단

  [예] 현수와 승재는 둘 다 지능이나 학습 시간, 학습 환경 등이 비슷한데 공부하는 태도에는 약간의 차이가 있다. 따라서 두 사람이 성적이 차이를 보이는 것은 학습 태도의 차이 때문으로 생각된다.

③ 일치·차이 병용법 : 몇 개의 공통 현상이 나타나는 경우와 몇 개의 그렇지 않은 경우를 놓고 일치법과 차이법을 병용하여 적용함으로써 그 원인을 판단

  [예] 학업 능력 정도가 비슷한 두 아동 집단에 대해 처음에는 같은 분량의 과제를 부여하고 나중에는 각기 다른 분량의 과제를 부여한 결과, 많이 부여한 집단의 성적이 훨씬 높게 나타났다. 이로 보아, 과제를 많이 부여하는 것이 적게 부여하는 것보다 학생의 학업 성적 향상에 도움이 된다고 판단할 수 있다.

④ 공변법 : 관찰하는 어떤 사실의 변화에 따라 현상의 변화가 일어날 때 그 변화의 원인이 무엇인지 판단

  [예] 담배를 피우는 양이 각기 다른 사람들의 집단을 조사한 결과, 담배를 많이 피울수록 폐암에 걸릴 확률이 높다는 사실이 발견되었다.

⑤ 잉여법 : 앞의 몇 가지 현상이 뒤의 몇 가지 현상의 원인이며, 선행 현상의 일부분이 후행 현상의 일부분이라면, 선행 현상의 나머지 부분이 후행 현상의 나머지 부분의 원인임을 판단

  [예] 어젯밤 일어난 사건의 혐의자는 정은이와 규민이 두 사람인데, 정은이는 알리바이가 성립되어 혐의 사실이 없는 것으로 밝혀졌다. 따라서 그 사건의 범인은 규민이일 가능성이 높다.

3. 유비 추론

두 개의 대상 사이에 일련의 속성이 동일하다는 사실에 근거하여 그것들의 나머지 속성도 동일하리라는 결론을 이끌어내는 추론, 즉 이미 알고 있는 것에서 다른 유사한 점을 찾아내는 추론을 말한다. 그렇기 때문에 유비 추론은 잣대(기준)가 되는 사물이나 현상이 있어야 한다. 유비 추론은 가설을 세우는 데 유용하다. 이미 알고 있는 사례로부터 아직 알지 못하는 것을 생각해 봄으로써 쉽게 가설을 세울 수 있다. 이때 유의할 점은 이미 알고 있는 사례와 이제 알고자 하는 사례가 매우 유사하다는 확신과 증거가 있어야 한다. 그렇지 않은 상태에서 유비 추론에 의해 결론을 이끌어 내면, 그것은 개연성이 거의 없고 잘못된 결론이 될 수도 있다.

- 지구에는 공기, 물, 흙, 햇빛이 있다(A는 a, b, c, d의 속성을 가지고 있다).
- 화성에는 공기, 물, 흙, 햇빛이 있다(B는 a, b, c, d의 속성을 가지고 있다).
- 지구에 생물이 살고 있다(A는 e의 속성을 가지고 있다).
- 그러므로 화성에도 생물이 살고 있을 것이다(그러므로 B도 e의 속성을 가지고 있을 것이다).

CHAPTER 03 문제해결력 기출예상문제

정답 및 해설 p.019

01 ▶ 수·문자추리

대표유형 1 수추리

※ 일정한 규칙으로 수를 나열할 때, 다음 중 빈칸에 들어갈 수로 옳은 것을 고르시오. **[1~3]**

01

$$432 \quad 176 \quad 48 \quad -16 \quad -48 \quad -64 \quad (\ )$$

① -72
② -80
③ -96
④ -128

| 해설 | 앞의 항에 $-2^8, -2^7, -2^6, -2^5, -2^4, -2^3, \cdots$을 더하는 수열이다.
따라서 $(\ ) = -64 - 8 = -72$이다.

정답 ①

02

$$\frac{2}{3} \quad \frac{1}{2} \quad \frac{1}{3} \quad (\ ) \quad \frac{1}{21}$$

① $\dfrac{1}{4}$
② $\dfrac{1}{6}$
③ $\dfrac{1}{18}$
④ $\dfrac{1}{36}$

| 해설 | 앞의 항에 $\dfrac{분자+1}{분모+1}$을 곱하는 수열이다.
따라서 $(\ ) = \dfrac{1}{3} \times \dfrac{2}{4} = \dfrac{1}{6}$이다.

정답 ②

03

| 1 2 2 | 2 4 2 | 3 12 ( ) |

① 4 ② 5
③ 6 ④ 7

|해설| $\underline{A\ B\ C} \to A \times C = B$
따라서 ( )=12÷3=4이다.

정답 ①

※ 다음과 같이 일정한 규칙으로 수를 나열할 때, 빈칸에 들어갈 수를 고르시오. [1~3]

01

| 2 8 14 20 ( ) 32 38 |

① 20 ② 22
③ 24 ④ 26

02

| $\frac{7}{11}$ $\frac{2}{22}$ $-\frac{4}{44}$ $-\frac{11}{77}$ $-\frac{19}{121}$ ( ) |

① $-\frac{20}{150}$ ② $-\frac{22}{154}$
③ $-\frac{26}{176}$ ④ $-\frac{28}{176}$

03

| 4 2 20 5 ( ) 74 10 5 125 |

① 3 ② 5
③ 6 ④ 7

04 일정한 규칙으로 수를 나열할 때 A+B의 값으로 알맞은 것은?

| 77 (A) 70 56 (B) 68 56 80 |

① 105
② 106
③ 107
④ 108

05 다음과 같은 수열의 101번째 항은?

$$\frac{7}{11},\ -\frac{2}{22},\ -\frac{3}{33},\ -\frac{8}{44},\ \cdots$$

① $-\dfrac{327}{1,111}$
② $-\dfrac{327}{1,100}$
③ $-\dfrac{493}{1,111}$
④ $-\dfrac{493}{1,100}$

06 다음 수열의 11번째 항은 얼마인가?

| 4, 5, 10, 11, 22, 23, … |

① 174
② 178
③ 186
④ 190

※ 다음은 일정한 규칙에 따라 나열된 수이다. 빈칸에 들어갈 수를 고르시오. [7~9]

07

2	3	6	( )	9
5	1	4	7	3
10	3	24	14	27

① 2
② 4
③ 6
④ 7

08

⋮	2
3	5
5	10
6	16
10	( )

① 23
② 24
③ 25
④ 26

09

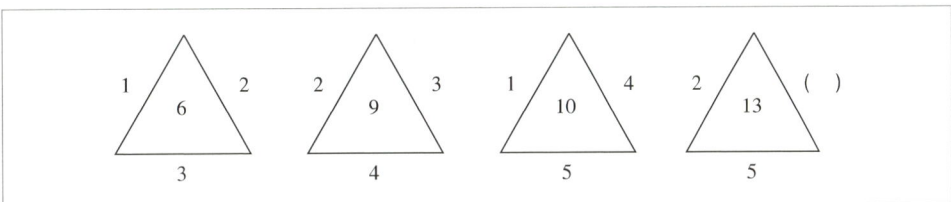

① 4
② 6
③ 8
④ 10

10 다음은 일정한 규칙에 따라 나열된 수이다. A−B의 값은?

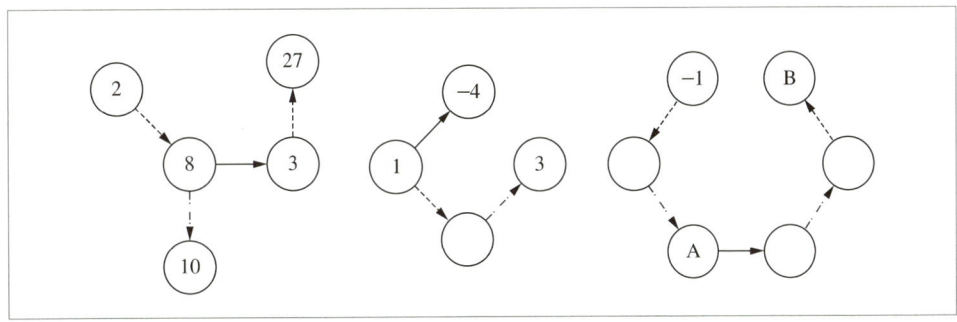

① 11
② 9
③ 5
④ −5

대표유형 2 문자추리

01 일정한 규칙으로 문자를 나열할 때, 다음 중 빈칸에 들어갈 문자로 옳은 것은?

| E ㄹ ( ) ㅇ I ㄴ |

① A ② C
③ G ④ I

|해설| 홀수 항은 2씩 더하고, 짝수 항은 2씩 곱하는 수열이다.

E	ㄹ	(G)	ㅇ	I	ㄴ
5	4	7	8	9	16(2)

정답 ③

02 다음 중 규칙이 다른 하나는?

① 어오어어 ② 러버러러
③ GNGG ④ 유이유유

|해설| 오답분석
①·②·④ 앞 문자에 +2, -2, +0으로 나열한 것이다.

정답 ③

※ 다음과 같이 일정한 규칙으로 문자를 나열할 때, 빈칸에 들어갈 문자를 고르시오. **[11~15]**

11

| A D G J M P ( ) V |

① Q ② S
③ P ④ T

12.

| ㅈ ㄷ ㅅ ㅁ ㅁ ( ) |

① ㄷ　　　　　　　　② ㅁ
③ ㅅ　　　　　　　　④ ㅊ

13.

| F　G　E　H　D　( )　C |

① B　　　　　　　　② I
③ J　　　　　　　　④ K

14.

| E　ㄹ　( )　ㅇ　I　ㄴ |

① A　　　　　　　　② C
③ G　　　　　　　　④ I

15.

ㄴ	ㄷ	ㄹ	ㅁ
a	( )	m	v

① b　　　　　　　　② d
③ f　　　　　　　　④ j

02 ▶ 지각능력

대표유형 1   단순지각

01   다음 중 나머지 셋과 다른 하나는?

① 758595624131
② 758595624131
③ 758595624131
④ 758595634131

| 해설 | 7585956<u>3</u>4131

정답 ④

02   다음 중 좌우가 서로 다른 것은?

① abcdefghijklmn – abcdefghijklmn
② 가갸거겨고교구규그기 – 가갸거겨고교구규그기
③ 13421423455543 – 13421423455543
④ 小貪大失 – 小償大失

| 해설 | 小貪大失 – 小償大失

정답 ④

03 다음 제시된 문자와 같은 것의 개수는?

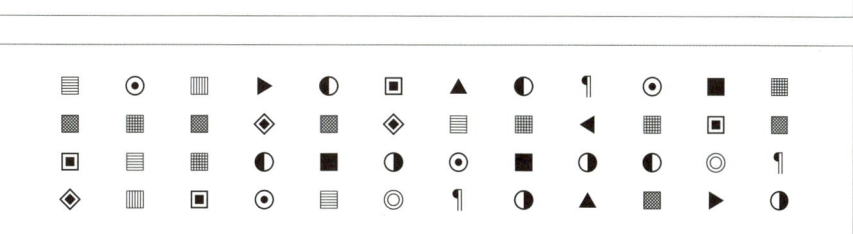

① 1개 ② 3개
③ 4개 ④ 5개

|해설|

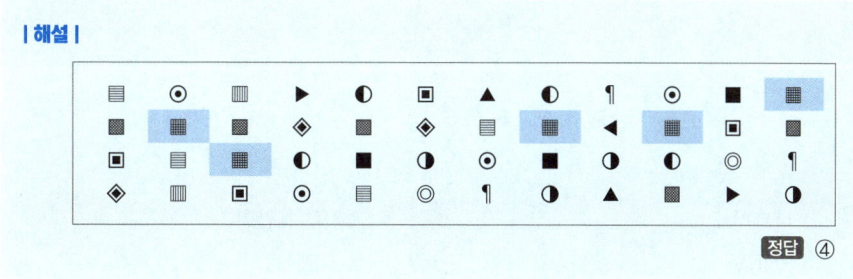

정답 ④

※ 다음 중 규칙이 다른 하나를 고르시오. [1~4]

01
① BBEK ② QQTZ
③ 자자져즈 ④ 루루수푸

02
① 차타차타 ② VXVX
③ LOLO ④ 며묘며묘

03
① 디됴더됴 ② 퀴쉬뤼뷔
③ RNKV ④ QMJT

04
① KVRX ② 메체세페
③ CFCI ④ 햐혀하후

05 다음 중 나머지 셋과 다른 하나는?
① 81631 − 64 − 64663
② 81631 − 64 − 64663
③ 81631 − 64 − 64663
④ 81631 − 64 − 64668

※ 다음 중 좌우가 서로 다른 것을 고르시오. [6~10]

06
① ナピパコアウヨバ - ナピパコアウヨパ
② ♣♣♥♤♧♣♡♧ - ♣♣♥♤♧♣♡♧
③ ⓞⓩⓦⓒⓥⓔⓩⓠ - ⓞⓩⓦⓒⓥⓔⓩⓠ
④ x ii viiiii i v ivix x i - x ii viiiii i v ivix x i

07
① 43453261 - 43453261
② 書徐恕緒矛記 - 書徐恕緒矛記
③ OQQRSOQO - OQQRSOQO
④ 앵행앨헿헹앵 - 앵행앨헿헹앵

08
① ╱↑↓↔↑←↑↑↘ - ╱↑↓↔↑←↑↑↘
② てすおかきわんも - てすおかきわんも
③ 알로줄제탈독장블 - 알로줄제탈독정블
④ A98X4DD9 - A98X4DD9

09
① INQEOGUH - INQEOGUH
② 하사날고미다히여 - 하사날고마다히여
③ こやゆすどふいひ - こやゆすどふいひ
④ 13419760 - 13419760

10
① 닫각악닥산갇漣삭 - 닫각악닥산갇漣삭
② ⑦65④①⑨⑧5 - ⑦65④①⑨⑧5
③ $/〉〈*&!?₩ - $/〉〈*&!?₩
④ しでぷよりたくぢ - しでぷよりたくぢ

11 다음 제시된 문자와 같은 것의 개수는?

prj

znl	pjr	vnh	prk	cpx	pri	cdy	quo	tmd	ygz	zbj	dbl
prj	hkz	abz	djt	zxu	yry	anx	dbl	zbd	zbj	zhs	hsc
bmp	fwr	pdj	dbl	znb	gjk	jyh	sfu	dbl	jfx	prj	azb
ovf	znl	pkl	pri	pkz	prj	znl	agj	jkl	jyp	tws	dbl

① 1개　　　　　　　　　② 2개
③ 3개　　　　　　　　　④ 4개

12 다음 표에 제시되지 않은 기호는?

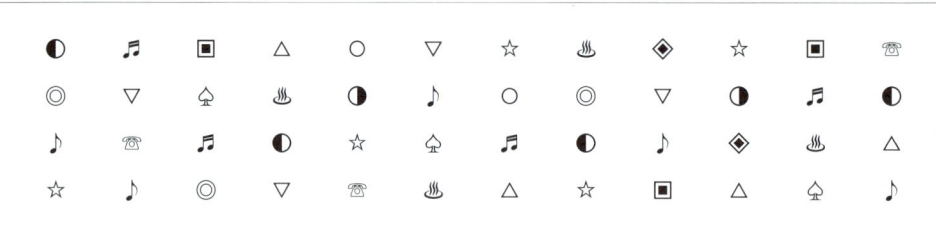

① ◎　　　　　　　　　② ○
③ ◐　　　　　　　　　④ ⊙

13 다음 제시된 문자와 다른 것은?

Lady Marmalade Don't cha

① Lady Marmalade Don't cha
② Lady Marmalade Don't cha
③ Lady Marmalade Don't cha
④ Lady Marmelade Don't cha

대표유형 2 코드

공장에서 제조하는 볼트의 일련번호는 다음과 같이 구성된다. 일련번호는 '형태 – 허용압력 – 직경 – 재질 – 용도' 순으로 표시할 때, 직경이 14mm이고, 자동차에 쓰이는 스테인리스 볼트의 일련번호로 적절한 것은?

〈볼트별 일련번호 구성〉

형태	나사형	육각	팔각	별
	SC	HX	OT	ST
허용압력(kg/cm^2)	10~20	21~40	41~60	61 이상
	L	M	H	P
직경(mm)	8	10	12	14
	008	010	012	014
재질	플라스틱	크롬 도금	스테인리스	티타늄
	P	CP	SS	Ti
용도	항공기	선박	자동차	일반
	A001	S010	M110	E100

① SCP014TiE100
② OTH014SSS010
③ STM012CPM110
④ HXL014SSM110

| 해설 | 주어진 정보에 따라 정리하면 다음과 같다.
- 직경 : 014
- 용도 : M110
- 재질 : SS

따라서 볼트의 일련번호는 HXL014SSM110이다.

정답 ④

※ D교육청은 보안을 위해 직원들만 알 수 있는 비밀번호를 생성하려고 한다. 이어지는 질문에 답하시오.
[14~15]

〈신규 비밀번호 생성방법〉

- 각자의 컴퓨터에 보안을 위해 새로운 비밀번호를 생성하십시오.
- 비밀번호 생성방법은 다음과 같습니다.
  1. 앞 두 자리는 성을 제외한 이름의 첫 자음으로 합니다. → 마동석=ㄷㅅ
  2. 한글의 경우 대응되는 경우 알파벳으로 변형합니다. → ㄷ=C, ㅅ=G
  3. 세 번째와 네 번째 자리는 생년월일의 일로 합니다. → 10월 3일=03
  4. 다섯 번째와 여섯 번째 자리는 첫 번째와 두 번째 자리의 알파벳에 3을 더한 알파벳으로 합니다. → C=F, G=J
  5. 가장 마지막 자리에는 직급의 번호로 합니다. → (사원=01, 대리=11, 과장=12, 차장=22, 부장=03)

14 새로 발령받은 공효주 사원은 9월 13일생이다. 이 사원이 생성할 비밀번호로 옳은 것은?

① NI13QL11 ② NI13QL01
③ NI13JV01 ④ NI45QL01

15 직원들이 만든 비밀번호 중 잘못 만들어진 비밀번호는?

① 김민경 사원(12월 6일생) → EA06HD01
② 유오성 대리(2월 25일생) → HG25KJ11
③ 손흥민 과장(3월 30일생) → NE30QH12
④ 황희찬 부장(4월 8일생) → NJ08QN03

※ 다음은 A사의 파일 잠금 비밀번호 부여 방식에 대한 자료이다. 이어지는 질문에 답하시오. [16~17]

〈A사 파일명 비밀번호 설정〉
- 파일명은 반드시 한글로만 설정해야 한다.
- 비밀번호는 파일명을 다음 변환표에 따라 변환된 영문자 배열로 설정된다.

〈비밀번호 변환표 1〉

자음	ㄱ	ㄴ	ㄷ	ㄹ	ㅁ	ㅂ	ㅅ	ㅇ	ㅈ	ㅊ	ㅋ	ㅌ
변환 문자	ㅇ	ㅈ	ㅊ	ㅋ	ㅌ	ㅍ	ㅎ	ㄲ	ㄸ	ㅆ	ㅃ	ㅉ
구분	ㅍ	ㅎ	ㄲ	ㄸ	ㅆ	ㅃ	ㅉ	ㄳ	ㄵ	ㄶ	ㄺ	ㄻ
변환 문자	ㄱ	ㄴ	ㄷ	ㄹ	ㅁ	ㅂ	ㅅ					
구분	ㄼ	ㄽ	ㄾ	ㄿ	ㅀ	ㅄ	ㅏ	ㅑ	ㅓ	ㅕ	ㅗ	ㅛ
변환 문자							ㅐ	ㅒ	ㅔ	ㅖ	ㅘ	ㅚ
구분	ㅜ	ㅠ	ㅡ	ㅣ	ㅐ	ㅒ	ㅔ	ㅖ	ㅘ	ㅚ	ㅙ	ㅝ
변환 문자	ㅙ	ㅝ	ㅟ	ㅞ	ㅢ	ㅏ	ㅑ	ㅓ	ㅕ	ㅗ	ㅛ	ㅜ
구분	ㅟ	ㅞ	ㅢ									
변환 문자	ㅠ	ㅡ	ㅣ									

〈비밀번호 변환표 2〉

자음	ㄱ	ㄴ	ㄷ	ㄹ	ㅁ	ㅂ	ㅅ	ㅇ	ㅈ	ㅊ	ㅋ	ㅌ
변환 문자	a	b	c	d	e	f	g	h	i	j	k	l
구분	ㅍ	ㅎ	ㄲ	ㄸ	ㅆ	ㅃ	ㅉ	ㄳ	ㄵ	ㄶ	ㄺ	ㄻ
변환 문자	m	n	o	p	q	r	s	t	u	v	w	x
구분	ㄼ	ㄽ	ㄾ	ㄿ	ㅀ	ㅄ	ㅏ	ㅑ	ㅓ	ㅕ	ㅗ	ㅛ
변환 문자	y	z	A	B	C	D	E	F	G	H	I	J
구분	ㅜ	ㅠ	ㅡ	ㅣ	ㅐ	ㅒ	ㅔ	ㅖ	ㅘ	ㅚ	ㅙ	ㅝ
변환 문자	K	L	M	N	O	P	Q	R	S	T	U	V
구분	ㅟ	ㅞ	ㅢ				받침이 없을 경우					
변환 문자	W	X	Y				Z					

[예] '사과'는 다음과 같은 암호로 저장함
'ㅅ', 'ㅏ', ' ', 'ㄱ', 'ㅘ', ' ' → 'ㅎ', 'ㅐ', ' ', 'ㅇ', 'ㅕ', ' ' → nOZhHZ

16 위 규칙에 따라 '청량리'를 변환한 비밀번호는?

① qQokPokXZ ② qTyrXZgT
③ qWZhHcwU ④ aEAhKkXZ

17 위 규칙에 따라 'jYZbOilXihUh'을 해독한 것은?

① 대리운전 ② 대추나무
③ 인구과잉 ④ 대한민국

03 ▶ 언어추리

대표유형 　 논리추론

01 다음 제시문을 바탕으로 추론할 수 있는 것은?

> • 효주는 지영이보다 나이가 많다.
> • 효주와 채원이는 같은 회사에 다니고, 이 회사는 나이 많은 사람이 승진을 더 빨리 한다.
> • 효주는 채원이보다 승진을 빨리 했다.

① 효주는 나이가 가장 많다.
② 채원이는 지영이보다 나이가 많다.
③ 채원이는 효주보다 나이가 많다.
④ 지영이는 채원이보다 나이가 많다.

| 해설 | 제시된 조건을 나열하면 '효주>지영', '효주>채원'임을 알 수 있다.
　　　　따라서 지영이와 채원이의 나이는 알 수 없지만 효주의 나이가 가장 많다는 것을 알 수 있다.

 ①

02 다음은 자동차 외판원인 A ~ F 6명의 판매실적 비교에 대한 설명이다. 이로부터 올바르게 추리한 것은?

> • A는 B보다 실적이 좋다.
> • C는 D보다 실적이 나쁘다.
> • E는 F보다 실적이 나쁘지만, A보다는 실적이 좋다.
> • B는 D보다 실적이 좋지만, E보다는 실적이 나쁘다.

① 실적이 가장 좋은 외판원은 F이다.
② 외판원 C의 실적은 꼴찌가 아니다.
③ B의 실적보다 안 좋은 외판원은 3명이다.
④ 외판원 E의 실적이 가장 좋다.

| 해설 | 각각의 조건을 수식으로 비교해 보면, 다음과 같다.
　　　　A>B, D>C, F>E>A, E>B>D
　　　　∴ F>E>A>B>D>C

01 다음 명제가 모두 참일 때, 항상 참인 것은?

> • 조선 시대의 대포 중에서 천자포의 사거리는 1,500보이다.
> • 현자포의 사거리는 천자포의 사거리보다 700보 짧다.
> • 지자포의 사거리는 현자포의 사거리보다 100보 길다.

① 천자포의 사거리가 가장 길다.
② 현자포의 사거리가 가장 길다.
③ 지자포의 사거리가 가장 짧다.
④ 현자포는 지자포의 사거리보다 길다.

※ 다음 명제가 참일 때, 빈칸에 들어갈 명제로 가장 적절한 것을 고르시오. **[2~3]**

02
> • 복습을 하지 않으면 배운 내용을 잊게 된다.
> • _____
> • 시험 점수가 높게 나오면 복습을 한 것이다.

① 시험 점수가 높게 나오려면 배운 내용을 잊지 않아야 한다.
② 배운 내용을 잊지 않으면 시험 점수가 높게 나온다.
③ 복습을 하면 배운 내용을 잊지 않는다.
④ 복습을 하지 않으면 시험 점수가 높게 나온다.

03
> 전제1. 날씨가 좋으면 야외활동을 한다.
> 전제2. 날씨가 좋지 않으면 행복하지 않다.
> 결론. _____

① 야외활동을 하지 않으면 행복하지 않다.
② 날씨가 좋으면 행복한 것이다.
③ 야외활동을 하면 날씨가 좋은 것이다.
④ 날씨가 좋지 않으면 야외활동을 하지 않는다.

※ 다음 명제를 통해 얻을 수 있는 결론으로 가장 적절한 것을 고르시오. [4~5]

04
- 대구 기온은 서울 기온보다 높다.
- 서울 기온은 강릉 기온보다 낮다.

① 서울 기온이 가장 낮다.
② 대구 기온이 가장 높다.
③ 강릉 기온이 가장 높다.
④ 대구와 강릉의 기온은 같다.

05
- 개교기념일 이틀 전에 운동회가 열린다.
- 학생회장 선거는 개교기념일 다음 날 실시된다.

① 운동회 다음 날 학생회장 선거가 시행된다.
② 운동회보다 먼저 학생회장 선거가 시행된다.
③ 학생회장 선거일 3일 전에 운동회가 열린다.
④ 학생회장 선거일 3일 후 운동회가 열린다.

06 A ~ F 6명은 피자 3판을 모두 같은 양만큼 나누어 먹기로 하였다. 피자 3판은 각각 동일한 크기로 8조각으로 나누어져 있다. 다음 〈조건〉을 고려하여 앞으로 2조각을 더 먹어야 하는 사람은?

조건
- 현재 총 6조각이 남아있다.
- A, B, E는 같은 양을 먹었고, 나머지는 모두 먹은 양이 다르다.
- F는 D보다 적게 먹었으며, C보다는 많이 먹었다.

① A, B, E
② C
③ D
④ F

07 시집, 수필, 잡지, 동화, 사전, 소설, 그림책이 다음과 같은 〈조건〉에 따라 책상 위에 쌓여 있다. 다음 중 가장 적절한 것은?(단, 한 층에는 한 권의 책만 쌓여 있다)

> **조건**
> - 잡지는 시집보다는 위에, 그림책보다는 아래에 있다.
> - 동화는 사전보다 위에 있지만 사전과 맞닿아 있지는 않다.
> - 수필은 잡지보다 위에 있다.
> - 시집의 위치는 맨 아래가 아니다.
> - 잡지와 동화는 책 하나를 사이에 두고 있다.
> - 소설은 수필과 맞닿아 있지만 맨 위는 아니다.

① 수필은 맨 위에 있다.
② 그림책은 동화와 맞닿아 있지 않다.
③ 정중앙에 위치한 책은 잡지이다.
④ 동화는 그림책보다 아래에 있다.

08 갑, 을, 병 세 사람이 피아노, 조각, 테니스를 함께 하는데, 각기 서로 다른 하나씩을 잘한다. 이때 조각을 잘하는 사람은 언제나 진실을 말하고, 테니스를 잘하는 사람은 항상 거짓을 말한다. 이들이 서로에 대해 다음과 같이 진술했을 때, 누가 무엇을 잘하는지 적절하게 연결된 것은?

> - 갑 : 병이 조각을 잘한다.
> - 을 : 아니다. 병은 피아노를 잘한다.
> - 병 : 둘 다 틀렸다. 나는 조각도 피아노도 잘하지 못한다.

① 갑 : 피아노 ② 갑 : 테니스
③ 을 : 피아노 ④ 을 : 테니스

09 신제품의 설문조사를 위하여 A ~ F 6명을 2인 1조로 조직하여 파견을 보내려 한다. 회사의 사정상 다음과 같은 〈조건〉에 따라 2인 1조를 조직하게 되었다. 한 조가 될 수 있는 2명을 고른 것은?

> **조건**
> • A는 C나 D와 함께 갈 수 없다.
> • B는 반드시 D 아니면 F와 함께 가야 한다.
> • C는 반드시 E 아니면 F와 함께 가야 한다.
> • A가 C와 함께 갈 수 없다면, A는 반드시 F와 함께 가야 한다.

① A, E
② B, D
③ B, F
④ C, D

10 아름이는 연휴를 맞아 유럽 일주를 할 계획이다. 하지만 시간 관계상 벨기에, 프랑스, 영국, 독일, 오스트리아, 스페인 중 4개 국가만 방문하고자 한다. 다음 〈조건〉에 따라 방문할 국가를 고를 때, 아름이가 방문하지 않을 국가로 옳은 것은?

> • 스페인은 반드시 방문한다.
> • 프랑스를 방문하면 영국은 방문하지 않는다.
> • 오스트리아를 방문하면 스페인은 방문하지 않는다.
> • 벨기에를 방문하면 영국도 방문한다.
> • 오스트리아, 벨기에, 독일 중 적어도 2개 국가를 방문한다.

① 영국, 프랑스
② 벨기에, 독일
③ 영국, 벨기에
④ 오스트리아, 프랑스

11 K-리그의 네 팀(서울, 울산, 전북, 제주)에 대한 다음의 〈조건〉을 읽고 적절하지 않은 것은?

> **조건**
> - 경기는 하루에 한 경기만 열린다.
> - 화요일에는 전북이 제주와 원정 경기를 하고, 토요일에는 서울이 전북과 홈경기를 한다.
> - 원정 경기를 치른 다음날은 반드시 쉰다.
> - 이틀 연속으로 홈경기를 하면 다음날은 반드시 쉰다.
> - 각 팀은 적어도 한 번은 홈경기를 한다.
> - 각 팀은 모두 일주일에 세 번 경기를 한다.

① 제주가 원정 경기를 할 수 있는 날은 평일이다.
② 제주가 수요일에 경기를 한다면, 목요일에는 경기를 할 수 없다.
③ 서울이 주말에 모두 경기를 한다면, 월요일에는 경기를 할 수 없다.
④ 목, 금 경기가 다 있을 때 목요일에 전북이 경기를 한다면, 금요일은 서울과 제주의 경기이다.

12 그루터기 동아리 학생 5명이 주말을 포함한 일주일 동안 각자 하루를 골라 봉사를 하러 간다. 다음 〈조건〉에 따라 적절하지 않은 것은?

> **조건**
> - A~E 5명은 일주일 동안 정해진 요일에 혼자서 봉사를 하러 간다.
> - A는 B보다 빠른 요일에 봉사를 하러 간다.
> - E는 C가 봉사를 다녀오고 이틀 후에 봉사를 하러 간다.
> - B와 D는 평일에 봉사를 하러 간다.
> - C는 목요일에 봉사를 하러 가지 않는다.
> - A는 월요일, 화요일 중에 봉사를 하러 간다.
> - 월요일이 가장 빠른 요일이다.
> - C와 E는 같은 주에 봉사를 간다.

① B가 화요일에 봉사를 하러 간다면 토요일에 봉사를 하러 가는 사람은 없다.
② D가 금요일에 봉사를 하러 간다면 5명 모두 평일에 봉사를 하러 간다.
③ D가 A보다 빨리 봉사를 하러 간다면 B는 금요일에 봉사를 하러 가지 않는다.
④ E가 수요일에 봉사를 하러 간다면 토요일에 봉사를 하러 가는 사람이 있다.

13 A~F 6명이 일렬로 된 6개의 좌석에 앉아 있다. 좌석은 왼쪽부터 1번으로 시작하는 번호가 매겨져 있다. 그들이 어떻게 앉아 있는지는 다음 〈조건〉과 같다고 한다. C가 4번에 앉았을 때 항상 적절한 것은?

조건
- D와 E는 사이에 3명을 두고 있다.
- A와 F는 인접할 수 없다.
- D는 F보다 왼쪽에 있다.
- F는 C보다 왼쪽에 있다.

① A는 C보다 오른쪽에 앉아 있다.
② F는 3번에 앉아 있다.
③ E는 A보다 왼쪽에 앉아 있다.
④ E는 C보다 오른쪽에 앉아 있다.

14 A~D 4명은 구두를 사기 위해 신발가게에 갔다. 신발가게에서 세일을 하는 품목은 빨간색, 주황색, 노란색, 초록색, 파란색, 남색, 보라색 구두이고 각각 한 켤레씩 남았다. 다음 〈조건〉을 만족할 때, A는 주황색 구두를 제외하고 어떤 색의 구두를 샀는가?(단, 빨간색 – 초록색, 주황색 – 파란색, 노란색 – 남색은 보색 관계이다)

조건
- A는 주황색을 포함하여 두 켤레를 샀다.
- C는 빨간색 구두를 샀다.
- B, D는 파란색을 좋아하지 않는다.
- C, D는 같은 수의 구두를 샀다.
- B는 C가 산 구두와 보색 관계인 구두를 샀다.
- D는 B가 산 구두와 보색 관계인 구두를 샀다.
- 모두 한 켤레 이상씩 샀으며, 네 사람은 세일품목을 모두 샀다.

① 노란색
② 초록색
③ 파란색
④ 남색

15 콩쥐, 팥쥐, 향단, 춘향 4명은 함께 마을 잔치에 참석하기로 했다. 족두리, 치마, 고무신을 빨간색, 파란색, 노란색, 검은색 색깔별로 총 12개를 공동으로 구입하여, 각 사람은 각각 다른 색의 족두리, 치마, 고무신을 하나씩 빠짐없이 착용하기로 했다. 예를 들어 어떤 사람이 빨간색 족두리, 파란색 치마를 착용한다면, 고무신은 노란색 또는 검은색으로 착용해야 한다. 다음 〈조건〉을 따를 때, 반드시 참이 되는 것은?

> **조건**
> • 선호하는 것을 배정받고, 싫어하는 것은 배정받지 않는다.
> • 콩쥐는 빨간색 치마를 선호하고, 파란색 고무신을 싫어한다.
> • 팥쥐는 노란색 치마를 싫어하고, 검은색 고무신을 선호한다.
> • 향단은 검은색 치마를 싫어한다.
> • 춘향은 빨간색을 싫어한다.

① 콩쥐는 검은색 족두리를 배정받는다.
② 팥쥐는 노란색 족두리를 배정받는다.
③ 향단은 파란색 고무신을 배정받는다.
④ 춘향은 검은색 치마를 배정받는다.

16 취업을 준비하는 A~E 5명이 지원한 분야는 각각 마케팅, 생산, 출판, 회계, 시설관리 중 한 곳이다. 5명은 모두 서류를 합격해 직무적성검사를 보러 가는데, 이때 지하철, 버스, 택시 중 한 가지를 타고 가려고 한다. 다음 〈조건〉에 따라 적절하지 않은 것은?(단, 1가지 교통수단은 최대 2명까지 이용할 수 있으며, 한 명도 이용하지 않은 교통수단은 없다)

> **조건**
> • 택시는 생산, 시설관리, 마케팅을 지원한 사람의 회사를 갈 수 있다.
> • A는 출판을 지원했다.
> • E는 어떤 교통수단을 선택해도 지원한 회사에 갈 수 있다.
> • 지하철에는 D를 포함한 두 사람이 타며, 둘 중 하나는 회계에 지원했다.
> • B가 탈 수 있는 교통수단은 지하철뿐이다.
> • 버스와 택시가 지나가는 회사는 마케팅을 제외하고 중복되지 않는다.

① B와 D는 같이 지하철을 이용한다.
② C는 생산 혹은 시설관리에 지원했다.
③ A는 버스를 이용했다.
④ E는 회계를 지원했다.

17 A~D 4명은 각각 1명의 자녀를 두고 있는 아버지이다. 4명의 아이 중 2명은 아들이고, 2명은 딸인 것이 알려져 있다. 사내아이의 아버지인 2명만이 사실대로 말하고 있다면 다음 중 적절한 결론은?

> • A : B와 C의 아이는 아들이다.
> • B : C의 아이는 딸이다.
> • C : D의 아이는 딸이다.
> • D : A와 C의 아이는 딸이다.

① A의 아이는 아들이다.　　　② B의 아이는 딸이다.
③ C의 아이는 아들이다.　　　④ D의 아이는 아들이다.

18 기말고사를 치르고 난 후 A~E 5명의 친구가 다음과 같이 성적에 대해 이야기를 나누었다. 이 중 1명의 진술은 거짓일 때, 다음 중 적절한 결론은?(단, 동점은 없다)

> • A : E는 1등이고, D는 C보다 성적이 높다.
> • B : B는 E보다 성적이 낮고, C는 A보다 성적이 높다.
> • C : A는 B보다 성적이 낮다.
> • D : B는 C보다 성적이 높다.
> • E : D는 B보다, A는 C보다 성적이 높다.

① B가 1등이다.　　　② A가 1등이다.
③ E가 1등이다.　　　④ D가 2등이다.

19 A~E 5명이 100m 달리기를 했다. 기록 측정 결과가 나오기 전에 A~E의 대화를 통해 순위를 예측해 보려고 한다. 그들의 대화는 다음과 같고, 이 중 한 명이 거짓말을 하고 있다. 다음 중 A, B, C, D, E의 순위로 옳은 것은?

> • A : 나는 1등이 아니고, 3등도 아니야.
> • B : 나는 1등이 아니고, 2등도 아니야.
> • C : 나는 3등이 아니고, 4등도 아니야.
> • D : 나는 A와 B보다 늦게 들어왔어.
> • E : 나는 C보다는 빠르게 들어왔지만, A보다는 늦게 들어왔어.

① E-C-B-A-D
② E-A-B-C-D
③ C-E-B-A-D
④ C-A-E-B-D

20 4개의 상자 A~D 중 하나의 상자에 2개의 진짜 열쇠가 들어 있고, 다른 한 상자에 2개의 가짜 열쇠가 들어 있다. 또한 각 상자에는 다음과 같이 2개의 안내문이 쓰여 있는데, 각 상자의 안내문 중 하나는 참이고 다른 하나는 거짓이다. 다음 중 항상 옳은 것은?

> **조건**
> • A상자 - 어떤 진짜 열쇠도 순금으로 되어 있지 않다.
>   - C상자에 진짜 열쇠가 들어 있다.
> • B상자 - 가짜 열쇠는 이 상자에 들어 있지 않다.
>   - A상자에는 진짜 열쇠가 들어 있다.
> • C상자 - 이 상자에 진짜 열쇠가 들어 있다.
>   - 어떤 가짜 열쇠도 구리로 되어 있지 않다.
> • D상자 - 이 상자에 진짜 열쇠가 들어 있다.
>   - 가짜 열쇠 중 어떤 것은 구리로 되어 있다.

① B상자에 가짜 열쇠가 들어 있지 않다.
② C상자에 진짜 열쇠가 들어 있지 않다.
③ D상자의 첫 번째 안내문은 거짓이다.
④ 모든 가짜 열쇠는 구리로 되어 있다.

CHAPTER 04

공간지각력

합격 Cheat Key

출제유형

1 평면도형

종이를 접어 구멍을 뚫은 후 다시 펼쳤을 때의 모습을 찾는 펀칭 문제와 일정 규칙에 따른 도형의 변화를 보고 빈칸에 들어갈 도형을 찾는 패턴 찾기 문제, 전개도를 접었을 때 나올 수 없는 도형을 찾는 전개도 문제 등이 출제되고 있다.

2 입체도형

단면도를 보고 입체도형을 찾는 단면도 문제와 모양이 다른 하나를 찾는 투상도 문제, 블록을 결합했을 때 모습 또는 빈칸에 들어갈 블록을 찾는 블록 결합 문제 등이 출제되고 있다.

| 학습전략 |

1 평면도형

- 공부를 하다가 잘 이해가 되지 않는 경우에는 머릿속으로 상상하는 것에 그치지 말고 실제로 종이를 접어 구멍을 뚫어 보거나 잘라 보는 것이 좋다.

2 입체도형

- 여러 시점에서 바라본 도형의 모습을 연상하며, 보이지 않는 부분까지도 유추할 수 있는 능력을 키워야 한다.
- 입체도형은 큰 덩어리보다 작고 세밀한 부분에서 답이 나올 확률이 높다. 따라서 눈대중으로 훑어보아서는 안되며, 작은 부분까지 꼼꼼하게 체크하면서 답을 찾아야 한다.

CHAPTER 04 공간지각력 핵심이론

01 ▶ 평면도형

1. 펀칭

주어진 종이를 조건에 맞게 접은 후 구멍을 뚫고 펼쳤을 때 나타나는 모양을 고르는 유형이 출제된다.
- 펀칭 유형은 종이에 구멍을 낸 후 다시 종이를 펼쳐가며 구멍의 위치와 모양을 추적하는 방법으로 해결할 수 있다.
- 종이를 펼쳤을 때 구멍의 개수와 위치를 판별하는 것이 핵심이다. 이를 위해서는 '대칭'에 대한 이해가 필요하다. 구멍은 종이를 접은 선을 기준으로 대칭되어 나타난다는 것에 유의한다.
  - 개수 : 면에 구멍을 뚫으면 종이를 펼쳤을 때 구멍이 2개 나타나고, 접은 선 위에 구멍을 뚫으면 종이를 펼쳤을 때 구멍이 1개 나타난다.
  - 위치 : 종이를 접는 방향을 주의 깊게 살펴야 한다. 종이를 왼쪽에서 오른쪽으로 접은 경우, 구멍의 위치는 오른쪽에서 왼쪽으로 표시하며 단계를 거슬러 올라간다.

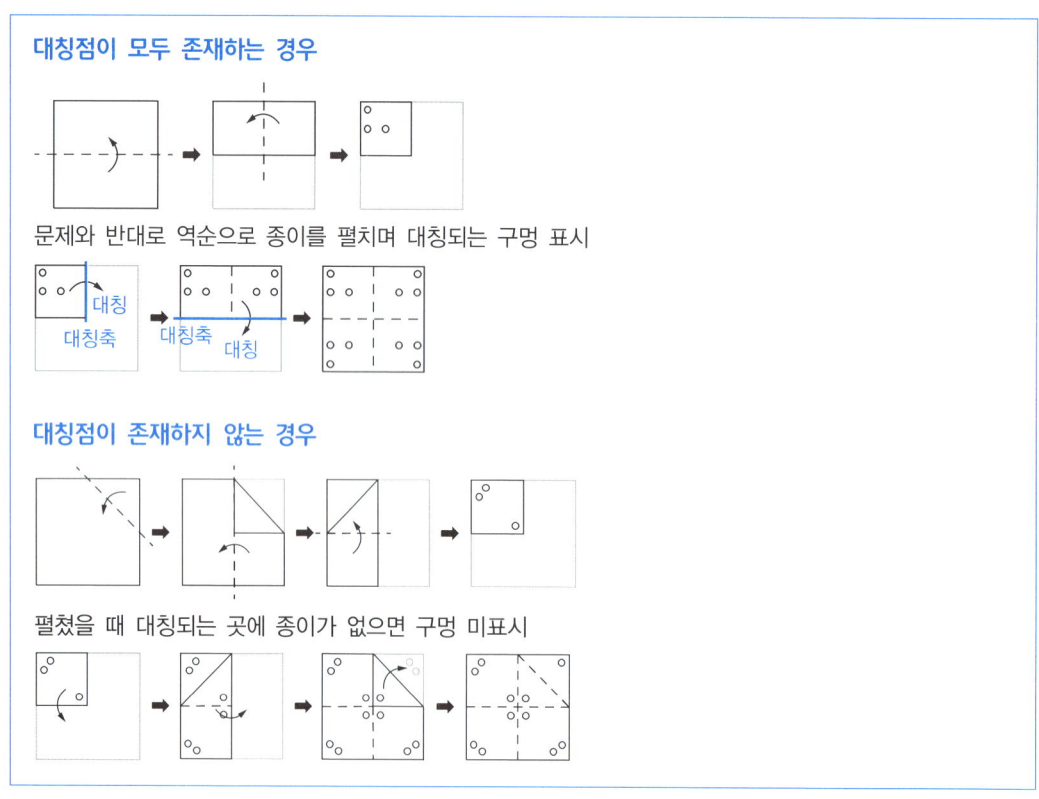

2. 도형추리

(1) 180° 회전한 도형은 좌우와 상하가 모두 대칭이 된 모양이 된다.

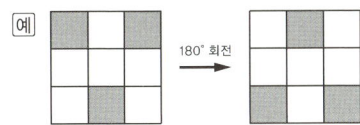

(2) 시계 방향으로 90° 회전한 도형은 시계 반대 방향 270° 회전한 도형과 같다.

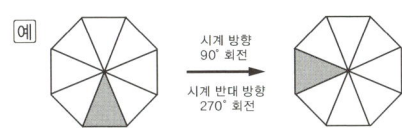

(3) 좌우 반전 → 좌우 반전, 상하 반전 → 상하 반전은 같은 도형이 된다.

(4) 도형을 거울에 비친 모습은 방향에 따라 좌우 또는 상하로 대칭된 모습이 나타난다.

02 ▶ 입체도형

1. 전개도

제시된 전개도를 이용하여 만들 수 있는 입체도형을 찾는 문제와 제시된 입체도형의 전개도로 알맞은 것을 고르는 유형이 출제된다.
- 전개도상에서는 떨어져 있지만 입체도형으로 만들었을 때 서로 연결되는 면을 주의 깊게 살핀다.
- 마주보는 면과 인접하는 면을 구분하여 학습한다.
- 평면이었던 전개도가 입체도형이 되면서 면의 그림이 회전되는 모양을 확인한다.
- 많이 출제되는 전개도는 미리 마주보는 면과 인접하는 면, 만나는 꼭짓점을 학습한다.
  - ①~⑥은 접었을 때 마주보는 면을 의미한다. 즉, 두 수의 합이 7이 되는 면끼리 마주 보는 면이다. 또한 각 전개도에서 ①에 위치하는 면이 같다고 할 때, 전개도마다 면이 어떻게 배열되는지도 나타낸다.
  - 1~8은 접었을 때 만나는 점을 의미한다. 즉 접었을 때 같은 숫자가 적힌 점끼리 만난다.

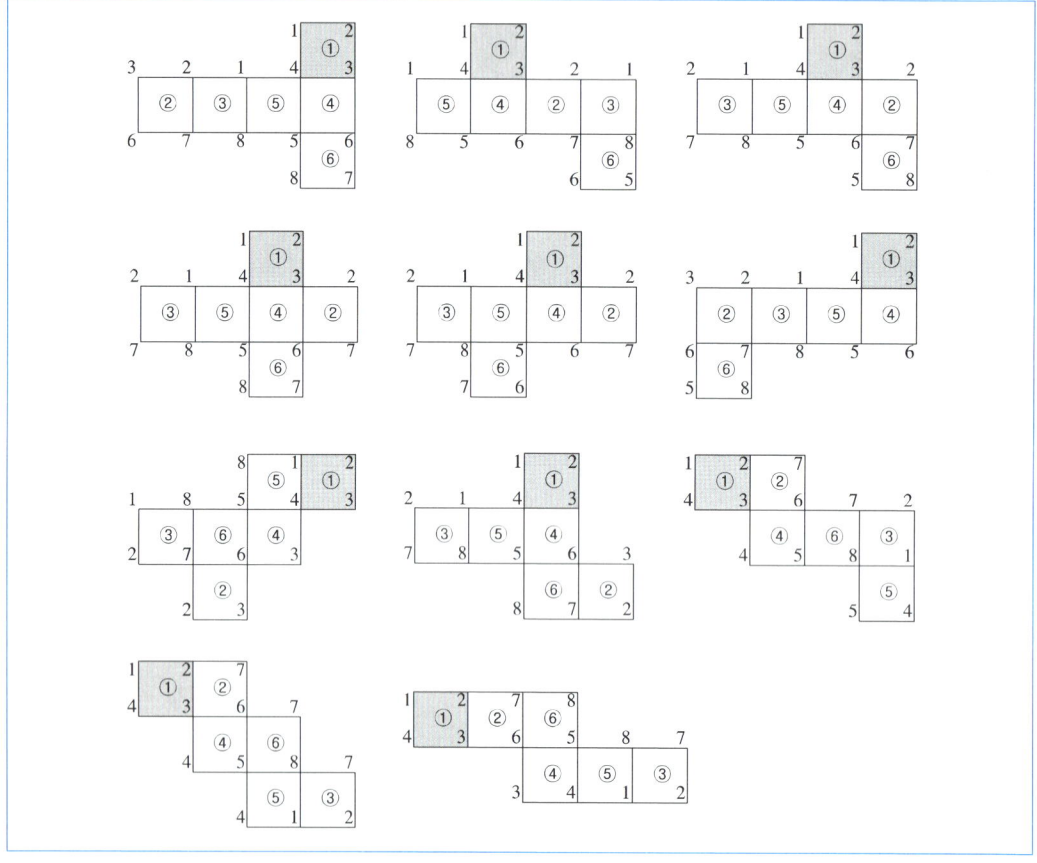

2. 단면도

입체도형을 세 방향에서 봤을 때 나타나는 단면과 일치하는 것을 고르는 유형이 출제된다.
- 제시된 세 단면이 입체도형을 어느 방향에서 바라본 단면인지 파악한다.
- 보기에 제시된 입체도형에서 서로 다른 부분을 표시한다.
- 입체도형에 표시된 부분을 기준으로 제시된 단면과 일치하지 않는 입체도형을 지워나간다.

3. 투상도

여러 방향으로 회전된 입체도형 중에 일치하지 않는 것을 고르는 유형이 출제된다.
- 주로 밖으로 나와 있는 모양이나 안으로 들어가 있는 모양이 반대로 되어 있거나 입체도형을 회전하였을 때 모양이 왼쪽, 오른쪽이 반대로 되어 있는 경우가 많으므로 이 부분을 중점으로 확인한다.

4. 블록결합

직육면체로 쌓아진 블록을 세 개의 블록으로 분리했을 때 제시되지 않은 하나의 블록을 고르는 유형이 출제된다.
- 쉽게 파악되지 않는 블록의 경우 블록을 한 층씩 나누어 생각한다.
- 블록은 다양한 방향과 각도로 회전하여 결합할 수 있으므로 결합되는 여러 가지 경우의 수를 판단한다.

> **직육면체의 입체도형을 세 개의 블록으로 분리했을 때, 들어갈 블록의 모양으로 옳은 것을 고르는 유형**
>
> 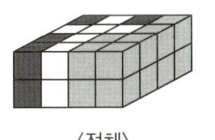　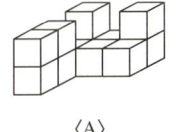　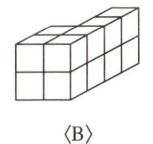　
>
> 〈전체〉　　〈A〉　　〈B〉　　〈C〉
>
> - 개별 블록과 완성된 입체도형을 비교하여 공통된 부분을 찾는다.
> - 완성된 입체도형에서 각각의 블록에 해당되는 부분을 소거한다. 전체 블록은 16개의 정육면체가 2단으로 쌓인 것으로, 〈A〉와 〈B〉를 제하면 윗단은 ▭이 되고, 아랫단은 ▭이 되어 〈C〉에는 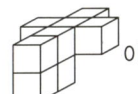 이 들어가야 함을 알 수 있다.

CHAPTER 04 공간지각력 기출예상문제

정답 및 해설 p.025

01 ▶ 평면도형

대표유형 1 펀칭

01 다음 그림과 같이 화살표 방향으로 종이를 접은 후 구멍을 뚫어 다시 펼쳤을 때의 그림으로 가장 적절한 것은?

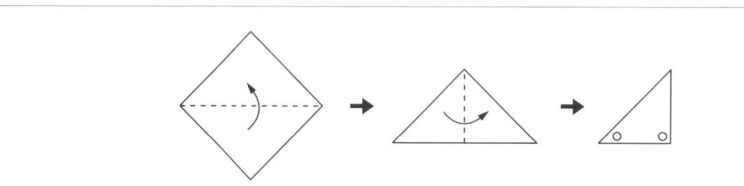

① 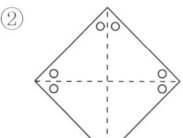 ②

③ 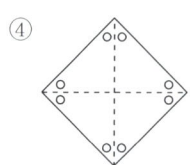 ④

| 해설 |

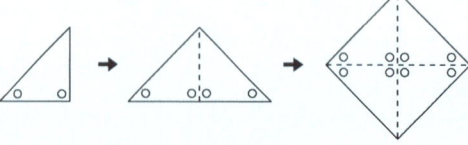

정답 ③

02 다음과 같은 정사각형의 종이를 화살표 방향으로 접고 〈보기〉의 좌표가 가리키는 위치에 구멍을 뚫었다. 다시 펼쳤을 때 뚫린 구멍의 위치를 좌표로 나타낸 것으로 옳은 것은?(단, 좌표가 그려진 사각형의 크기와 종이의 크기는 일치하며, 종이가 접힐 때 종이의 위치는 바뀌지 않는다)

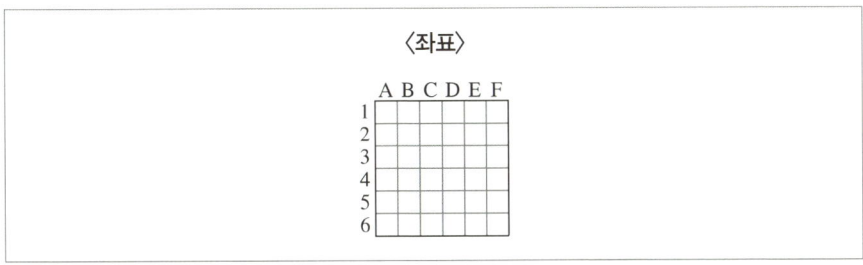

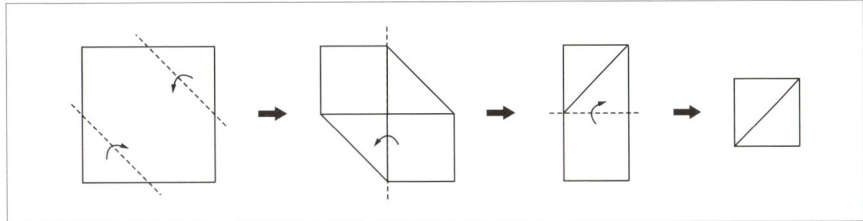

보기
C3

① A5, C3, C4, D3, D4, F5
② A6, C2, C5, D2, D5, F1
③ A6, C3, C4, D3, D4, F1
④ C3, C4, D3, D4

| 해설 | 종이에 구멍을 뚫은 상태에서 거꾸로 펼쳐가며 모양을 역추적한 후, 점선에 대하여 대칭으로 구멍의 위치를 좌표에 표시하며 답을 찾는다.

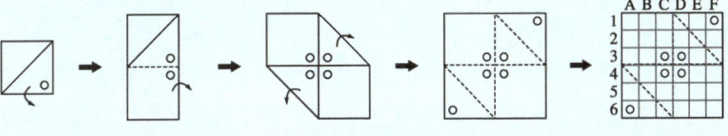

정답 ③

※ 다음 그림과 같이 화살표 방향으로 종이를 접은 후, 펀치로 구멍을 뚫어 다시 펼쳤을 때의 그림으로 적절한 것을 고르시오. [1~3]

01

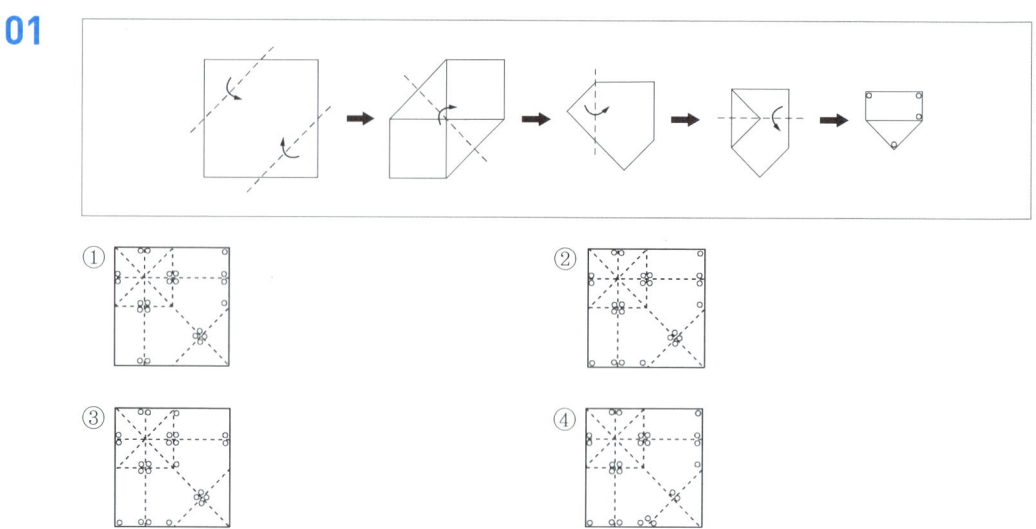

02

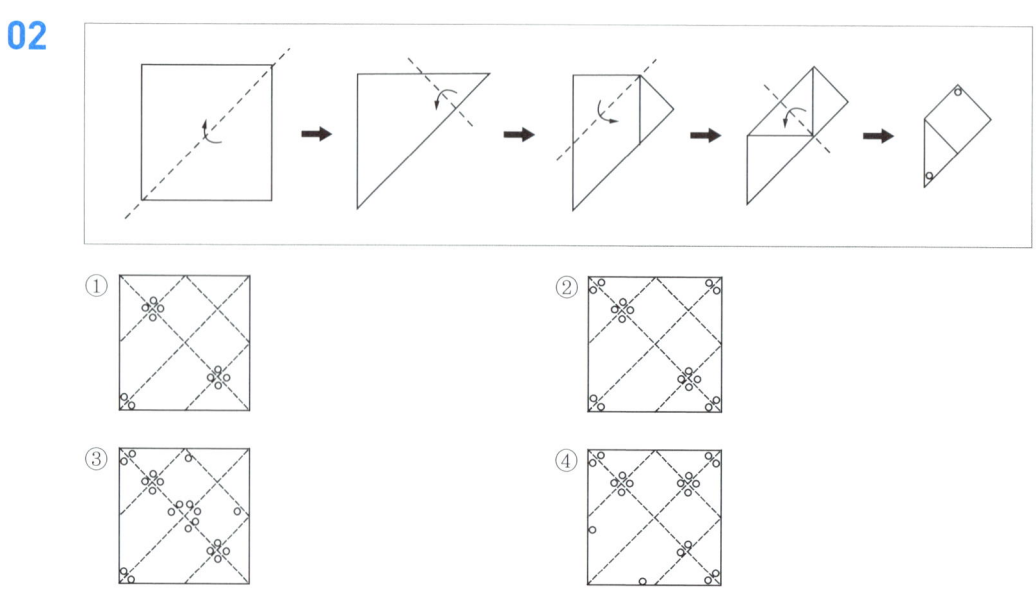

03

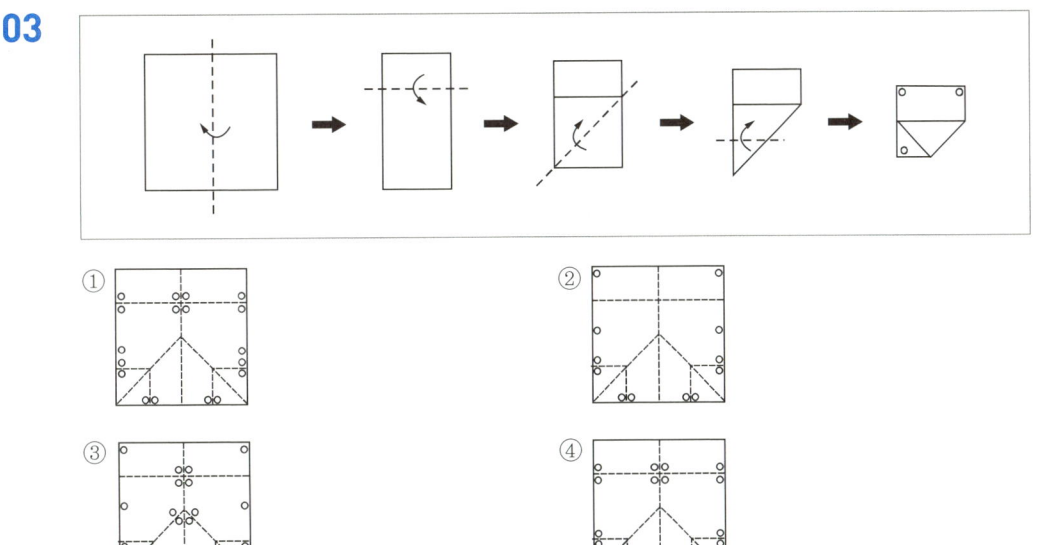

※ 다음과 같은 정사각형의 종이를 화살표 방향으로 접고 〈보기〉의 좌표가 가리키는 위치에 구멍을 뚫었다. 다시 펼쳤을 때 뚫린 구멍의 위치를 좌표로 나타낸 것으로 옳은 것을 고르시오(단, 좌표가 그려진 사각형의 크기와 종이의 크기는 일치하며, 종이가 접힐 때 종이의 위치는 바뀌지 않는다). **[4~6]**

04

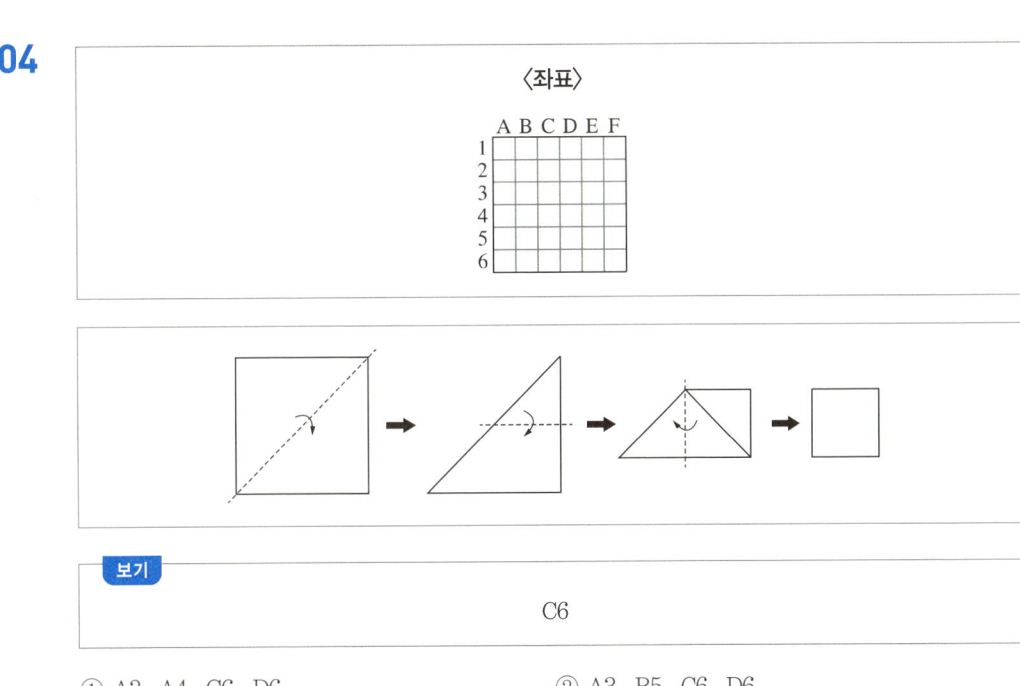

보기

C6

① A3, A4, C6, D6 ② A3, B5, C6, D6
③ A3, B6, C6, D6 ④ A4, A6, C1, C6, D6

05

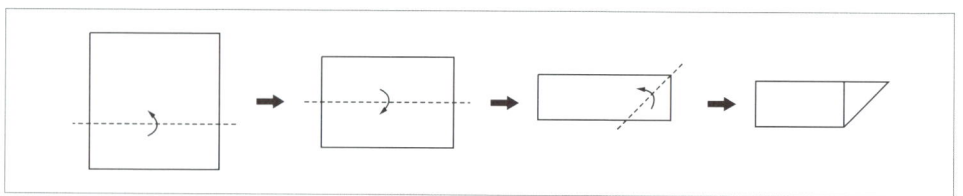

> 보기
>
> E3

① D2, E3, E4, E6, F1, F5
② E2, E3, E6, F1, F3, F5
③ E1, E3, E6, F1, F4, F5
④ E2, E3, E6, F1, F4, F5

06

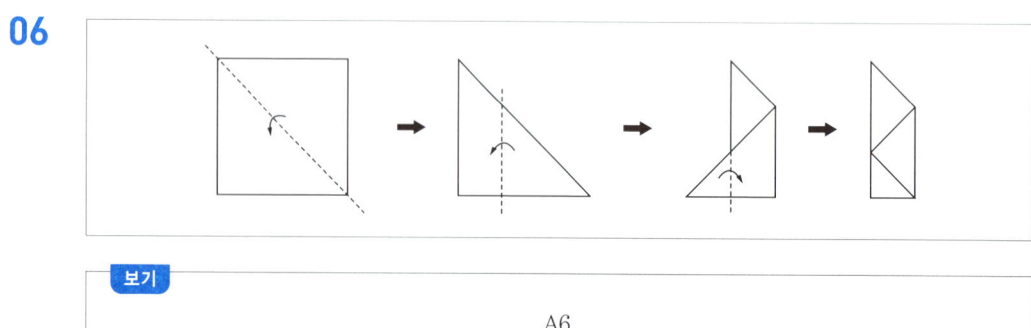

> 보기
>
> A6

① A6, D6, E6, F1, F4, F5
② B6, D6, E6, F1, F4, F5
③ A6, D5, E6, F1, F4, F5
④ A6, D6, E1, E4, E6, E5

대표유형 2 **패턴찾기**

일정한 규칙으로 도형을 나열할 때, 다음 중 마지막에 들어갈 적절한 도형은?

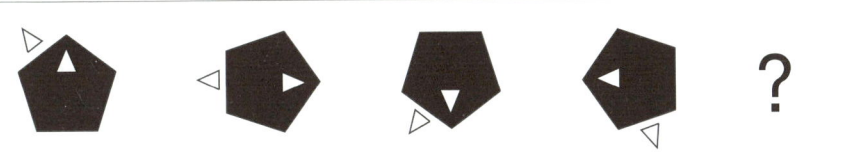

① 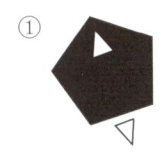   ②

③    ④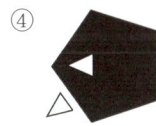

| 해설 | 가장 큰 도형과 내부도형은 시계 방향으로 90° 회전, 외부도형은 가장 큰 도형의 회전과 관계없이 시계 반대 방향으로 가장 큰 도형의 변을 한 칸씩 이동하는 규칙이다.

정답 ③

※ 다음 도형 또는 도형 내부의 기호들은 일정한 패턴을 가지고 변화한다. 다음 중 물음표에 들어갈 도형으로 가장 적절한 것을 고르시오. [7~10]

07

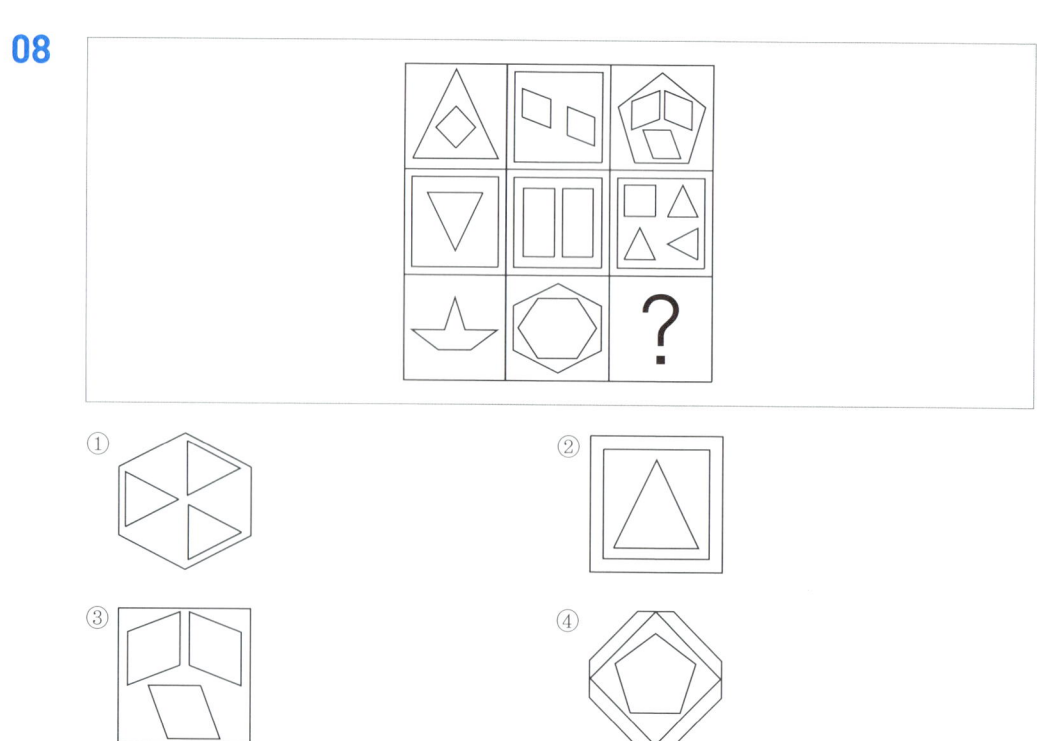

08

09

① 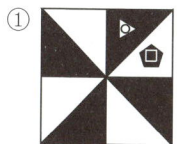   ②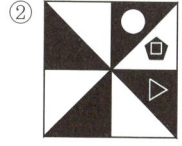

③    ④

10

   ?

①    ②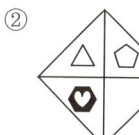

③ 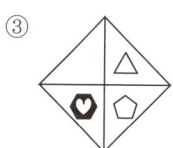   ④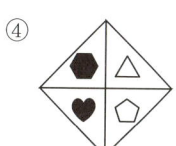

02 ▶ 입체도형

대표유형 1 전개도

주어진 전개도로 입체도형을 만들었을 때, 만들어질 수 없는 것은?

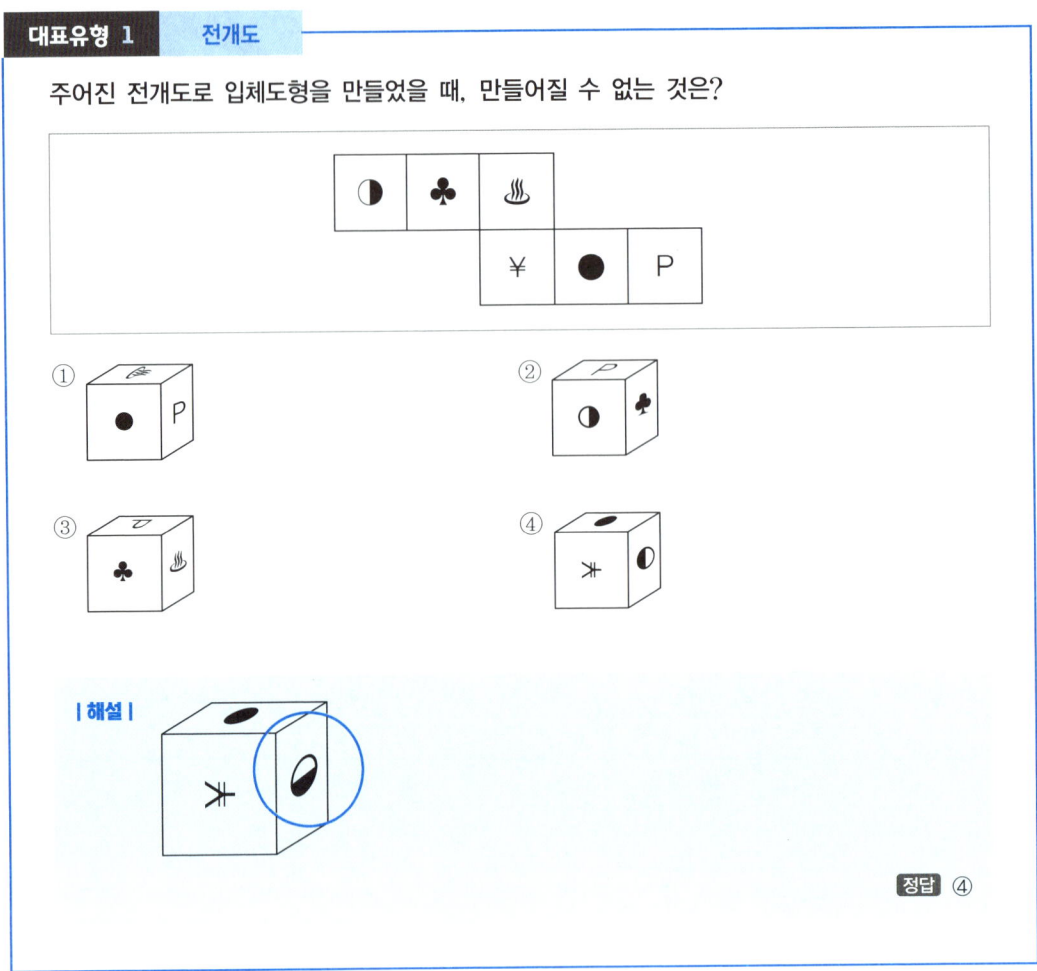

정답 ④

※ 주어진 전개도로 입체도형을 만들었을 때, 만들어질 수 없는 것을 고르시오. [1~2]

01

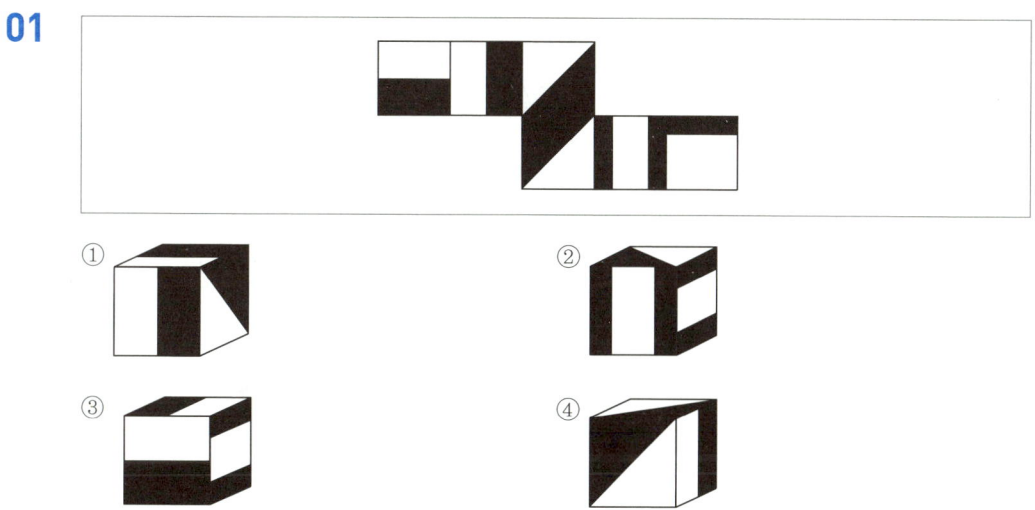

02

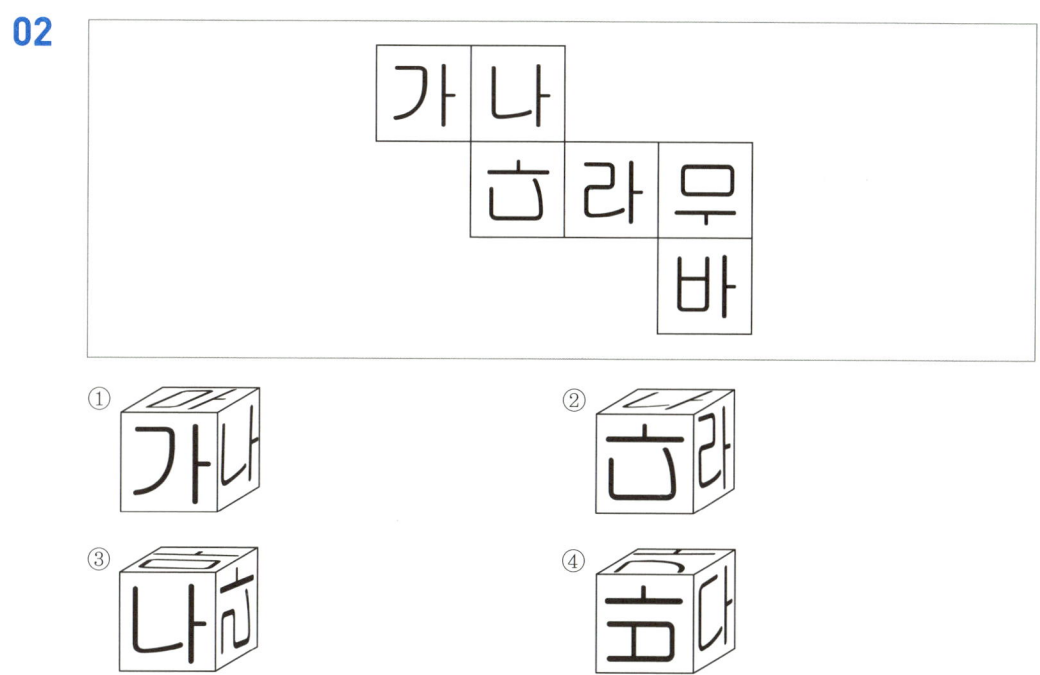

※ 주어진 전개도로 입체도형을 만들었을 때, 만들어질 수 있는 것을 고르시오. [3~4]

03

04

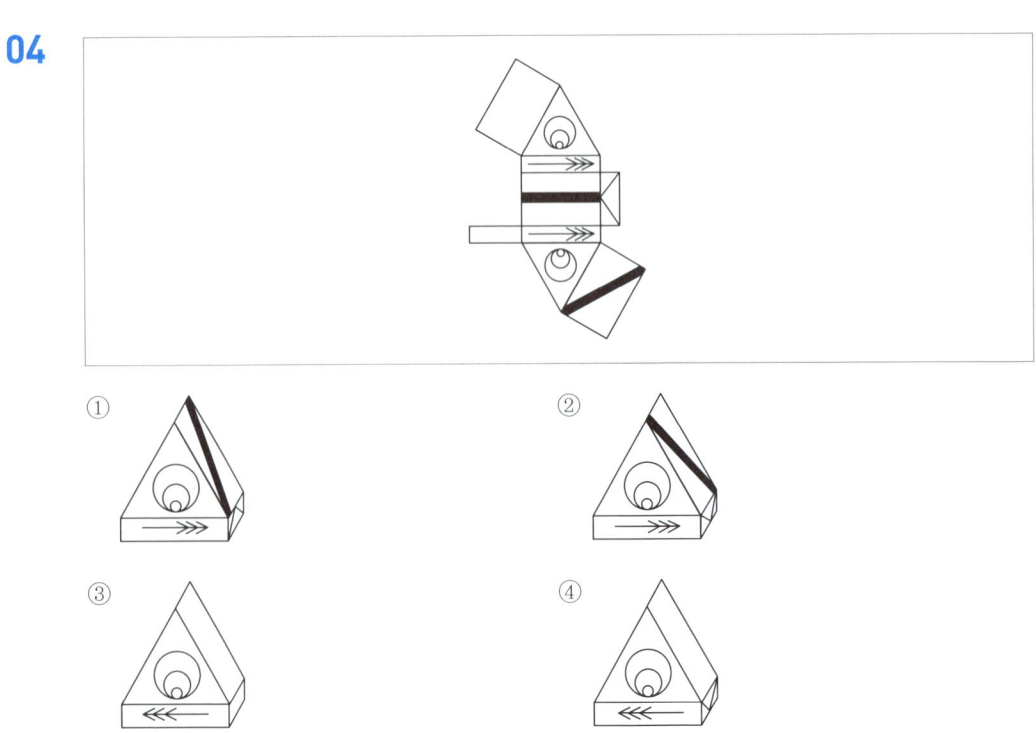

05 다음 중 입체도형을 만들었을 때, 다른 도형이 나오는 것은?

①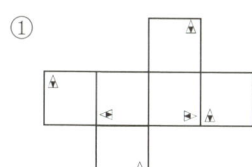

②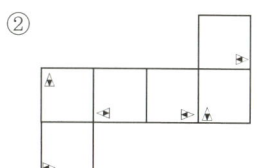

③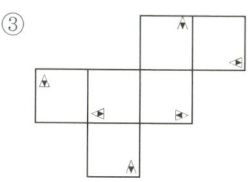

④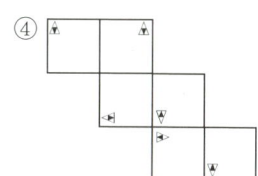

대표유형 2 　단면도

다음 제시된 단면과 일치하는 입체도형은?

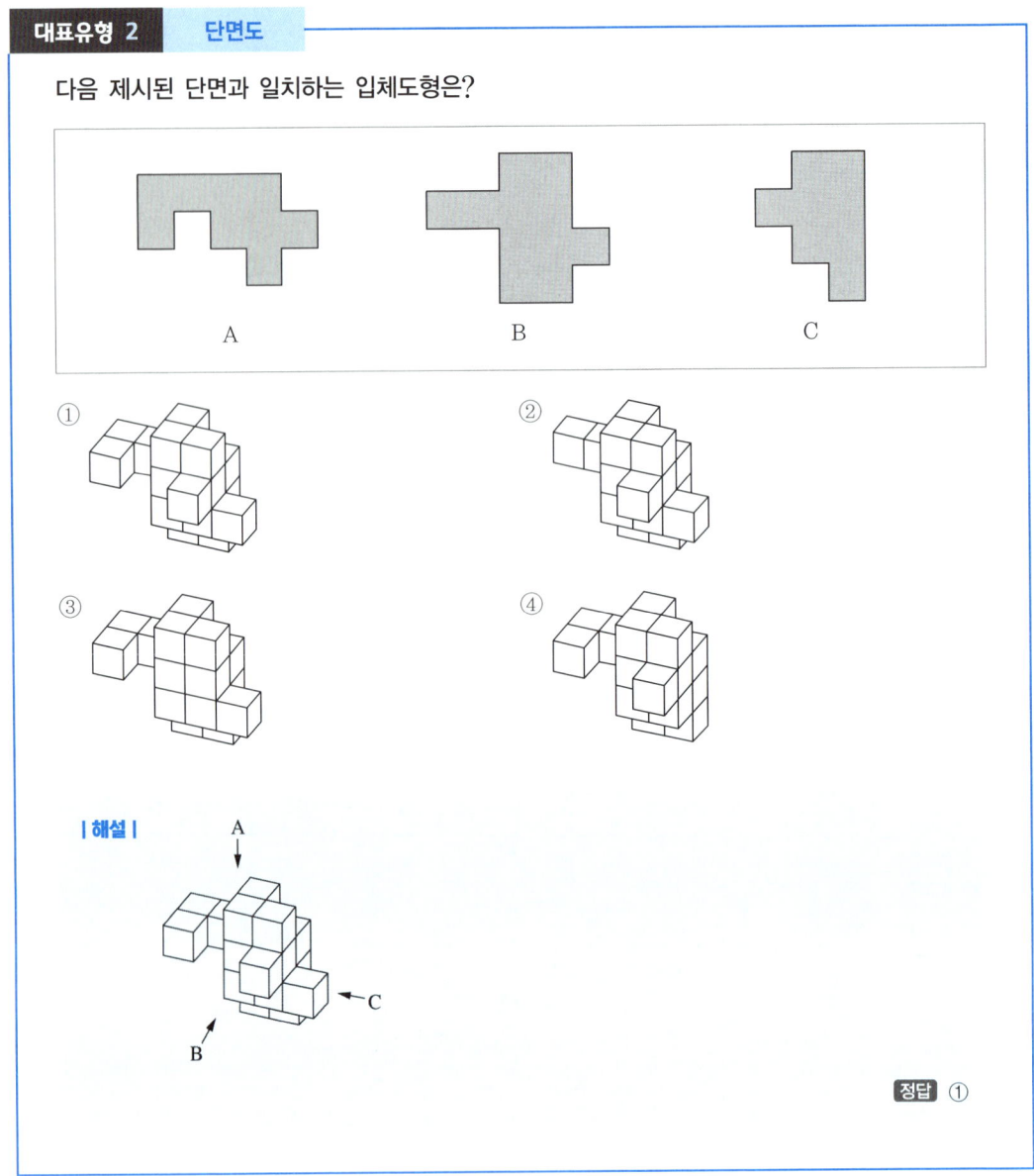

|해설|

정답 ①

※ 다음 제시된 단면과 일치하는 입체도형을 고르시오. [6~10]

06

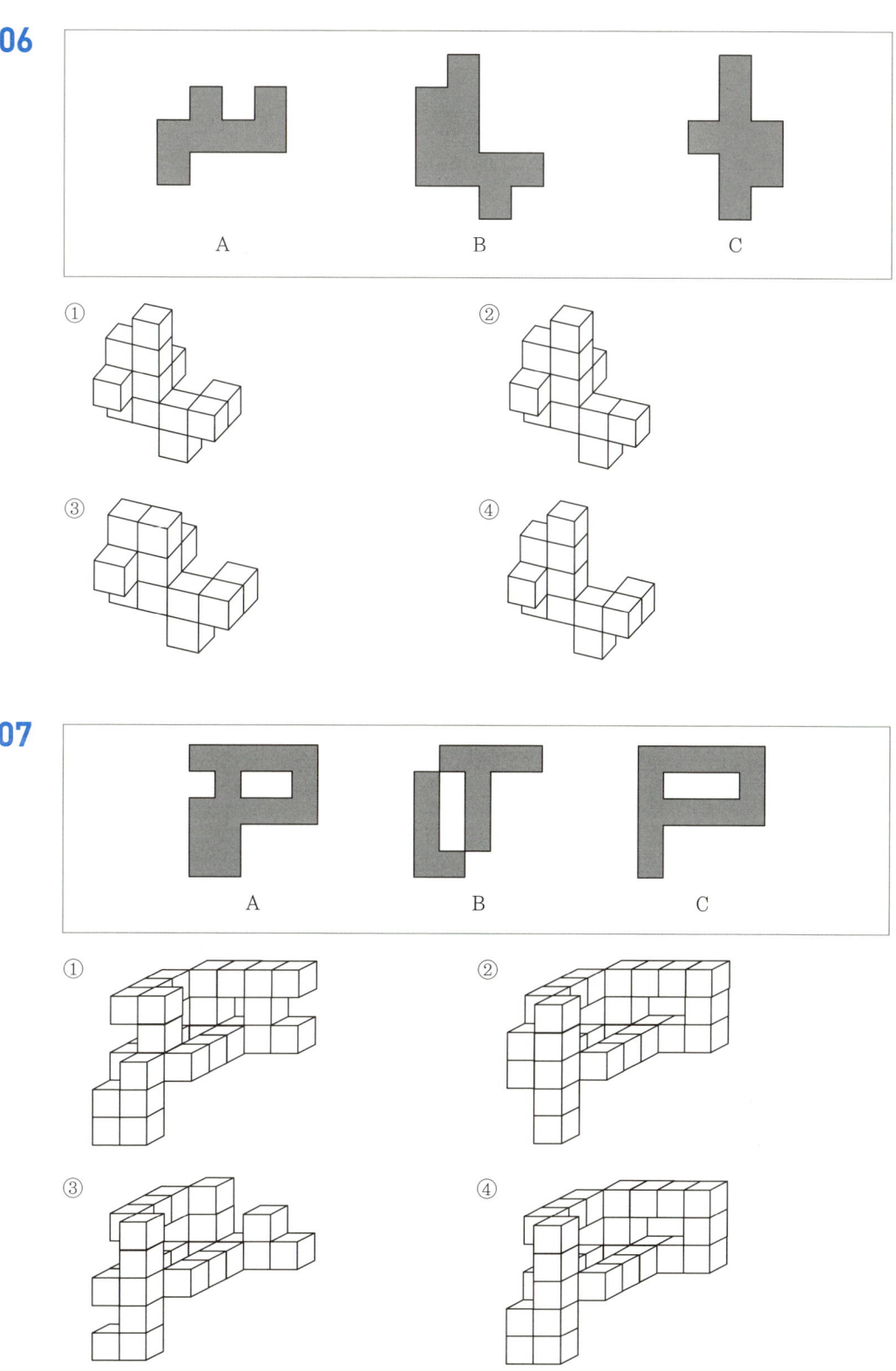

08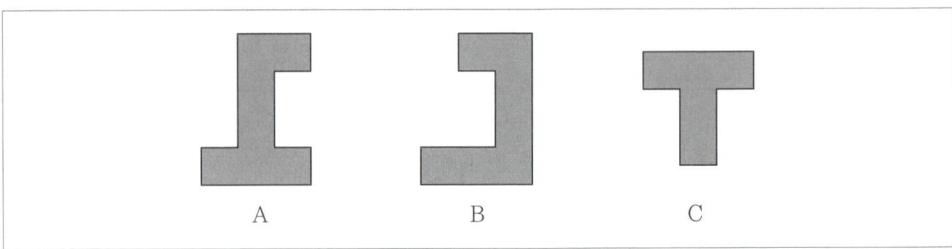

① 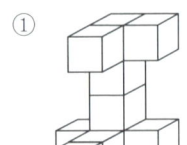   ②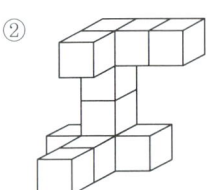

③ 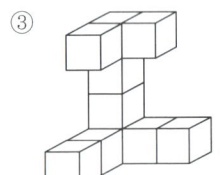   ④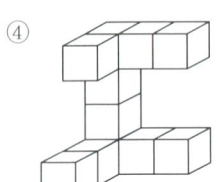

09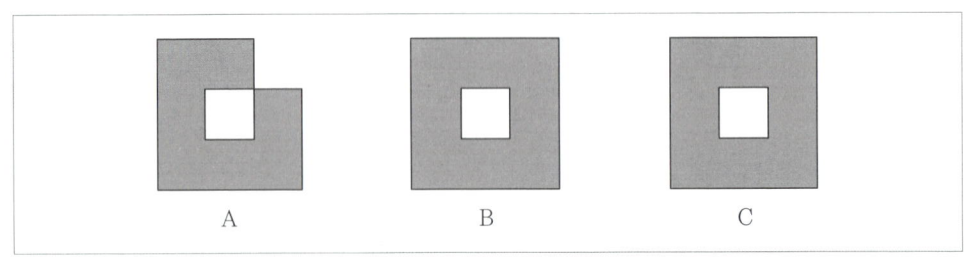

① 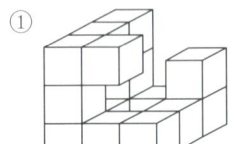   ②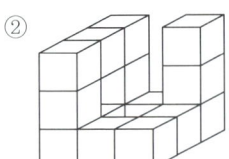

③ 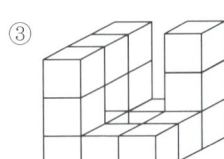   ④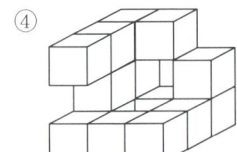

10

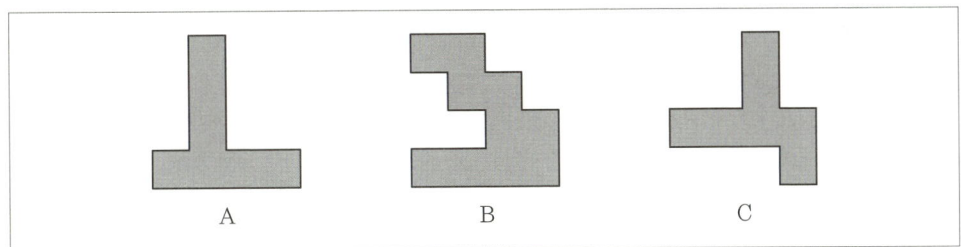

①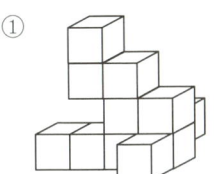

②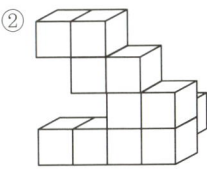

③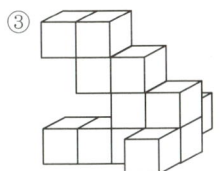

④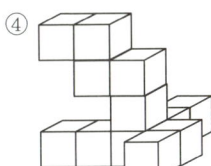

대표유형 3 투상도

다음 주어진 입체도형 중 나머지와 다른 도형은?

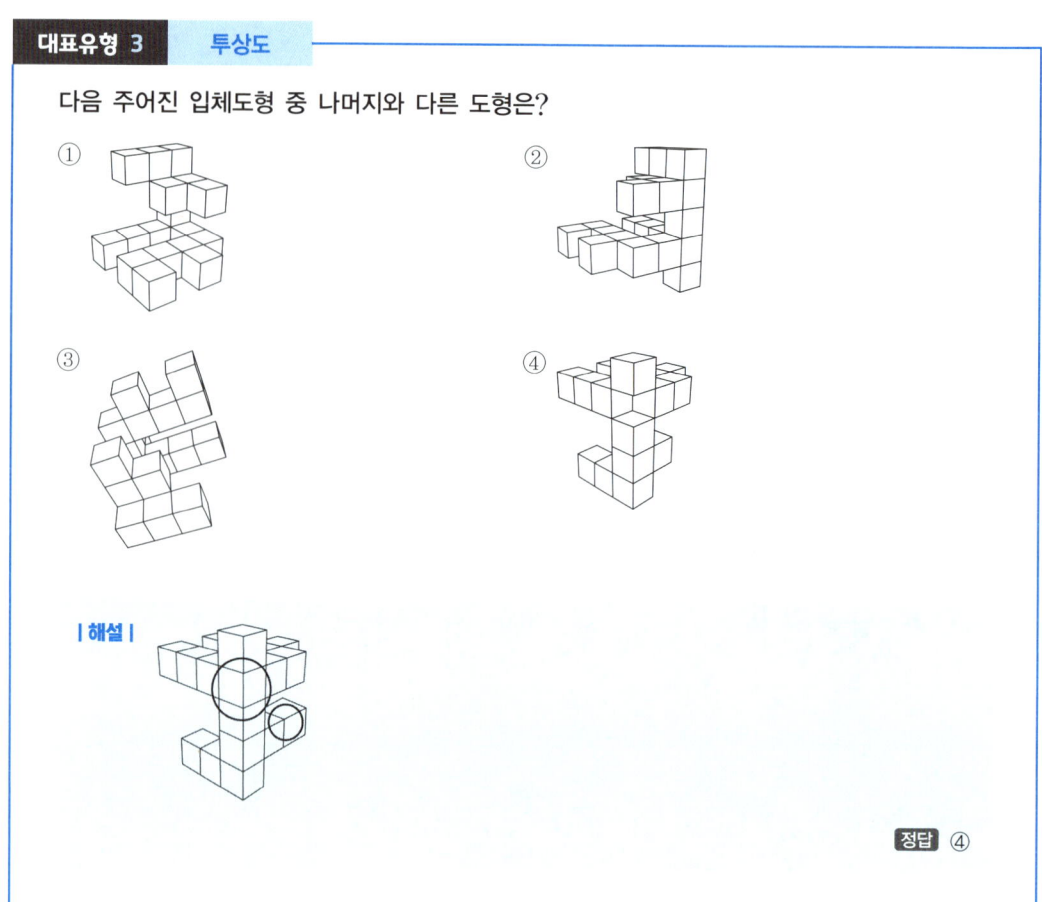

| 해설 |

정답 ④

※ 다음 주어진 입체도형 중 나머지와 다른 도형을 고르시오. [11~15]

11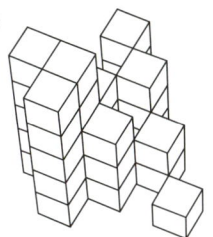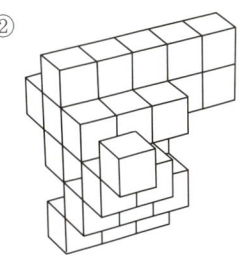

 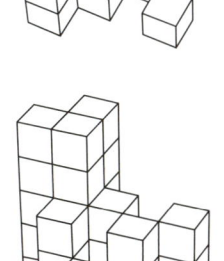 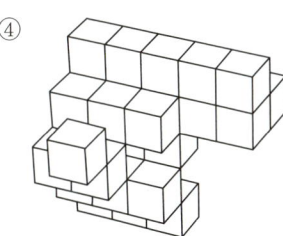

12 ①  ②

 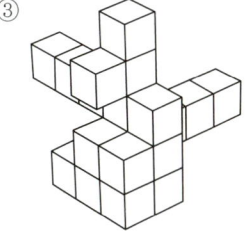   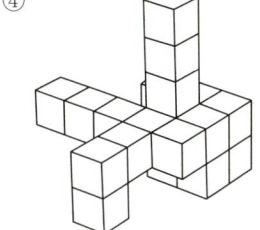

13 ① 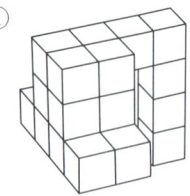 ②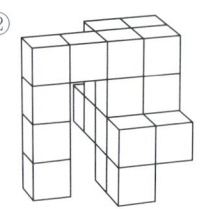

③ 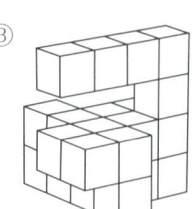 ④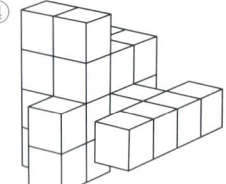

14 ① 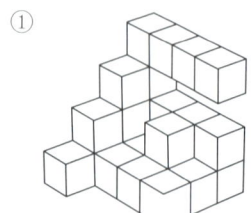 ②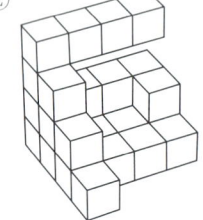

③ 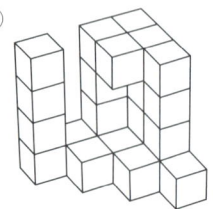 ④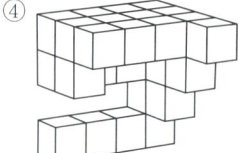

15 ①  ②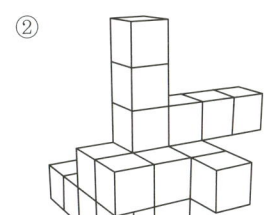

③ 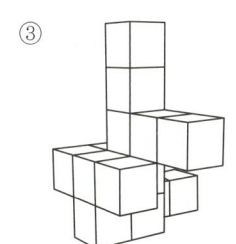 ④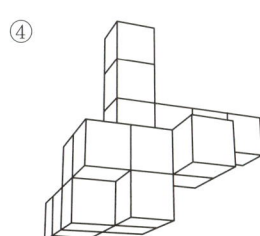

대표유형 4 블록결합

01 맨 왼쪽에 제시된 직육면체 모양의 입체도형은 두 번째, 세 번째와 네 번째를 조합하여 만들 수 있다. 다음 중 물음표에 들어갈 도형으로 가장 적절한 도형은?

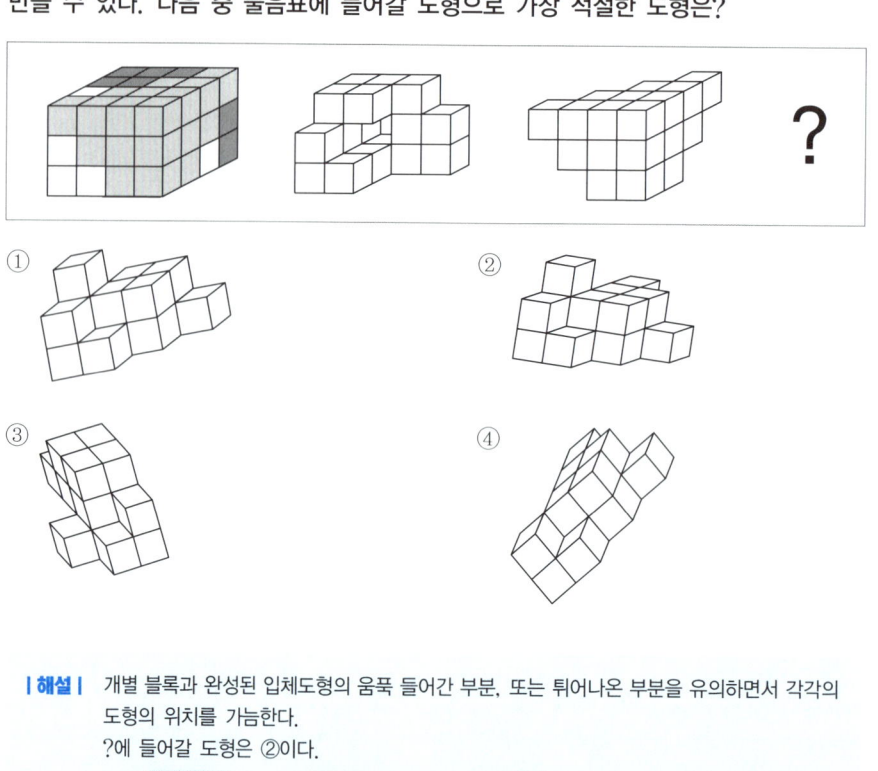

| 해설 | 개별 블록과 완성된 입체도형의 움푹 들어간 부분, 또는 튀어나온 부분을 유의하면서 각각의 도형의 위치를 가늠한다.
?에 들어갈 도형은 ②이다.

정답

02 왼쪽의 두 입체도형을 합치면 오른쪽의 $3 \times 3 \times 3$ 정육면체가 완성된다. 물음표에 들어갈 도형을 회전한 모양으로 옳은 것은?

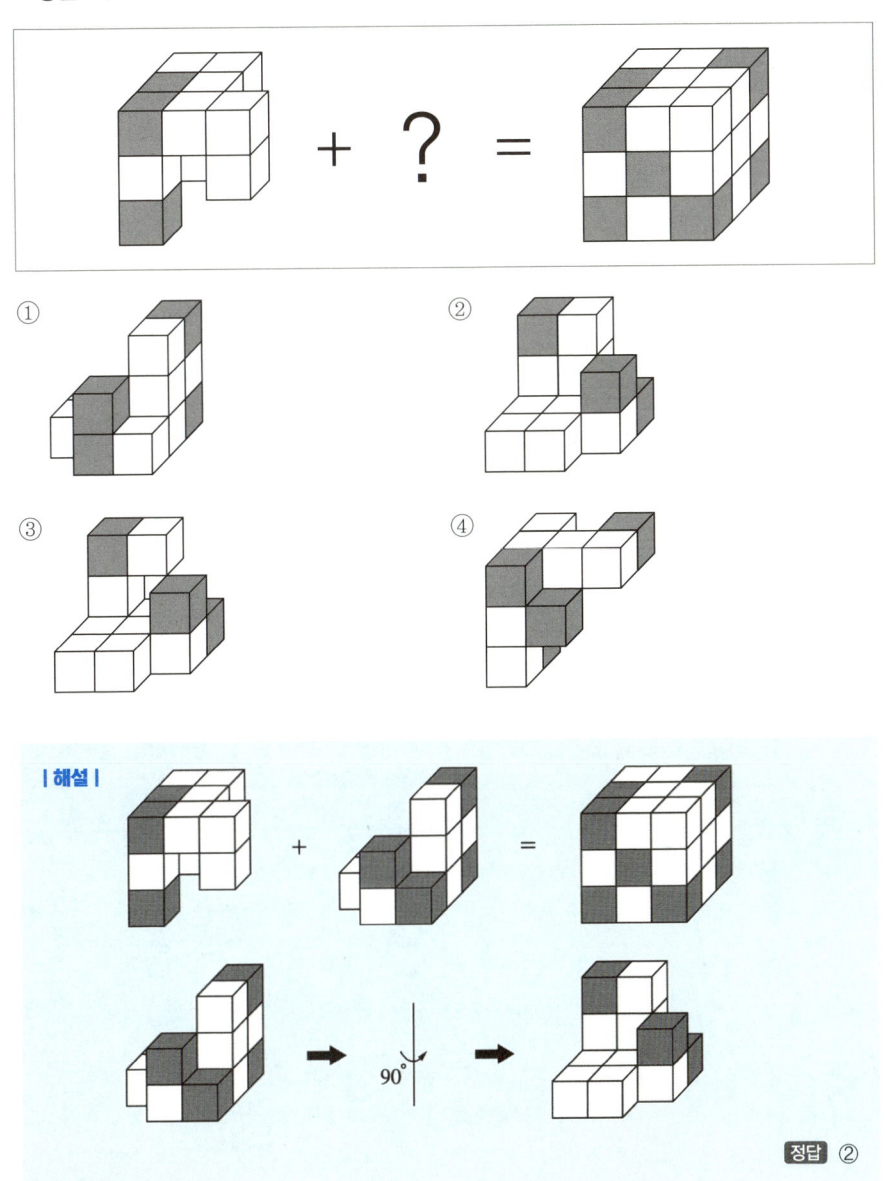

정답 ②

03 다음 두 블록을 합쳤을 때, 나올 수 있는 형태로 적절한 것은?

① ② ③ ④

| 해설 |

정답 ③

16 맨 왼쪽의 직육면체 모양의 입체도형은 두 번째, 세 번째와 네 번째를 조합하여 만들 수 있다. 다음 중 물음표에 들어갈 도형으로 가장 적절한 것은?

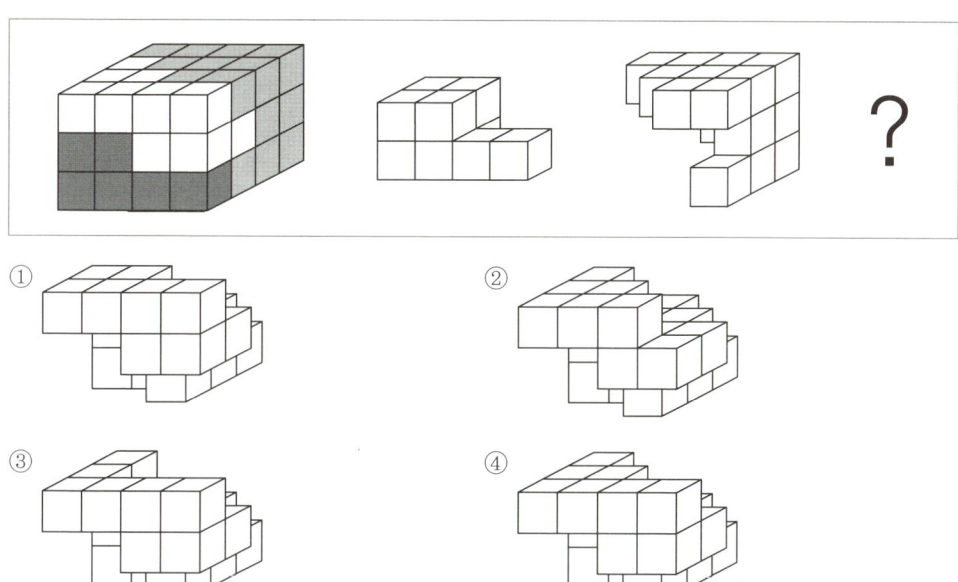

17 왼쪽의 두 입체도형을 합치면 오른쪽의 3×3×3 정육면체가 완성된다. 물음표에 들어갈 도형을 회전한 모양으로 가장 적절한 것은?

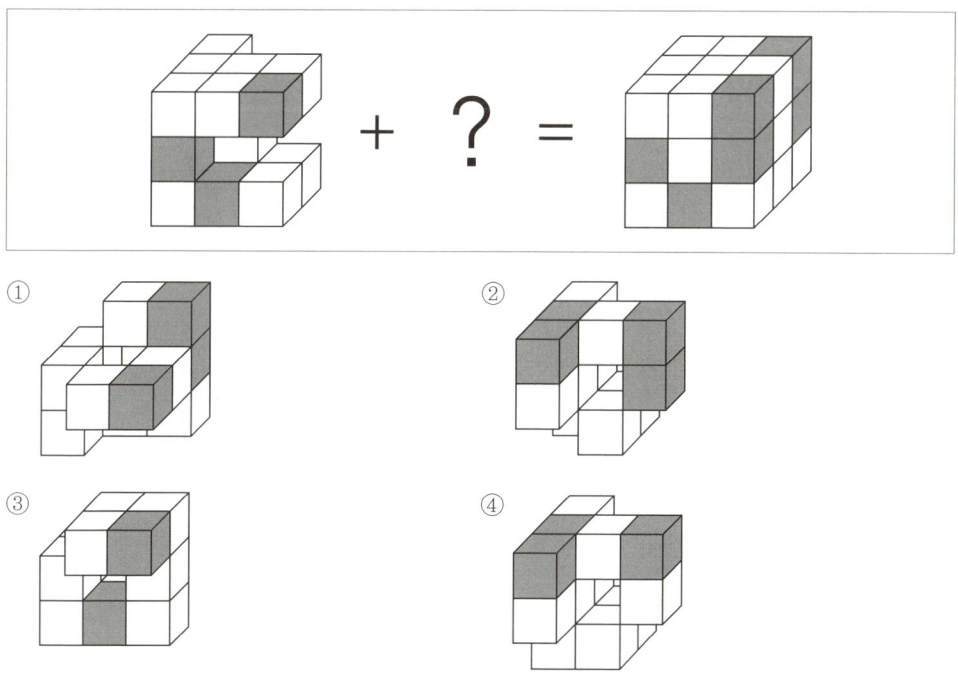

18 다음 두 블록을 합쳤을 때, 나올 수 있는 형태로 가장 적절한 것은?

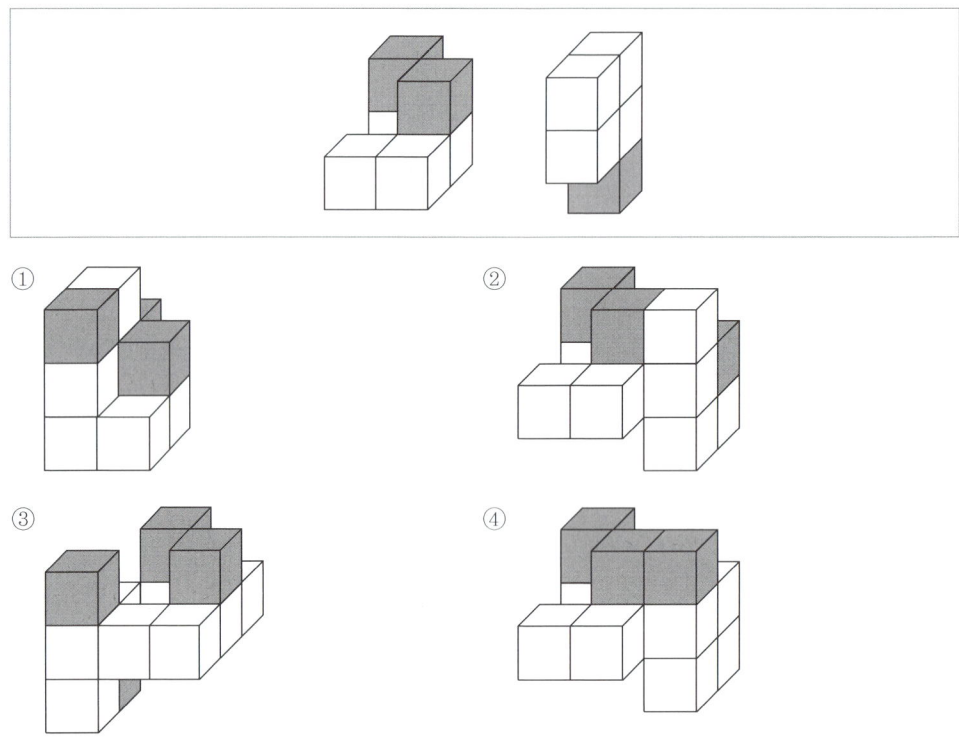

19 다음 세 블록을 합쳤을 때, 나올 수 있는 형태로 적절한 것은?

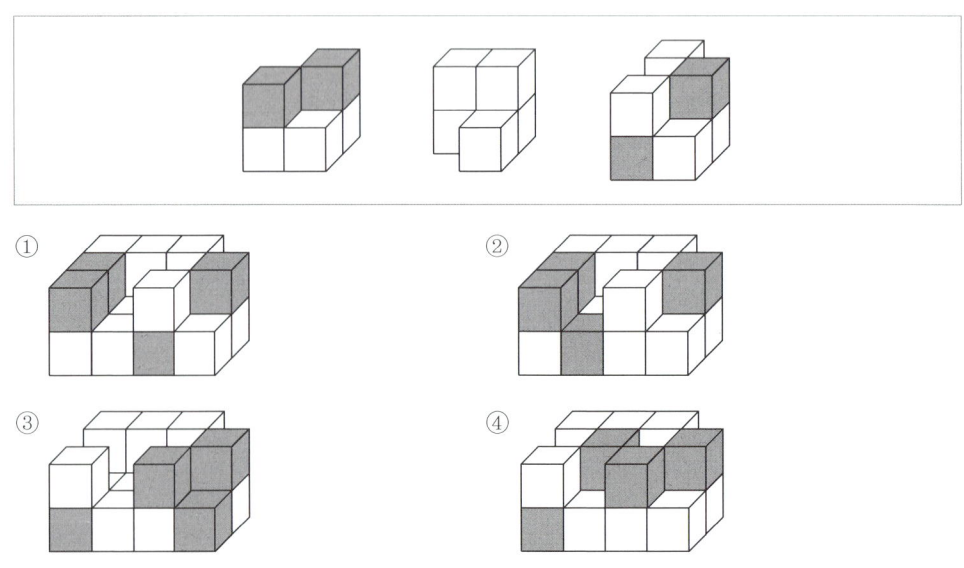

20 다음 두 블록을 합쳤을 때, 나올 수 있는 형태로 적절하지 않은 것은?

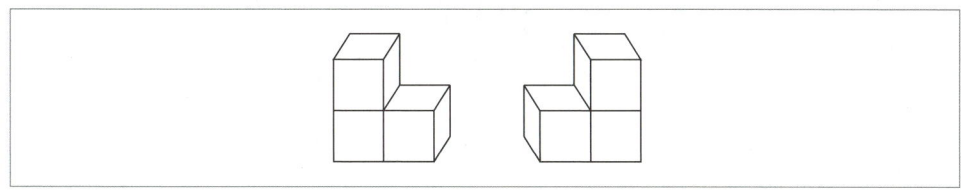

①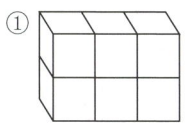

②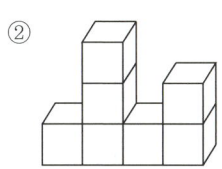

③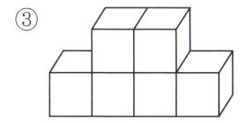

④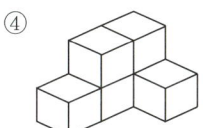

CHAPTER 05

관찰탐구력

합격 Cheat Key

출제유형

과학추리

힘과 운동, 일과 에너지 등 물리·화학·생활과학 문제가 출제된다. 내용을 깊이 학습해야 풀 수 있는 문제는 출제되지 않지만, 범위가 넓은 편이다.

학습전략

과학추리

- 과학 관련 기초 지식을 정리해야 한다.
- 문제를 풀면서 모르는 부분은 추가로 정리를 하는 것이 좋다.

CHAPTER 05 관찰탐구력 핵심이론

1. 힘

(1) 여러 가지 힘
① 힘 : 물체의 모양이나 운동 상태를 변화시키는 원인이 되는 것
② 탄성력 : 탄성체가 변형되었을 때 원래의 상태로 되돌아가려는 힘
  ㉠ 탄성체 : 용수철, 고무줄, 강철판 등
  ㉡ 방향 : 변형된 방향과 반대로 작용한다.
③ 마찰력 : 두 물체의 접촉면 사이에서 물체의 운동을 방해하는 힘
  ㉠ 방향 : 물체의 운동 방향과 반대
  ㉡ 크기 : 접촉면이 거칠수록, 누르는 힘이 클수록 커진다(접촉면의 넓이와는 무관).
④ 자기력 : 자석과 자석, 자석과 금속 사이에 작용하는 힘
⑤ 전기력 : 전기를 띤 물체 사이에 작용하는 힘
⑥ 중력 : 지구와 지구상의 물체 사이에 작용하는 힘
  ㉠ 방향 : 지구 중심 방향
  ㉡ 크기 : 물체의 질량에 비례

(2) 힘의 작용과 크기
① 힘의 작용
  ㉠ 접촉하여 작용하는 힘 : 탄성력, 마찰력, 사람의 힘
  ㉡ 떨어져서 작용하는 힘 : 자기력, 중력, 전기력
  ㉢ 쌍으로 작용하는 힘 : 물체에 힘이 작용하면 반드시 반대 방향으로 반작용의 힘이 작용한다.
② 힘의 크기
  ㉠ 크기 측정 : 용수철의 늘어나는 길이는 힘의 크기에 비례하므로 이를 이용하여 힘의 크기를 측정
  ㉡ 힘의 단위 : N, kgf(1kgf=9.8N)

〈힘의 화살표〉

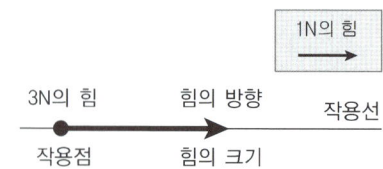

(3) 힘의 합성과 평형

① 힘의 합성 : 두 개 이상의 힘이 작용하여 나타나는 효과를 하나의 힘으로 표현
  ㉠ 방향이 같은 두 힘의 합력 : $F = F_1 + F_2$
  ㉡ 방향이 반대인 두 힘의 합력 : $F = F_1 - F_2 \, (F_1 > F_2)$
  ㉢ 나란하지 않은 두 힘의 합력 : 평행사변형법
② 힘의 평형 : 한 물체에 여러 힘이 동시에 작용하여도 움직이지 않을 때이며, 합력은 0이다.
  ㉠ 두 힘의 평형 조건 : 크기가 같고 방향이 반대이며, 같은 작용선상에 있어야 한다.
  ㉡ 평형의 예 : 실에 매달린 추, 물체를 당겨도 움직이지 않을 때

2. 힘과 운동의 관계

(1) 물체의 운동

① 물체의 위치 변화
  ㉠ 위치 표시 : 기준점에서 방향과 거리로 표시
  ㉡ (이동 거리)=(나중 위치)−(처음 위치)
② 속력 : 단위 시간 동안 이동한 거리
  ㉠ (속력)=$\dfrac{(이동\ 거리)}{(걸린\ 시간)}$=$\dfrac{(나중\ 위치)-(처음\ 위치)}{(걸린\ 시간)}$
  ㉡ 단위 : m/s, km/h 등

(2) 여러 가지 운동

① 속력이 변하지 않는 운동 : 등속(직선)운동
② 속력이 일정하게 변하는 운동 : 낙하 운동

$$(속력)=\dfrac{(처음\ 속력)+(나중\ 속력)}{2}$$

③ 방향만 변하는 운동 : 등속 원운동
④ 속력과 방향이 모두 변하는 운동 : 진자의 운동, 포물선 운동

(3) 힘과 운동의 관계

① 힘과 속력의 변화
  ㉠ 힘이 가해지면 물체의 속력이 변한다.
  ㉡ 힘이 클수록, 물체의 질량이 작을수록 속력의 변화가 크다.
② 힘과 운동 방향의 변화
  ㉠ 힘이 가해지면 힘의 방향과 운동 방향에 따라 방향이 변할 수도 있고 속력만 변할 수도 있다.
  ㉡ 힘이 클수록, 물체의 질량이 작을수록 물체의 운동 방향 변화가 크다.
③ 뉴턴의 운동 법칙
  ㉠ 운동의 제1법칙(관성의 법칙) : 물체는 외부로부터 힘이 작용하지 않는 한 현재의 운동상태를 계속 유지하려 한다.
  ㉡ 운동의 제2법칙(가속도의 법칙) : 속력의 변화는 힘의 크기(F)에 비례하고 질량(m)에 반비례한다.

〈운동의 제2법칙〉

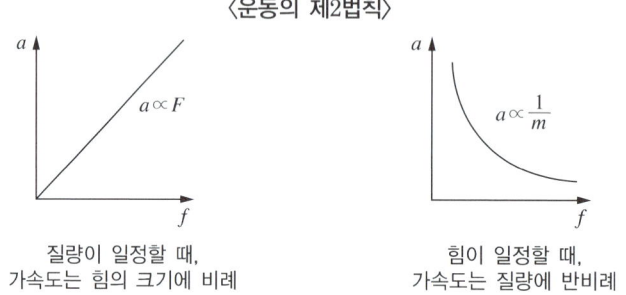

질량이 일정할 때, 가속도는 힘의 크기에 비례 / 힘이 일정할 때, 가속도는 질량에 반비례

  ㉢ 운동의 제3법칙(작용·반작용의 법칙) : 한 물체가 다른 물체에 힘을 가할 때, 힘을 받는 물체도 상대 물체에 같은 크기의 힘이 반대 방향으로 작용한다.

3. 일과 에너지

(1) 일

① 일의 크기와 단위
  ㉠ 일의 크기 : 힘의 크기(F)와 물체가 이동한 거리(S)의 곱으로 나타낸다.
    $W = F \times S$
  ㉡ 단위 : 1N의 힘으로 물체를 1m만큼 이동시킨 경우의 크기를 1J이라 한다.
    $1J = 1N \times 1m = 1N \cdot m$
② 들어 올리는 힘과 미는 힘
  ㉠ 물체를 들어 올리는 일 : 물체의 무게만큼 힘이 필요하다.
    드는 일(중력에 대한 일) = (물체의 무게) × (높이)
  ㉡ 물체를 수평면상에서 밀거나 끄는 일 : 마찰력만큼의 힘이 필요하다.
    미는 일(마찰력에 대한 일) = (마찰력) × (거리)
  ㉢ 무게와 질량
    • 무게 : 지구가 잡아당기는 중력의 크기
    • 무게의 단위 : 힘의 단위(N)와 같다.
    • 무게는 질량에 비례한다.

(2) 일의 원리

① 도르래를 사용할 때

㉠ 고정 도르래 : 도르래축이 벽에 고정되어 있다.
- 힘과 일의 이득이 없고, 방향만 바꾼다.
- 힘=물체의 무게($F=w=m\times g$)
- 물체의 이동 거리(h)=줄을 잡아당긴 거리(s)
- 힘이 한 일=도르래가 물체에 한 일

㉡ 움직 도르래 : 힘에는 이득이 있으나 일에는 이득이 없다.
- 힘의 이득 : 물체 무게의 절반 $\left(F=\dfrac{w}{2}\right)$
- (물체의 이동 거리)=(줄을 잡아당긴 거리)$\times \dfrac{1}{2}$

② 지레를 사용할 때 : 힘의 이득은 있으나, 일에는 이득이 없다.

㉠ 원리 : 그림에서 물체의 무게를 W, 누르는 힘을 F라 하면 식은 다음과 같다.
$W\times b = F\times a$, r=반지름, R=지름

㉡ 거리 관계
물체가 움직인 거리(h)<사람이 지레를 움직인 거리(s)

〈지레의 원리〉

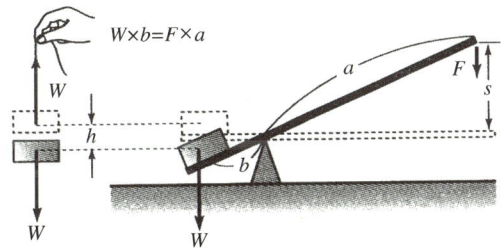

③ 축바퀴를 사용할 때

㉠ 축바퀴의 원리 : 지레의 원리를 응용한 도구

㉡ 줄을 당기는 힘

$F=\dfrac{w\times r}{R}$ (r=반지름, R=지름)

㉢ 물체가 움직인 거리<당긴 줄의 길이

㉣ 일의 이득 : 일의 이득은 없다.

④ 빗면을 이용할 때

㉠ 힘의 이득 : 빗면의 경사가 완만할수록 힘의 이득이 커진다.

(힘)=(물체의 무게)$\times \dfrac{(수직높이)}{(빗면의 길이)}$ $\left(F=w\times \dfrac{h}{s}\right)$

㉡ 일의 이득 : 일의 이득은 없다.

㉢ 빗면을 이용한 도구 : 나사, 쐐기, 볼트와 너트

⑤ 일의 원리 : 도르래나 지레, 빗면 등의 도구를 사용하여도 일의 이득이 없지만, 작은 힘으로 물체를 이동시킬 수 있다.

(3) 역학적 에너지

① 위치 에너지 : 어떤 높이에 있는 물체가 가지는 에너지

㉠ (위치 에너지)=9.8×(질량)×(높이) → $9.8mh$

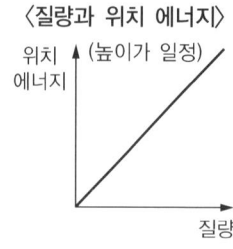
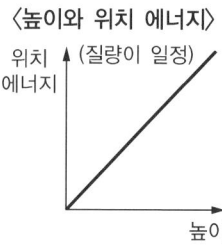

㉡ 위치 에너지와 일
- 물체를 끌어올릴 때 : 물체를 끌어올리면서 한 일은 위치 에너지로 전환된다.
- 물체가 낙하할 때 : 물체의 위치 에너지는 지면에 대하여 한 일로 전환된다.

㉢ 위치 에너지의 기준면
- 기준면에 따라 위치 에너지의 크기가 다르다.
- 기준면은 편리하게 정할 수 있으나, 보통 지면을 기준으로 한다.
- 기준면에서의 위치 에너지는 0이다.

② 운동 에너지 : 운동하고 있는 물체가 갖는 에너지(단위 : J)

㉠ 운동 에너지의 크기 : 물체의 질량과 (속력)^{2}에 비례한다.

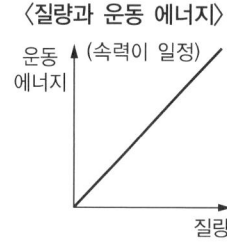
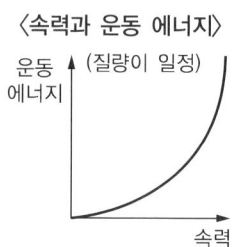

㉡ (운동 에너지)=$\frac{1}{2}$×(질량)×(속력)^2 → $\frac{1}{2}mv^2$

③ 역학적 에너지

㉠ 역학적 에너지의 전환 : 높이가 변하는 모든 운동에서는 위치 에너지와 운동 에너지가 서로 전환된다.
- 높이가 낮아지면 : 위치 에너지 → 운동 에너지
- 높이가 높아지면 : 운동 에너지 → 위치 에너지

㉡ 역학적 에너지의 보존
- 운동하는 물체의 역학적 에너지
  - 물체가 올라갈 때 : (감소한 운동 에너지)=(증가한 위치 에너지)
  - 물체가 내려갈 때 : (감소한 위치 에너지)=(증가한 운동 에너지)

- 역학적
  에너지의 보존 법칙 : 물체가 운동하고 있는 동안 마찰이 없다면 역학적 에너지는 일정하게 보존된다[(위치 에너지)+(운동 에너지)=(일정)].
- 낙하하는 물체의 역학적 에너지 보존
  - (감소한 위치 에너지)$=9.8mh_1-9.8mh_2=9.8m(h_1-h_2)$
  - (증가한 운동 에너지)$=\dfrac{1}{2}mv_2^2-\dfrac{1}{2}mv_1^2=\dfrac{1}{2}m(v_2^2-v_1^2)$

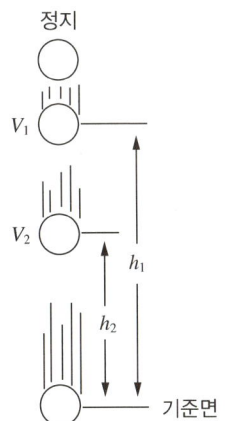

4. 전압·전류·저항

(1) 전류의 방향과 세기

① 전류의 방향 : (+)극 → (−)극
② 전자의 이동 방향 : (−)극 → (+)극
③ 전류의 세기(A) : 1초 동안에 도선에 흐르는 전하의 양
④ 전하량(C)= 전류의 세기(A)×시간(s)

(2) 전압과 전류의 관계

① 전류의 세기는 전압에 비례한다.
② 전기 저항(R) : 전류의 흐름을 방해하는 정도
③ 옴의 법칙 : 전류의 세기(A)는 전압(V)에 비례하고, 전기 저항(R)에 반비례한다.

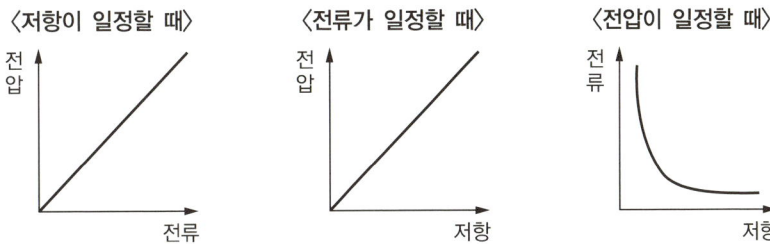

(3) 저항의 연결
    ① 직렬 연결 : 저항을 한 줄로 연결
        ㉠ 전류 : $I = I_1 = I_2$
        ㉡ 각 저항의 전합 : $V_1 : V_2 = R_1 : R_2$
        ㉢ 전체 전압 : $V = V_1 + V_2$
        ㉣ 전체 저항 : $R = R_1 + R_2$
    ② 병렬 연결 : 저항의 양끝을 묶어서 연결
        ㉠ 전체 전류 : $I = I_1 + I_2$
        ㉡ 전체 전압 : $V = V_1 = V_2$
        ㉢ 전체 저항 : $\dfrac{1}{R} = \dfrac{1}{R_1} + \dfrac{1}{R_2}$
    ③ 혼합 연결 : 직렬 연결과 병렬 연결을 혼합
    ④ $V = IR$

CHAPTER 05 관찰탐구력 기출예상문제

대표유형 　일과 에너지

다음 〈보기〉는 역학적 평형에 대한 내용들이다. 옳은 것을 모두 고르면?

보기
가. 지레를 이용하면 힘에서는 이득을 얻을 수 없지만 일에서는 이득을 얻을 수 있다.
나. 구조물의 무게 중심이 높을수록 안정된다.
다. 축바퀴에서 지름이 큰 바퀴를 회전시키면 작은 바퀴에 큰 힘을 전달할 수 있다.

① 가　　　　　　　　　② 나
③ 다　　　　　　　　　④ 나, 다

| 해설 | 오답분석
　　　　가. 도구를 이용하면 힘에는 이득을 얻을 수 있지만 일에서는 이득을 얻을 수 없다(일의 원리).
　　　　나. 구조물은 무게 중심이 낮을수록 안정된다.

정답 ③

01 다음 설명에 해당하는 것은?

- 자성을 이용한 정보 저장 장치이다.
- 저장된 정보를 읽어 낼 때에는 패러데이의 전자기 유도 법칙이 이용된다.

① CD　　　　　　　　　② 액정
③ 블루레이　　　　　　　④ 자기 기록 카드

02 다음 그래프는 수평면 위에 놓인 질량 2kg의 물체에 수평 방향으로 작용하는 힘을 시간에 따라 나타낸 것이다. 이 물체의 가속도 크기는?(단, 모든 마찰과 저항은 무시한다)

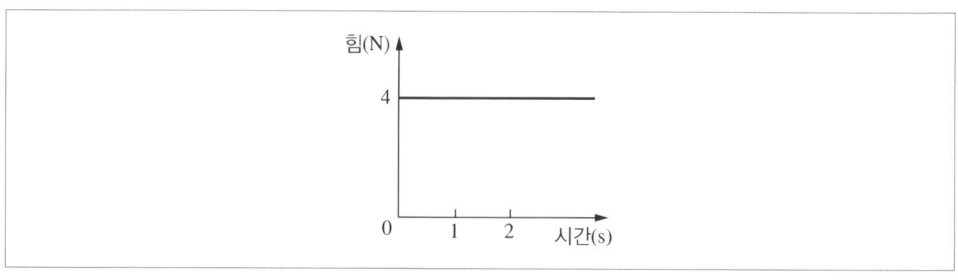

① $2m/s^2$ ② $3m/s^2$
③ $4m/s^2$ ④ $5m/s^2$

03 다음 중 화학 반응 속도에 영향을 미치는 요인으로 적절하지 않은 것은?

① 반응 온도   ② 반응 물질의 색
③ 촉매 사용 유무   ④ 반응 물질의 농도

04 평평한 직선 도로 위를 달리는 트럭의 물탱크에 담겨 있는 물의 수면이 다음 그림과 같이 진행 방향 쪽으로 기울어진 상태를 유지할 때, 이 트럭의 운동 상태에 대한 설명으로 적절한 것은?

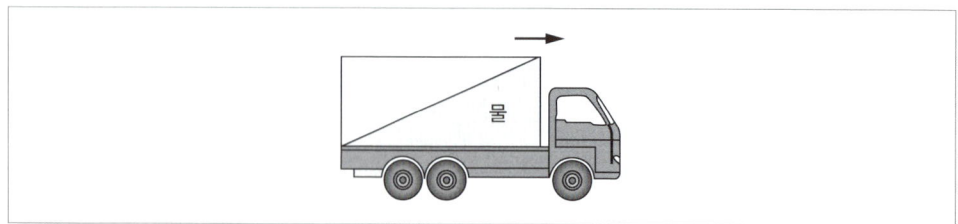

① 일정한 속도로 달리고 있다.
② 속도가 일정하게 증가하고 있다.
③ 속도가 일정하게 감소하고 있다.
④ 가속도가 일정하게 증가하고 있다.

05 질량 2kg인 물체를 마찰이 없는 수평면 위에 놓고, 수평 방향으로 일정한 힘을 작용하였다. 이 물체의 가속도가 $2m/s^2$일 때, 작용한 힘의 크기는?

① 3N ② 4N
③ 5N ④ 6N

06 벽에 용수철을 매달고 손으로 잡아당겨 보았다. 4N의 힘으로 용수철을 당겼을 때, 5cm만큼 늘어났다고 한다. 용수철이 8cm가 늘어났다고 한다면 용수철에 가해진 힘은 얼마인가?

① 1.6N ② 3.2N
③ 4.8N ④ 6.4N

07 다음 중 중화반응의 예시가 아닌 경우는?

① 통조림 표면의 부식을 막기 위해 도금한다.
② 위산이 많이 분비되어 속 쓰릴 때 제산제를 복용한다.
③ 벌에 쏘였을 때 묽은 암모니아수를 바른다.
④ 생선 비린내를 없애기 위해 레몬즙을 뿌린다.

08 다음과 같은 여러 가지 현상 중 작용·반작용과 관련 있는 것으로만 짝지어진 것은?

> ㉠ 두 사람이 얼음판 위에서 서로 밀면, 함께 밀려난다.
> ㉡ 배가 나무에서 떨어졌다.
> ㉢ 로켓이 연료를 뒤로 분사하면, 로켓은 앞으로 날아간다.
> ㉣ 버스가 갑자기 출발하면, 승객들은 뒤로 넘어진다.

① ㉠, ㉢
② ㉠, ㉡
③ ㉡, ㉢
④ ㉡, ㉣

09 그림과 같이 추를 실로 묶어 천장에 매달았을 때, 추의 무게에 대한 반작용은?

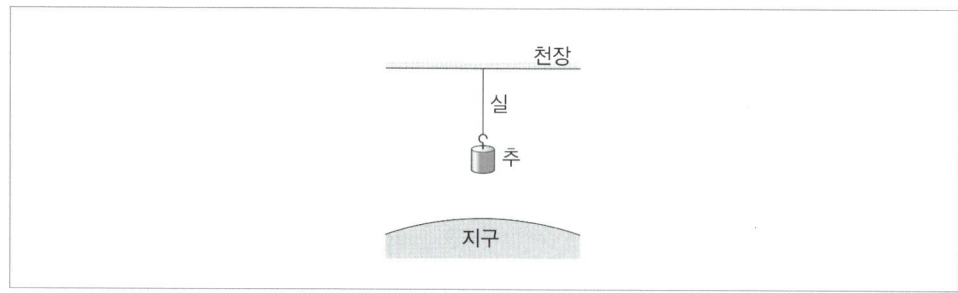

① 실이 추를 당기는 힘
② 실이 천장을 당기는 힘
③ 추가 실을 당기는 힘
④ 추가 지구를 당기는 힘

10 다음과 같이 마찰이 없는 수평면에서 크기가 다른 두 힘이 한 물체에 반대 방향으로 작용하고 있다. 이 물체의 가속도 크기는?

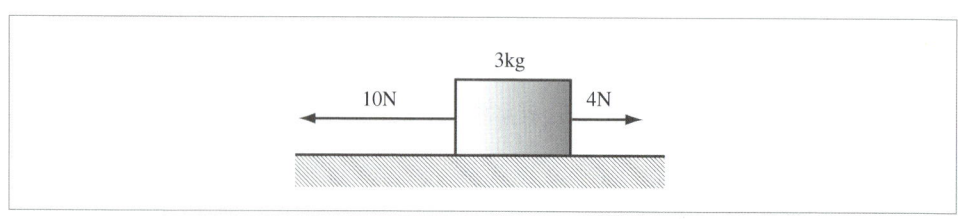

① $1m/s^2$
② $2m/s^2$
③ $3m/s^2$
④ $4m/s^2$

PART 3
최종점검 모의고사

제1회 최종점검 모의고사
제2회 최종점검 모의고사
제3회 최종점검 모의고사
제4회 최종점검 모의고사

제1회 최종점검 모의고사

☑ 응시시간 : 50분   ☑ 문항 수 : 45문항   정답 및 해설 p.034

01 다음 글과 관련 있는 사자성어로 가장 적절한 것은?

> 설 연휴마다 기차표를 예매하기 위해 아침 일찍 서울역에 갔던 아버지는 집에서도 인터넷을 통해 표를 예매할 수 있다는 아들의 말을 듣고 깜짝 놀랐다.

① 건목수생
② 견강부회
③ 격세지감
④ 독불장군

02 다음 제시된 단어와 같거나 유사한 의미를 가진 단어로 가장 적절한 것은?

> 지도

① 목도
② 보도
③ 감독
④ 정독

03 다음 문장에서 밑줄 친 부분을 수정한 내용으로 가장 적절한 것은?

① <u>번번히</u> 지기만 하다 보니 게임이 재미없어졌다. → 번번이
② 방문 <u>횟수</u>가 늘어날수록 얼굴에 생기가 돌기 시작했다. → 회수
③ <u>널따란</u> 마당에 낙엽이 수북이 쌓여있다. → 넓다란
④ <u>왠지</u> 예감이 좋지 않아 발걸음을 재게 놀렸다. → 웬

04 다음 짝지어진 어휘 사이의 관계가 나머지와 다른 것은?

① 개방 – 폐쇄 ② 환희 – 비애
③ 자립 – 의존 ④ 전거 – 이전

05 다음 밑줄 친 빈칸에 들어갈 접속어로 가장 적절한 것은?

> 얼마 전 신문에서 충격적인 사진을 보았다. 계속된 가뭄으로 산정호수의 바닥이 드러나 쩍쩍 갈라져 있는 장면이었다. 그 사진 한 장에, 나에게 힘을 주었던 기억 하나도 쩍쩍 갈라지는 느낌이었다. 일견 낭만적일 수 있는 국회 정원의 스프링클러도 이젠 그냥 그렇게 바라볼 수가 없다. 대기업 임원으로 일하면서 업무상 골프장을 찾을 때 흔히 보던 스프링클러는 나에게 별다른 감흥을 준 적이 없었다. _____ 이젠 아침저녁으로 정신없이 돌고 있는 스프링클러를 보면 가뭄이 심각하구나 하는 생각이 먼저 들고, 지역 가뭄 피해 상황부터 확인하게 된다. 정성들여 가꾼 농작물이 타들어 가는데 농민들의 마음은 오죽할까 싶다.

① 하지만 ② 비록
③ 과연 ④ 그래서

06 다음 문장을 논리적 순서대로 나열한 것은?

> (가) 여름에는 찬 음식을 많이 먹거나 냉방기를 과도하게 사용하는 경우가 많은데, 그렇게 되면 체온이 떨어져 면역력이 약해지기 때문이다.
> (나) 만약 감기에 걸렸다면 탈수로 인한 탈진을 방지하기 위해 수분을 충분히 섭취해야 한다.
> (다) 특히 감기로 인해 열이 나거나 기침을 할 때에는 따뜻한 물을 여러 번에 나누어 먹는 것이 좋다.
> (라) 여름철 감기를 예방하기 위해서는 찬 음식은 적당히 먹어야 하고 냉방기에 장시간 노출되는 것을 피해야 하며, 충분한 휴식을 취하고, 집에 돌아온 후에는 손발을 꼭 씻어야 한다.
> (마) 일반적으로 감기는 겨울에 걸린다고 생각하지만 의외로 여름에도 감기에 걸린다.

① (가) – (다) – (나) – (라) – (마)
② (가) – (라) – (다) – (마) – (나)
③ (마) – (가) – (라) – (나) – (다)
④ (마) – (다) – (라) – (나) – (가)

07 다음 글에서 〈보기〉가 들어갈 위치로 가장 적절한 곳은?

> 한국의 전통문화는 근대화의 과정에서 보존되어야 하는가, 아니면 급격한 사회 변동에 따라 해체되어야 하는가? 한국 사회 변동 과정에서 외래문화는 전통문화에 흡수되어 토착화되는가, 아니면 전통문화 자체를 전혀 다른 것으로 변질시키는가? 이러한 질문에 대해서 오늘 한국 사회는 진보주의와 보수주의로 나뉘어 뜨거운 논란을 빚고 있다. (가) 그러나 전통의 유지와 변화에 대한 견해 차이는 단순하게 진보주의와 보수주의로 나뉠 성질의 것이 아니다. 한국 사회는 한 세기 이상의 근대화 과정을 거쳐 왔으며 앞으로도 광범하고 심대한 사회 구조의 변동을 가져올 것이다. (나) 이런 변동 때문에 보수주의적 성향을 가진 사람들도 전통문화의 변질을 어느 정도 수긍하지 않을 수 없고, 진보주의 성향을 가진 사람 또한 문화적 전통의 가치를 인정하지 않을 수 없다. (다) 근대화는 전통문화의 계승과 끊임없는 변화를 다 같이 필요로 하며 외래문화의 수용과 토착화를 동시에 요구하기 때문이다. (라) 근대화에 따르는 사회 구조적 변동이 문화를 결정짓기 때문에 전통문화의 변화 문제는 특수성이나 양자택일이라는 기준으로 다룰 것이 아니라 끊임없는 사회 구조의 변화라는 시각에서 바라보고 분석하는 것이 중요하다.

> **보기**
> 또한 이 논란은 단순히 외래문화나 전통문화 중 양자택일을 해야 하는 문제도 아니다.

① (가)
② (나)
③ (다)
④ (라)

08 다음 글의 주제로 가장 적절한 것은?

> 칸트는 인간이 이성을 부여받은 것은 욕망에 의해 움직이지 않게 하기 위함이라고 말하면서 자신의 행복을 우선시하기보다는 도덕적인 의무를 먼저 수행해야 한다고 주장했다. 칸트의 시각에서 볼 때 행동의 도덕적 가치를 결정하는 것은 어떠한 상황에서든 모든 사람들이 그 행동을 했을 때에 아무런 모순이 생기지 않아야 한다는 보편주의이다. 내가 타인을 존중하지 않으면서 타인이 나를 존중하고 도와줄 것을 기대한다면, 이는 보편주의를 위배하는 것이다. 그러므로 남이 나에게 해주길 바라는 것을 실천하는 것이 바로 도덕적 행동이라는 것이다. 따라서 도덕적 행동이 나의 이익이나 본성과 일치하지 않더라도 나는 나의 의무를 수행해야 한다고 역설했다.

① 칸트의 도덕관에 대한 비판
② 칸트가 생각하는 도덕적 행동
③ 도덕적 가치에 대한 칸트의 관점
④ 무목적성을 지녀야 하는 도덕적 행위

09 다음 글에 대한 내용으로 적절하지 않은 것은?

어떤 보상을 얻기 위해서 환경에 조작을 가하는 것을 '조작적 조건화'라고 한다. 조작적 조건화는 어떤 행동을 한 후에 '강화'가 주어지면 그 행동을 빈번히 하게 되고, '처벌'이 주어지면 그 행동을 더 이상 하지 않는다는 기본 원리를 갖고 있다.

조작적 조건화에서 '강화'는 외적 자극을 주기 전의 반응자, 즉 반응을 하는 대상자의 행동이 미래에도 반복해서 나타날 가능성을 높이는 사건이라고 정의할 수 있다. 강화는 두 가지로 구분되는데, 하나는 정적 강화이고, 다른 하나는 부적 강화이다. 정적 강화는 반응자가 어떤 행동을 한 직후 그가 좋아하는 것을 주어 그 행동의 빈도를 증가시키는 사건을 말한다. 단것을 좋아하는 아이가 착한 일을 했을 경우, 그 아이에게 사탕을 줌으로써 착한 일의 발생 빈도를 증가시키는 것이 그 예가 될 수 있다.

부적 강화는 반응자가 어떤 행동을 했을 때 그가 싫어하는 것을 제거해 주어 그 행동의 빈도를 증가시키는 것이다. 예를 들어 아이가 바람직한 행동을 했을 때 그 아이가 하기 싫어하는 숙제를 취소 또는 감소시켜 줌으로써 바람직한 행동을 자주 할 수 있도록 만들 수 있다. 사탕을 주거나 숙제를 취소하는 등의 행위는 강화를 유도하는 자극에 해당하며, 이를 '강화물'이라고 한다. 강화물은 상황에 따라 변할 수 있다. 음식은 배고픈 사람에게는 강화물이지만 그렇지 않은 사람에게는 강화물이 되지 않을 수 있다.

'처벌'은 강화와 반대로, 외적 자극을 주기 전 반응자의 행동이 미래에도 반복해서 나타날 가능성을 낮추는 사건을 가리킨다. 처벌에도 정적 처벌과 부적 처벌이 존재한다. 정적 처벌은 반응자가 싫어하는 어떤 것을 제시함으로써 그에 앞서 나타났던 행동을 감소시킬 수 있는 사건을 의미한다. 아이들이 나쁜 짓을 해서 벌을 받은 후, 그 다음에 나쁜 짓을 하지 않는 것이 그 예가 될 수 있다. 반면에 반응자가 선호하는 어떤 것을 주지 않음으로써 반응자의 행동을 감소시킬 수도 있다. 이것이 부적 처벌이다. 부적 처벌은 부모님의 말을 잘 듣지 않는 어린이에게 용돈을 줄임으로써 말을 잘 듣지 않는 행동을 감소시키는 것에서 찾아 볼 수 있다.

이처럼 강화와 처벌은 외적 자극을 통해 반응자의 행동을 변화시키는 사건이다. 강화와 달리 처벌은 바람직하지 않은 행동을 억압하기는 하지만 반응자의 바람직한 행동을 증가시키는 데는 한계가 있다. 따라서 바람직한 행동을 유도하려면 처벌만 사용하기보다 처벌을 강화와 결합하여 사용할 때, 일반적으로 더 효과가 있다. 강화와 처벌은 조작적 조건화의 기본 원리로서, 가정이나 학교, 회사, 스포츠 분야 등에서 활용되고 있다.

① 조작적 조건화는 외적 자극을 사용한다.
② 강화는 반응자의 행동을 증가시킬 수 있다.
③ 자극은 상황에 관계없이 모두 강화물이 된다.
④ 처벌은 반응자의 부정적 행동 가능성을 낮춘다.

10 다음 글을 바탕으로 할 때, 〈보기〉의 밑줄 친 정책의 방향에 대한 추론으로 가장 적절한 것은?

> 동일한 환경에서 야구공과 고무공을 튕겨 보면 고무공이 훨씬 민감하게 튀어 오르는 것을 볼 수 있다. 즉, 고무공은 야구공보다 탄력이 좋다. 일정한 가격에서 사람들이 사고자 하는 물건의 양인 수요량에도 탄력성의 개념이 적용될 수 있다. 재화의 가격이 변화할 때 수요량도 변화하게 되는 것이다. 이때 경제학에서는 가격 변화에 대한 수요량 변화의 민감도를 측정하는 표준화된 방법을 수요 탄력성이라고 한다.
>
> 수요 탄력성은 수요량의 변화 비율을 가격의 변화 비율로 나눈 값이다. 일반적으로 가격과 수요량은 반비례하므로 수요 탄력성은 음(−)의 값을 가진다. 그러나 통상적으로 음의 부호를 생략하고 절댓값만 표시한다.
>
> 가격에 따른 수요량 변화율에 따라 상품의 수요는 '단위 탄력적', '탄력적', '완전 탄력적', '비탄력적', '완전 비탄력적'으로 나눌 수 있다. 수요 탄력성이 1인 경우 수요는 '단위 탄력적'이라고 불린다. 또한 수요 탄력성이 1보다 큰 경우 수요는 '탄력적'이라고 불린다. 한편 영(0)에 가까운 아주 작은 가격 변화에도 수요량이 매우 크게 변화하면 수요 탄력성은 무한대가 된다. 이 경우의 수요는 '완전 탄력적'이라고 불린다. 소비하지 않아도 생활에 지장이 없는 사치품이 이에 해당한다. 반면, 수요 탄력성이 1보다 작다면 수요는 '비탄력적'이라고 불린다. 만일 가격이 아무리 변해도 수요량에 어떠한 변화도 나타나지 않는다면 수요 탄력성은 영(0)이 된다. 이 경우 수요는 '완전 비탄력적'이라고 불린다. 생필품이 이에 해당한다.
>
> 수요 탄력성의 크기는 상품의 가격이 변할 때 이 상품에 대한 소비자의 지출이 어떻게 변하는지를 알려 준다. 상품에 대한 소비자의 지출액은 물론 가격에 수요량을 곱한 것이다. 먼저 상품의 수요가 탄력적인 경우를 따져 보자. 이 경우에는 수요 탄력성이 1보다 크기 때문에 가격이 오른 정도에 비해 수요량이 많이 감소한다. 이에 따라 가격이 상승하면 소비자의 지출액은 가격이 오르기 전보다 감소한다. 반면에 가격이 내릴 때에는 가격이 내린 정도에 비해 수요량이 많아지므로 소비자의 지출액은 증가한다. 물론 수요가 비탄력적인 경우에는 위와 반대되는 현상이 일어난다. 즉, 가격이 상승하면 소비자의 지출액은 증가하며, 가격이 하락하면 소비자의 지출액은 감소하게 된다.

보기

A국가의 정부는 경제 안정화를 위해 <u>개별 소비자들이 지출액을 줄이도록 유도하는</u> 정책을 시행하기로 하였다.

① 생필품의 가격은 높이고, 사치품의 가격은 유지하려 한다.
② 생필품의 가격은 낮추고, 사치품의 가격은 높이려 한다.
③ 생필품의 가격은 유지하고, 사치품의 가격은 낮추려 한다.
④ 생필품과 사치품의 가격을 모두 유지하려 한다.

11 다음 식을 계산한 값으로 옳은 것은?

$$444+333+777+666$$

① 2,000　　　　　　　　② 2,100
③ 2,220　　　　　　　　④ 2,320

12 다음 빈칸에 들어갈 수로 옳은 것은?

$$\frac{1}{2} < (\quad) < \frac{5}{9}$$

① $\frac{5}{18}$　　　　　　　　② $\frac{19}{36}$
③ $\frac{2}{3}$　　　　　　　　④ $\frac{5}{6}$

13 주사위 세 개를 던졌을 때, 나오는 눈의 합이 4가 되는 경우는 몇 가지인가?

① 1가지　　　　　　　　② 3가지
③ 5가지　　　　　　　　④ 7가지

14 한 자리 자연수 2~8이 적힌 숫자 카드 7장이 있다. 7장의 카드 중 2장을 고를 때, 고른 수의 합이 짝수가 될 확률은?(단, 한 번 뽑은 카드는 다시 넣지 않는다)

① $\frac{1}{2}$　　　　　　　　② $\frac{3}{7}$
③ $\frac{5}{14}$　　　　　　　　④ $\frac{2}{7}$

15 K씨는 오전 9시까지 회사에 출근해야 한다. 집에서 오전 8시 30분에 출발하여 60m/min로 걷다가 늦을 것 같아 도중에 150m/min으로 달렸더니 늦지 않고 회사에 도착하였다. K씨 집과 회사 사이의 거리가 2.1km일 때, K씨가 걸은 거리는?

① 1km
② 1.2km
③ 1.4km
④ 1.6km

16 물 100g에 농도 36%의 설탕물 50g과 농도 20%의 설탕물 50g을 모두 섞으면 몇 % 농도의 설탕물이 되는가?

① 10%
② 12%
③ 14%
④ 16%

17 어떤 고등학생이 13살 동생, 40대 부모님, 65세 할머니와 함께 박물관에 가려고 한다. 주말에 입장할 때와 주중에 입장할 때의 요금 차이는?

〈박물관 입장료〉

구분	주말	주중
어른	20,000원	18,000원
중·고등학생	15,000원	13,000원
어린이	11,000원	10,000원

※ 어린이 : 3살 이상 ~ 13살 이하
※ 경로 : 65세 이상은 50% 할인

① 8,000원
② 9,000원
③ 10,000원
④ 11,000원

18 다음은 어느 대학의 모집단위별 지원자 수 및 합격자 수를 나타낸 자료이다. 이에 대한 설명으로 옳지 않은 것은?

〈모집단위별 지원자 수 및 합격자 수〉

(단위 : 명)

구분	남성		여성		계	
	합격자 수	지원자 수	합격자 수	지원자 수	합격자 수	지원자 수
A	512	825	89	108	601	933
B	353	560	17	25	370	585
C	138	417	131	375	269	792
합계	1,003	1,802	237	508	1,240	2,310

※ (경쟁률) = $\frac{(지원자\ 수)}{(모집정원)}$

① 세 개의 모집단위 중 총 지원자 수가 가장 많은 집단은 A이다.
② 세 개의 모집단위 중 합격자 수가 가장 적은 집단은 C이다.
③ 이 대학의 남성 합격자 수는 여성 합격자 수의 5배 이상이다.
④ B집단의 경쟁률은 $\frac{117}{74}$ 이다.

19 다음은 농구 경기에서 갑 ~ 정 4개 팀의 월별 득점에 대한 자료이다. 빈칸에 들어갈 수치로 가장 적절한 것은?(단, 각 수치는 매월 일정한 규칙으로 변화한다)

〈월별 득점 현황〉

(단위 : 점)

구분	1월	2월	3월	4월	5월	6월	7월	8월	9월	10월
갑	1,024	1,266	1,156	1,245	1,410	1,545	1,205	1,365	1,875	2,012
을	1,352	1,702	2,000	1,655	1,320	1,307	1,232	1,786	1,745	2,100
병	1,078	1,423		1,298	1,188	1,241	1,357	1,693	2,041	1,988
정	1,298	1,545	1,658	1,602	1,542	1,611	1,080	1,458	1,579	2,124

① 1,358
② 1,397
③ 1,450
④ 1,498

※ 다음은 A시 가구의 형광등을 LED 전구로 교체할 경우의 기대효과를 분석한 자료이다. 이어지는 질문에 답하시오. [20~21]

<LED 전구 교체 시 기대효과>

A시의 가구 수 (세대)	적용 비율 (%)	가구당 교체개수 (개)	필요한 LED 전구 수 (천 개)	교체비용 (백만 원)	연간 절감 전력량 (만 kWh)	연간 절감 전기요금 (백만 원)
600,000	30	3	540	16,200	3,942	3,942
		4	720	21,600	5,256	5,256
		5	900	27,000	6,570	6,570
	50	3	900	27,000	6,570	6,570
		4	1,200	36,000	8,760	8,760
		5	1,500	45,000	10,950	10,950
	80	3	1,440	43,200	10,512	10,512
		4	1,920	56,600	14,016	14,016
		5	2,400	72,000	17,520	17,520

※ (1kWh당 전기요금)=(연간 절감 전기요금)÷(연간 절감 전력량)

20 다음 <보기> 중 적절한 것을 모두 고르면?

> **보기**
> ㄱ. A시의 50% 가구가 형광등 3개를 LED 전구로 교체한다면 교체비용은 270억 원이 소요된다.
> ㄴ. A시의 30%의 가구가 형광등 5개를 LED 전구로 교체한다면 연간 절감 전기요금은 50% 가구의 형광등 3개를 LED 전구로 교체한 것과 동일하다.
> ㄷ. A시에 적용된 전기요금은 1kWh당 100원이다.
> ㄹ. A시의 모든 가구가 형광등 5개를 LED 전구로 교체하려면 LED 전구 240만 개가 필요하다.

① ㄱ, ㄴ ② ㄴ, ㄷ
③ ㄷ, ㄹ ④ ㄱ, ㄴ, ㄷ

21 A시의 80% 가구가 형광등 5개를 LED 전구로 교체할 때와 50% 가구가 형광등 5개를 LED 전구로 교체할 때의 3년 후 절감액의 차는?

① 18,910백만 원 ② 19,420백만 원
③ 19,710백만 원 ④ 19,850백만 원

※ 다음과 같이 일정한 규칙으로 수·문자를 나열할 때, 빈칸에 들어갈 적절한 수·문자를 고르시오.
[22~25]

22

| | 61 | 729 | 120 | 243 | 238 | 81 | ( ) | 27 |

① 54
② 81
③ 210
④ 474

23

| | 12　6　3　8　( )　2　4　12　36 |

① 1
② 2
③ 3
④ 4

24

| | 휴　유　츄　츄　뷰　튜　뉴　( ) |

① 큐
② 슈
③ 듀
④ 휴

25

| | b　e　n　o　( )　a |

① p
② q
③ r
④ s

26 다음은 일정한 규칙에 따라 나열된 수열이다. A×B의 값은?

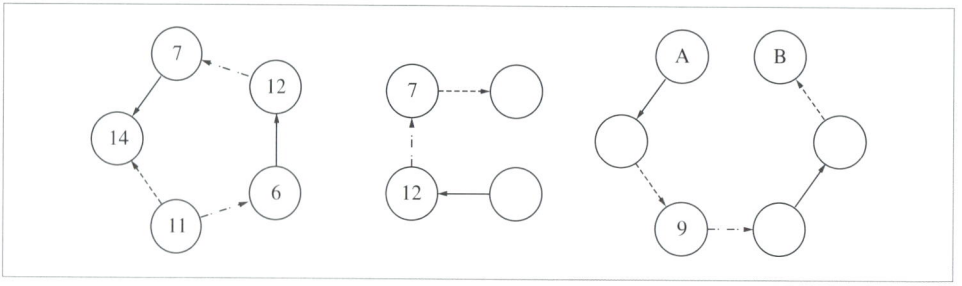

① 31
③ 33
② 32
④ 34

※ 다음 명제가 참일 때, 항상 참인 것을 고르시오. [27~28]

27
- 진달래를 좋아하는 사람은 감성적이다.
- 백합을 좋아하는 사람은 보라색을 좋아하지 않는다.
- 감성적인 사람은 보라색을 좋아한다.

① 감성적인 사람은 백합을 좋아한다.
② 백합을 좋아하는 사람은 감성적이다.
③ 진달래를 좋아하는 사람은 보라색을 좋아한다.
④ 보라색을 좋아하는 사람은 감성적이다.

28
- 모든 1과 사원은 가장 실적이 많은 2과 사원보다 실적이 많다.
- 가장 실적이 많은 4과 사원은 모든 3과 사원보다 실적이 적다.
- 3과 사원 중 일부는 가장 실적이 많은 2과 사원보다 실적이 적다.

① 1과 사원 중 가장 적은 실적을 올린 사원과 같은 실적을 올린 사원이 4과에 있다.
② 3과 사원 중 가장 적은 실적을 올린 사원과 같은 실적을 올린 사원이 4과에 있다.
③ 모든 2과 사원은 4과 사원 중 일부보다 실적이 적다.
④ 3과에는 가장 실적이 적은 1과 사원보다 실적이 적은 사원이 있다.

29 매주 화요일에 진행되는 취업스터디에 A~E 5명이 함께 참여하고 있다. 스터디 불참 시 벌금이 부과되는 스터디 규칙에 따라 지난주 불참한 2명은 벌금을 내야 한다. 이들 중 2명이 거짓말을 하고 있다고 할 때, 다음 중 옳은 것은?

- A : 내가 다음 주에는 사정상 참석할 수 없지만 지난주에는 참석했어.
- B : 지난주 불참한 C가 반드시 벌금을 내야 해.
- C : 지난주 스터디에 A가 불참한 건 확실해.
- D : 사실 나는 지난주 스터디에 불참했어.
- E : 지난주 스터디에 나는 참석했지만, B는 불참했어.

① A와 B가 벌금을 내야 한다.
② A와 C가 벌금을 내야 한다.
③ A와 E가 벌금을 내야 한다.
④ B와 D가 벌금을 내야 한다.

30 다음 사실로부터 추론할 수 있는 것은?

- 갑의 점수는 을보다 15점이 낮다.
- 병의 점수는 갑의 점수보다 5점이 높다.

① 갑의 점수가 가장 높다.
② 갑의 점수가 병의 점수보다 높다.
③ 을의 점수가 병의 점수보다 낮다.
④ 갑의 점수가 가장 낮다.

31 다음 그림과 같이 화살표 방향으로 종이를 접은 후, 펀치로 구멍을 뚫어 다시 펼쳤을 때의 그림으로 적절한 것은?

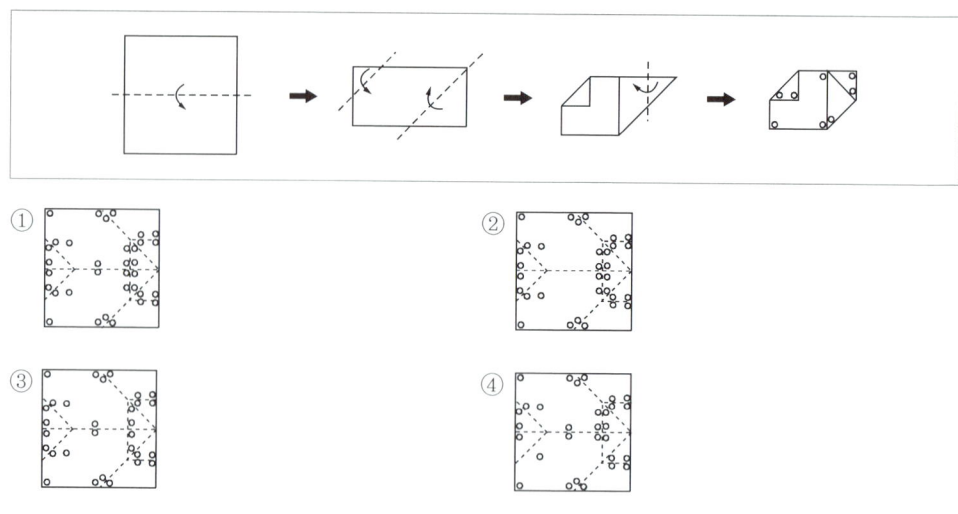

32 다음 그림과 같이 접었을 때 나올 수 있는 뒷면의 모양으로 적절한 것은?

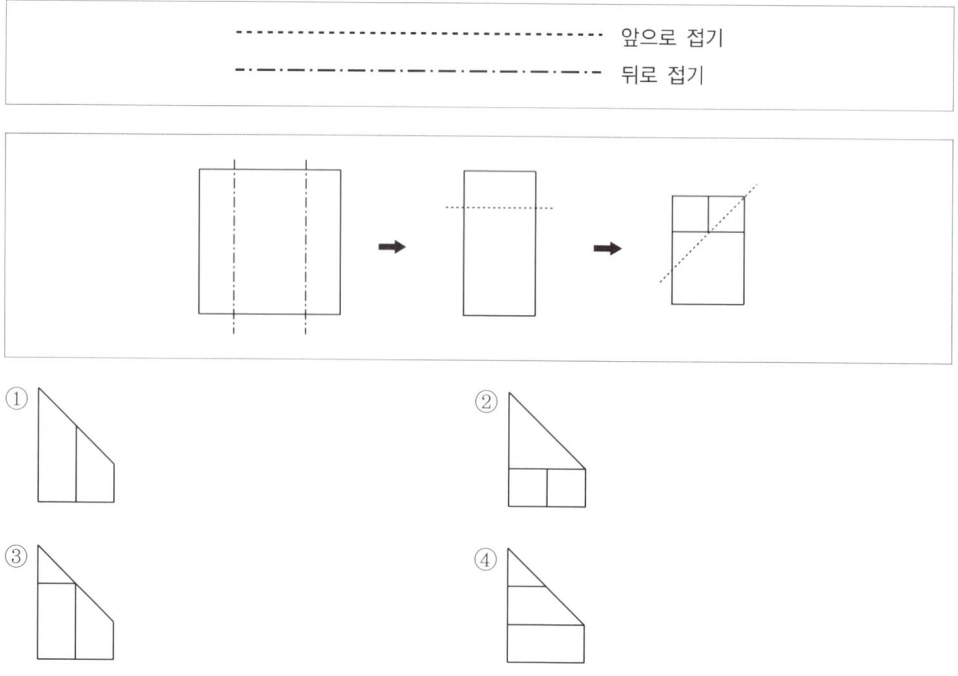

33 다음 그림에서 찾을 수 없는 도형은?

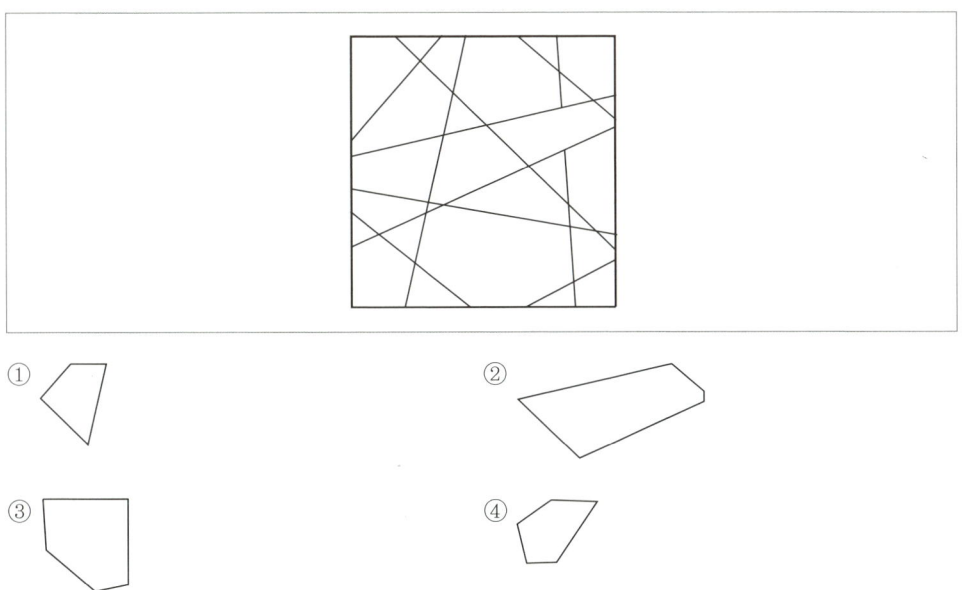

34 다음 전개도로 정육면체를 만들 때, 만들어질 수 없는 것은?

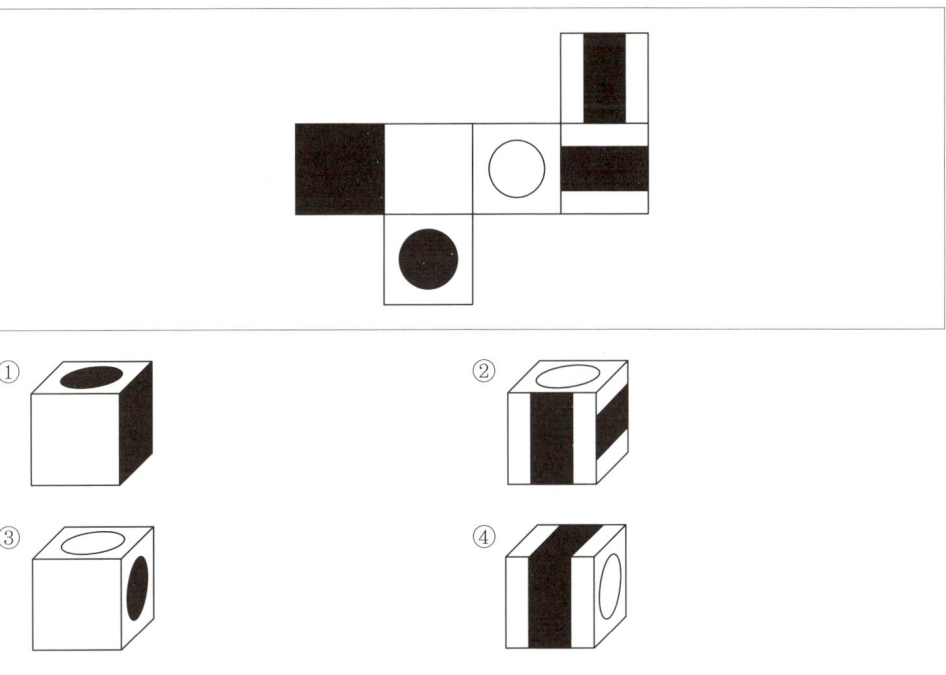

※ 다음과 같은 모양을 만드는 데 사용된 블록의 개수를 고르시오(단, 보이지 않는 곳의 블록은 있다고 가정한다). [35~36]

35

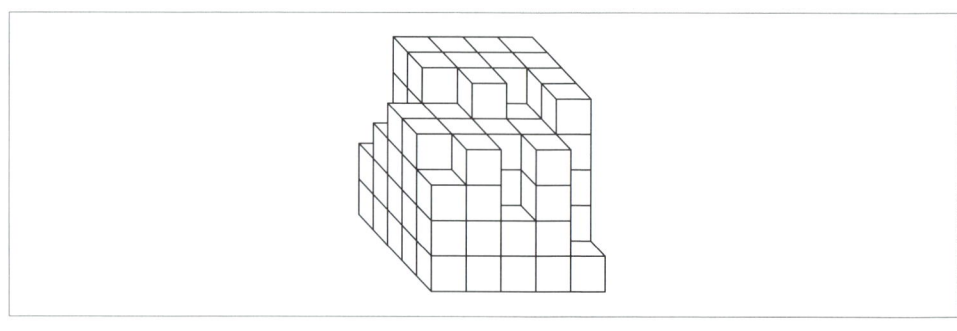

① 97개 ② 102개
③ 107개 ④ 112개

36

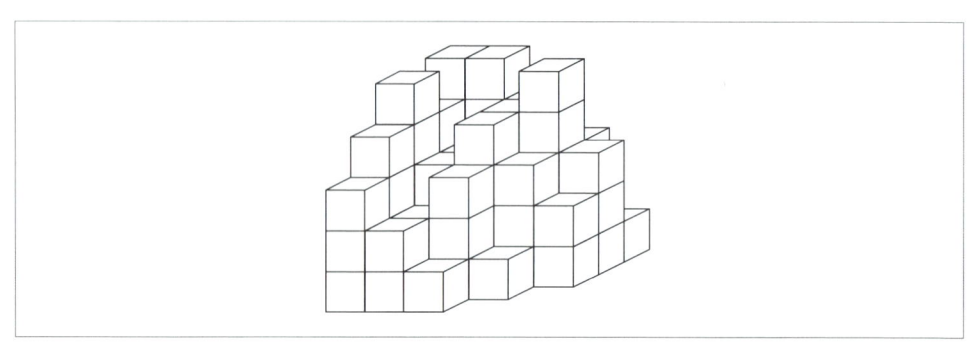

① 70개 ② 71개
③ 72개 ④ 73개

※ 다음 제시된 단면과 일치하는 입체도형을 고르시오. [37~38]

37

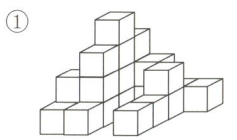 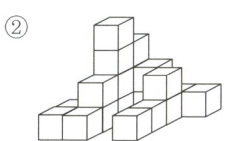

①  ②

③ ④

38

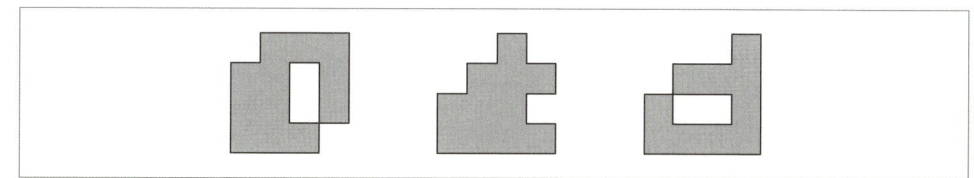

① 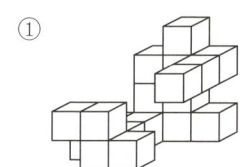 ②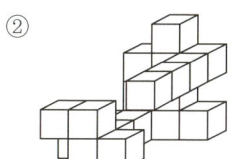

③ 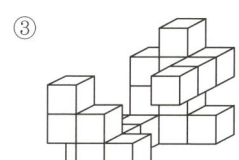 ④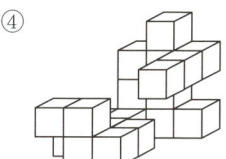

39. 다음 두 블록을 합쳤을 때, 나올 수 있는 도형으로 적절한 것은?

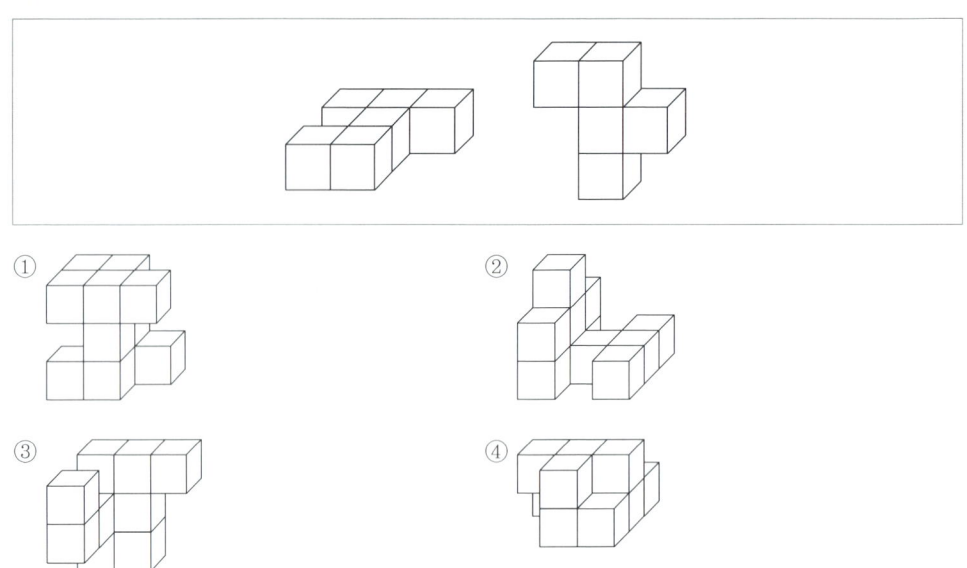

40. 다음은 자석이 움직이면서 생긴 자기장 변화로 코일에 전류를 발생시키는 실험이다. 이와 같은 원리를 이용하는 센서는?

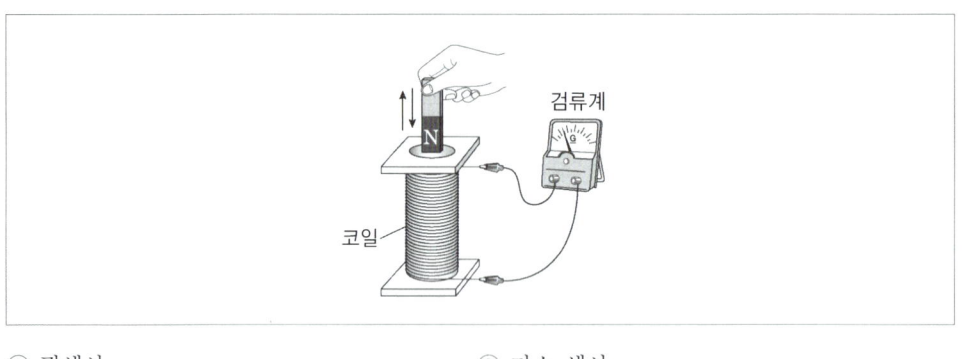

① 광센서
② 가스 센서
③ 이온 센서
④ 전자기 센서

41. 다음은 역학적 평형과 관련한 내용들이다. 〈보기〉 중 옳은 것을 모두 고르면?

> 보기
> ㄱ. 지레를 이용하면 힘에서는 이득을 얻을 수 없지만 일에서는 이득을 얻을 수 있다.
> ㄴ. 구조물의 무게 중심이 높을수록 안정해진다.
> ㄷ. 축바퀴에서 지름이 큰 바퀴를 회전시키면 작은 바퀴에 큰 힘을 전달할 수 있다.

① ㄱ
② ㄴ
③ ㄷ
④ ㄴ, ㄷ

42 다음 제시된 문자와 같은 것의 개수는?

천재

천지	천시	천세	천자	천채	친지	친채	전재	잔재	전세
천세	천재	전재	전세	천자	친재	잔재	전세	천재	잔재
친지	천민	전세	친지	천재	천자	친지	천세	잔재	천재

① 3개 ② 4개
③ 5개 ④ 6개

43 다음에서 왼쪽에 제시된 문자와 같은 것의 개수는?

ソ	サナマブワソキゾノホヘヌナピサグソレリリルスソゼテトソソノペハア

① 5개 ② 6개
③ 7개 ④ 8개

※ 다음 규칙에 따라 적절하게 변형한 것을 고르시오. [44~45]

44

큐켜켸캬쿄 - 뉴녀녜냐뇨

① 켜켸캬큐쿄 - 녀녜냐뇨뉴
② 켸켜쿄큐캬 - 녜녀뇨뉴냐
③ 쿄캬켸켜큐 - 뇨냐뉴녀녜
④ 캬쿄큐켸켜 - 냐뇨뉴녜녀

45

pqryz - defhj

① pzyrq - djefh
② ypzqr - hdjfe
③ zyqpr - jhedf
④ rzqpy - fjdeh

제2회 최종점검 모의고사

응시시간 : 50분   문항 수 : 45문항   정답 및 해설 p.042

01 다음 단어와 같거나 유사한 의미를 가진 것은?

| 명령하다 |

① 부양하다 ② 기절하다
③ 명명하다 ④ 시키다

02 다음 단어가 나타내는 뜻을 모두 포괄할 수 있는 것은?

| 열다   떼다   사다   제하다 |

① 열다 ② 떼다
③ 사다 ④ 제하다

03 제시된 단어와 동일한 관계가 되도록 빈칸에 들어갈 가장 적절한 단어는?

| 베틀 : 길쌈 = 홍두깨 : (   ) |

① 몽둥이 ② 장조림
③ 다듬이질 ④ 한밤중

04 다음 짝지어진 단어 사이의 관계가 나머지와 다른 하나는?

① 과실 – 고의 ② 구속 – 속박
③ 구획 – 경계 ④ 귀향 – 귀성

※ 다음 글의 주제로 가장 적절한 것을 고르시오. [5~6]

05

금융당국은 은행의 과점체제를 해소하고, 은행과 비은행의 경쟁을 촉진시키는 방안으로 은행의 고유 전유물이었던 통장을 보험 및 카드 업계로의 도입을 검토하겠다고 밝혔다.

이는 전자금융거래법을 개정해 대금결제업, 자금이체업, 결제대행업 등 모든 전자금융업 업무를 관리하는 종합지금결제사업자를 제도화하여 비은행에 도입한다는 것으로, 이를 통해 비은행권은 간편결제·송금 외에도 은행 수준의 보편적 지급결제 서비스가 가능해지는 것이다.

특히 금융당국이 은행업 경쟁촉진 방안으로 검토 중인 은행업 추가 인가나 소규모 특화은행 도입 등 여러 방안 중에서 종합지금결제사업자 제도를 중점으로 검토 중인 이유는 은행의 유효경쟁을 촉진시킴으로써 은행의 과점 이슈를 가장 빠르게 완화할 수 있을 것으로 판단되기 때문이다.

이는 소비자 측면에서도 기대효과가 있는데, 은행 계좌가 없는 금융소외계층은 종합지금결제사업자 제도를 통해 금융 서비스를 제공받을 수 있고, 기존 방식에서 각 은행에 지불하던 지급결제 수수료가 절약돼 그만큼 보험료가 인하될 가능성도 기대해 볼 수 있기 때문이다. 보험사 및 카드사 측면에서도 기존 방식에서는 은행을 통해 진행했던 방식이 해당 제도가 확립된다면 직접 처리할 수 있게 되어 방식이 간소화될 수 있다는 장점이 있다.

하지만 이 또한 현실적으로 많은 문제들이 제기되는데, 그중 하나가 소비자보호 사각지대의 발생이다. 비은행권은 은행권과 달리 예금보험제도가 적용되지 않을 뿐더러 은행권에 비해 규제 수준이 상대적으로 낮기 때문에 금융소비자 보호 등 리스크 관리가 우려되기 때문이다. 또한 종합지금결제업 자체가 사실상 은행업과 크게 다르지 않기 때문에 은행권의 극심한 반발도 예상된다.

① 은행의 과점체제 해소를 위한 방안
② 종합지금결제사업자 제도의 득과 실
③ 은행의 권리를 침해하는 비은행 업계
④ 은행과 비은행 경쟁 속 소비자의 실익

06

우유니 사막은 세계 최대의 소금사막으로 남아메리카 중앙부 볼리비아의 포토시주(州)에 위치한 소금 호수로, '우유니 소금사막' 혹은 '우유니 염지' 등으로 불린다. 지각변동으로 솟아오른 바다가 빙하기를 거쳐 녹기 시작하면서 거대한 호수가 생겨났다. 면적은 1만 2,000km^{2}이며 해발고도 3,680m의 고지대에 위치한다. 물이 배수되지 않은 지형적 특성 때문에 물이 고여 얕은 호수가 되었으며, 소금으로 덮인 수면 위에 푸른 하늘과 흰 구름이 거울처럼 투명하게 반사되어 관광지로도 이름이 높다.

소금층 두께는 30cm부터 깊은 곳은 100m 이상이며 호수의 소금 매장량은 약 100억 톤 이상이다. 우기인 12월에서 3월 사이에는 20~30cm의 물이 고여 얕은 염호를 형성하는 반면, 긴 건기 동안에는 표면뿐만 아니라 사막의 아래까지 증발한다. 특이한 점은 지역에 따라 호수의 색이 흰색, 적색, 녹색 등의 다른 빛깔을 띤다는 점이다. 이는 호수마다 쌓인 침전물의 색깔과 조류의 색깔이 다르기 때문이다. 또한 소금 사막 곳곳에서는 커다란 바위부터 작은 모래까지 한꺼번에 섞인 빙하성 퇴적물들과 같은 빙하의 흔적들을 볼 수 있다.

① 우유니 사막의 기후와 식생
② 우유니 사막의 주민 생활
③ 우유니 사막의 자연지리적 특징
④ 우유니 사막 이름의 유래

07 다음 문단을 논리적 순서대로 바르게 나열한 것은?

(가) 이와 같이 임베디드 금융의 개선을 위해서는 효과적인 보안 시스템과 프라이버시 보호 방안을 도입하여 사용자의 개인정보를 안전하게 관리하는 것이 필요하다. 또한 디지털 기기의 접근성을 개선하고 사용자들이 편리하게 이용할 수 있는 환경을 조성해야 한다.

(나) 임베디드 금융은 기업과 소비자 모두에게 이점을 제공한다. 기업은 제품과 서비스에 금융 기능을 통합함으로써 자사 플랫폼 의존도를 높이고, 수집한 고객의 정보를 통해 매출을 증대시킬 수 있으며, 고객들에게 편리한 금융 서비스를 제공할 수 있다. 소비자의 경우는 모바일 앱을 통해 간편하게 금융 거래를 할 수 있고, 스마트기기 하나만으로 다양한 금융 상품에 접근할 수 있어 편의성과 접근성이 크게 향상된다.

(다) 그러나 임베디드 금융은 개인정보 보호와 안전성에 대한 관리가 필요하다. 사용자의 금융 데이터와 개인정보가 디지털 플랫폼이나 기기에 저장되므로 해킹이나 데이터 유출과 같은 사고가 발생할 수 있다. 이는 사용자의 프라이버시 침해와 금융 거래 안전성에 대한 심각한 위협이 될 수 있다. 또한 모든 사람들이 안정적인 인터넷 연결과 임베디드 금융이 포함된 최신 기기를 보유하고 있지는 않기 때문에 디지털 기기에 익숙하지 않은 사람들은 임베디드 금융 서비스를 제공받는 데 제한을 받을 수 있다.

(라) 임베디드 금융은 비금융 기업이 자신의 플랫폼이나 디지털 기기에 금융 서비스를 탑재하는 것을 뜻한다. 삼성페이나 애플페이 같은 결제 서비스부터 대출이나 보험까지 임베디드 금융은 제품과 서비스에 금융 기능을 통합하여 사용자에게 편의성과 접근성을 높여준다.

① (가) – (다) – (라) – (나)
② (나) – (라) – (다) – (가)
③ (나) – (가) – (다) – (라)
④ (라) – (나) – (다) – (가)

08 다음 기사를 읽고 이해한 것으로 가장 적절한 것은?

> 녹내장은 안구 내 여러 가지 원인에 의하여 시신경이 손상되고, 이에 따른 시야 결손이 발생하는 진행성의 시신경 질환이다. 현재까지 녹내장 발병 원인에 대한 많은 연구가 진행되었으나, 지금까지 가장 확실한 원인은 안구 내 안압의 상승이다. 상승된 안압이 망막 시신경 섬유층과 시신경을 압박함으로써 시신경이 손상되거나 시신경으로 공급되는 혈류량이 감소됨으로써 시신경 손상이 발생될 수 있다.
>
> 녹내장은 일반적으로 주변 시야부터 좁아지는 것이 주된 증상이며, 그래서 초기에는 환자가 느낄 수 있는 자각 증상이 없는 경우가 대부분이다. 그래서 결국은 중심 시야까지 침범한 말기가 돼서야 병원을 찾는 경우가 많다. 녹내장은 제대로 관리되지 않으면 각막 혼탁, 안구로(眼球癆)*, 실명의 합병증이 동반될 수 있다.
>
> 녹내장을 예방할 수 있는 방법은 아직 알려져 있지 않다. 단지 녹내장은 대부분 장기간에 걸쳐 천천히 진행되는 경우가 많으므로 조기에 발견하는 것이 가장 좋은 예방법이라고 할 수 있다. 정기적인 검진으로 자신의 시신경 상태를 파악하고 그에 맞는 생활 패턴의 변화를 주는 것이 도움이 된다. 녹내장으로 진단이 되면 금연을 해야 하며, 가능하면 안압이 올라가는 상황을 피하는 것이 좋다. 예를 들면 무거운 물건을 든다든지, 목이 졸리게 넥타이를 꽉 맨다든지, 트럼펫과 같은 악기를 부는 경우에는 병의 경과를 악화시킬 가능성이 있으므로 피해야 한다.
>
> * 안구로(眼球癆) : 눈알이 쭈그러지고 작아져서 그 기능이 약해진 상태

① 녹내장은 일반적으로 중심 시야부터 시작하여 주변 시야로 시야 결손이 확대된다.
② 상승된 안압이 시신경으로 공급되는 혈류량을 증폭시켜 시신경 손상이 발생한다.
③ 녹내장 진단 후 안압이 하강할 수 있는 상황은 되도록 피해야 한다.
④ 녹내장의 발병을 예방할 수 있는 방법은 아직 없다.

09 다음 글의 밑줄 친 ㉠과 ㉡에 대한 설명으로 적절하지 않은 것은?

> 지구 궤도를 도는 인공위성은 지구 중력의 변화, 태양으로부터 오는 작은 미립자와의 충돌 등으로 궤도도 변하고 자세도 변한다. 힘이 작용하여 운동 방향과 상태가 변하는 것이다. 뉴턴은 이를 작용 반작용 법칙으로 설명할 것이다.
> 한 물체가 다른 물체에 힘을 작용하면 그 힘을 작용한 물체에도 크기가 같고 방향은 반대인 힘이 동시에 작용한다는 것이 작용 반작용 법칙이다. 예를 들어 바퀴가 달린 의자에 앉아 벽을 손으로 밀면 의자가 뒤로 밀리는데, 사람이 벽을 미는 작용과 동시에 벽도 사람을 미는 반작용이 있기 때문이다. 이 법칙은 물체가 정지하고 있을 때나 운동하고 있을 때 모두 성립하며, 두 물체가 접촉하여 힘을 줄 때뿐만 아니라 서로 떨어져 힘이 작용할 때에도 항상 성립한다.
> 인공위성의 상태가 변하면 본연의 임무를 달성하기 위해 궤도와 자세를 바로잡아야 한다. 지구 표면을 관측하는 위성은 탐사 장비를 지구 쪽을 향하도록 자세를 고쳐야 하고, 인공위성에 전력을 제공하는 태양 전지를 태양 방향으로 끊임없이 조절해야 한다. 이때 위성의 궤도와 자세를 조절하는 방법도 모두 작용 반작용을 이용한다.
> 먼저 가장 간단한 방법은 로켓 엔진과 같은 추력기를 외부에 달아 이용하는 것이다. 추력기는 질량이 있는 물질인 연료를 뿜어내며 발생하는 작용과 반작용을 이용하여 위성을 움직인다. 위성에는 궤도를 수정하기 위한 주추력기 이외에 ㉠ <u>소형의 추력기</u>가 각기 다른 세 방향(x, y, z축)으로 여러 개 설치되어 있는데, 이를 이용해 자세를 수정한다. 문제는 10년이 넘게 사용할 위성에 자세 제어용 추력기가 사용할 연료를 충분히 실을 수 없다는 것이다.
> 최근에는 ㉡ <u>반작용 휠</u>을 이용한 방법도 사용되고 있다. 위성에는 추력기처럼 세 방향으로 설치된 3개의 반작용 휠이 있어 회전수를 조절하면 위성의 자세를 원하는 방향으로 맞출 수 있다. 위성 내부에 부착된 반작용 휠은 전기 모터에 휠을 달고, 돌리는 속도를 높여주거나 낮춰주어서 위성을 회전시켜 자세를 바꾼다. 일반적으로 물체가 한 방향으로 돌 때 그 반대 방향으로 똑같은 힘이 발생한다. 반작용 휠이 돌면 위성에는 반대 방향으로 도는 힘이 발생하는데, 이 힘을 이용하는 것이다. 다만 궤도 수정과 같은 위성의 위치 변경은 할 수 없다.
> 하지만 반작용 휠은 자세 제어용 추력기를 이용하는 것보다 훨씬 유리하다. 추력기를 이용하면 연료가 있어야 하고, 그만큼 쏘아 올려야 할 위성의 무게도 증가한다. 반작용 휠을 이용하면 필요한 것은 전기이며 태양 전지를 이용해 얼마든지 얻을 수 있다. 원리는 유사하지만 보다 경제적인 방식이 인공위성에서 사용되고 있다.

① ㉠은 위성의 외부에, ㉡은 내부에 설치된다.
② ㉠과 달리 ㉡은 물체의 회전 운동을 이용하고 있다.
③ ㉠과 달리 ㉡은 한 방향으로 3개의 반작용 휠이 설치되어 있다.
④ ㉡과 달리 ㉠을 작동하면 위성 전체의 질량이 변화한다.

10 다음 글의 내용 전개 방식으로 가장 적절한 것은?

인간 사회의 주요한 자원 분배 체계로 '시장(市場)', '재분배(再分配)', '호혜(互惠)'를 들 수 있다. 시장에서 이루어지는 교환은 물질적 이익을 증진시키기 위해 재화나 용역을 거래하는 행위이며, 재분배는 국가와 같은 지배 기구가 잉여 물자나 노동력 등을 집중시키거나 분배하는 것을 말한다. 실업 대책, 노인 복지 등과 같은 것이 재분배의 대표적인 예이다. 그리고 호혜는 공동체 내에서 혈연 및 동료 간의 의무로서 행해지는 증여 관계이다. 명절 때의 선물 교환 같은 것이 이에 속한다.

이 세 분배 체계는 각각 인류사의 한 부분을 담당해 왔다. 고대 부족 국가에서는 호혜를 중심으로, 전근대 국가 체제에서는 재분배를 중심으로 분배 체계가 형성되었다. 근대에 와서는 시장이라는 효율적인 자원 분배 체계가 활발하게 그 기능을 수행하고 있다. 그러나 이 세 분배 체계는 인류사 대부분의 시기에 공존했다고 말할 수 있다. 고대 사회에서도 시장은 미미하게나마 존재했었고, 오늘날에도 호혜와 재분배는 시장의 결함을 보완하는 경제적 기능을 수행하고 있기 때문이다.

효율성의 측면에서 보았을 때, 인류는 아직 시장만한 자원 분배 체계를 발견하지 못하고 있다. 그러나 시장은 소득 분배의 형평(衡平)을 보장하지 못할 뿐만 아니라, 자원의 효율적 분배에도 실패하는 경우가 종종 있다. 그래서 때로는 국가가 직접 개입한 재분배 활동으로 소득 불평등을 개선하고 시장의 실패를 시정하기도 한다. 우리나라의 경우 IMF 경제 위기 상황에서 실업자를 구제하기 위한 정부 정책들이 그 예라 할 수 있다.

그러나 호혜는 시장뿐 아니라 국가가 대신하기 어려운 소중한 기능을 담당하고 있다. 부모가 자식을 보살피는 관행이나, 친척들이나 친구들이 서로 길흉사(吉凶事)가 생겼을 때 도움을 주는 행위, 아무런 연고가 없는 불우 이웃에 대한 기부와 봉사 등은 시장이나 국가가 대신하기 어려운 부분이다. 호혜는 다른 분배 체계와는 달리, 물질적으로는 이득을 볼 수 없을 뿐만 아니라 때로는 손해까지도 감수해야 하는 행위이다. 그러면서도 호혜가 이루어지는 이유는 무엇인가? 이는 그 행위의 목적이 인간적 유대 관계를 유지하고 증진시키는 데 있기 때문이다. 인간은 사회적 존재이므로 사회적으로 고립된 개인은 결코 행복할 수 없다. 따라서 인간적 유대 관계는 물질적 풍요 못지않게 중요한 행복의 기본 조건이다. 그렇기에 사람들은 소득 증진을 위해 투입해야 할 시간과 재화를 인간적 유대를 위해 기꺼이 할당하게 되는 것이다.

우리는 물질적으로 풍요로울 뿐 아니라, 정신적으로도 풍족한 사회에서 행복하게 살기를 바란다. 그러나 우리가 지향하는 이러한 사회는 효율적인 시장과 공정한 국가만으로는 이루어질 수 없다. 건강한 가정・친척・동료가 서로 지원하면서 조화를 이룰 때, 그 꿈은 실현될 수 있을 것이다. 이처럼 호혜는 건전한 시민 사회를 이루기 위해서 반드시 필요한 것이라고 할 수 있다. 그래서 사회를 따뜻하게 만드는 시민들의 기부와 봉사의 관행이 정착되기를 기대하는 것이다.

① 구체적 현상을 분석하여 일반적 원리를 추출하고 있다.
② 시간적 순서에 따라 개념이 형성되어 가는 과정을 밝히고 있다.
③ 대상에 대한 여러 가지 견해를 소개하고 이를 비교, 평가하고 있다.
④ 다른 대상과의 비교를 통해 대상이 지닌 특성과 가치를 설명하고 있다.

11 다음 식을 계산한 값으로 옳은 것은?

$$672 \div 112 \times 6 - 24$$

① 12
② 13
③ 14
④ 15

12 다음 빈칸에 들어갈 수로 옳은 것은?

$$\frac{3}{11} < (\quad) < \frac{36}{121}$$

① $\frac{1}{11}$
② $\frac{35}{121}$
③ $\frac{4}{11}$
④ $\frac{32}{121}$

13 K씨는 헬스클럽 이용권을 구매하려고 한다. A이용권은 한 달에 5만 원을 내고 한 번 이용할 때마다 1,000원을 내야 하고, B이용권은 한 달에 2만 원을 내고 한 번 이용할 때마다 5,000원을 낸다고 한다. 한 달에 최소 몇 번 이용해야 A이용권을 이용하는 것이 B이용권을 이용하는 것보다 저렴한가?

① 5번
② 8번
③ 11번
④ 14번

14 길이 258m인 터널을 완전히 통과하는 데 18초가 걸리는 A열차가 있다. 이 열차가 길이 144m인 터널을 완전히 건너는 데 걸리는 시간이 16초인 B열차와 서로 마주보는 방향으로 달려 완전히 지나는 데 걸린 시간이 9초였다. B열차의 길이가 80m라면 A열차의 길이는?

① 320m
② 330m
③ 340m
④ 350m

15 빨간 공 4개, 하얀 공 6개가 들어있는 주머니에서 한 번에 2개를 꺼낼 때, 적어도 1개는 하얀 공을 꺼낼 확률은?

① $\dfrac{9}{15}$ ② $\dfrac{1}{4}$

③ $\dfrac{5}{12}$ ④ $\dfrac{13}{15}$

16 농도 8%의 설탕물 300g에서 설탕물을 조금 퍼내고, 퍼낸 설탕물만큼의 물을 부은 후 농도 4%의 설탕물을 섞어 농도 6%의 설탕물 400g을 만들었다. 처음 퍼낸 설탕물의 양은 몇 g인가?

① 40g ② 50g
③ 60g ④ 70g

17 다음은 사진관이 올해 찍은 사진의 용량 및 개수를 나타낸 자료이다. 올해 찍은 사진을 모두 모아서 한 개의 USB에 저장하려고 할 때, 최소 몇 GB의 USB가 필요한가?[단, 1MB=1,000KB, 1GB=1,000MB이며, 합계 파일 용량(GB)은 소수점 첫째 자리에서 버림한다]

〈올해 사진 자료〉

구분	크기(cm)	용량(KB)	개수(개)
반명함	3×4	150	8,000
신분증	3.5×4.5	180	6,000
여권	5×5	200	7,500
단체사진	10×10	250	5,000

① 3.0GB ② 3.5GB
③ 4.0GB ④ 5.0GB

18 다음은 K마트의 과자별 가격 및 할인율을 나타낸 표이다. K마트는 A ~ C과자에 기획 상품 할인을 적용하여 팔고 있다. A ~ C과자를 정상가로 각각 2봉지씩 구매할 수 있는 금액을 가지고 각각 2봉지씩 할인된 가격으로 구매 후 A과자를 더 산다고 할 때, A과자를 몇 봉지를 더 살 수 있는가?

〈과자별 가격 및 할인율〉

구분	A과자	B과자	C과자
정상가	1,500원	1,200원	2,000원
할인율		20%	40%

① 5봉지　　　　　　　　② 4봉지
③ 3봉지　　　　　　　　④ 2봉지

19 다음은 민간 분야 사이버 침해사고 발생현황에 대한 자료이다. 이 자료를 보고 판단한 〈보기〉의 내용 중 옳지 않은 것을 모두 고르면?

〈민간 분야 사이버 침해사고 발생현황〉

(단위 : 건)

구분	2020년	2021년	2022년	2023년
홈페이지 변조	6,490	10,148	5,216	3,727
스팸릴레이	1,163	988	731	365
기타 해킹	3,175	2,743	4,126	2,961
단순침입시도	2,908	3,031	3,019	2,783
피싱 경유지	2,204	4,320	3,043	1,854
전체	15,940	21,230	16,135	11,690

보기

ㄱ. 단순침입시도 분야의 침해사고는 매년 스팸릴레이 분야의 침해사고 건수의 두 배 이상이다.
ㄴ. 2020년 대비 2023년 침해사고 건수가 50% 이상 감소한 분야는 2개 분야이다.
ㄷ. 2022년 홈페이지 변조 분야의 침해사고 건수가 차지하는 비중은 35% 이하이다.
ㄹ. 2021년 대비 2023년은 모든 분야의 침해사고 건수가 감소하였다.

① ㄱ, ㄴ　　　　　　　　② ㄱ, ㄹ
③ ㄴ, ㄷ　　　　　　　　④ ㄴ, ㄹ

20 다음은 2022년 말 각국 기업이 A에게 제시한 2023 ~ 2025년 연봉이고, 제시된 그래프는 2023 ~ 2025년 예상환율을 나타낸 자료이다. 이에 대한 설명으로 옳지 않은 것은?

〈각국의 기업이 제시한 연봉〉

구분	미국기업	중국기업	일본기업
연봉	3만 달러	26만 위안	290만 엔

※ 각국의 기업은 제시한 연봉을 해당국 통화로 매년말 연 1회 지급함
※ (해당연도 원화환산 연봉)=(각국의 기업이 제시한 연봉)×(해당연말 예상환율)

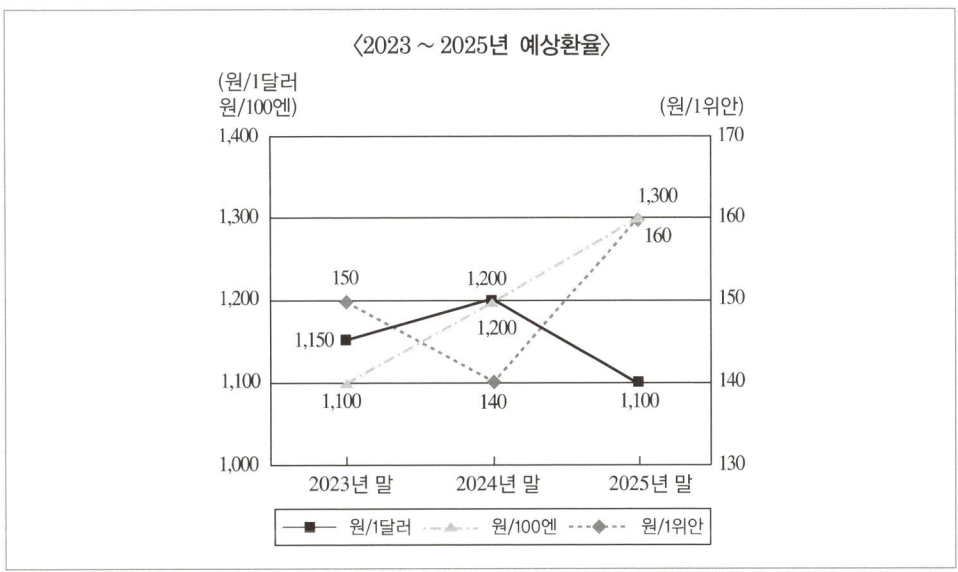

① 2023년 원화환산 연봉은 중국기업이 가장 많다.
② 2024년 원화환산 연봉은 일본기업이 가장 적다.
③ 2025년 원화환산 연봉은 일본기업이 미국기업보다 많다.
④ 2024년 대비 2025년 중국기업의 원화환산 연봉 증가율은 2023년 대비 2025년 일본기업의 원화환산 연봉 증가율보다 크다.

21

| 14 | 15 | 13 | 22 | 18 | 43 | 37 | 86 | ( ) |

① 22
② 70
③ 78
④ 94

22

$$\frac{1}{3} \quad \frac{6}{10} \quad (\ ) \quad \frac{16}{94} \quad \frac{21}{283}$$

① $\frac{10}{31}$
② $\frac{11}{31}$
③ $\frac{11}{45}$
④ $\frac{11}{47}$

23

2   ( )   10   4   −3   −10   −5   2   −8

① 4
② 6
③ 8
④ 12

24 다음 전개도는 일정한 규칙에 따라 나열된 수열이다. 물음표에 들어갈 값으로 적절한 것은?

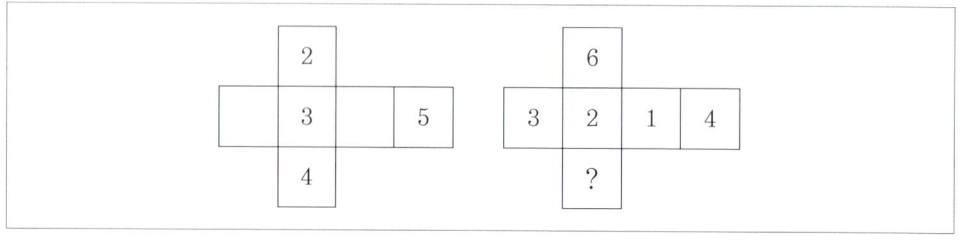

① 2
② 3
③ 4
④ 5

※ 다음 명제가 참일 때, 항상 참인 것을 고르시오. [25~26]

25

- 현명한 사람은 거짓말을 하지 않는다.
- 건방진 사람은 남의 말을 듣지 않는다.
- 거짓말을 하지 않으면 다른 사람의 신뢰를 얻는다.
- 남의 말을 듣지 않으면 친구가 없다.

① 현명한 사람은 다른 사람의 신뢰를 얻는다.
② 건방진 사람은 친구가 있다.
③ 거짓말을 하지 않으면 현명한 사람이다.
④ 다른 사람의 신뢰를 얻으면 거짓말을 하지 않는다.

26

- 어떤 남자는 산을 좋아한다.
- 산을 좋아하는 남자는 결혼을 했다.
- 결혼을 한 모든 남자는 자유롭다.

① 산을 좋아하는 어떤 남자는 결혼을 하지 않았다.
② 결혼을 한 사람은 남자이다.
③ 어떤 남자는 자유롭다.
④ 결혼을 한 어떤 남자는 산을 좋아한다.

27 다음 명제들이 모두 참일 때, 금요일에 도서관에 가는 사람은 누구인가?

- 정우는 금요일에 도서관에 간다.
- 연우는 화요일과 목요일에 도서관에 간다.
- 승우가 도서관에 가지 않으면 민우가 도서관에 간다.
- 민우가 도서관에 가면 견우도 도서관에 간다.
- 연우가 도서관에 가지 않으면 정우는 도서관에 간다.
- 정우가 도서관에 가면 승우는 도서관에 가지 않는다.

① 정우, 민우, 견우
② 정우, 승우, 연우
③ 정우, 승우, 견우
④ 정우, 민우, 연우

28 G회사에 입사한 신입사원 A~E는 각각 2개 항목의 물품을 신청하였다. 5명의 신입사원 중 2명의 진술이 거짓일 때, 다음 중 신청 사원과 신청 물품이 적절하게 연결된 것은?

> 신입사원이 신청한 항목은 4개이며, 항목별 신청 사원의 수는 다음과 같다.
> - 필기구 : 2명
> - 의자 : 3명
> - 복사용지 : 2명
> - 사무용 전자제품 : 3명

> - A : 나는 필기구를 신청하였고, E는 거짓말을 하고 있다.
> - B : 나는 의자를 신청하지 않았고, D는 진실을 말하고 있다.
> - C : 나는 의자를 신청하지 않았고, E는 진실을 말하고 있다.
> - D : 나는 필기구와 사무용 전자제품을 신청하였다.
> - E : 나는 복사용지를 신청하였고, B와 D는 거짓말을 하고 있다.

① A – 복사용지　　　　　② B – 사무용 전자제품
③ C – 필기구　　　　　　④ E – 필기구

29 다음 그림과 같이 화살표 방향으로 종이를 접은 후 펀치로 구멍을 뚫어 다시 펼쳤을 때의 그림으로 가장 적절한 것은?

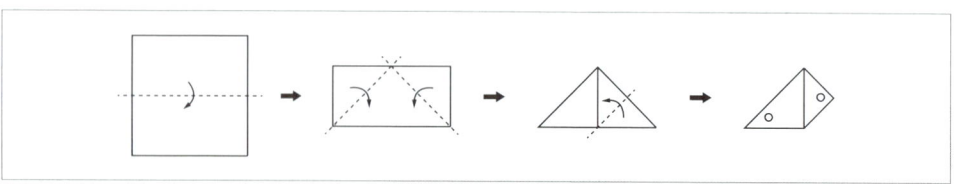

① 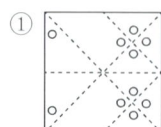　　　　②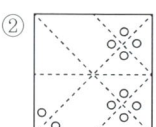

③ 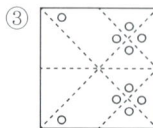　　　　④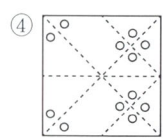

30 다음 그림과 같이 접었을 때 나올 수 있는 뒷면의 모양으로 가장 적절한 것은?

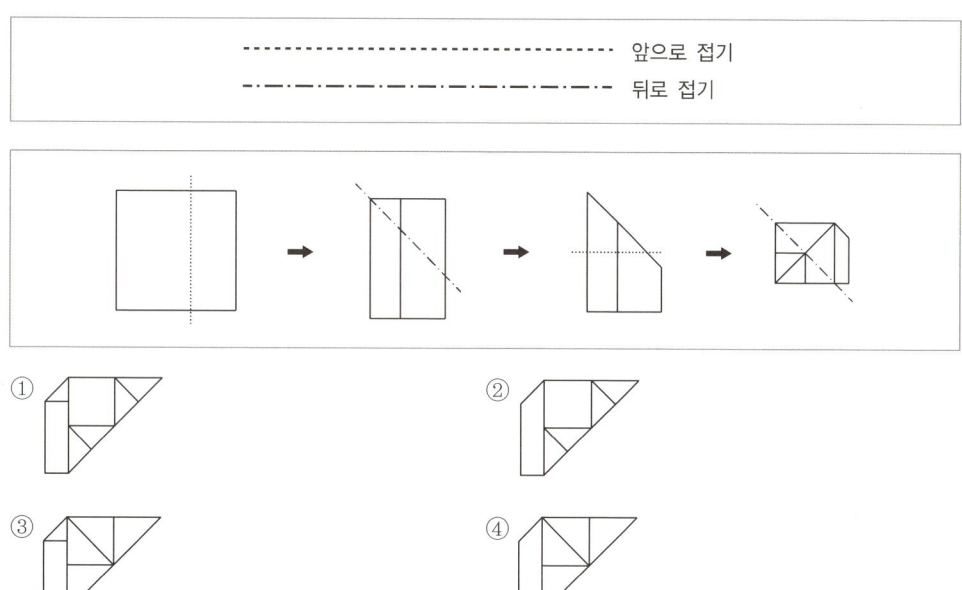

31 다음 도형을 조합하였을 때 만들 수 없는 것은?

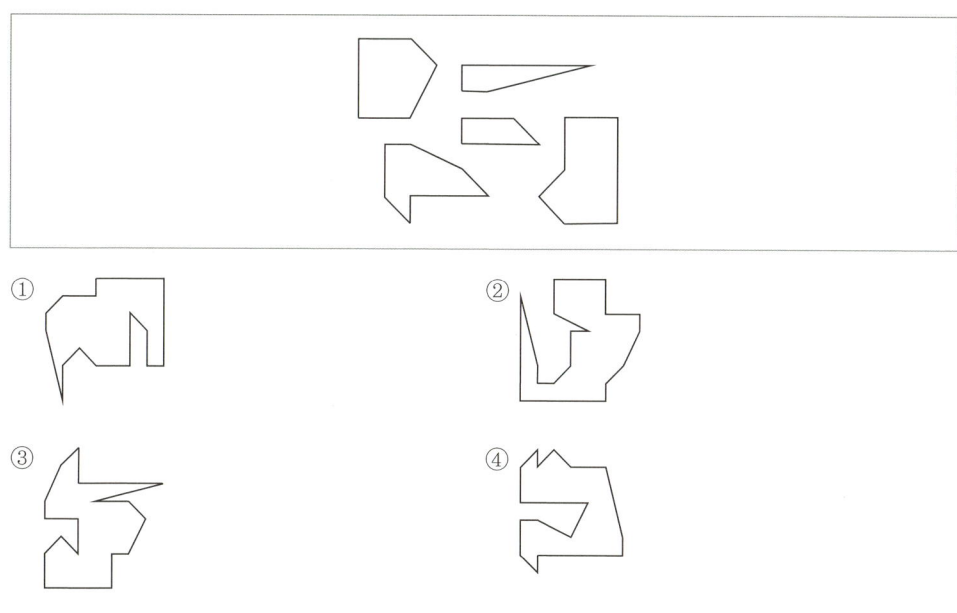

32 다음 전개도를 접었을 때, 나타나는 입체도형으로 가장 적절한 것은?

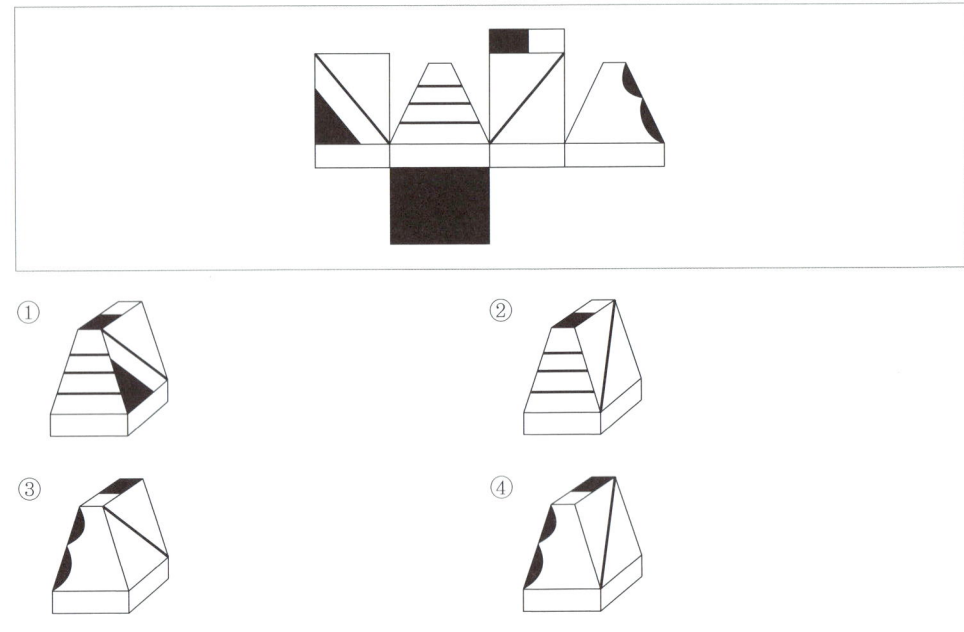

33 다음 전개도를 접었을 때, 나타나는 입체도형으로 적절하지 않은 것은?

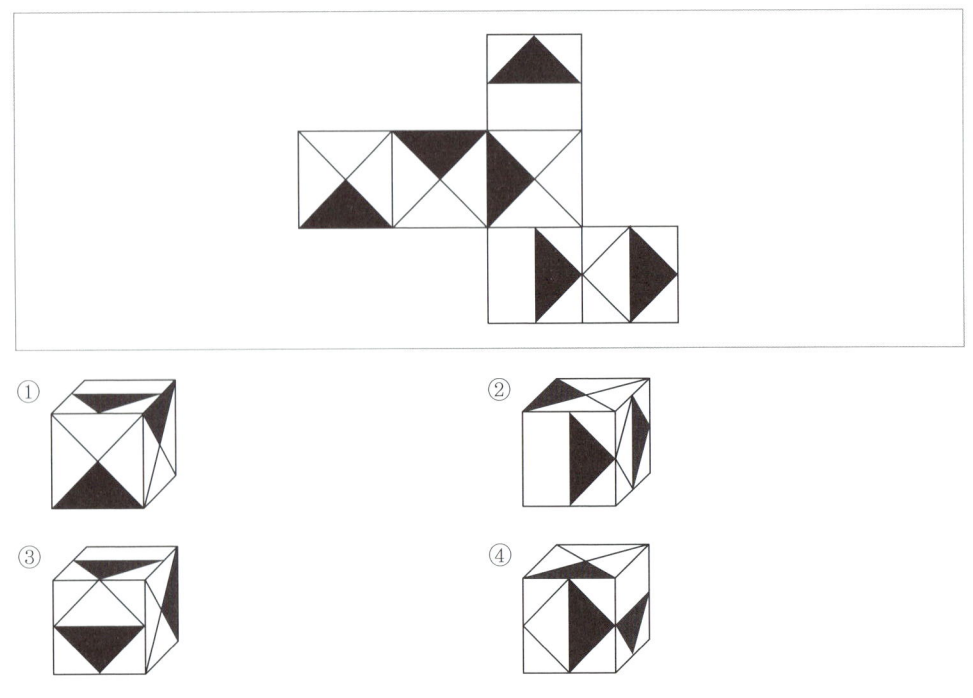

※ 다음 제시된 단면과 일치하는 입체도형을 고르시오. [34~35]

34

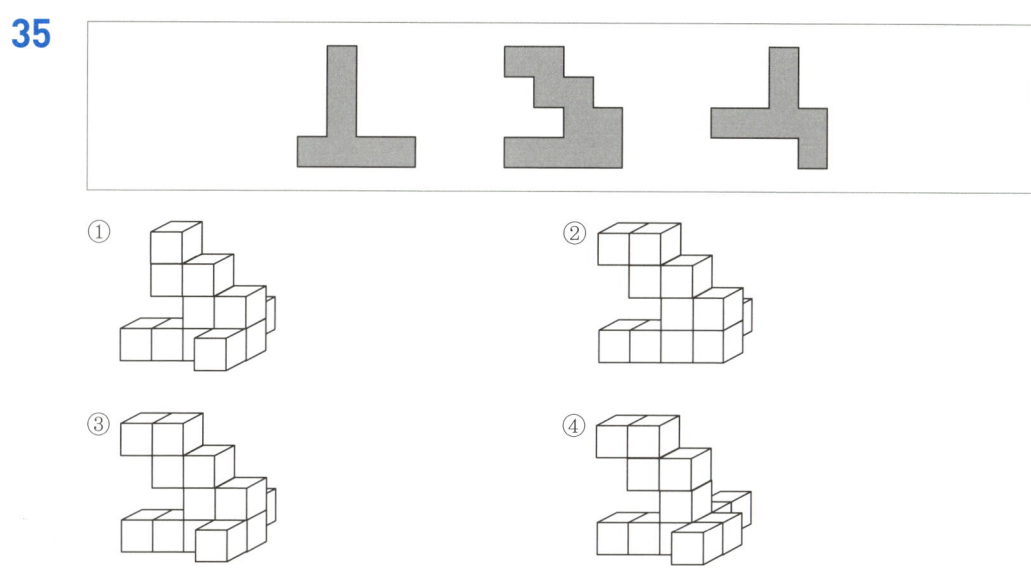

※ 다음과 같은 모양을 만드는 데 사용된 블록의 개수를 고르시오(단, 보이지 않는 곳의 블록은 있다고 가정한다). [36~39]

36

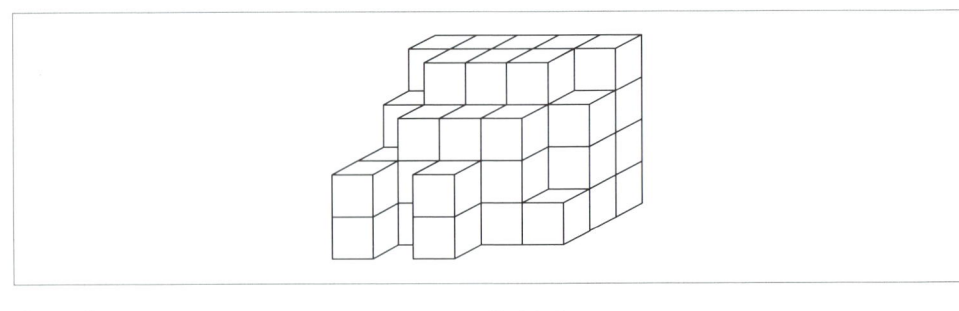

① 50개 ② 52개
③ 54개 ④ 56개

37

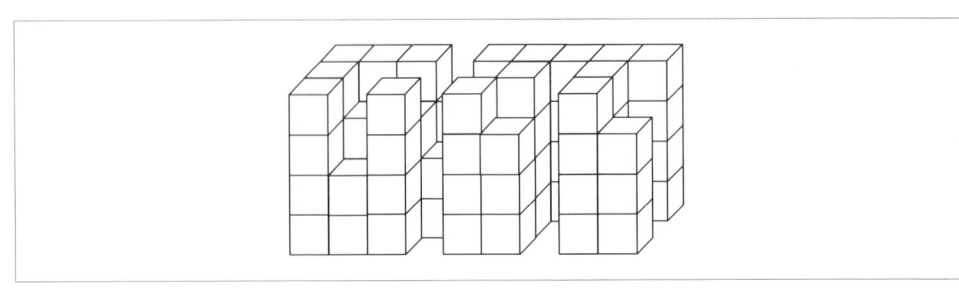

① 82개 ② 81개
③ 80개 ④ 79개

38

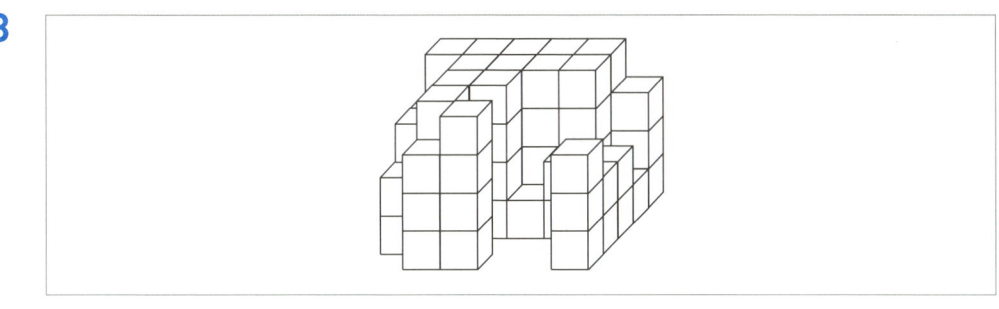

① 75개　　　　　　② 76개
③ 77개　　　　　　④ 78개

39

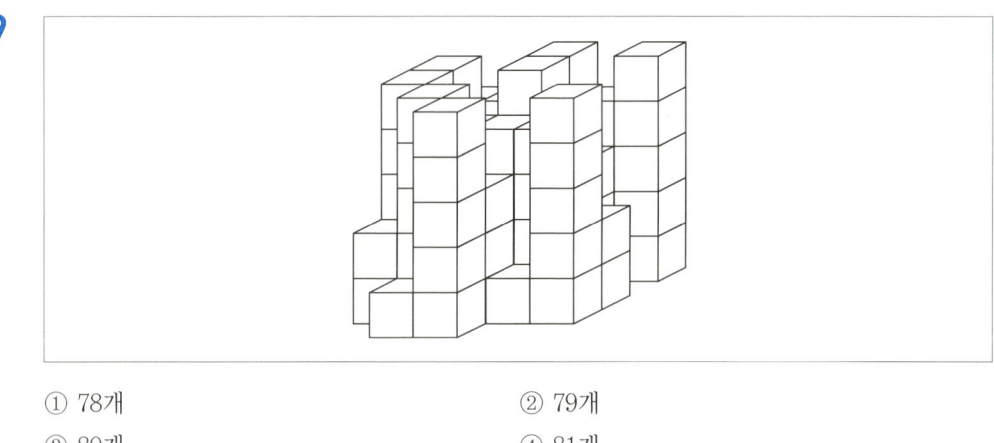

① 78개　　　　　　② 79개
③ 80개　　　　　　④ 81개

40　다음 주어진 입체도형 중 일치하지 않는 것은?

① 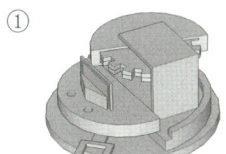　　　②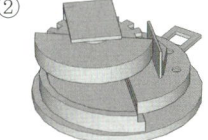

③ 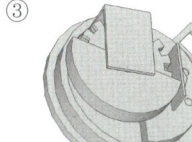　　　④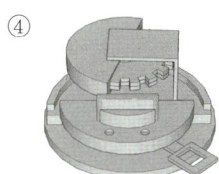

41. 혜린이는 건물 1층에서 맨 위층까지 올라가기 위해 엘리베이터를 탔다. 질량이 50kg인 혜린이가 엘리베이터 바닥에 놓인 저울 위에 서서 올라가는 동안 시간에 따른 엘리베이터의 속도는 다음과 같았다. 이에 대한 설명으로 적절하지 않은 것을 〈보기〉에서 모두 고르면?(단, 중력가속도는 $10m/s^2$이고 모든 저항력과 마찰력은 무시한다)

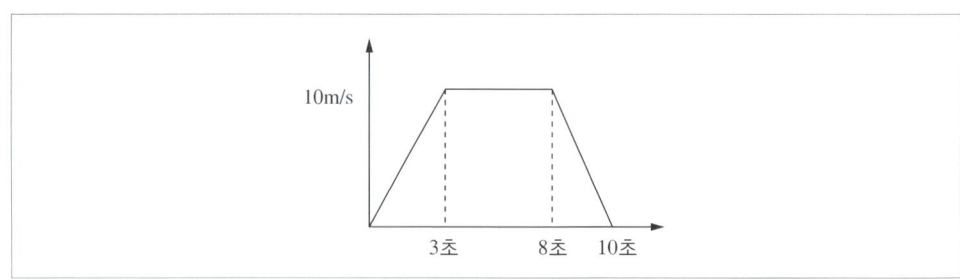

보기
ㄱ. 3초부터 8초 사이에 혜린이의 몸무게는 변함이 없다.
ㄴ. 8초부터 10초 사이에 저울이 가리키는 눈금은 250N이다.
ㄷ. 이 건물의 높이는 70m 이상이다.

① ㄱ, ㄴ
② ㄱ, ㄷ
③ ㄴ, ㄷ
④ ㄱ, ㄴ, ㄷ

42. 다음 중 물체가 높은 곳에서 떨어질 때의 에너지에 대한 설명으로 적절하지 않은 것은?(단, 공기 저항은 무시한다)

① 역학적 에너지는 보존된다.
② 운동 에너지는 증가한다.
③ 운동 에너지는 감소하다 증가한다.
④ 위치 에너지는 감소한다.

※ 다음 제시된 문자와 같은 것의 개수를 구하시오. [43~44]

43

						같				

값	검	곪	갔	걤	걤	걌	같	검	같	값	같
걤	같	괢	걍	괫	걌	괢	같	곪	곪	괢	걤
갔	곪	같	곪	검	괢	곪	걌	갔	값	걍	갔
같	갔	검	걤	괫	값	같	괢	괫	걤	같	곪
같	값	걍	곪	같	걌	괢	갔	같	곪	검	같
걍	걤	괢	같	괢	갔	검	걤	걍	같	갔	값

① 15개   ② 16개
③ 17개   ④ 18개

44

						ⓘ				

ⓐ	ⓑ	ⓓ	ⓗ	ⓢ	ⓛ	ⓦ	ⓑ	ⓓ	ⓕ	ⓩ	ⓗ
ⓖ	ⓙ	ⓘ	ⓛ	ⓖ	ⓙ	ⓘ	ⓒ	ⓗ	ⓖ	ⓥ	ⓙ
ⓢ	ⓩ	ⓛ	ⓓ	ⓓ	ⓘ	ⓛ	ⓕ	ⓤ	ⓓ	ⓦ	ⓘ
ⓛ	ⓤ	ⓢ	ⓩ	ⓗ	ⓨ	ⓑ	ⓖ	ⓣ	ⓜ	ⓤ	ⓛ

① 1개   ② 2개
③ 4개   ④ 6개

45 다음 규칙에 따라 적절하게 변형한 것은?

규※q★⊃ − 62≡§◎

① ⊃★※q규 − ◎§2≡6   ② ※q규⊃ − 2≡6§◎
③ q규⊃★※ − ≡6◎2§   ④ ★⊃※규q − §◎62≡

제3회 최종점검 모의고사

01 다음 단어와 반대되는 의미를 가진 단어로 가장 적절한 것은?

완비

① 불비 ② 우연
③ 필연 ④ 습득

02 다음 내용에 해당하는 속담으로 가장 적절한 것은?

아무리 사소한 것이라도 그것이 거듭되면 무시하지 못할 정도로 크게 됨을 비유적으로 이르는 말

① 거미줄에 목을 맨다 ② 갈수록 태산이다
③ 약방에 감초 ④ 가랑비에 옷 젖는 줄 모른다

03 다음 단어와 같은 뜻을 지닌 단어로 가장 적절한 것은?

군더더기

① 빈약 ② 이연
③ 부족 ④ 사족

04 다음 글의 빈칸에 들어갈 적절한 접속어는?

> 그들은 거짓말쟁이였다. 그들은 엉뚱하게도 계획을 내세웠다. 그러나 우리에게 필요한 것은 계획이 아니었다. 많은 사람이 이미 많은 계획을 내놓았다. 그런데도 달라진 것은 없었다. _____ 무엇을 이룬다고 해도 그것은 우리와는 상관이 없는 것이었다.

① 과연
② 그러나
③ 설혹
④ 예를 들면

05 다음 밑줄 친 ㉠~㉢ 중 맥락에 어울리는 단어를 순서대로 바르게 나열한 것은?

> 음향은 종종 인물의 생각이나 심리를 극적으로 ㉠ 표시(表示) / 제시(提示) 하는 데 활용된다. 화면을 가득 채운 얼굴과 함께 인물의 목소리를 들려주면 인물의 속마음이 효과적으로 표현된다. 인물의 표정은 드러내지 않은 채 심장 소리만을 크게 들려줌으로써 인물의 불안정한 심정을 ㉡ 표출(表出) / 표명(表明) 하는 예도 있다. 이처럼 음향은 영화의 장면 및 줄거리와 밀접한 관계를 유지하며 주제나 감독의 의도를 ㉢ 실현(實現) / 구현(具縣) 하는 중요한 요소이다.

	㉠	㉡	㉢
①	표시	표명	실현
②	제시	표출	실현
③	제시	표출	구현
④	표시	표명	구현

06 다음 글의 제목으로 가장 적절한 것은?

> 맥주의 주원료는 양조용수·보리·홉 등이다. 맥주를 양조하기 위해서는 일반적으로 맥주생산량의 10~20배 정도 되는 물이 필요하며, 이것을 양조용수라고 한다. 양조용수는 맥주의 종류와 품질을 좌우하며, 무색·무취·투명해야 한다. 보리를 싹틔워 맥아로 만든 것을 사용하여 맥주를 제조하는데, 맥주용 보리로는 곡립이 고르고 녹말질이 많으며 단백질이 적은 것, 그리고 곡피(穀皮)가 얇으며 발아력이 왕성한 것이 좋다. 홉은 맥주 특유의 쌉쌀한 향과 쓴맛을 만들어 내는 주요 첨가물이며, 맥주를 맑게 하고 잡균의 번식을 막아주는 역할을 한다.
>
> 맥주의 제조공정을 살펴보면 맥아제조, 담금, 발효, 저장, 여과의 다섯 단계로 나눌 수 있다. 이 중 발효공정은 맥즙이 발효되어 술이 되는 과정을 말하는데, 효모가 발효탱크 속에서 맥즙에 있는 당분을 알코올과 탄산가스로 분해한다. 이 공정은 1주일간 이어지며, 그동안 맥즙 안에 있던 당분은 점점 줄어들고 알코올과 탄산가스가 늘어나 맥주가 되는 것이다. 이때 발효 중 맥즙의 온도 상승을 막기 위해 탱크를 냉각 코일로 감고 그 표면을 하얀 폴리우레탄으로 단열시키는데, 그 모습이 마치 남극의 이글루처럼 보이기도 한다.
>
> 발효의 방법에 따라 하면발효 맥주와 상면발효 맥주로 구분되는데, 이는 어떤 온도에서 발효시키느냐에 달려있다. 세계 맥주 생산량의 70%를 차지하는 하면발효 맥주는 발효 중 밑으로 가라앉는 효모를 사용해 저온에서 발효시킨 맥주를 말한다. 요즘 유행하는 드래프트 비어가 바로 여기에 속한다. 반면, 상면발효 맥주는 주로 영국, 미국, 캐나다, 벨기에 등에서 생산되며 발효 중 표면에 떠오르는 효모로 비교적 높은 온도에서 발효시킨 맥주를 말한다. 에일, 스타우트 등이 상면발효 맥주에 포함된다.

① 홉과 발효 방법의 종류에 따른 맥주 구분법
② 주원료에 따른 맥주의 발효 방법 분류
③ 맥주의 주원료와 발효 방법에 따른 맥주의 종류
④ 맥주의 제조공정

07 다음 글의 내용으로 적절하지 않은 것은?

> 위기지학(爲己之學)이란 15세기의 사림파 선비들이 『소학(小學)』을 강조하면서 내세운 공부 태도를 가리킨다. 원래 이 말은 위인지학(爲人之學)과 함께 『논어(論語)』에 나오는 말이다. "옛날에 공부하던 사람들은 자기를 위해 공부했는데, 요즘 사람들은 남을 위해 공부한다." 즉, 공자는 공부하는 사람의 관심이 어디에 있느냐를 가지고 학자를 두 부류로 구분했다. 어떤 학자는 "위기(爲己)란 자아가 성숙하는 것을 추구하며, 위인(爲人)이란 남들로부터 인정받기를 바라는 태도"라고 했다. 조선 시대를 대표하는 지식인 퇴계 이황(李滉)은 이렇게 말했다. "위기지학이란, 우리가 마땅히 알아야 할 바가 도리이며, 우리가 마땅히 행해야 할 바가 덕행이라는 것을 믿고, 가까운 데서부터 착수해 나가되 자신의 이해를 통해서 몸소 실천하는 것을 목표로 삼는 공부이다. 반면 위인지학이란, 내면의 공허함을 감추고 관심을 바깥으로 돌려 지위와 명성을 취하는 공부이다." 위기지학과 위인지학의 차이는 공부의 대상이 무엇이냐에 있다기보다 공부를 하는 사람의 일차적 관심과 태도가 자신을 내면적으로 성숙시키는 데 있느냐 아니면 다른 사람으로부터 인정을 받는 데 있느냐에 있다는 것이다.
>
> 이것은 학문의 목적이 외재적 가치에 의해서가 아니라 내재적 가치에 의해서 정당화된다는 사고방식이 나타났음을 뜻한다. 이로써 당시 사대부들은 출사(出仕)를 통해 정치에 참여하는 것 외에 학문과 교육에 종사하면서도 자신의 사회적 존재 의의를 주장할 수 있다고 믿었다. 더 나아가 학자 또는 교육자로서 사는 것이 관료 또는 정치가로서 사는 것보다 훌륭한 것이라고 주장할 수 있게 되었다. 또한 위기지학의 출현은 종래 과거제에 종속되어 있던 교육에 독자적 가치를 부여했다는 점에서 역사적 사건으로 평가받아 마땅하다.

① 국가가 위기지학을 권장함으로써 그 위상이 높아졌다.
② 위인지학을 추구하는 사람들은 체면과 인정을 중시했다.
③ 위기적 태도를 견지한 사람들은 자아의 성숙을 추구했다.
④ 공자는 학문하는 태도를 기준으로 삼아 학자들을 나누었다.

08 다음 글의 제목으로 가장 적절한 것은?

> 20세기 한국 사회는 내부 노동시장에 의존한 평생직장 개념을 갖고 있었으나, 1997년 외환 위기 이후 인력 관리의 유연성이 향상되면서 그것은 사라지기 시작하였다. 기업은 필요한 우수 인력을 외부 노동시장에서 적기에 채용하고, 저숙련 인력은 주변화하여 비정규직을 계속 늘려간다는 전략을 구사하고 있다. 이러한 기업의 인력 관리 방식에 따라서 실업률은 계속 하락하는 동시에 주당 18시간 미만으로 일하는 불완전 취업자가 많이 증가하고 있다.
>
> 이러한 현상은 우리나라의 경제가 지식 기반 산업 위주로 점차 바뀌고 있음을 말해 준다. 지식 기반 산업이 주도하는 경제 체제에서는 고급 지식을 갖거나 숙련된 노동자는 더욱 높은 임금을 받게 된다. 다시 말해, 지식 기반 경제로의 이행은 지식 격차에 의한 소득 불평등의 심화를 의미한다. 우수한 기술과 능력을 갖춘 핵심 인력은 능력 개발 기회를 얻게 되어 '고급 기술 → 높은 임금 → 양질의 능력 개발 기회'의 선순환 구조를 갖지만, 비정규직·장기 실업자 등 주변 인력은 악순환을 겪을 수밖에 없다. 이러한 '양극화' 현상을 국가가 적절히 통제하지 못할 경우, 사회 계급 간의 간극은 더욱 확대될 것이다. 결국 고도 기술 사회가 온다고 해도 자본주의 사회 체제가 지속되는 한, 사회 불평등 현상은 여전히 계급 간 균열선을 따라 존재하게 될 것이다. 국가가 포괄적 범위에서 강력하게 사회 정책적 개입을 추진하면 계급 간 차이를 현재보다는 축소시킬 수 있겠지만 아주 없어지는 못할 것이다.
>
> 사회 불평등 현상은 나라들 사이에서도 발견된다. 각국 간 발전 격차가 지속 확대되면서 전 지구적 생산의 재배치는 이미 20세기 중엽부터 진행됐다. 정보통신 기술은 지구의 자전 주기와 공간적 거리를 '장애물'에서 '이점'으로 변모시켰다. 그 결과, 전 지구적 노동시장이 탄생하였다. 기업을 비롯한 각 사회 조직은 국경을 넘어 인력을 충원하고, 재화와 용역을 구매하고 있다. 개인들도 인터넷을 통해 이러한 흐름에 동참하고 있다. 생산 기능은 저개발국으로 이전되고, 연구·개발·마케팅 기능은 선진국으로 모여드는 경향이 지속·강화되어, 나라 간 정보 격차가 확대되고 있다. 유비쿼터스 컴퓨팅 기술에 의거하여 전 지구 사회를 잇는 지역 간 분업은 앞으로 더욱 활발해질 것이다. 나라 간의 경제적 불평등 현상은 국제 자본 이동과 국제 노동 이동으로 표출되고 있다. 노동 집약적 부문의 국내 기업이 해외로 생산 기지를 옮기는 현상에서 나아가, 초국적 기업화 현상이 본격적으로 대두되고 있다. 전 지구에 걸친 외부 용역 대치가 이루어지고 콜센터를 외국으로 옮기는 현상도 보편화될 것이다.

① 국가 간 노동 인력의 이동이 가져오는 폐해
② 사회 계급 간 불평등 심화 현상의 해소 방안
③ 지식 기반 산업 사회에서의 노동시장의 변화
④ 선진국과 저개발국 간의 격차 축소 정책의 필요성

09 다음 글의 내용 전개상 특징으로 적절한 것은?

광고는 문화 현상이다. 이 점에 대해서 의심하는 사람은 거의 없다. 그럼에도 불구하고 많은 사람들이 광고를 단순히 경제적인 영역에서 활동하는 상품 판매 도구로만 인식하고 있다. 이와 같이 광고를 경제현상에 집착하여 논의하게 되면 필연적으로 극단적인 옹호론과 비판론으로 양분될 수밖에 없다. 예컨대, 옹호론에서 보면 마케팅적 설득이라는 긍정적 성격이 부각되는 반면, 비판론에서는 이데올로기적 조작이라는 부정적 성격이 두드러지는 이분법적 대립이 초래된다는 것이다.

물론 광고는 숙명적으로 상품의 판촉수단으로서의 굴레를 벗어날 수 없다. 상품광고가 아닌 공익광고나 정치광고 등도 현상학적으로는 상품의 판매를 위한 것이 아니라 할지라도, 본질적으로 상품과 다를 바 없이 이념과 슬로건, 그리고 정치적 후보들을 판매하고 있다.

그런데 현대적 의미에서 상품 소비는 물리적 상품 교환에 그치는 것이 아니라 기호와 상징들로 구성된 의미 교환 행위로 파악된다. 따라서 상품은 경제적 차원에만 머무르는 것이 아니라 문화적 차원에서 논의될 필요가 있다. 현대사회에서 상품은 기본적으로 물질적 속성의 유용성과 문제적 속성의 상징성이 이중적으로 중첩되어 있다. 더구나 최근 상품의 질적인 차별이 없어짐으로써 상징적 속성이 더욱더 중요하게 되었다.

현대 광고에 나타난 상품의 모습은 초기 유용성을 중심으로 물질적 기능이 우상으로 숭배되는 모습에서, 근래 상품의 차이가 사람의 차이가 됨으로써 기호적 상징이 더 중요시되는 토테미즘 양상으로 변화되었다고 한다. 이와 같은 광고의 상품 '채색' 활동 때문에 현대사회의 지배적인 '복음'은 상품의 소유와 소비를 통한 욕구 충족에 있다는 비판을 받는다. 광고는 상품과 상품이 만들어 놓는 세계를 미화함으로써 개인의 삶과 물질적 소유를 보호하기 위한 상품 선택의 자유와 향락을 예찬한다. 이러한 맥락에서 오늘날 광고는 소비자와 상품 사이에서 일어나는 일종의 담론이라고 할 수 있다. 광고 읽기는 단순히 광고를 수용하거나 해독하는 행위에 그치지 않고 '광고에 대한 비판적인 안목을 갖고 비평을 시도하는 것'을 뜻한다고 할 수 있다.

① 대상을 새로운 시각으로 바라보고, 이해할 수 있게 돕고 있다.
② 대상의 의미를 통시적 관점으로 고찰하고 있다.
③ 대상의 문제점을 파악하고 나름의 해결책을 모색하고 있다.
④ 대상에 대한 견해 중 한쪽에 치우쳐 논리를 전개하고 있다.

10 다음 글의 내용으로 보아 밑줄 친 ㉠의 주장에 가장 가까운 것은?

> 문화가 발전하려면 저작자의 권리 보호와 저작물의 공정 이용이 균형을 이루어야 한다. 저작물의 공정 이용이란 저작권자의 권리를 일부 제한하여 저작저자의 허락이 없어도 저작물을 자유롭게 이용하는 것을 말한다. 비영리적인 사적 복제를 허용하는 것이 그 예이다. 우리나라의 저작권법에서는 오래전부터 공정 이용으로 볼 수 있는 저작권 제한 규정을 두었다.
> 그런데 디지털 환경에서 저작물의 공정 이용은 여러 장애에 부딪혔다. 디지털 환경에서는 저작물을 원본과 동일하게 복제할 수 있고 용이하게 개작할 수 있다. 따라서 저작물이 개작되더라도 그것이 원래 창작물인지 이차적 저작물인지 알기 어렵다. 그 결과 디지털화된 저작물의 이용 행위가 공정 이용의 범주에 드는 것인지 가늠하기가 더 어려워졌고 그에 따른 처벌 위험도 커졌다.
> 이러한 문제를 해소하기 위한 시도의 하나로 포괄적으로 적용할 수 있는 '저작물의 공정한 이용' 규정이 저작권법에 별도로 신설되었다. 그리하여 저작저자의 동의가 없어도 저작물을 공정하게 이용할 수 있는 영역이 확장되었다. 그러나 공정 이용 여부에 대한 시비가 자율적으로 해소되지 않으면 예나 지금이나 법적인 절차를 밟아 갈등을 해소해야 한다.
> 저작물 이용자들이 처벌에 대한 불안감을 여전히 느낀다는 점에서 저작물의 자유 이용 허락 제도와 같은 '저작물의 공유' 캠페인이 주목을 받고 있다. 이 캠페인은 저작권자들이 자신의 저작물에 일정한 이용 허락 조건을 표시해서 이용자들에게 무료로 개방하는 것을 말한다. 캠페인 참여자들은 저작권자와 이용자들의 자발적인 참여를 통해 자유롭게 활용할 수 있는 저작물의 양과 범위를 확대하려고 노력한다. 이들은 저작물의 공유가 확산되면 디지털 저작물의 이용이 활성화되고 그 결과 인터넷이 더욱 창의적이고 풍성한 정보 교류의 장이 될 것이라고 본다. 그러나 캠페인에 참여한 저작물을 이용할 때 허용된 범위를 벗어난 경우 법적 책임을 질 수 있다.
> 한편 ㉠ 다른 시각을 가진 사람들도 있다. 이들은 저작물의 공유 캠페인이 확산되면 저작물을 창조하려는 사람들의 동기가 크게 감소할 것이라고 우려한다. 이들은 결과적으로 활용 가능한 저작물이 줄어들게 되어 이용자들도 피해를 당하게 된다고 주장한다. 또 디지털 환경에서는 사용료 지불 절차 등이 간단해져서 '저작물의 공정한 이용' 규정을 별도로 신설할 필요가 없었다고 본다. 이들은 저작물의 공유 캠페인과 신설된 공정 이용 규정으로 인해 저작권자들의 정당한 권리가 침해받고 있으므로 이를 시정하는 것이 오히려 공익에 더 도움이 된다고 말한다.

① 이용 허락 조건을 저작물에 표시하여 창작 활동을 더욱 활성화해야 한다.
② 저작권자의 정당한 권리 보호를 위해 저작물의 공유 캠페인이 확산되어야 한다.
③ 비영리적인 경우 저작권자의 동의가 없어도 복제가 허용되는 영역을 확대해야 한다.
④ 저작권자가 자신들의 노력에 상응하는 대가를 정당하게 받을수록 창작 의욕이 더 커진다.

11 다음 식을 계산한 값으로 옳은 것은?

$$451-89+949$$

① 1,211
② 1,311
③ 1,411
④ 1,511

12 다음 빈칸에 들어갈 수로 옳은 것은?

$$\frac{1}{3} < (\quad) < \frac{10}{27}$$

① $\frac{22}{81}$
② $\frac{8}{27}$
③ $\frac{28}{81}$
④ $\frac{4}{9}$

13 주머니 속에 빨간 구슬, 흰 구슬이 섞여 15개 들어 있다. 이 주머니에서 2개를 꺼내보고 다시 넣는 일을 여러 번 반복하였더니, 5회에 1번 꼴로 2개 모두 빨간 구슬이었다. 이 주머니에서 구슬을 하나 뽑을 때 빨간 구슬일 확률은?

① $\frac{1}{15}$
② $\frac{4}{15}$
③ $\frac{7}{15}$
④ $\frac{11}{15}$

14 A와 B는 1.2km 떨어진 직선거리의 양 끝에서부터 12분 동안 마주 보고 달려 한 지점에서 만났다. B는 A보다 1.5배가 빠르다고 할 때, A의 속력은?

① 28m/분 ② 37m/분
③ 40m/분 ④ 48m/분

15 0 ~ 9까지의 숫자가 적힌 카드를 세 장 뽑아서 홀수인 세 자리의 수를 만들려고 할 때, 가능한 경우의 수는?

① 280가지 ② 300가지
③ 320가지 ④ 340가지

16 자동차 제조 회사에서 근무하는 황대리는 T중형차 매출현황에 대한 보고서를 작성 중이었다. 그런데 실수로 커피를 쏟아 월별 매출 일부분과 평균 매출 부분이 얼룩지게 되었다. 황대리가 기억하는 연 매출액은 246억 원이고, 3분기까지의 평균 매출은 22억 원이었다. 남아있는 매출현황을 통해 4분기의 평균 매출을 올바르게 구한 것은?

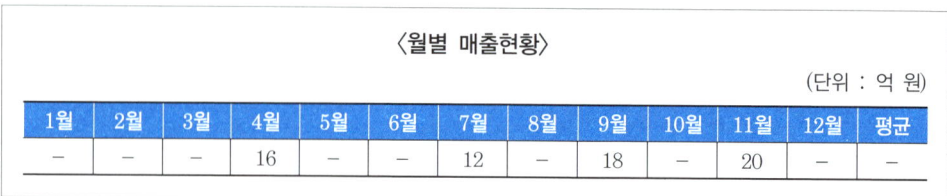

〈월별 매출현황〉
(단위 : 억 원)

1월	2월	3월	4월	5월	6월	7월	8월	9월	10월	11월	12월	평균
-	-	-	16	-	-	12	-	18	-	20	-	-

① 14억 원 ② 16억 원
③ 18억 원 ④ 20억 원

17 다음은 2018년부터 2023년까지 자원봉사 참여 현황에 대한 표이다. 6년 동안 참여율이 4번째로 높은 해의 전년 대비 참여율의 증가율은?(단, 증가율은 소수점 첫째 자리에서 반올림한다)

〈자원봉사 참여 현황〉

구분	2018년	2019년	2020년	2021년	2022년	2023년
총 성인 인구수	35,744	36,786	37,188	37,618	38,038	38,931
자원봉사 참여 성인 인구수	1,621	2,103	2,548	3,294	3,879	4,634
참여율	4.5	5.7	6.9	8.8	10.2	11.9

① 약 17% ② 약 19%
③ 약 21% ④ 약 23%

18 다음은 A의 보유 반찬 및 칼로리 정보와 A의 하루 식단에 대한 자료이다. A가 하루에 섭취하는 총 열량은?

〈A의 보유 반찬 및 칼로리 정보〉

반찬	현미밥	미역국	고등어구이	시금치나물	버섯구이	블루베리
무게(g)	300	500	400	100	150	80
열량(kcal)	540	440	760	25	90	40

반찬	우유식빵	사과잼	된장찌개	갈비찜	깍두기	연근조림
무게(g)	100	40	200	200	50	100
열량(kcal)	350	110	176	597	50	96

〈A의 하루 식단〉

구분	식단
아침	우유식빵 80g, 사과잼 40g, 블루베리 60g
점심	현미밥 200g, 갈비찜 200g, 된장찌개 100g, 버섯구이 50g, 시금치나물 20g
저녁	현미밥 100g, 미역국 200g, 고등어구이 150g, 깍두기 50g, 연근조림 50g

① 1,940kcal ② 2,120kcal
③ 2,239kcal ④ 2,352kcal

19 다음은 A지역의 주화 공급에 대한 자료이다. 이에 대한 설명으로 옳은 것을 〈보기〉에서 모두 고르면?

〈A지역 주화 공급 현황〉

구분	액면가				합계
	10원	50원	100원	500원	
공급량(만 개)	3,469	2,140	2,589	1,825	10,023
공급기관 수(개)	1,519	929	801	953	4,202

※ (평균 주화 공급량)= $\frac{(주화\ 종류별\ 공급량의\ 합)}{(주화\ 종류\ 수)}$

※ (주화 공급액)=(주화 공급량)×(액면가)

보기

ㄱ. 주화 공급량이 주화 종류별로 각각 200만 개씩 증가한다면, 이 지역의 평균 주화 공급량은 2,700만 개 이상이다.
ㄴ. 주화 종류별 공급기관당 공급량은 10원 주화가 500원 주화보다 적다.
ㄷ. 만약 10원과 500원 주화는 각각 10%씩, 50원과 100원 주화는 각각 20%씩 공급량이 증가한다면, 이 지역의 평균 주화 공급량의 증가율은 15% 이하이다.
ㄹ. 총 주화 공급액 규모가 12% 증가해도 주화 종류별 주화 공급량의 비율은 변하지 않는다.

① ㄱ, ㄴ   ② ㄱ, ㄷ
③ ㄴ, ㄹ   ④ ㄴ, ㄷ

※ 일정한 규칙으로 수·문자를 나열할 때, 빈칸에 들어갈 알맞은 수나 문자를 고르시오. [20~21]

20

J L N ( ) R T

① M   ② Q
③ O   ④ P

21

1 1 7 31 109 349 ( )

① 746   ② 888
③ 948   ④ 1,075

※ 다음 표의 규칙을 찾아 물음표에 들어가기에 가장 적절한 수를 고르시오. [22~23]

22

2	0	3	8	7
7	5	4	6	3
15	1	13	49	?

① 20
② 21
③ 22
④ 23

23

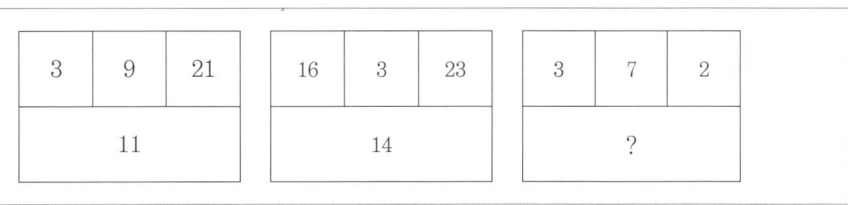

① 2
② 4
③ 6
④ 8

24

- 자전거를 타면 폐활량이 좋아진다.
- 주말에 특별한 일이 없으면 자전거를 탄다.
- 그러므로 _____

① 폐활량이 좋아지면 주말에 특별한 일이 있다.
② 주말에 특별한 일이 없으면 폐활량이 좋아진다.
③ 자전거를 타면 주말에 특별한 일이 없다.
④ 폐활량이 좋아지지 않으면 주말에 특별한 일이 없다.

25

- 너무 많이 먹으면 살이 찐다.
- _____
- 그러므로 둔하지 않다면 너무 많이 먹지 않은 것이다.

① 둔하다면 적게 먹은 것이다.
② 너무 많이 먹으면 둔해진다.
③ 살이 찌면 둔해진다.
④ 너무 많이 먹어도 살이 찌지 않는다.

26 N백화점 명품관에서 도난 사건이 발생했다. CCTV 확인을 통해 그 시각 백화점 명품관에 있던 용의자 A~F가 검거됐다. 이들 중 범인인 두 사람이 거짓말을 하고 있다면, 거짓말을 한 사람은?

> • A : F가 성급한 모습으로 나가는 것을 봤어요.
> • B : C가 가방 속에 무언가 넣는 모습을 봤어요.
> • C : 나는 범인이 아닙니다.
> • D : B 혹은 A가 훔치는 것을 봤어요.
> • E : F가 범인인 게 확실해요. CCTV를 자꾸 신경 쓰고 있었거든요.
> • F : 얼핏 봤는데, 제가 본 도둑은 C 아니면 E예요.

① A, C
② B, C
③ B, F
④ D, E

27 A~C 3명 중 1명은 수녀, 1명은 왕, 1명은 농민이다. 수녀는 언제나 참을, 왕은 언제나 거짓을, 농민은 참을 말하기도 하고 거짓을 말하기도 한다. 이 세 사람이 다음과 같은 대화를 할 때, A~C를 순서대로 바르게 나열한 것은?

> • A : 나는 농민이다.
> • B : A의 말은 진실이다.
> • C : 나는 농민이 아니다.

① 농민, 왕, 수녀
② 농민, 수녀, 왕
③ 수녀, 왕, 농민
④ 왕, 농민, 수녀

28 다음 그림과 같이 화살표 방향으로 종이를 접은 후, 다시 펼쳤을 때의 그림으로 적절한 것은?

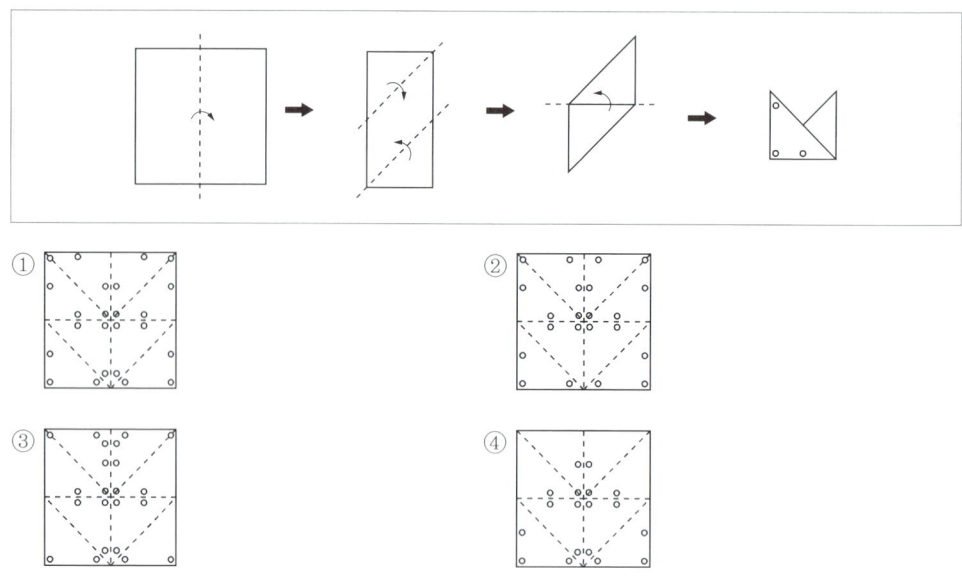

29 다음 그림과 같이 접었을 때 나올 수 있는 모양으로 적절하지 않은 것은?

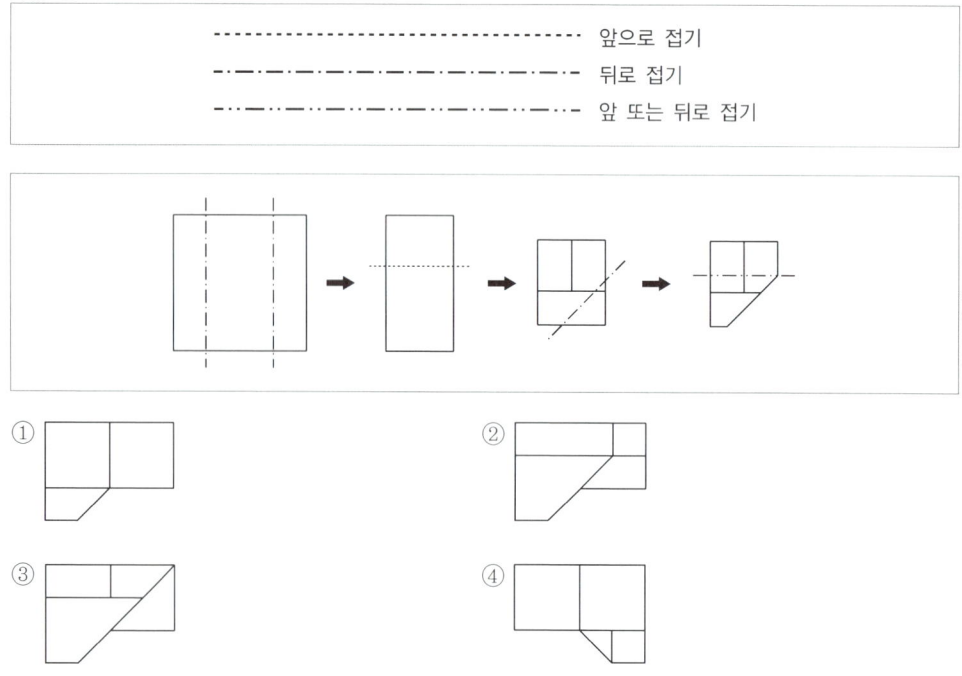

※ 다음과 같은 모양을 만드는 데 사용된 블록의 개수를 고르시오(단, 보이지 않는 곳의 블록은 있다고 가정한다). [30~31]

30

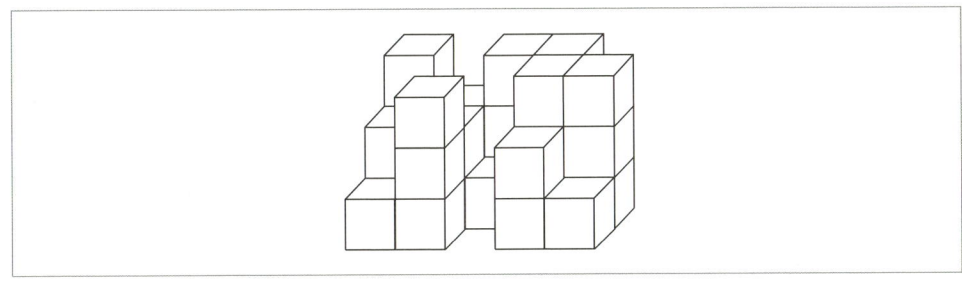

① 26개　　　　　　　　② 27개
③ 28개　　　　　　　　④ 29개

31

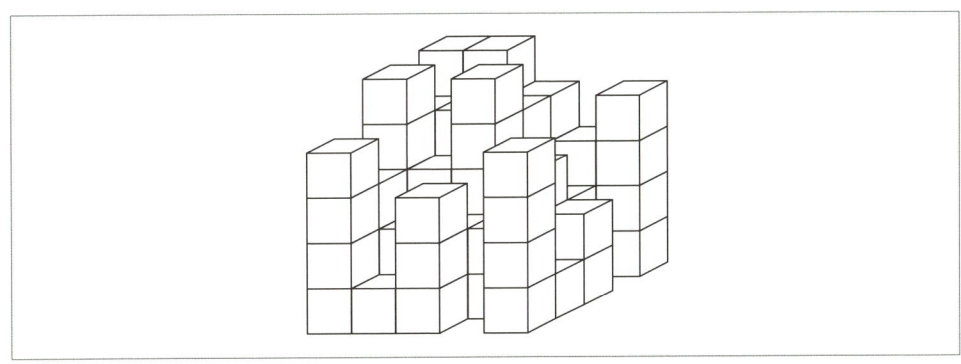

① 75개　　　　　　　　② 76개
③ 77개　　　　　　　　④ 78개

32 정면이 다음과 같도록 정육면체의 전개도를 접은 후, 조건에 따라 회전시켰을 때 앞에서 바라본 모양으로 적절한 것은?

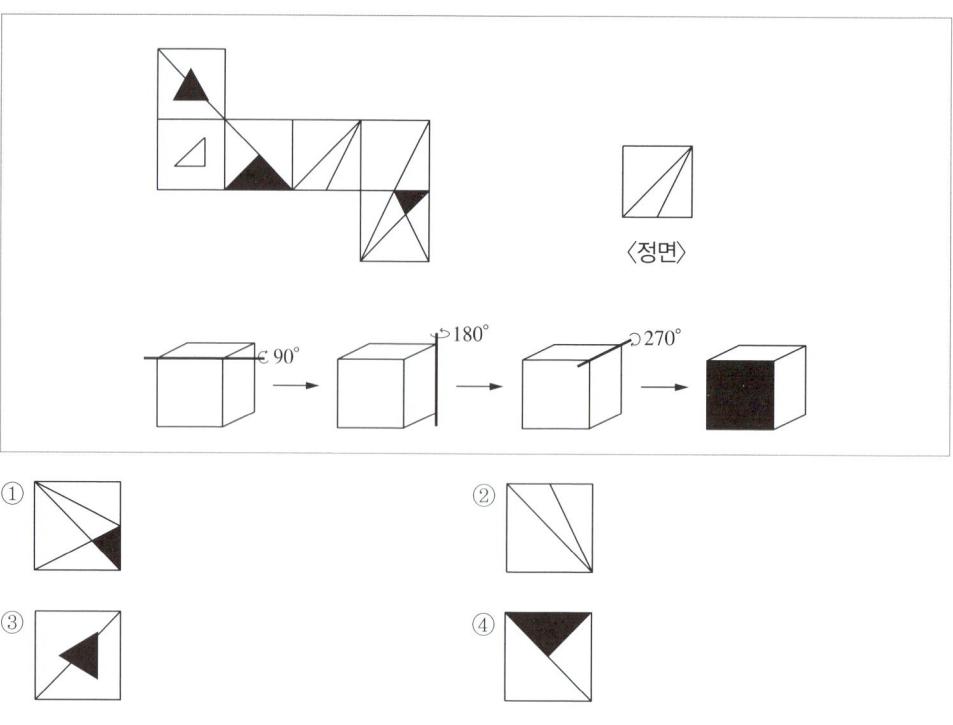

33 다음 전개도로 정육면체를 만들 때, 만들어질 수 없는 것은?

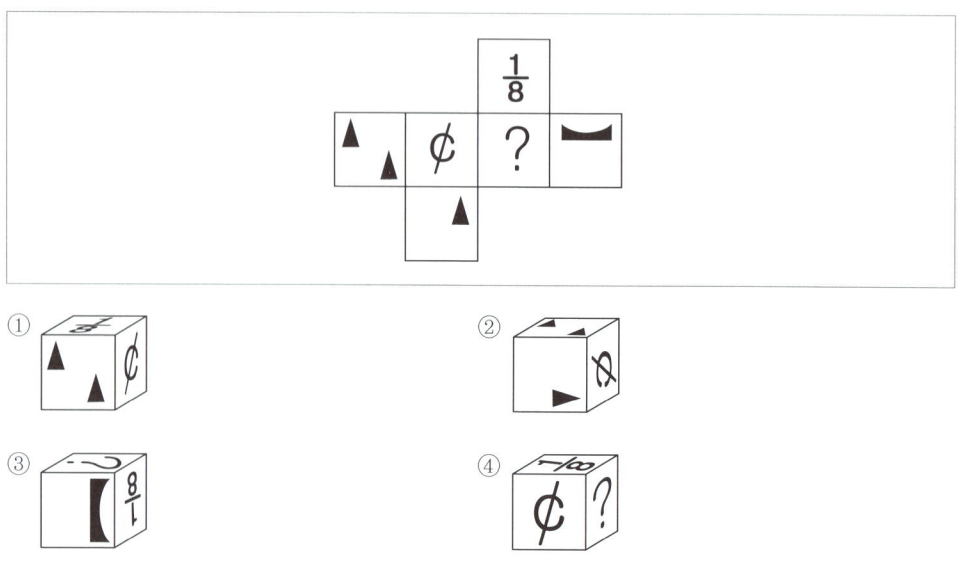

34 다음 단면과 일치하는 입체도형은?

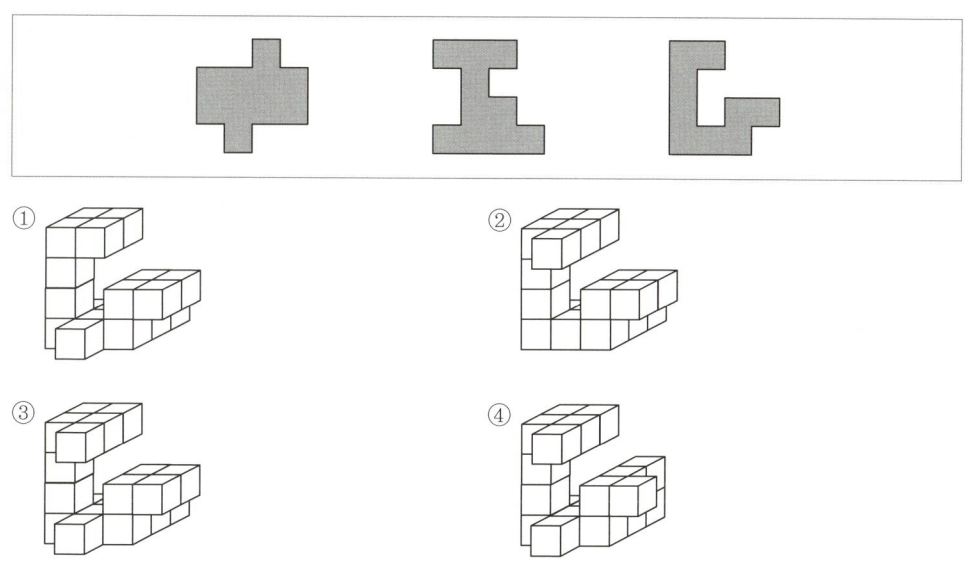

35 다음 전개도를 접었을 때 나타나는 입체도형으로 적절한 것은?

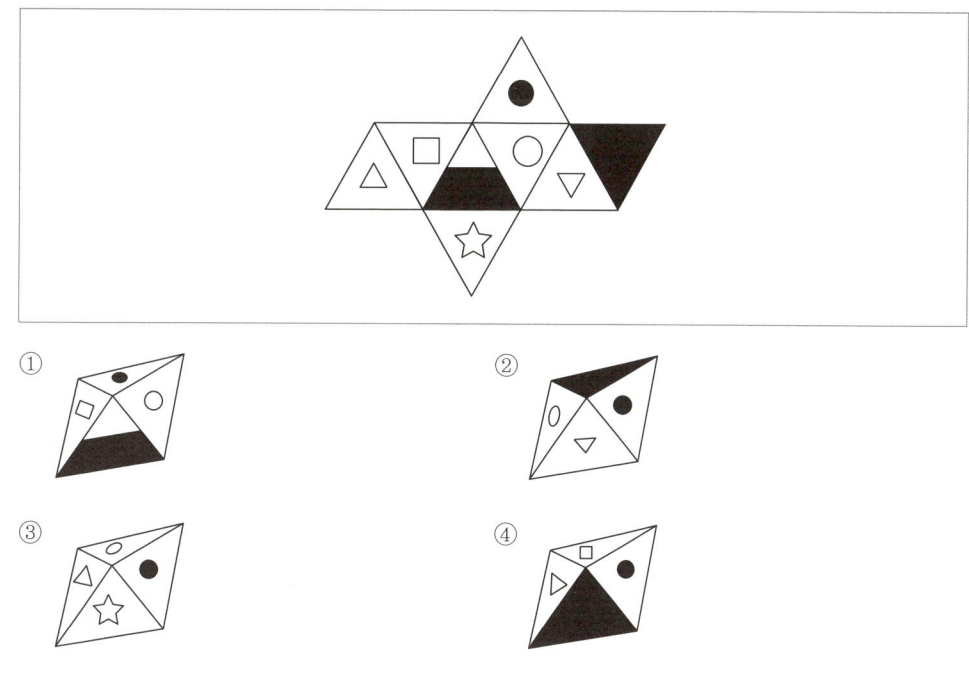

36 맨 왼쪽의 직육면체 모양의 입체도형은 두 번째, 세 번째 입체도형과 ?를 조합하여 만들 수 있다. 물음표에 알맞은 도형은?

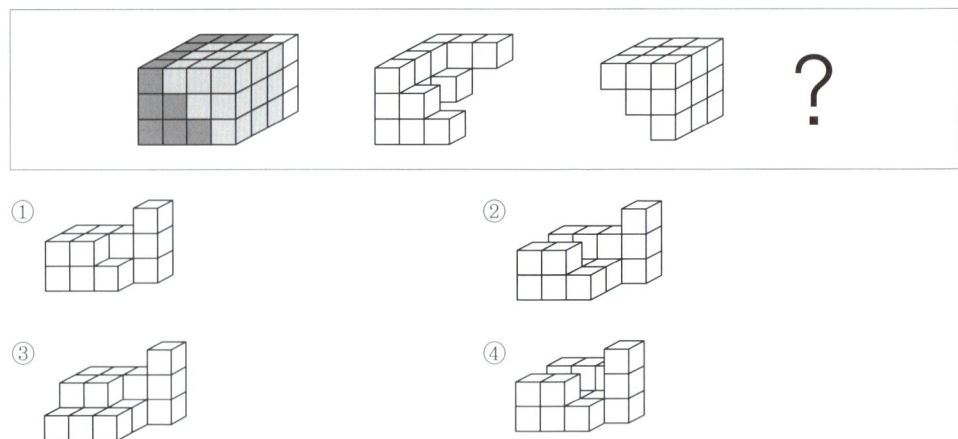

37 나침반이 언제나 남북방향을 가리키는 것은 지구의 자기장 때문이다. 지구 자기장의 3요소가 아닌 것은?

① 수평자력 ② 수직자력
③ 편각 ④ 복각

38 광통신에 대한 설명으로 옳은 것만을 〈보기〉에서 모두 고르면?

> **보기**
> ㄱ. 무선 통신이다.
> ㄴ. 광섬유를 사용한다.
> ㄷ. 전반사의 원리를 이용한다.

① ㄱ ② ㄷ
③ ㄱ, ㄴ ④ ㄴ, ㄷ

39 다음에 제시되지 않은 문자는?

자각	촉각	매각	소각	기각	내각	후각	감각	둔각	망각	각각	엇각
기각	내각	청각	조각	갑각	해각	종각	자각	주각	간각	매각	시각
망각	지각	갑각	엇각	주각	촉각	매각	청각	부각	내각	조각	기각
대각	후각	촉각	자각	후각	망각	조각	내각	기각	촉각	청각	감각

① 지각　　　　　　　　　② 소각
③ 부각　　　　　　　　　④ 두각

※ 다음 왼쪽에 제시된 문자 또는 기호와 같은 것의 개수를 고르시오. [40~41]

40

| % | 1·%&(2=5($43!^%&9&·=0)9%×7=!)^60!*3·%2×6+0·%!·($^)5)%&!5*68$1 |

① 5개　　　　　　　　　② 6개
③ 7개　　　　　　　　　④ 8개

41

| 神 | 防北神放放頌防珍防快神新快快神快珍珍新快神鎭珍珍防北放放快防神放 |

① 4개　　　　　　　　　② 5개
③ 6개　　　　　　　　　④ 7개

42 다음 규칙에 따라 적절하게 변형한 것은?

※◎△▽□ – ㅋ☆※≒☎

① □◎※▽△ – ☎☆※ㅋ≒
② △※□◎▽ – ※ㅋ☎☆≒
③ ◎※ ▽△□ – ☆ㅋ≒☎※
④ ▽□△※◎ – ≒☎☆ㅋ※

※ 다음 중 좌우가 서로 다른 것을 고르시오. **[43~44]**

43
① 73893424 – 73892424
② 自家者歌嶇波 – 自家者歌嶇波
③ PBOCVUDG – PBOCVUDG
④ 뷸믈溥몰블물 – 뷸믈溥몰블물

44
① ⅲⅷⅥⅣⅺⅨⅱ – ⅲⅷⅥⅣⅺⅨⅱ
② incomprehension – incomprehension
③ ￥※◇▲♣♬♠◉ – ￥※◇▲♧♬♠◉
④ 知彼知己百戰不殆 – 知彼知己百戰不殆

45 다음 두 자료 (가), (나)를 비교할 때, 서로 다른 부분의 개수는?

(가) 신화는 현대 사회의 탈마법화라는 구호에도 불구하고 현대인들에게 강력한 영향력을 행사하고 있으며, 심지어 신화적인 세계를 갈망하게 만들기도 한다. 신화에 어떤 힘이 있기에 이런 현상이 나타나는 것일까? 신화의 힘은 무엇보다도 나와 인류, 나아가 우주에 대한 근원적인 진실을 보여준다는 데에 있다. 한 신화학자의 표현을 빌리자면, 신화는 삶의 무수한 다양성을 보여주며 역사와 신성의 밀접한 관계를 알게 해준다.

(나) 신화는 현대 사회의 탈마법화라는 구호에도 불구하고 현대인들에게 강력한 영향력을 행사하고 있으며, 심지어 신화적인 세계를 열망하게 만들기도 한다. 신화에 어떤 힘이 있기에 이런 현상이 나타나는 것일까? 신화의 힘은 무엇보다도 나와 인류, 나아가 우주에 대한 근본적인 진실을 보여준다는 데에 있다. 한 신화학자의 표현을 빌리자면, 신화는 삶의 무한한 다양성을 보여주며 역사와 신성의 밀접한 관계를 알게 해준다.

① 0개 ② 1개
③ 2개 ④ 3개

제4회 최종점검 모의고사

☑ 응시시간 : 50분   ☑ 문항 수 : 45문항

정답 및 해설 p.059

01 다음 단어와 같거나 유사한 의미를 가진 것은?

> 마수걸이

① 시작
② 시초
③ 개시
④ 시기

02 다음 밑줄 친 부분과 같은 의미로 쓰인 것은?

> 연어잡이에 <u>나서다</u>.

① 어른들 앞에 <u>나서다</u>.
② 어린 나이에도 불구하고 장사를 하러 <u>나서다</u>.
③ 남의 일에 주제넘게 <u>나서다</u>.
④ 아침 일찍 여행길에 <u>나서다</u>.

03 다음 짝지어진 단어 사이의 관계가 나머지와 다른 하나는?

① 질소 – 이산화탄소
② 물 – 콜라
③ 볼펜 – 잉크
④ 화강암 – 현무암

04 다음 단어에서 공통적으로 연상할 수 있는 단어는?

| 옷, 비행기, 달리다 |

① 날개 ② 표
③ 거리 ④ 기름

05 다음 문장 안에서 빈칸에 들어갈 단어로 적절하지 않은 것은?

- 이 프로젝트는 협력사와의 상호 ____이/가 바탕이 되어야 한다.
- 그 사원에 대한 팀장님의 ____이/가 두텁다.
- 그 일로 인해 회사의 ____이/가 땅에 떨어졌다.
- 그녀는 ____ 있는 집안의 따님이다.
- 입만 열면 거짓말이니 그의 말을 ____할 수가 없다.

① 소명 ② 명망
③ 위신 ④ 신뢰

06 다음 글의 내용으로 가장 적절한 것은?

> 사람의 목숨을 좌우할 수 있는 형벌문제는 군현(郡縣)에서 항상 일어나는 것이고 지방 관리가 되면 늘 처리해야 하는 일인데도, 사건을 조사하는 것이 항상 엉성하고 죄를 결정하는 것이 항상 잘못된다. 옛날에 자산이라는 사람이 형벌규정을 정한 형전(刑典)을 새기자 어진 사람들이 그것을 나무랐고, 이회가 법률서적을 만들자 후대의 사람이 그를 가벼이 보았다. 그 뒤 수(隋)나라와 당(唐)나라 때에 와서는 이를 절도(竊盜)·투송(鬪訟)과 혼합하고 나누지 않아서, 세상에서 아는 것은 오직 한패공(漢沛公 : 한 고조 유방)이 선언한 '사람을 죽인 자는 죽인다.'는 규정뿐이었다.
> 그런데 선비들은 어려서부터 머리가 희어질 때까지 오직 글쓰기나 서예 등만 익혔을 뿐이므로 갑자기 지방관리가 되면 당황하여 어찌할 바를 모른다. 그래서 간사한 아전에게 맡겨 버리고는 스스로 알아서 처리하지 못하니, 저 재화(財貨)만을 숭상하고 의리를 천히 여기는 간사한 아전이 어찌 이치에 맞게 형벌을 처리할 수 있겠는가?
>
> — 정약용, 『흠흠신서(欽欽新書)』 서문

① 고대 중국에서는 형벌 문제를 중시하였다.
② 아전을 형벌 전문가로서 높이 평가하고 있다.
③ 조선시대의 사대부들은 형벌에 대해 잘 알지 못한다.
④ 지방관들은 인명을 다루는 사건을 현명하게 처리하고 있다.

07 다음 문단 뒤에 이어질 내용을 〈보기〉에서 논리적 순서대로 바르게 나열한 것은?

> 둘 이상의 기업이 자본과 조직 등을 합하여 경제적으로 단일한 지배 체제를 형성하는 것을 '기업 결합'이라고 한다. 기업은 이를 통해 효율성 증대나 비용 절감, 국제 경쟁력 강화와 같은 긍정적 효과들을 기대할 수 있다. 하지만 기업이 속한 사회에는 간혹 역기능이 나타나기도 하는데, 시장의 경쟁을 제한하거나 소비자의 이익을 침해하는 경우가 그러하다. 가령, 시장 점유율이 각각 30%와 40%인 경쟁 기업들이 결합하여 70%의 점유율을 갖게 될 경우, 경쟁이 제한되어 지위를 남용하거나 부당하게 가격을 인상할 수 있는 것이다. 이 때문에 정부는 기업 결합의 취지와 순기능을 보호하는 한편, 시장과 소비자에게 끼칠 폐해를 가려내어 이를 차단하기 위한 법적 조치들을 강구하고 있다. 하지만 기업 결합의 위법성을 섣불리 판단해서는 안 되므로 여러 단계의 심사 과정을 거치도록 하고 있다.

보기

(가) 문제는 어떻게 시장을 확정할 것인지인데, 대개는 한 상품의 가격이 오른다고 가정할 때 소비자들이 이에 얼마나 민감하게 반응하며 다른 상품으로 옮겨 가는지를 기준으로 한다.
(나) 반면에 결합이 성립된다면 정부는 그것이 영향을 줄 시장의 범위를 획정함으로써, 그 결합이 동일 시장 내 경쟁자 간에 이루어진 수평 결합인지, 거래 단계를 달리하는 기업 간의 수직 결합인지, 이 두 결합 형태가 아니면서 특별한 관련이 없는 기업 간의 혼합 결합인지를 규명하게 된다.
(다) 이 심사는 기업 결합의 성립 여부를 확인하는 것부터 시작한다. 여기서는 해당 기업 간에 단일 지배 관계가 형성되었는지가 관건이다.
(라) 그 민감도가 높을수록 그 상품들은 서로에 대해 대체재, 즉 소비자에게 같은 효용을 줄 수 있는 상품에 가까워진다. 이 경우 생산자들이 동일 시장 내의 경쟁자일 가능성도 커진다.
(마) 예컨대 주식 취득을 통한 결합의 경우, 취득 기업이 피취득 기업을 경제적으로 지배할 정도의 지분을 확보하지 못하면, 결합의 성립이 인정되지 않고 심사도 종료된다.

이런 분석에 따라 시장의 범위가 정해지면, 그 결합이 시장의 경쟁을 제한하는지를 판단하게 된다. 하지만 설령 그럴 우려가 있는 것으로 판명되더라도 곧바로 위법으로 보지는 않는다. 정부가 당사자들에게 결합의 장점이나 불가피성에 관해 항변할 기회를 부여하여 그 타당성을 검토한 후에, 비로소 시정 조치 부과 여부를 최종 결정하게 된다.

① (가) – (다) – (나) – (마) – (라)
② (가) – (라) – (나) – (다) – (마)
③ (다) – (라) – (나) – (가) – (마)
④ (다) – (마) – (나) – (가) – (라)

08 다음 글의 주장에 대해 반박하는 내용으로 적절하지 않은 것은?

> 프랑크푸르트학파는 대중문화의 정치적 기능을 중요하게 본다. 20세기 들어 서구 자본주의 사회에서 혁명이 불가능하게 된 이유 가운데 하나는 바로 대중문화가 대중들을 사회의 권위에 순응하게 함으로써 사회를 유지하는 기능을 하고 있기 때문이라는 것이다. 이 순응의 기능은 두 방향으로 진행된다. 한편으로 대중문화는 대중들에게 자극적인 오락거리를 제공함으로써 정신적인 도피를 유도하여 정치에 무관심하도록 만든다는 것이다. 유명한 3S(Sex, Screen, Sports)는 바로 현실도피와 마취를 일으키는 대표적인 도구들이다. 다른 한편으로 대중문화는 자본주의적 가치관과 이데올로기를 은연중에 대중들이 받아들이게 하는 적극적인 세뇌 작용을 한다는 것이다. 영화나 드라마, 광고나 대중음악의 내용이 규격화되어 현재의 지배적인 가치관을 지속해서 주입함으로써, 대중은 현재의 문제를 인식하고 더 나은 상태로 생각할 수 있는 부정의 능력을 상실한 일차원적 인간으로 살아가게 된다는 것이다. 프랑크푸르트학파의 대표자 가운데 한 사람인 아도르노(Adorno)는 「대중음악에 대하여」라는 글에서 대중음악이 어떻게 이러한 기능을 수행하는지 분석했다. 그의 분석에 따르면 대중음악은 우선 규격화되어 누구나 쉽고 익숙하게 들을 수 있는 특징을 가진다. 그리고 이런 익숙함은 어려움 없는 수동적인 청취를 조장하여, 자본주의 안에서의 지루한 노동의 피난처 구실을 한다. 그리고 나아가 대중음악의 소비자들이 기존 질서에 심리적으로 적응하게 함으로써 사회적 접착제의 역할을 한다는 것이다.

① 대중문화의 영역은 지배계급이 헤게모니를 얻고자 하는 시도와 이에 대한 반대 움직임이 서로 얽혀 있는 것으로 보아야 한다.
② 대중들은 대중문화를 무비판적으로 수용하는 것이 아니라, 온라인 포털사이트와 커뮤니티 등에서 대중문화 콘텐츠를 평가하고 때로는 비판하며 여론을 형성한다.
③ 대중의 평균적 취향에 맞추어 높은 질을 유지하는 것이 어렵다 하더라도 19세기까지의 대중이 즐겼던 문화에 비하면 현대의 대중문화는 훨씬 수준 높고 진보된 것으로 평가할 수 있다.
④ 발표되는 음악의 80%가 인기를 얻는 데 실패하고, 80% 이상의 영화가 엄청난 광고에도 불구하고 흥행에 실패한다는 사실은 대중이 단순히 수동적인 존재가 아니라는 것을 단적으로 보여주는 예이다.

09 다음 글에서 설명한 '즉흥성'과 관련 있는 내용을 〈보기〉에서 모두 고르면?

우리나라의 전통 음악은 대체로 크게 정악과 속악으로 나뉜다. 정악은 왕실이나 귀족들이 즐기던 음악이고, 속악은 일반 민중들이 가까이 하던 음악이다. 개성을 중시하고 자유분방한 감정을 표출하는 한국인의 예술 정신은 정악보다는 속악에 잘 드러나 있다. 우리 속악의 특징은 한 마디로 즉흥성이라는 개념으로 집약될 수 있다. 판소리나 산조에 '유파(流派)'가 자꾸 형성되는 것은 모두 즉흥성이 강하기 때문이다. 즉흥으로 나왔던 것이 정형화되면 그 사람의 대표 가락이 되는 것이고, 그것이 독특한 것이면 새로운 유파가 형성되기도 하는 것이다.

물론 즉흥이라고 해서 음악가가 제멋대로 하는 것은 아니다. 곡의 일정한 틀은 유지하면서 그 안에서 변화를 주는 것이 즉흥 음악의 특색이다. 판소리 명창이 무대에 나가기 전에 "오늘 공연은 몇 분으로 할까요?"하고 묻는 것이 그런 예다. 이때 창자는 상황에 맞추어 얼마든지 곡의 길이를 조절할 수 있는 것이다. 이것은 서양 음악에서는 어림없는 일이다. 그나마 서양 음악에서 융통성을 발휘할 수 있다면 4악장 가운데 한 악장만 연주하는 것 정도이지 각 악장에서 조금씩 뽑아 한 곡을 만들어 연주할 수는 없다. 그러나 한국 음악에서는 특히 속악에서는 연주 장소나 주문자의 요구 혹은 연주자의 상태에 따라 악기도 하나면 하나로만, 둘이면 둘로 연주해도 별문제가 없다. 거문고나 대금 하나만으로도 얼마든지 연주할 수 있다. 전혀 이상하지도 않다. 그렇지만 베토벤의 운명 교향곡을 바이올린이나 피아노만으로 연주하는 경우는 거의 없을 뿐만 아니라, 연주를 하더라도 어색하게 들릴 수밖에 없다.

즉흥과 개성을 중시하는 한국의 속악 가운데 대표적인 것이 시나위다. 현재의 시나위는 19세기 말에 완성되었으나 원형은 19세기 훨씬 이전부터 연주되었을 것으로 추정된다. 시나위의 가장 큰 특징은 악보 없는 즉흥곡이라는 것이다. 연주자들이 모여 아무 사전 약속도 없이 "시작해 볼까"하고 연주하기 시작한다. 그러니 처음에는 서로가 맞지 않는다. 불협음 일색이다. 그렇게 진행되다가 중간에 호흡이 맞아 떨어지면 협음을 낸다. 그러다가 또 각각 제 갈 길로 가서 혼자인 것처럼 연주한다. 이게 시나위의 묘미다. 불협음과 협음이 오묘하게 서로 들어맞는 것이다.

그런데 이런 음악은 아무나 하는 게 아니다. 즉흥곡이라고 하지만 '초보자(初步者)'들은 꿈도 못 꾸는 음악이다. 기량이 뛰어난 경지에 이르러야 가능한 음악이다. 그래서 요즈음은 시나위를 잘 할 수 있는 사람들이 별로 없다고 한다. 요즘에는 악보로 정리된 시나위를 연주하는 경우가 대부분인데, 이것은 시나위 본래의 취지에 어긋난다. 악보로 연주하면 박제된 음악이 되기 때문이다.

요즘 음악인들은 시나위 가락을 보통 '허튼 가락'이라고 한다. 이 말은 말 그대로 '즉흥 음악'으로 이해된다. 미리 짜 놓은 일정한 형식이 없이 주어진 장단과 연주 분위기에 몰입해 그때그때의 감흥을 자신의 음악성과 기량을 발휘해 연주하는 것이다. 이럴 때 즉흥이 튀어 나온다. 시나위는 이렇듯 즉흥적으로 흐드러져야 맛이 난다. 능청거림, 이것이 시나위의 음악적 모습이다.

보기

ㄱ. 주어진 상황에 따라 임의로 곡의 길이를 조절하여 연주한다.
ㄴ. 장단과 연주 분위기에 몰입해 새로운 가락으로 연주한다.
ㄷ. 연주자들 간에 사전 약속 없이 연주하지만 악보의 지시는 따른다.
ㄹ. 감흥을 자유롭게 표현하기 위해 일정한 틀을 철저히 무시한 채 연주한다.

① ㄱ, ㄴ
② ㄱ, ㄷ
③ ㄱ, ㄹ
④ ㄴ, ㄷ

10 다음 글의 제목으로 가장 적절한 것은?

우리 고유의 발효식품이자 한식 제1의 반찬인 김치는 천년이 넘는 역사를 함께해 온 우리 삶의 일부이다. 채소를 오래 보관하여 먹기 위한 절임 음식으로 시작된 김치는 양념을 버무리고 숙성시키는 우리만의 발효과학 식품으로 변신하였고, 김장은 우리 민족의 가장 중요한 행사 중 하나가 되었다. 다른 나라에도 소금 등에 채소를 절인 절임음식이 존재하지만, 절임 후 양념으로 2차 발효시키는 음식으로는 우리 김치가 유일하다. 김치는 발효과정을 통해 원재료보다 영양이 한층 더 풍부하게 변신하며 암과 노화, 비만 등의 예방과 억제에 효과적인 기능성을 보유한 슈퍼 발효 음식으로 탄생한다.

김치는 지역마다, 철마다, 또 특별한 의미를 담아 다양하게 변신하여 300가지가 넘는 종류로 탄생하는데, 기후와 지역 등에 따라서 다채로운 맛을 담은 김치들이 있으며, 주재료로 채소뿐만 아니라 수산물이나 육류를 이용한 독특한 김치도 있고, 같은 김치라도 사람에 따라 특별한 김치로 재탄생되기도 한다. 지역과 집안마다 저마다의 비법으로 담그기 때문에 유서 깊은 종가마다 독특한 비법으로 만든 특별한 김치가 전해오며, 김치를 담그고 먹는 일도 수행의 연속이라 여기는 사찰에서는 오신채를 사용하지 않은 특별한 김치가 존재한다.

우리 문화의 정수이자 자존심인 김치는 현대에 들어서는 문화와 전통이 결합한 복합 산업으로 펼쳐지고 있다. 김치에 들어가는 수많은 재료의 생산에 관련된 산업의 생산액은 3.3조 원이 넘으며, 주로 배추김치로 형성된 김치 생산 산업은 약 2.3조 원의 시장을 형성하고 있고, 시판 김치의 경우 대기업의 시장 주도력이 증가하고 있다. 소비자 요구에 맞춘 다양한 포장 김치가 등장하고, 김치냉장고는 1.1조 원의 시장을 형성하고 있으며, 정성과 기다림을 상징하는 김치는 문화산업의 소재로 활용되며, 김치 문화는 관광 관련 산업으로 활성화되고 있다. 김치의 영양 기능성과 김치 유산균을 활용한 여러 기능성 제품이 개발되고, 부식뿐 아니라 새로운 요리의 식재료로서 김치는 39조 원의 외식산업 시장을 뒷받침하고 있다.

① 김치산업의 활성화 방안
② 우리 민족의 축제, 김장
③ 지역마다 다양한 종류의 김치
④ 우리 민족의 전통이자 자존심, 김치

11 다음 식을 계산한 값으로 옳은 것은?

$$1.65 \times 7 + 55.55 + 0.3 \times 3$$

① 66
② 67
③ 68
④ 69

12 다음 빈칸에 들어갈 수로 옳은 것은?

$$\frac{21}{8} < (\quad) < 3$$

① $\frac{5}{2}$
② $\frac{8}{3}$
③ $\frac{9}{4}$
④ $\frac{18}{7}$

13 A씨는 이번 주말에 등산을 하고자 한다. 올라갈 때에는 시속 2km로 걷고 내려올 때에는 같은 길을 시속 3km로 걸어 내려와 5시간 이내로 등산을 마치려 할 때, A씨가 오를 수 있는 최대 거리는?

① 4km
② 5km
③ 6km
④ 7km

14 일정한 속력으로 달리는 열차가 길이 480m인 터널을 완전히 통과하는 데 걸리는 시간이 36초이고 같은 속력으로 길이 600m인 철교를 완전히 통과하는 데 걸리는 시간이 44초일 때, 열차의 속력은?

① 15m/s ② 18m/s
③ 20m/s ④ 24m/s

15 가로의 길이가 32cm, 세로의 길이가 24cm인 직사각형의 판에 크기가 같은 여러 개의 정사각형을 붙여 여백이 남지 않도록 하려고 한다. 이때, 정사각형의 넓이는?

① $25cm^2$ ② $49cm^2$
③ $64cm^2$ ④ $81cm^2$

16 어떤 물통에 물을 가득 채우는 데 A관은 10분, B관은 15분이 걸린다. A관으로 4분 동안 채운 후 남은 양을 B관으로 채우려 할 때, B관은 얼마 동안 틀어야 하는가?

① 3분 ② 6분
③ 9분 ④ 12분

17 다음은 200명의 시민을 대상으로 A~C회사에서 생산한 자동차의 소유 현황을 조사한 결과이다. 조사 대상자 중 A~C 세 회사에서 생산된 어떤 자동차도 가지고 있지 않은 사람은 몇 명인가?

- 자동차를 2대 이상 가진 사람은 없다.
- A사 자동차를 가진 사람은 B사 자동차를 가진 사람보다 10명 많다.
- B사 자동차를 가진 사람은 C사 자동차를 가진 사람보다 20명 많다.
- A사 자동차를 가진 사람 수는 C사 자동차를 가진 사람 수의 2배이다.

① 20명 ② 40명
③ 60명 ④ 80명

18 다음은 세계 각국의 경제성장과 1차 에너지소비 간의 인과관계를 분석한 결과이다. 이에 대한 설명으로 옳은 것을 〈보기〉에서 모두 고르면?

〈경제성장과 1차 에너지소비 간의 인과관계 성립 유무〉

구분	한국	일본	영국	미국	캐나다	프랑스	이탈리아	독일
경제성장 → 에너지소비	O	O	×	×	O	O	×	×
경제성장 ← 에너지소비	×	×	×	×	×	×	×	×
경제성장 ↔ 에너지소비	×	×	×	×	×	×	×	×

보기

ㄱ. 미국, 영국, 독일 및 이탈리아에서 경제성장과 1차 에너지소비 사이에는 아무런 인과관계가 존재하지 않음을 알 수 있다.
ㄴ. 캐나다, 프랑스, 일본에서는 에너지소비절약 정책이 경제구조를 왜곡시키지 않고 추진할 수 있음을 알 수 있다.
ㄷ. 한국에서는 범국민 차원에서 '에너지소비절감 10%' 정책이 추진되고 있는데, 이는 경제성장에 장애를 유발할 가능성이 있음을 알 수 있다.
ㄹ. G7 국가에서는 경제성장과 1차 에너지소비 간의 관계가 상호독립적임을 알 수 있다.

① ㄱ, ㄴ ② ㄷ, ㄹ
③ ㄱ, ㄷ ④ ㄴ, ㄹ

19 다음은 성별에 따른 국가별 암 발생률에 대한 자료이다. 이를 정리한 그래프로 옳지 않은 것은?

〈표 1〉 국가별 암 발생률(남자)

(단위 : 명)

한국		일본		미국		영국	
위	63.8	위	46.8	전립선	83.8	전립선	62.1
폐	46.9	대장	41.7	폐	49.5	폐	41.6
대장	45.9	폐	38.7	대장	34.1	대장	36.2
간	38.9	전립선	22.7	방광	21.1	방광	13.0
전립선	23.0	간	17.6	림프종	16.3	림프종	12.0
기타	95.7	기타	79.8	기타	130.2	기타	115.9
계	314.2	계	247.3	계	335.0	계	280.8

※ 암 발생률 : 특정 기간 동안 해당 집단의 인구 10만 명당 새롭게 발생한 암환자 수

〈표 2〉 국가별 암 발생률(여자)

(단위 : 명)

한국		일본		미국		영국	
갑상선	68.6	유방	42.7	유방	76.0	유방	87.9
유방	36.8	대장	22.8	폐	36.2	대장	23.7
위	24.9	위	18.2	대장	25.0	폐	23.5
대장	24.7	폐	13.3	자궁체부	16.5	난소	12.8
폐	13.9	자궁경부	9.8	갑상선	15.1	자궁체부	11.1
기타	72.7	기타	60.8	기타	105.6	기타	90.5
계	241.6	계	167.6	계	274.4	계	249.5

① 성별에 따른 국가별 암 발생률의 계

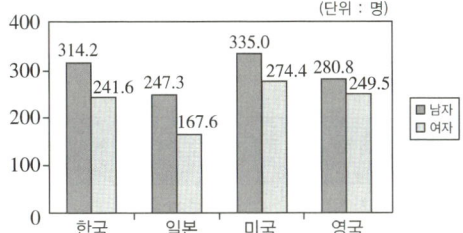

② 국가별 여성 유방암 발생자 수

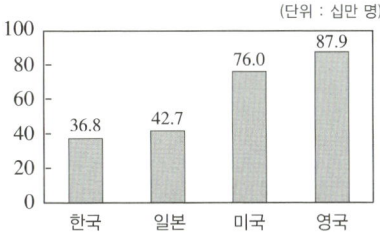

③ 한국의 성별에 따른 암 발생률

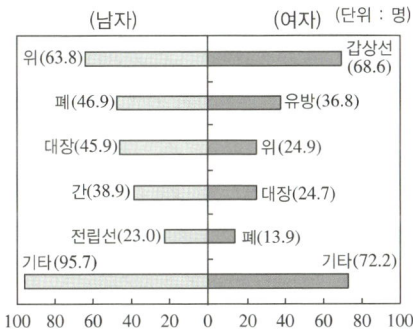

④ 한국의 암 발생률(남자)

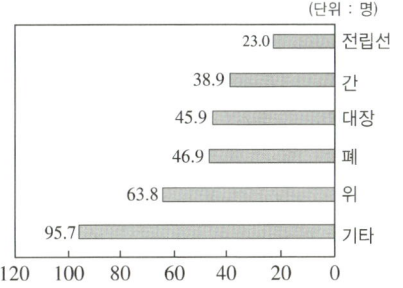

20 다음은 두 국가의 에너지원 수입액에 대한 자료이다. 이에 대한 설명으로 옳은 것은?

〈A, B국의 에너지원 수입액〉

(단위 : 달러)

구분		연도	1982년	2002년	2022년
A국		석유	74.0	49.9	29.5
		석탄	82.4	60.8	28.0
		LNG	29.2	54.3	79.9
B국		석유	75	39	39
		석탄	44	19.2	7.1
		LNG	30	62	102

① 1982년 석유 수입액은 A국이 B국보다 많다.
② 2002년 A국의 석유 및 석탄의 수입액의 합은 LNG 수입액의 2배보다 적다.
③ 2022년 석탄 수입액은 A국이 B국의 4배보다 적다.
④ 1982년 대비 2022년의 LNG 수입액의 증가율은 A국이 B국보다 크다.

※ 일정한 규칙으로 수·문자를 나열할 때, 빈칸에 들어갈 적절한 수나 문자를 고르시오. [21~23]

21

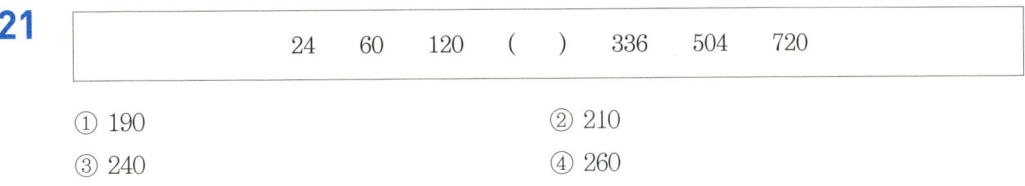

24 60 120 ( ) 336 504 720

① 190 ② 210
③ 240 ④ 260

22

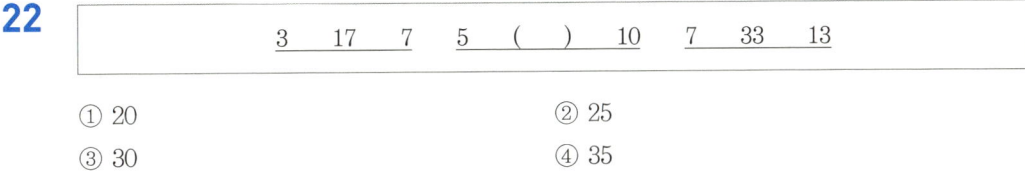

3 17 7   5 ( ) 10   7 33 13

① 20 ② 25
③ 30 ④ 35

23

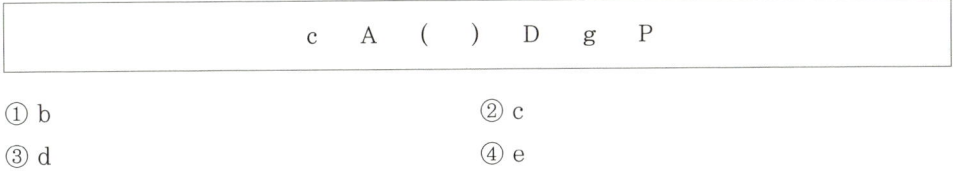

c A ( ) D g P

① b ② c
③ d ④ e

24 다음 명제가 모두 참일 때, 반드시 참인 명제는?

> - A카페에 가면 타르트를 주문한다.
> - 빙수를 주문하면 타르트를 주문하지 않는다.
> - 타르트를 주문하면 아메리카노를 주문한다.

① 아메리카노를 주문하면 빙수를 주문하지 않는다.
② 빙수를 주문하지 않으면 A카페를 가지 않았다는 것이다.
③ 아메리카노를 주문하지 않으면 A카페를 가지 않았다는 것이다.
④ 타르트를 주문하지 않으면 빙수를 주문한다.

※ 다음 명제가 모두 참일 때, 빈칸에 들어갈 명제로 가장 적절한 것을 고르시오. **[25~26]**

25
> - 책상을 정리하면 업무 효율이 높아진다.
> - 지각을 하지 않으면 책상을 정리한다.
> - _____

① 업무효율이 높아지면 지각을 하지 않은 것이다.
② 지각을 하지 않으면 업무 효율이 높아지지 않는다.
③ 책상을 정리하지 않으면 지각을 한 것이다.
④ 지각을 하지 않으면 업무 효율이 높아진다.

26
> - 인기가 하락했다면 호감을 못 얻은 것이다.
> - _____
> - 그러므로 인기가 하락했다면 타인에게 잘 대하지 않은 것이다.

① 타인에게 잘 대하면 호감을 얻는다.
② 호감을 얻으면 인기가 상승한다.
③ 타인에게 잘 대하면 인기가 하락한다.
④ 호감을 얻으면 타인에게 잘 대한다.

27 S사의 사내 축구 대회에서 홍보팀이 1 : 0으로 승리했고, 시합에 참여했던 홍보팀 직원 A ~ D는 다음과 같이 말하였다. 이들 중 한 명의 진술만 참이라고 할 때, 골을 넣은 사람은 누구인가?

> - A : C가 골을 넣었다.
> - B : A가 골을 넣었다.
> - C : A는 거짓말을 했다.
> - D : 나는 골을 넣지 못했다.

① A
② B
③ C
④ D

28 국내 유명 감독의 영화가 이번에 개최되는 국제 영화 시상식에서 작품상, 감독상, 각본상, 편집상의 총 4개 후보에 올랐다. 4명의 심사위원이 해당 작품의 수상 가능성에 대해 다음과 같이 진술하였고, 이들 중 3명의 진술은 모두 참이고, 나머지 1명의 진술은 거짓이다. 다음 중 해당 작품이 수상할 수 있는 상의 최대 개수는?

> - A심사위원 : 편집상을 받지 못한다면 감독상도 받지 못하며, 대신 각본상을 받을 것이다.
> - B심사위원 : 작품상을 받는다면 감독상도 받을 것이다.
> - C심사위원 : 감독상을 받지 못한다면 편집상도 받지 못한다.
> - D심사위원 : 편집상과 각본상은 받지 못한다.

① 1개
② 2개
③ 3개
④ 4개

29 다음 그림과 같이 화살표 방향으로 종이를 접은 후, 펀치로 구멍을 뚫거나 잘라내어 다시 펼쳤을 때의 그림으로 적절한 것은?

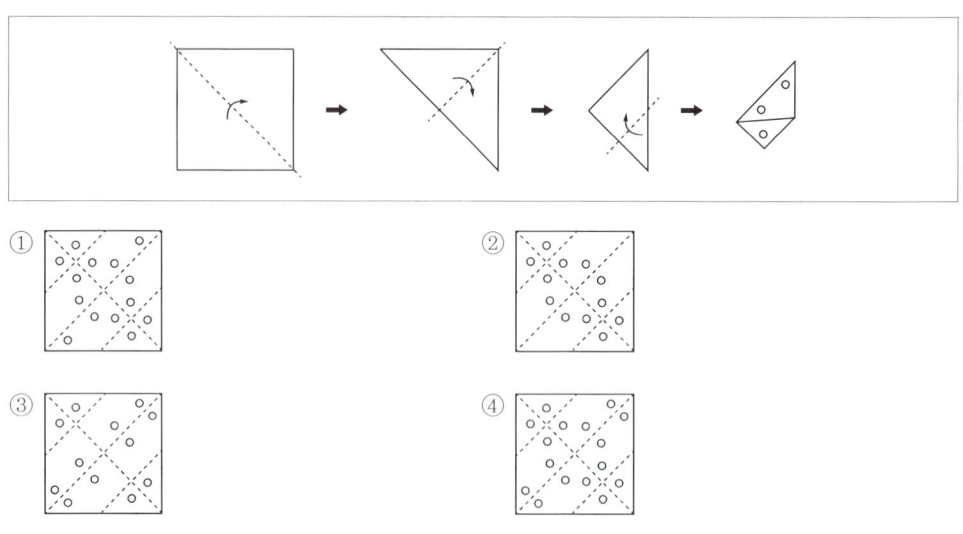

30 다음 그림과 같이 접었을 때 나올 수 있는 모양으로 적절하지 않은 것은?

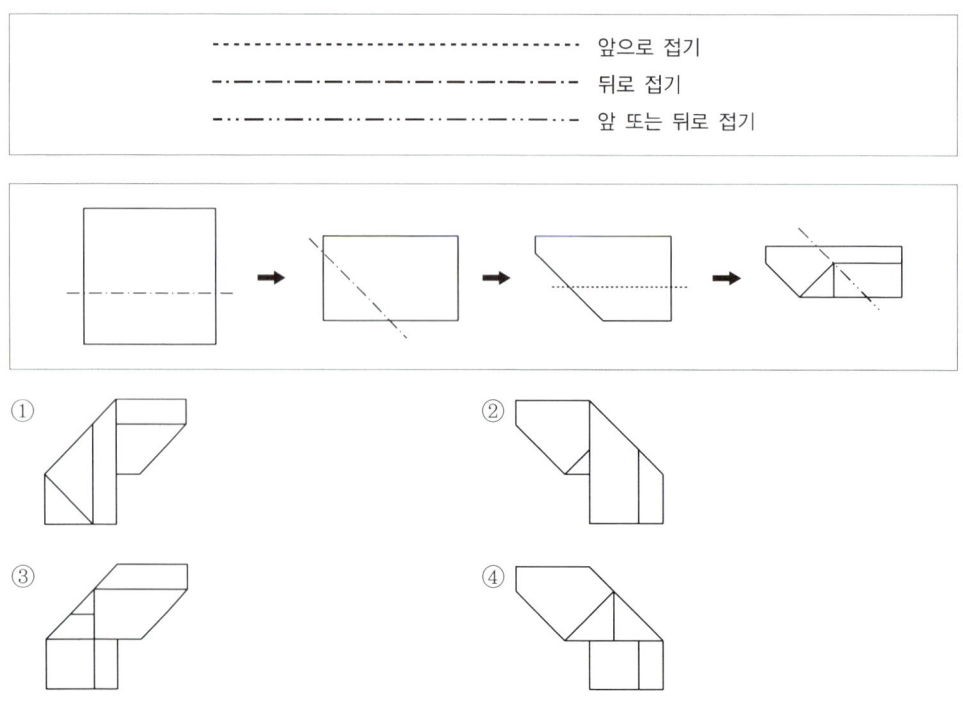

31 다음 전개도를 접었을 때 나타나는 입체도형으로 적절한 것은?

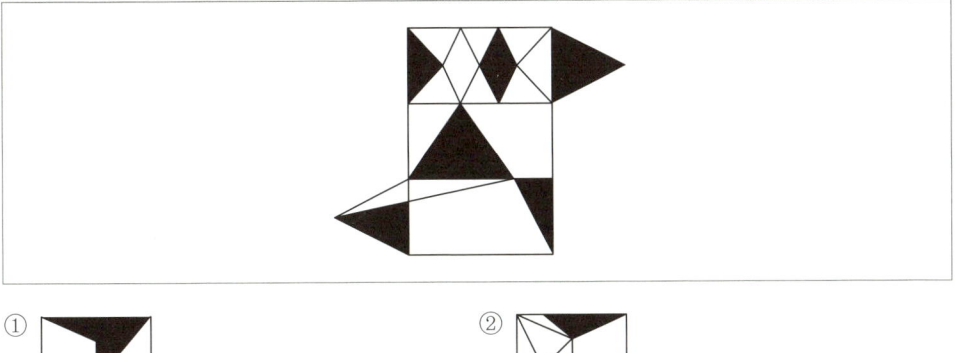

①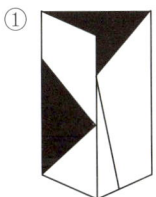

②

③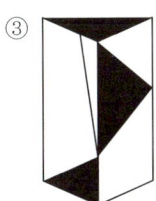

④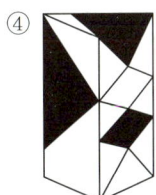

32 정면이 다음과 같도록 정육면체의 전개도를 접은 후, 조건에 따라 회전시켰을 때 위에서 바라본 모양으로 적절한 것은?

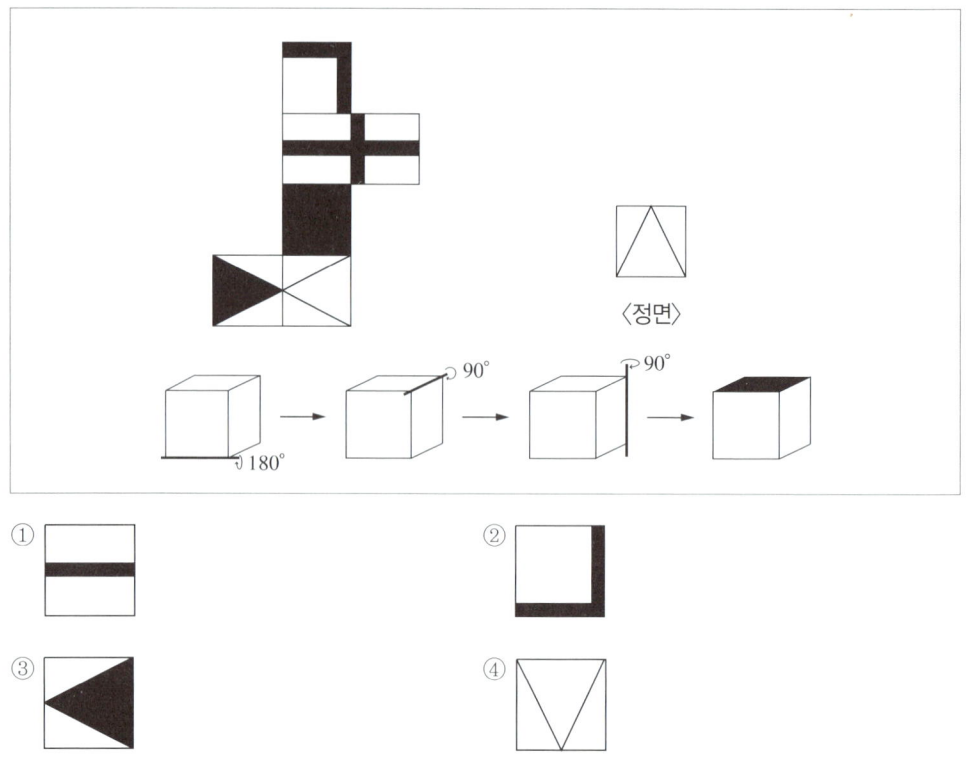

① ② ③ ④

33 다음 Ⓐ, Ⓑ, Ⓒ의 전개도를 ⬆ 면이 전면에 오도록 접은 후 주어진 방향으로 회전하여 아래의 결합 모양과 같이 붙인 그림으로 적절한 것을 고르면?

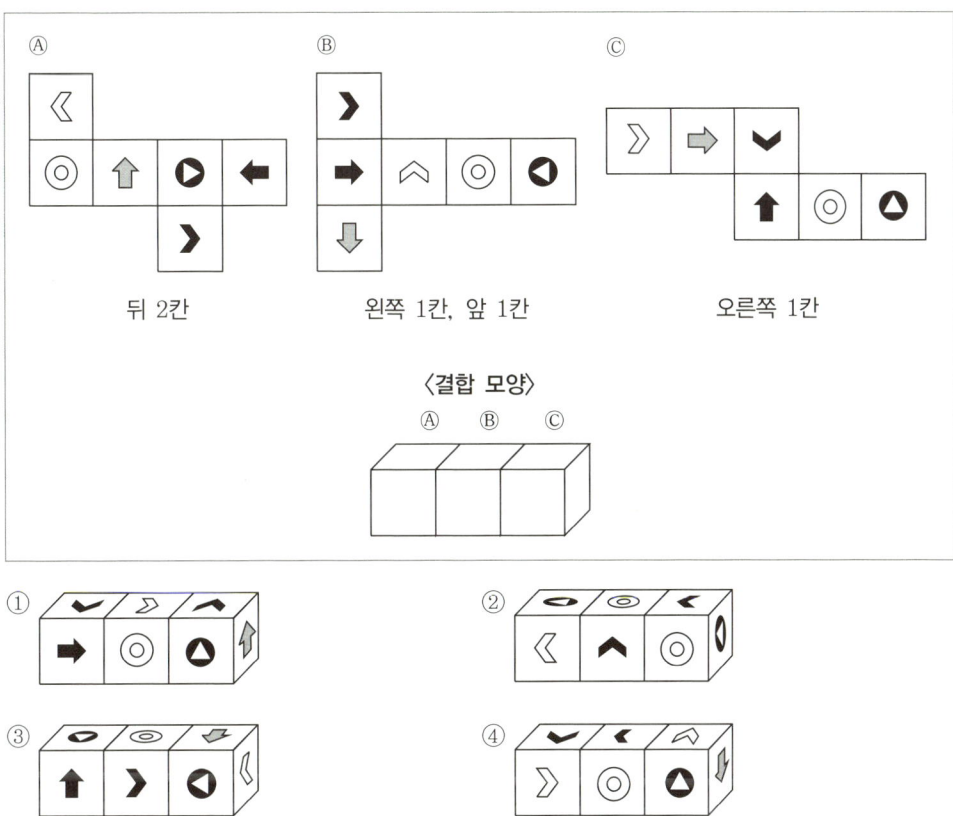

34 다음 단면과 일치하는 입체도형은?

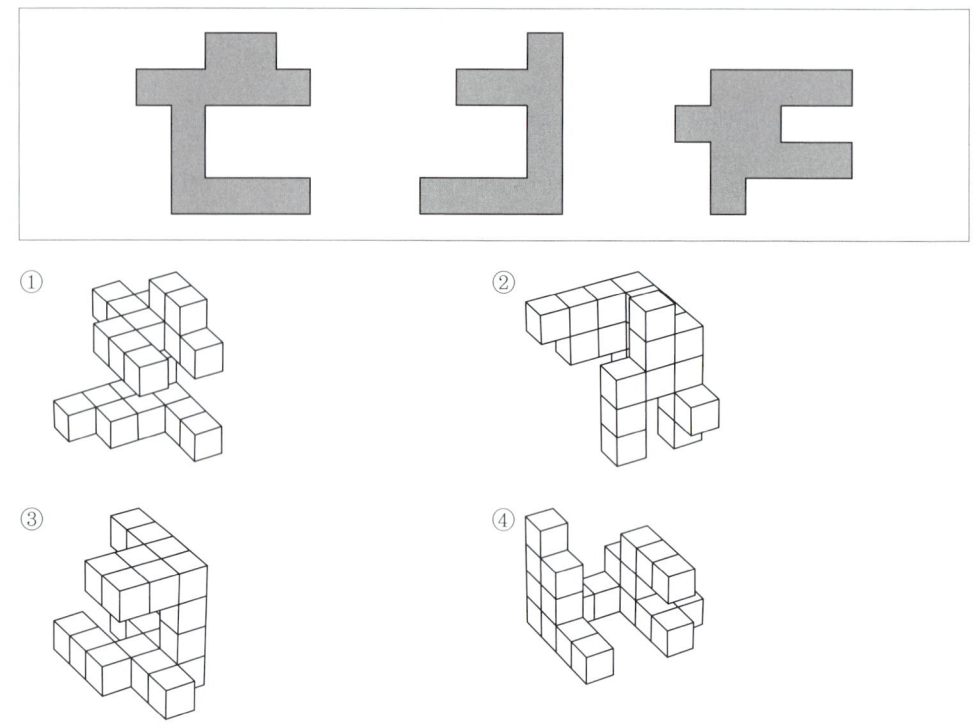

35 다음과 같은 모양을 만드는 데 사용된 블록의 개수를 고르면?(단, 보이지 않는 곳의 블록은 있다고 가정한다)

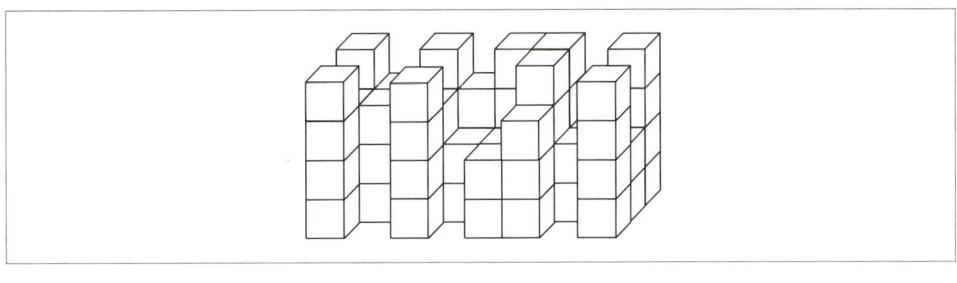

① 65개 ② 66개
③ 67개 ④ 68개

36 다음 두 블록을 합쳤을 때, 나올 수 없는 형태는?

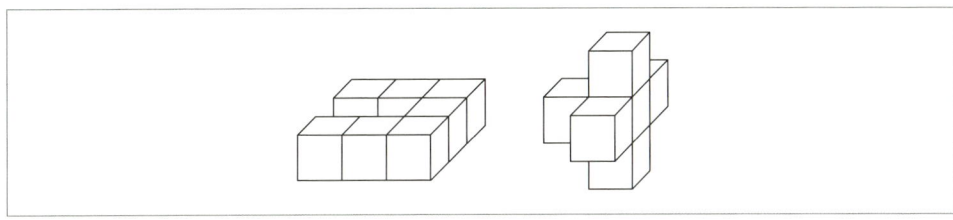

①  ②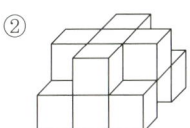

③ 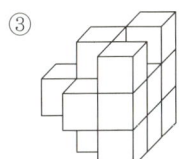 ④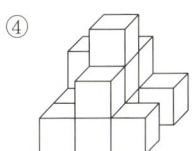

37 다음 직렬과 병렬이 모두 있는 회로에서 A의 저항은 얼마인가?

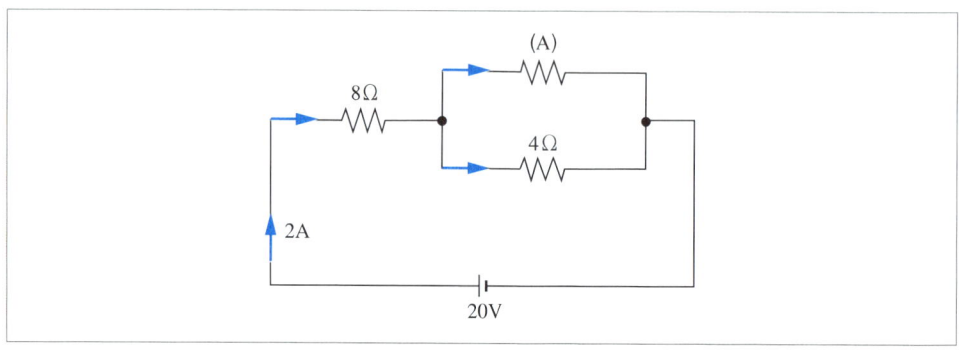

① 2Ω ② 4Ω
③ 6Ω ④ 8Ω

38 다음 그림과 같이 지레에 무게가 10N인 물체를 놓을 때, 지렛대를 수평으로 하기 위하여 필요한 힘 F의 크기는?

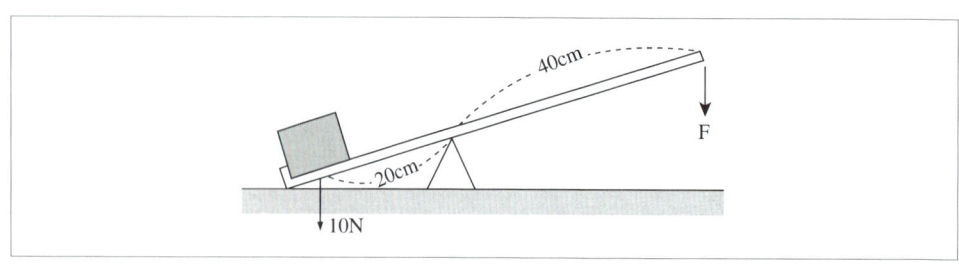

① 5N ② 10N
③ 15N ④ 20N

※ 다음에 제시되지 않은 문자를 고르시오. [39~40]

39

변화	포탄	고향	원산	목포	가방	반증	무상	무념	문학	방학	밥상
벽지	벽화	사랑	순화	소이	딸기	사망	변혁	변절	수학	교정	기업
니트	종류	평화	출구	예광	변심	반항	소화	파기	무형	역사	문화
탄산	맥주	고난	탈출	예방	사또	화랑	담배	낙지	선박	출항	장갑

① 과속 ② 화랑
③ 무형 ④ 출항

40

care	cage	cape	cade	crow	cake	cing	cale	cead	cake	cale	cane
cane	cate	case	cane	cate	care	cape	cate	care	case	crow	cage
cake	cabe	cake	care	crew	cage	cabe	cane	cose	crew	care	cabe
cale	cape	cate	cape	cabe	cale	cake	cade	cing	cate	code	case

① care ② came
③ cane ④ cage

※ 다음 식별 코드 부여 방식 규칙을 바탕으로 이어지는 질문에 답하시오. **[41~45]**

〈식별 코드 부여 방식〉

[버스등급] – [승차인원] – [제조국가] – [모델 번호] – [제조연월]

버스등급	코드	제조국가	코드
대형버스	BX	한국	KOR
중형버스	MF	독일	DEU
소형버스	RT	미국	USA

예 BX – 45 – DEU – 15 – 1510
2015년 10월 독일에서 생산된 45인승 대형버스 15번 모델

〈자사보유 전세버스 현황〉

BX – 28 – DEU – 24 – 1308	MF – 35 – DEU – 15 – 0910	RT – 23 – KOR – 07 – 0608
MF – 35 – KOR – 15 – 1206	BX – 45 – USA – 11 – 0712	BX – 45 – DEU – 06 – 1105
MF – 35 – DEU – 20 – 1110	BX – 41 – DEU – 05 – 1408	RT – 16 – USA – 09 – 0712
RT – 25 – KOR – 18 – 0803	BX – 45 – USA – 14 – 1007	MF – 35 – KOR – 17 – 0901
BX – 28 – USA – 22 – 1404	RT – 25 – DEU – 12 – 0904	BX – 28 – USA – 15 – 1012
RT – 16 – DEU – 23 – 1501	BX – 45 – USA – 19 – 1108	BX – 45 – DEU – 19 – 1312
MF – 35 – DEU – 20 – 1005	MF – 35 – KOR – 16 – 0804	RT – 12 – KOR – 77 – 0710

41 다음 중 식별 코드 MF – 35 – KOR – 16 – 0804에 대한 설명으로 적절한 것은?

① 2016년 8월에 생산된 대형버스 식별코드이다.
② 해당 버스는 16인승 버스이다.
③ 식별 코드 앞자리인 MF를 통해, 해당 버스는 소형버스임을 알 수 있다.
④ 2008년에 한국에서 생산된 35인승 중형버스 16번 모델이다.

42 다음 중 2014년 6월 미국에서 생산된 12인승 소형버스 7번 모델의 식별 코드로 적절한 것은?

① RT – 12 – USA – 07 – 0706
② BX – 35 – USA – 06 – 0612
③ RT – 12 – USA – 07 – 1406
④ BX – 35 – USA – 06 – 0706

43 다음 중 2015년 7월 10일 한국에서 생산된 25인승 대형버스 7번 모델의 식별 코드로 적절한 것은?

① RT – 23 – KOR – 07 – 0608
② BX – 25 – KOR – 07 – 1507
③ MF – 35 – DEU – 20 – 1005
④ BX – 28 – USA – 15 – 1012

44 다음 중 같은 해에 생산된 버스끼리 짝지어지지 않은 것은?

① MF – 35 – KOR – 15 – 1206, BX – 28 – USA – 15 – 1012
② BX – 45 – DEU – 06 – 1105, MF – 35 – DEU – 20 – 1110
③ BX – 28 – DEU – 24 – 1308, BX – 45 – DEU – 19 – 1312
④ BX – 28 – USA – 22 – 1404, BX – 41 – DEU – 05 – 1408

45 다음 중 식별 코드 BX – 45 – DEU – 06 – 1105에 대한 설명으로 적절하지 않은 것은?

① 2011년에 생산된 버스 모델 중 하나이다.
② 이 버스는 45인승 대형버스이다.
③ 자사가 보유하고 있는 전세버스의 식별 코드 중 하나이다.
④ 2012년 5월 한국에서 생산된 버스 모델이다.

얼마나 많은 사람들이 책 한 권을 읽음으로써 인생에 새로운 전기를 맞이했던가.

– 헨리 데이비드 소로 –

PART 4 면접

CHAPTER 01 면접 소개

CHAPTER 02 경상북도교육청 예상 면접질문

CHAPTER 01 면접 소개

01 ▶ 면접 주요사항

면접의 사전적 정의는 면접관이 지원자를 직접 만나보고 인품(人品)이나 언행(言行) 따위를 시험하는 일로, 흔히 필기시험 후에 최종적으로 심사하는 방법이다.

최근 주요 기업의 인사담당자들을 대상으로 한 설문조사에서 채용 시 면접이 차지하는 비중이 50~80% 이상이라고 답한 사람은 전체 응답자의 80%를 넘었다. 이와 대조적으로 지원자들을 대상으로 취업 시험에서 면접을 준비하는 기간을 물었을 때, 대부분의 응답자가 2~3일 정도라고 대답했다.

지원자는 서류전형과 직무성검사를 통과해야만 면접을 볼 수 있기 때문에 자연스럽게 면접은 그 비중이 작아질 수밖에 없다. 하지만 아이러니하게도 실제 채용 과정에서 면접이 차지하는 비중은 절대적이라고 해도 과언이 아니다.

기업들은 채용 과정에서 토론 면접, 인성 면접, 프레젠테이션 면접, 역량 면접 등의 다양한 면접을 실시한다. 1차 커트라인이라고 할 수 있는 서류전형을 통과한 지원자들의 스펙이나 능력은 서로 엇비슷하다고 판단하기 때문에 지원자의 인성을 파악하기 위해 면접을 더욱 강화하는 것이다.

면접의 기본은 자기 자신을 면접관에게 알기 쉽게 표현하는 것이다. 이러한 표현을 바탕으로 자신의 단점을 극복할 수 있는 연습을 한다면 좋은 결과를 얻을 수 있을 것이다.

1. 자기소개

자기소개를 시키는 이유는 면접자가 지원자의 자기소개서를 압축해서 듣고, 지원자의 첫인상을 평가할 시간을 가질 수 있기 때문이다. 면접을 위한 워밍업이라고 할 수 있으며, 첫인상을 결정하는 과정이므로 매우 중요한 순간이다. 자신을 잘 소개할 수 있는 문구의 1분 자기소개를 미리 준비해서 연습해야 한다.

2. 1분 자기소개 시 주의사항

면접에서 바른 자세가 중요하다는 것은 익히 알고 있다. 하지만 문제는 무의식적으로 나오는 흐트러진 자세 때문에 나쁜 인상을 줄 수 있다는 것이다. 이러한 습관을 고칠 수 있는 가장 좋은 방법은 캠코더로 녹화하거나 스터디를 통해 모의 면접을 해보면서 끊임없이 피드백을 받는 것이다.

3. 대화법

전문가들이 말하는 대화법의 핵심은 '상대방을 배려하면서 이야기하라.'는 것이다. 대화는 나와 다른 사람의 소통이다. 내용에 대한 공감이나 이해가 없다면 대화는 더 이상 진전되지 않는다.

4. 첫인상

취업을 위해 성형수술을 받는 지원자들에 대한 이야기는 더 이상 뉴스거리가 되지 않는다. 그만큼 많은 사람이 좁은 취업문을 뚫기 위해 이미지 향상에 신경을 쓰고 있다. 하지만 외모와 첫인상을 절대적인 관계로 이해하는 것은 잘못된 판단이다. 외모가 첫인상에서 많은 부분을 차지하지만, 외모 외에 다른 결점이 발견된다면 그로 인해 장점들이 가려질 수도 있다. 첫인상은 말 그대로 한 번밖에 기회가 주어지지 않으며 몇 초 안에 결정된다. 첫인상을 결정짓는 요소 중 시각적인 요소가 80% 이상을 차지한다. 첫눈에 들어오는 생김새나 복장, 표정 등에 의해서 결정되는 것이다. 면접을 시작할 때 자기소개를 시키는 것도 지원자별로 첫인상을 평가하기 위해서이다. 첫인상이 중요한 이유는 만약 첫인상이 부정적으로 인지될 경우, 지원자의 다른 좋은 면까지 거부당하기 때문이다. 이러한 현상을 심리학에서는 초두효과(Primacy Effect)라고 한다.

이는 먼저 제시된 정보가 추후 알게 된 정보보다 더 강력한 영향을 미치는 현상으로, 앞서 제시된 정보가 나중의 것보다 기억이 더 잘 되고, 인출도 더 잘 된다는 것이다. 예를 들어 첫인상이 착하게 기억되면 나중에 나쁜 행동을 하더라도 순간의 실수로 생각되는 반면, 첫인상이 나쁘다면 착한 행동을 하더라도 그 진위에 의심을 사게 되는 것이다. 이처럼 한 번 형성된 첫인상은 여간해서 바꾸기 힘들다. 따라서 평소에 첫인상을 좋게 만들기 위한 노력을 꾸준히 해야만 한다.

깔끔한 옷차림과 부드러운 표정 그리고 말과 행동 등에 의해 전반적인 이미지가 만들어진다. 누구나 한두 가지 단점은 가지고 있지만 이미지 컨설팅을 통해서 자신의 단점들을 보완하는 지원자도 있다. 특히, 표정이 밝지 않은 지원자는 평소 웃는 연습을 의식적으로 하여 면접을 받는 동안 계속해서 여유 있는 표정을 짓는 것이 중요하다. 성공한 사람들은 인상이 좋다는 것을 명심하자.

02 ▶ 면접의 유형 및 실전 대책

1. 면접의 유형

과거 천편일률적인 일대일 면접과 달리 현재는 면접에 다양한 유형이 도입되어 "면접은 이렇게 보는 것이다."라고 말할 수 있는 정해진 유형이 없어졌다. 그러나 대부분의 기업에서 현재까지는 집단 면접과 다대일 면접이 진행되고 있으므로 어느 정도 유형을 파악하여 사전에 대비가 가능하다. 면접의 기본인 단독 면접부터 다대일 면접, 집단 면접, PT면접 유형과 그 대책에 대해 알아보자.

(1) 단독 면접

단독 면접이란 응시자와 면접관이 일대일로 마주하는 형식을 말한다. 면접위원 한 사람과 응시자 한사람이 마주 앉아 자유로운 화제를 가지고 질의응답을 되풀이하는 방식이다. 이 방식은 면접의 가장 기본적인 방법으로 소요시간은 10~20분 정도가 일반적이다.

① 단독 면접의 장점

필기시험 등으로 판단할 수 없는 성품이나 능력을 알아내는 데 가장 적합하다고 평가받아 온 면접방식으로 응시자 한 사람 한 사람에 대해 여러 면에서 비교적 폭넓게 파악할 수 있다. 응시자의 입장에서는 한 사람의 면접관만을 대하는 것이므로 상대방에게 집중할 수 있으며, 긴장감도 다른 면접방식에 비해서는 적은 편이다.

② 단독 면접의 단점

면접관의 주관이 강하게 작용해 객관성을 저해할 소지가 있으며, 면접 평가표를 활용한다 하더라도 일면적인 평가에 그칠 가능성을 배제할 수 없다. 또한 시간이 많이 소요되는 것도 단점이다.

> **단독 면접 준비 Point**
>
> 단독 면접에 대비하기 위해서는 평소 일대일로 논리 정연하게 대화를 나눌 수 있는 능력을 기르는 것이 중요하다. 그리고 면접장에서는 면접관을 선배나 선생님 혹은 아버지를 대하는 기분으로 면접에 임하는 것이 부담도 훨씬 적고 실력을 발휘할 수 있는 방법이 될 것이다.

(2) 다대일 면접

다대일 면접은 일반적으로 가장 많이 사용되는 면접방법으로 보통 2~5명의 면접관이 1명의 응시자에게 질문하는 형태의 면접방법이다. 면접관이 여러 명이므로 다각도에서 질문을 하여 응시자에 대한 정보를 많이 알아낼 수 있다는 점 때문에 선호하는 면접방법이다.

하지만 응시자의 입장에서는 면접관에 따라 질문도 각양각색이고 동료 응시자가 없으므로 숨 돌릴 틈도 없게 느껴진다. 또한 관찰하는 눈도 많아서 조그만 실수라도 지나치는 법이 없기 때문에 정신적 압박과 긴장감이 높은 면접방법이다. 따라서 응시자는 긴장을 풀고 한 명의 면접관이 질문하더라도 면접관 전원을 향해 대답한다는 기분으로 또박또박 대답하는 자세가 필요하다.

① 다대일 면접의 장점

면접관이 집중적인 질문과 다양한 관찰을 통해 응시자가 과연 조직에 필요한 인물인가를 완벽히 검증할 수 있다.

② 다대일 면접의 단점

면접시간이 보통 10~30분 정도로 긴 편이고 응시자에게 지나친 긴장감을 조성하는 면접방법이다.

> **다대일 면접 준비 Point**
>
> 질문을 들을 때 시선은 면접위원을 향하고 다른 데로 돌리지 말아야 하며, 대답할 때에도 고개를 숙이거나 입속에서 우물거리는 소극적인 태도는 피하도록 한다. 면접위원과 대등하다는 마음가짐으로 편안한 태도를 유지하면 대답도 자연스러운 상태에서 좀 더 충실히 할 수 있고, 이에 따라 면접위원이 받는 인상도 달라진다.

(3) 집단 면접

집단 면접은 다수의 면접관이 여러 명의 응시자를 한꺼번에 평가하는 방식으로 짧은 시간에 능률적으로 면접을 진행할 수 있다. 각 응시자에 대한 질문 내용, 질문 횟수, 시간 배분이 똑같지는 않으며, 모두에게 같은 질문이 주어지기도 하고, 각각 다른 질문을 받기도 한다.

또 어떤 응시자가 한 대답에 대한 의견을 묻는 등 그때그때의 분위기나 면접관의 의향에 따라 변수가 많다. 집단 면접의 경우 응시자의 입장에서는 개별 면접에 비해 긴장감은 다소 덜한 반면에 다른 응시자들과 확실하게 비교되므로 응시자는 몸가짐이나 표현력·논리성 등이 결여되지 않도록 자신의 생각이나 의견을 솔직하게 발표하여 집단 속에 묻히거나 밀려나지 않도록 주의해야 한다.

① 집단 면접의 장점

집단 면접의 장점은 면접관이 응시자 한 사람에 대한 관찰시간이 상대적으로 길고, 비교 평가가 가능하기 때문에 결과적으로 평가의 객관성과 신뢰성을 높일 수 있다는 점이며, 응시자는 동료들과 함께 면접을 받기 때문에 긴장감이 다소 덜하다는 것을 들 수 있다. 또한 동료가 답변하는 것을 들으며, 자신의 답변 방식이나 자세를 조정할 수 있다는 것도 큰 이점이다.

② 집단 면접의 단점

응답하는 순서에 따라 응시자마다 유리하고 불리한 점이 있고, 면접위원의 입장에서는 각각의 개인적인 문제를 깊게 다루기가 곤란하다는 것이 단점이다.

> **집단 면접 준비 Point**
>
> 너무 자기 과시를 하지 않는 것이 좋다. 대답은 자신이 말하고 싶은 내용을 간단명료하게 말해야 한다. 내용이 없는 발언을 한다거나 대답을 질질 끄는 태도는 좋지 않다. 또 말하는 중에 내용이 주제에서 벗어나거나 자기중심적으로만 말하는 것도 피해야 한다. 집단 면접에 대비하기 위해서는 평소에 설득력을 지닌 자신의 논리력을 계발하는 데 힘써야 하며, 다른 사람 앞에서 자신의 의견을 조리 있게 개진할 수 있는 발표력을 갖추는 데에도 많은 노력을 기울여야 한다.
> - 실력에는 큰 차이가 없다는 것을 기억하라.
> - 동료 응시자들과 서로 협조하라.
> - 답변하지 않을 때의 자세가 중요하다.
> - 개성 표현은 좋지만 튀는 것은 위험하다.

(4) 집단 토론식 면접

집단 토론식 면접은 집단 면접과 형태는 유사하지만 질의응답이 아니라 응시자들끼리의 토론이 중심이 되는 면접방법으로 최근 들어 급증세를 보이고 있다.

이는 공통의 주제에 대해 다양한 견해들이 개진되고 결론을 도출하는 과정, 즉 토론을 통해 응시자의 다양한 면에 대한 평가가 가능하다는 집단 토론식 면접의 장점이 널리 확산된 데 따른 것으로 보인다. 사실 집단 토론식 면접을 활용하면 주제와 관련된 지식 정도와 이해력, 판단력, 설득력, 협동성은 물론 리더십, 조직 적응력, 적극성과 대인관계 능력 등을 파악하는 것이 용이하다고 한다. 토론식 면접에서는 자신의 의견을 명확히 제시하면서도 상대방의 의견을 경청하는 토론의 기본자세가 필수적이며, 지나친 경쟁심이나 자기 과시욕은 접어두는 것이 좋다.

또한 집단 토론의 목적이 결론을 도출해 나가는 과정에 있다는 것을 감안하여 무리하게 자신의 주장을 관철시키기보다 오히려 토론의 질을 높이는 데 기여하는 것이 좋은 인상을 줄 수 있다는 점을 알아야 한다. 취업 희망자들은 토론식 면접이 급속도로 확산되는 추세임을 감안해 특히 철저한 준비를 해야 한다.

평소에 신문의 사설이나 매스컴 등의 토론 프로그램을 주의 깊게 보면서 논리 전개 방식을 비롯한 토론 과정을 익히도록 하고, 친구들과 함께 간단한 주제를 놓고 토론을 진행해 볼 필요가 있다. 또한 사회·시사문제에 대해 자기 나름대로의 관점을 정립해두는 것도 꼭 필요하다.

집단 토론식 면접 준비 Point

- 토론은 정답이 없다는 것을 명심한다.
- 내 주장을 강조하지 않는다.
- 남이 말할 때 끼어들지 않는다.
- 필기구를 준비하여 메모하면서 면접에 임한다.
- 주제에 자신이 없다면 첫 번째 발언자가 되지 않는다.
- 자신의 입장을 먼저 밝힌다.
- 상대측의 사소한 발언에 집착하지 않고 전체적인 의미에 초점을 놓치지 않아야 한다.
- 남의 의견을 경청한다.
- 예상 밖의 반론에 당황스럽다 하더라도 유연함을 잃지 않아야 한다.

(5) PT 면접

PT 면접, 즉 프레젠테이션 면접은 최근 들어 집단 토론 면접과 더불어 그 활용도가 점차 커지고 있다. PT 면접은 기업마다 특성이 다르고 인재상이 다른 만큼 인성 면접만으로는 알 수 없는 지원자의 문제해결능력, 전문성, 창의성, 기본 실무능력, 논리성 등을 관찰하는 데 중점을 두는 면접으로, 지원자 간의 변별력이 높아 대부분의 기업에서 적용하고 있으며, 확산되는 추세이다.

면접 시간은 기업별로 차이가 있지만, 전문지식, 시사성 관련 주제를 제시한 다음 보통 20~50분 정도 준비하여 5분가량 발표할 시간을 준다. 단순히 질의응답으로 이루어지는 것이 아니라 면접관은 주제에 대해 일정 시간 동안 지원자의 발언과 발표하는 모습 등을 관찰하게 된다. 정확한 답이나 지식보다는 논리적 사고와 의사표현력이 더 중시되기 때문에 자신의 생각을 어떻게 설명하느냐가 매우 중요하다. PT 면접에서 같은 주제라도 직무별로 평가요소가 달리 나타난다. 예를 들어, 영업직은 설득력과 의사소통 능력에 중점을 둘 수 있겠고, 관리직은 신뢰성과 창의성 등을 더 중요하게 평가한다.

PT 면접 준비 Point

- 면접관의 관심과 주의를 집중시키고, 발표 태도에 유의한다.
- 모의 면접이나 거울 면접으로 미리 점검한다.
- PT 내용은 세 가지 정도로 정리해서 말한다.
- PT 내용에는 자신의 생각이 담겨 있어야 한다.
- PT 중간에 자문자답 방식을 활용한다.
- 평소 지원하는 분야의 동향이나 직무에 대한 전문지식을 쌓아둔다.
- 부적절한 용어 사용이나 무리한 주장 등은 하지 않는다.

2. 면접의 실전 대책

(1) 면접 대비사항

① 지원한 기관에 대한 사전지식을 충분히 갖는다.

필기시험 또는 서류전형의 합격통지가 온 후 면접시험 날짜가 정해지는 것이 보통이다. 이때 지원자는 면접시험을 대비해 사전에 본인이 지원한 기관 또는 부서에 대해 폭넓은 지식을 가질 필요가 있다.

지원 기관에 대해 알아두어야 할 사항

- 지원 기관의 연혁
- 지원 기관의 장
- 지원 기관의 경영목표와 방침
- 지원 분야의 업무 내용
- 지원 분야의 인재상
- 지원 분야의 비전
---

② 충분한 수면을 취한다.

충분한 수면으로 안정감을 유지하고 첫 출발의 신선한 마음가짐을 갖는다.

③ 면접 당일 아침에 인터넷으로 신문을 읽는다.

그날의 뉴스가 질문 대상에 오를 수가 있다. 특히 경제면, 정치면, 문화면 등을 유의해서 봐둘 필요가 있다.

출발 전 확인할 사항

스케줄표, 지갑, 신분증(주민등록증), 손수건, 휴지, 필기도구, 예비스타킹(여성의 경우) 등을 준비하자.

---

(2) 면접 시 옷차림

면접에서 옷차림은 간결하고 단정한 느낌을 주는 것이 가장 중요하다. 색상과 디자인 면에서 지나치게 화려한 색상이나, 노출이 심한 디자인은 자칫 면접관의 눈살을 찌푸리게 할 수 있다. 단정한 차림을 유지하면서 자신만의 독특한 멋을 연출하는 것, 지원 기관의 분위기를 파악했다는 센스를 보여주는 것 등이 면접 복장의 포인트다.

복장 점검

- 구두는 잘 닦여 있는가?
- 옷은 깨끗이 다려져 있으며 스커트 길이는 적당한가?
- 손톱은 길지 않고 깨끗한가?
- 머리는 흐트러짐 없이 단정한가?
---

(3) 면접요령

① 첫인상을 중요시한다.

상대에게 인상을 좋게 주지 않으면 어떠한 얘기를 해도 충분히 전달되지 않을 수 있다. 예를 들면 '저 친구는 표정이 없고 무엇을 생각하고 있는지 전혀 알 길이 없다.'라고 생각하게 만들면 최악의 상태다. 청결한 복장과 바른 자세로 면접장에 침착하게 들어가 건강하고 신선한 이미지를 주도록 한다.

② 좋은 표정을 짓는다.

얘기할 때의 표정은 중요한 사항 중 하나다. 거울 앞에서 웃는 연습을 해본다. 웃는 얼굴은 상대를 편안하게 만들고 특히 면접 등 긴박한 분위기에서는 큰 효과를 나타낼 것이다. 그렇다고 하여 항상 웃고만 있어서는 안 된다. 본인이 할 얘기를 진정으로 전하고 싶을 때는 진지한 표정으로 상대의 눈을 바라보며 얘기한다.

③ 결론부터 이야기한다.

본인의 의사나 생각을 상대에게 정확하게 전달하기 위해서는 먼저 무엇을 말하고자 하는가를 명확히 결정해 두어야 한다. 대답을 할 경우에는 결론을 먼저 이야기하고 나서 그에 따르는 설명과 이유를 나중에 덧붙이면 논지(論旨)가 명확해지고 이야기가 깔끔하게 정리된다. 보통 한 가지 사실을 이야기하거나 설명하는 데는 3분이면 충분하다. 복잡한 이야기도 어느 정도의 길이로 요약해서 이야기하면 상대도 이해하기 쉽고 자기도 정리할 수 있다. 긴 이야기는 오히려 상대를 불쾌하게 할 수가 있다.

④ 질문의 요지를 파악한다.

면접 때의 이야기는 간결성만으로 부족하다. 상대의 질문이나 이야기에 대해 적절하고 필요한 대답을 하지 않으면 대화는 끊어지고 자기의 생각도 제대로 표현하지 못한다. 이는 면접관이 지원자의 인품이나 사고방식 등을 명확히 파악할 수 없도록 만들게 된다. 면접에서는 면접관이 무엇을 묻고 있는지, 무슨 이야기를 하고 있는지 그 요점을 정확히 알아내야 한다.

(4) 면접 시 주의사항

① 지각은 있을 수 없다.

면접 당일에 시간을 맞추지 못하여 지각하는 것은 있을 수 없는 일이다. 약속을 못 지키는 사람은 좋은 평가를 받을 수 없다. 면접 당일에는 지정시간 10 ~ 20분쯤 전에 미리 면접장에 도착해 마음을 가라앉히고 준비해야 한다.

② 손가락을 움직이지 마라.

면접 시에 손가락을 까딱거리거나 만지작거리는 행동은 유난히 눈에 띌 뿐만 아니라 면접관의 눈에 거슬리기 마련이다. 다리를 떠는 행동은 말할 것도 없다. 불안정하거나 산만하다는 느낌을 줄 수 있으므로 주의할 필요가 있다.

③ 옷매무새를 자주 고치지 마라.

여성의 경우 외모에 너무 신경 쓴 나머지 머리를 계속 쓸어 올리거나, 깃과 치마 끝을 만지작거리는 경우가 많다. 짧은 미니스커트를 입고 와서 면접시간 내내 치마 끝을 내리는 행위는 면접관으로 하여금 인상을 찌푸리게 만든다. 인사담당자의 말에 의하면 이런 사람이 의외로 많다고 한다.

④ 적당한 목소리 톤으로 말해라.

면접관과의 거리가 어느 정도 떨어져 있기 때문에 작은 소리로 웅얼거리는 것은 좋지 않다. 그러나 너무 크게 소리를 질러가며 말하는 사람은 오히려 거북하게 느껴진다.

⑤ 성의 있는 응답 자세를 보여라.
　　질문에 대해 너무 '예, 아니요'로만 답변하면 성의 없다는 인상을 심어주게 된다. 따라서 설명을 덧붙일 수 있는 질문에 대해서는 지루하지 않을 만큼의 설명을 붙인다.
⑥ 구두를 깨끗이 닦는다.
　　앉아있는 사람의 구두는 면접관의 위치에서 보면 눈에 잘 띈다. 그러나 의외로 구두에 대해 신경써서 미리 깨끗이 닦아둔 사람은 드물다. 면접 전날 반드시 구두를 깨끗이 닦아준다.
⑦ 지나친 화장은 피한다.
　　여성의 경우 지나치게 화장을 짙게 하면 거부감을 불러일으킬 수 있다. 또한 머리도 단정히 정리해서 이마가 가급적이면 드러나 보이게 하는 것이 좋다. 여기저기 흘러나온 머리는 지저분하고 답답한 느낌을 준다. 지나친 액세서리도 금물이다.
⑧ 기타 사항
　　㉠ 앉으라고 할 때까지 앉지 마라. 의자로 재빠르게 다가와 앉으면 무례한 사람처럼 보이기 쉽다.
　　㉡ 응답 시 너무 말을 꾸미지 마라.
　　㉢ 질문이 떨어지자마자 답변을 외운 것처럼 바쁘게 대답하지 마라.
　　㉣ 혹시 잘못 대답하였다고 해서 혀를 내밀거나 머리를 긁지 마라.
　　㉤ 머리카락에 손대지 마라. 정서불안으로 보이기 쉽다.
　　㉥ 면접실에 다른 지원자가 들어올 때 절대로 일어서지 마라.
　　㉦ 동종업계나 라이벌 회사에 대해 비난하지 마라.
　　㉧ 면접관 책상에 있는 서류를 보지 마라.
　　㉨ 농담을 하지 마라. 쾌활한 것은 좋지만 지나치게 경망스러운 태도는 의지가 부족하게 보인다.
　　㉩ 질문에 대해 대답할 말이 생각나지 않는다고 천장을 쳐다보거나 고개를 푹 숙이고 바닥을 내려다보지 마라.
　　㉪ 면접관이 서류를 검토하는 동안 말하지 마라.
　　㉫ 과장이나 허세로 면접관을 압도하려 하지 마라.
　　㉬ 은연 중에 연고를 과시하지 마라.

> **자세 점검**
> - 지원 기관의 소재지(본사·지사·공장 등)를 정확히 알고 있다.
> - 지원 기관의 정식 명칭(Full Name)을 알고 있다.
> - 약속된 면접시간 10분 전에 도착하도록 스케줄을 짤 수 있다.
> - 면접실에 들어가서 공손히 인사한 후 또렷한 목소리로 자기 수험번호와 성명을 말할 수 있다.
> - 앉으라고 할 때까지는 의자에 앉지 않는다는 것을 알고 있다.
> - 자신에 대해 3분간 이야기할 수 있는 준비가 되어 있다.
> - 자신의 긍정적인 면을 상대방에게 바르게 전달할 수 있다.

CHAPTER 02 경상북도교육청 예상 면접질문

- 1분 동안 자신을 소개해 보시오.
- 경상북도교육청 교육공무직에 지원하게 된 동기를 말해 보시오.
- 경상북도교육청의 교육비전을 말해 보시오.
- 경상북도교육 브랜드 슬로건을 말해 보시오.
- 경상북도교육 브랜드 슬로건의 표현 의미를 설명해 보시오.
- 교육이란 무엇이라고 생각하는지 말해 보시오.
- 교육공무직원이 하는 일을 설명해 보시오.
- 교육공무직의 8가지 의무를 4가지 이상 말해 보시오.
- 교육공무직원의 업무를 3가지 이상 말해 보시오.
- 교육공무직원이 갖춰야 할 자세를 3가지 이상 말해 보시오.
- 교육공무직원이 필요한 이유를 4가지 이상 설명해 보시오.
- 교육공무직을 수행하는 데 있어 가장 중요한 것이 무엇이라고 생각하는지 말해 보시오.
- 교육공무제도의 장단점을 설명해 보시오.
- 경상북도교육청 행정서비스헌장에 대하여 설명해 보시오.
- 공무원과 교육공무직원의 공통점과 차이점을 말해 보시오.
- 교육청에서 하는 업무에 대하여 아는 대로 설명해 보시오.
- 학교에서 하는 업무를 아는 대로 말해 보시오.
- 교육청과 학교 근무의 차이점에 대하여 설명해 보시오.
- 지원한 직렬에서 수행하는 업무에 대하여 아는 대로 설명해 보시오.
- 2명의 상급자로부터 업무를 지시받았을 때 어떻게 해결할 것인지 말해 보시오.
- 업무를 수행하는 과정에서 상급자의 실수를 발견하였다면 어떻게 할 것인지 말해 보시오.
- 갈등이 있을 때 어떻게 해결하는지 말해 보시오.
- 채용 후 본인 업무 외 다른 업무를 시킬 경우 어떻게 대처할 것인지 말해 보시오.
- 민원 처리 방법에 대하여 설명해 보시오.
- 방문 민원 응대 방법에 대하여 설명해 보시오.
- 전화 민원 응대 방법에 대하여 설명해 보시오.
- 폭언을 하는 민원인의 민원을 어떻게 해결할 것인지 말해 보시오.
- 부정청탁 금품 수수에 해당하는 사례를 말해 보시오.
- 최근 교육 및 교육현장과 관련한 이슈에 대하여 자신의 의견을 말해 보시오.
- 교무 행정사가 되면 무엇을 잘할 수 있는지 말해 보시오.
- 학부모가 화를 내면서 찾아온다면 어떻게 할 것인지 말해 보시오.
- 지인이나 친구들에게 어떤 친구로 기억되고 싶은지 말해 보시오.
- 직장 내 동료와 갈등이 발생한다면 어떻게 해결하겠는지 말해 보시오.
- 하교를 지도하는 중 학부모가 상담 요청 시 어떻게 해야 하는지 말해 보시오.
- 1분 정도 시간이 남았는데 하고 싶은 말이 있으면 말해 보시오.

남에게 이기는 방법의 하나는 예의범절로 이기는 것이다.

- 조쉬 빌링스 -

많이 보고 많이 겪고 많이 공부하는 것은 배움의 세 기둥이다.

− 벤자민 디즈라엘리 −

더 이상의 교육청 시리즈는 없다!

알 차다!
꼭 알아야 할
내용을 담고 있으니까

친 절하다!
핵심 내용을 쉽게
설명하고 있으니까

핵 심을 뚫는다!
시험 유형에 적합한
문제를 다루니까

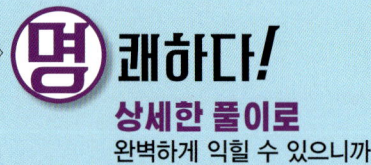

명 쾌하다!
상세한 풀이로
완벽하게 익힐 수 있으니까

시대에듀가 신뢰와 책임의 마음으로 수험생 여러분에게 다가갑니다.

2025 최신판 시대에듀

경상북도 교육청

교육공무직원 필기시험

정답 및 해설

편저 | SDC(Sidae Data Center)

SDC는 시대에듀 데이터 센터의 약자로 약 30만 개의 NCS·적성 문제 데이터를
바탕으로 최신 출제경향을 반영하여 문제를 출제합니다.

[모바일] OMR 답안채점/
성적분석 서비스

[합격시대] 온라인
모의고사 무료쿠폰

PART 2

직무능력검사

CHAPTER 01 언어논리력

CHAPTER 02 수리력

CHAPTER 03 문제해결력

CHAPTER 04 공간지각력

CHAPTER 05 관찰탐구력

끝까지 책임진다! 시대에듀!

QR코드를 통해 도서 출간 이후 발견된 오류나 개정법령, 변경된 시험 정보, 최신기출문제, 도서 업데이트 자료 등이 있는지 확인해 보세요! **시대에듀 합격 스마트 앱**을 통해서도 알려 드리고 있으니 구글 플레이나 앱 스토어에서 다운받아 사용하세요. 또한, 파본 도서인 경우에는 구입하신 곳에서 교환해 드립니다.

CHAPTER 01 | 언어논리력 기출예상문제

01 ▶ 어휘력

01	02	03	04	05	06	07	08	09	10
②	②	②	③	①	④	①	③	③	④
11	12	13	14	15	16	17	18	19	20
②	②	①	②	③	③	③	③	④	③
21	22	23	24	25	26	27	28	29	30
①	④	①	②	②	③	④	②	②	④

01 정답 ②
- 일석이조 : 동시에 두 가지 이득을 봄
- 일거양득 : 한 가지 일을 하여 두 가지 이익을 얻음

02 정답 ②
- 긴장 : 마음을 조이고 정신을 바짝 차림
- 초조 : 애가 타서 마음이 조마조마함

[오답분석]
① 순연 : 차례로 기일을 늦춤
③ 흥분 : 어떤 자극을 받아 감정이 북받쳐 일어남
④ 미연 : 어떤 일이 아직 그렇게 되지 않은 때

03 정답 ②
- 발전 : 더 낫고 좋은 상태나 더 높은 단계로 나아감
- 진전 : 일이 진행되어 발전함

[오답분석]
① 동조 : 남의 주장에 자기의 의견을 일치시키거나 보조를 맞춤
③ 발생 : 어떤 일이나 사물이 생겨남
④ 퇴보 : 정도나 수준이 이제까지의 상태보다 뒤떨어지거나 못하게 됨

04 정답 ③
- 성취 : 목적한 바를 이룸
- 달성 : 목적한 것을 이룸

[오답분석]
① 성장 : 사물의 규모나 세력 따위가 점점 커짐
② 번성 : 한창 성하게 일어나 퍼짐
④ 취득 : 자기 것으로 만들어 가짐

05 정답 ①
㉠ 명의 : 서류 등에 사용되는 이름
㉢ 이름 : 어떤 사람 또는 사물을 부르거나 가리키기 위해 고유하게 지은 말

[오답분석]
㉡ 심지 : 마음에 품은 의지
㉣ 청사진 : 미래에 대한 희망적인 계획 또는 구상 등의 비유

06 정답 ④
㉣ 아둔하다 : 슬기롭지 못하고 머리가 둔하다.
㉤ 용렬하다 : 사람이 변변치 못하고 졸렬하다.
㉥ 미욱하다 : 됨됨이가 어리석고 미련하다.

[오답분석]
㉠ 괴란하다 : 얼굴이 붉어지도록 부끄럽다.
㉡ 계면쩍다 : 쑥스럽거나 미안하여 어색하다.
㉢ 태만하다 : 열심히 하려는 마음이 없고 게으르다.

07 정답 ①

[오답분석]
② 미욱스럽다 : 매우 어리석고 미련한 데가 있다.
③ 결곡하다 : 얼굴 생김새나 마음씨가 깨끗하고 여무져서 빈틈이 없다.
④ 어리벙벙하다 : 제정신을 차리지 못하고 얼빠진 사람처럼 멍한 모양이다.

08
정답 ③

오답분석
① 살망하다 : 아랫도리가 가늘고 어울리지 않게 조금 길다.
② 조쌀하다 : 늙었어도 얼굴이 깨끗하고 맵시 있다.
④ 해쓱하다 : 얼굴에 핏기가 없고 파르께하다.

09
정답 ③

앞에 오는 말과 공통적으로 어울리는 것은 '치다'이다.
• 돼지를 치다 : 가축을 기르다.
• 도랑을 치다 : 물길을 내다.
• 사군자를 치다 : 그림을 그리다.
• 술을 치다 : 술을 부어 잔을 채우다.

10
정답 ④

앞뒤 문장의 호응을 고려할 때 ㉠에는 '발달'이 맞으며, ㉡은 뒤의 자연에 대한 치밀한 탐구라는 말과 호응해야 하므로 '치열'이 맞다. ㉢은 앞의 맥락이 긍정적이므로 '긍정적인'이라는 말이 맞으며, ㉣은 첫 문장의 '급부상'이라는 단어로부터 '갑자기'를 유추할 수 있다.

11
정답 ②

• 조직 개편안은 <u>구상단계</u>일 뿐 그 실현 여부는 아직 불투명하다.
• 항상 대책을 <u>고안</u>하는 덕분에 문제가 발생해도 막힘없이 해결해 왔다.
• 컴퓨터는 계산기의 필요성에 관한 <u>착상</u>에서 발전되었다.

• 입안(立案) : 어떤 안(案)을 세움. 또는 그 안건

오답분석
① 착상(着想) : 어떤 일이나 창작의 실마리가 되는 생각이나 구상 따위를 잡음. 또는 그 생각이나 구상
③ 고안(考案) : 연구하여 새로운 안을 생각해 냄. 또는 그 안
④ 구상(構想) : 앞으로의 일에 대하여 내용이나 규모, 실현 방법 따위를 어떻게 정할 것인지 이리저리 생각함. 또는 그 생각

12
정답 ②

• 오래 살다보면 삶의 이치를 <u>터득</u>하기 마련이다.
• 그녀는 상당히 많은 주식을 <u>소유</u>하고 있다.
• 백날 책만 읽어봐야 알 수 없고 경험으로 <u>체득</u>해야 한다.
• 그는 고향에 넓은 땅을 <u>소유</u>하고 있는 부자이다.

• 지참 : 어떤 것을 가지고 모임에 참석함

13
정답 ①

• 교칙은 모든 학생에게 예외 없이 <u>적용</u>된다.
• 회사까지는 지하철을 <u>이용</u>하는 것이 편리하다.
• 여가를 <u>이용 / 활용</u>하여 외국어를 배우는 직장인이 늘고 있다.
• 그는 너무 순진해서 주변 사람들에게 종종 <u>이용</u>을 당하곤 한다.

• 사용(使用) : 일정한 목적이나 기능에 맞게 씀

오답분석
② 이용(利用) : 대상을 필요에 따라 이롭게 씀. 또는 다른 사람이나 대상을 자신의 이익을 채우는 방편으로 씀
③ 적용(適用) : 무엇을 어디에 맞추거나 해당시켜 씀
④ 활용(活用) : 충분히 잘 이용함

14
정답 ②

㉠ 부당(不當) : 이치에 맞지 아니함
㉢ 왜곡(歪曲) : 사실과 다르게 해석하거나 그릇되게 함
㉤ 계상(計上) : 계산하여 올림
㉥ 고의(故意) : 일부러 하는 생각이나 태도

오답분석
㉡ 정당(正當) : '정당하다(이치에 맞아 올바르고 마땅하다)'의 어근
㉣ 분산(分散) : 갈라져 흩어짐. 또는 그렇게 되게 함
㉦ 격상(格上) : 자격이나 등급, 지위 따위의 격이 높아짐. 또는 그것을 높임
㉧ 실수(失手) : 조심하지 아니하여 잘못함. 또는 그런 행위

15
정답 ③

㉠ 감별(鑑別) : 보고 식별함
㉣ 유발(誘發) : 어떤 것이 다른 일을 일어나게 함
㉤ 소위(所謂) : 세상에서 말하는 바(=이른바)
㉧ 증상(症狀) : 병을 앓을 때 나타나는 여러 가지 상태나 모양

오답분석
㉡ 변별(辨別) : 사물의 옳고 그름이나 좋고 나쁨을 가림
㉢ 유추(類推) : 같은 종류의 것 또는 비슷한 것에 기초하여 다른 사물을 미루어 추측하는 일
㉦ 특(特)히 : 보통과 다르게
㉥ 상징(象徵) : 추상적인 개념이나 사물을 구체적인 사물로 나타냄. 또는 그렇게 나타낸 표지·기호·물건 따위

16 정답 ③

- ⓒ 채택(採擇) : 작품, 의견, 제도 따위를 골라서 다루거나 뽑아 씀
- ⓒ 측정(測定) : 일정한 양을 기준으로 하여 같은 종류의 다른 양의 크기를 잼
- ⓓ 책무(責務) : 직무에 따른 책임이나 임무
- ⓐ 실현(實現) : 꿈, 기대 따위를 실제로 이룸

오답분석
- ㉠ 선별(選別) : 가려서 따로 나눔
- ㉣ 평가(評價)
  1. 물건값을 헤아려 매김. 또는 그 값
  2. 사물의 가치나 수준 따위를 평함. 또는 그 가치나 수준
- ㉥ 권리(權利)
  1. 권세와 이익
  2. (법률) 어떤 일을 행하거나 타인에 대하여 당연히 요구할 수 있는 힘이나 자격
- ◎ 실천(實踐) : 생각한 바를 실제로 행함

17 정답 ③

- ⓒ 효과(效果) : 보람이 있는 좋은 결과
- ㉠ 활용(活用) : 살려서 잘 응용함
- ⓗ 사용(使用) : 물건을 쓰거나 사람을 부림
- ⓓ 효율(效率) : 들인 노력과 얻은 결과의 비율

오답분석
- ⓒ 효용(效用) : 보람 있게 쓰거나 쓰임. 또는 그런 보람이나 쓸모
- ㉣ 조율(調律) : 문제를 어떤 대상에 알맞거나 마땅하도록 조절함을 비유적으로 이르는 말
- ⓐ 과시(誇示) : 자랑해 보임
- ◎ 효능(效能) : 효험을 나타내는 능력

18 정답 ④

'위, 아래'의 대립이 있는 단어는 '윗-'으로 발음되는 형태를 표준어로 삼으므로, 윗도리가 적절한 표현이다.

19 정답 ④

'지'는 경과한 시간을 나타내는 의존 명사이므로 한글 맞춤법에 따라 앞의 말과 띄어 써야 한다.

오답분석
① '데'가 '일'이나 '것'의 뜻을 나타내는 의존 명사로 쓰였으므로 '참석하는 데'로 띄어 써야 한다.
② '쓸데없다'는 하나로 굳어진 단어이므로 붙여 써야 한다.
③ '-ㄹ지'는 하나의 연결 어미이므로 '처리해야 할지'가 적절한 표기이다.

20 정답 ③

겹받침 'ㄹㄱ, ㄹㅁ, ㄹㅍ'은 어말 또는 자음 앞에서 각각 'ㄱ, ㅁ, ㅂ'으로 발음한다. 다만, 용언의 어간 말음 'ㄹㄱ'은 'ㄱ' 앞에서 'ㄹ'로 발음한다. 따라서 '맑구나'는 [말꾸나]로 발음해야 한다.

21 정답 ①

제시문은 부채위기를 해결하려는 유럽 국가들이 당장 눈앞에 닥친 위기만을 극복하기 위해 임시방편으로 대책을 세운다는 내용을 비판하는 글이다. 글과 가장 관련이 있는 한자성어는 '아랫돌 빼서 윗돌 괴고, 윗돌 빼서 아랫돌 괴기'라는 뜻으로, '임기응변으로 어려운 일을 처리하는 것'을 의미하는 '하석상대(下石上臺)'이다.

오답분석
② 탄주지어(吞舟之魚) : '배를 삼킬만한 큰 고기'라는 뜻으로 큰 인물을 말함
③ 양상군자(梁上君子) : '들보 위의 군자'라는 뜻으로 도둑을 지칭하는 말
④ 배반낭자(杯盤狼藉) : 술을 마시고 한참 신명나게 노는 모습을 가리키는 뜻

22 정답 ④

그랭이법과 그랭이질은 같은 말이므로 같은 의미 관계인 한자성어와 속담을 고르면 된다. 망양보뢰(亡羊補牢)는 '양을 잃고서 그 우리를 고친다.'라는 뜻으로 실패한 후에 일을 대비함 또는 이미 어떤 일을 실패한 뒤에 뉘우쳐도 소용이 없음을 의미하는 말이다. 이와 같은 뜻으로 '일이 이미 잘못된 뒤에는 손을 써도 소용이 없다.'는 뜻의 '소 잃고 외양간 고친다.'가 있다.

23 정답 ①

제시문은 상하 관계이다.
'독수리'는 '새'의 하위어이며, '장미'는 '꽃'의 하위어이다.

24 정답 ②

제시문은 반의 관계이다.
'독점'의 반의어는 '공유'이고, '창조'의 반의어는 '모방'이다.

25 정답 ②

제시문은 물건과 그 물건이 위치하는 장소의 관계이다.
'이정표'는 '고속도로'에서 방향과 위치를 알려주고, '등대'는 '바다'에서 그 역할을 한다.

26   정답 ③

③은 대등 관계이다.

[오답분석]

①·②·④ 서열 순서로 이루어진 단어들이다.

27   정답 ④

[오답분석]

①·②·③ 유의 관계로 이루어진 단어들이다.

28   정답 ②

'바퀴', '지구', '팽이' 모두 '회전' 운동을 한다.

29   정답 ②

거품을 '물다', 거품 '경제', '물'거품을 통해 '거품'을 공통적으로 연상할 수 있다.

30   정답 ④

으뜸, 국가, 왕자를 통해 '왕'을 연상할 수 있다.

02 ▶ 나열하기

01	02	03	04	05	06	07
②	②	①	④	④	④	④

01   정답 ②

제시문은 문학 연구가와 역사 연구가를 비교한 글이다. (나)에서 문학과 역사의 차이는 문학 연구가와 역사 연구가를 비교할 때 더욱 뚜렷하게 드러난다고 했으므로 (나) 다음으로는 문학 연구가와 역사 연구가에 관한 설명이 와야 한다. (가)에서 역사 연구가는 대상을 마음대로 조립할 수 있다고 한 반면, (라)에서는 문학 연구가의 조립이 불가능하다고 했으므로 (나) – (가) – (라)로 이어지는 것이 자연스럽다. 또한 (다)의 수정 불가능한 '그것'은 조립이 불가능한 이광수의 『무정』을 설명하는 것이므로 가장 마지막 문장은 (다)가 된다.

02   정답 ②

제시문은 신앙 미술에 나타난 동물의 상징적 의미와 사례, 변화와 그 원인, 그리고 동물의 상징적 의미가 지닌 문화적 가치에 대하여 설명하는 글이다. 따라서 (나) 신앙 미술에 나타난 동물의 상징적 의미와 그 사례 – (다) 동물의 상징적 의미의 변화 – (라) 동물의 상징적 의미가 변화하는 원인 – (가) 동물의 상징적 의미가 지닌 문화적 가치의 순으로 나열되는 것이 적절하다.

03   정답 ①

제시문은 2,500년 전 인간과 현대의 인간의 공통점을 언급하며 2,500년 전에 쓰인 『논어』가 현대에서 지니는 가치에 대하여 설명하고 있다. 따라서 (가) 『논어』가 쓰인 2,500년 전 과거와 현대의 차이점 – (마) 2,500년 전의 책인 『논어』가 폐기되지 않고 현대에서도 읽히는 이유에 대한 의문 – (나) 인간이라는 공통점을 지닌 2,500년 전 공자와 우리들 – (다) 2,500년의 시간이 흐르는 동안 인간의 달라진 부분과 달라지지 않은 부분에 대한 설명 – (라) 시대가 흐름에 따라 폐기될 부분을 제외하더라도 여전히 오래된 미래로서의 가치를 지니는 『논어』의 순으로 나열되는 것이 적절하다.

04   정답 ④

제시문은 초연결사회에 대해 설명하는 글이다. 따라서 (나) 최근 대두되는 초연결사회에 대한 화제 언급 – (가) 초연결사회에 대한 정의 – (라) 초연결네트워크를 통해 긴밀히 연결되는 초연결사회의 모습 – (다) 이러한 초연결사회에 가져올 변화에 대한 전망의 순으로 나열되는 것이 적절하다.

05 정답 ④

보기의 '이 위기'를 언급하는 것으로 보아 앞에는 생태계의 위기에 대한 사례가 제시되어야 한다. 따라서 앞에서는 위기에 대한 사례, 뒤에는 이러한 위기를 극복하기 위한 자세를 언급하고 있는 (라)에 들어가는 것이 가장 적절하다.

06 정답 ④

보기의 '묘사'는 '어떤 대상이나 현상 따위를 있는 그대로의 언어로 서술하거나 그림으로 그려서 나타내는 것이며, 본 사람이 무엇을 중요하게 판단하고, 무엇에 흥미를 느꼈느냐에 따라 다르다.'라고 정의한다. 보기 앞에는 어떤 모습이나 장면이 나와야 하므로 (다) 다음의 '분주하고 정신없는 장면'이 와야 한다. 뒤에는 보기의 구체적 내용인 (라) 다음 부분이 이어져야 한다. 따라서 보기는 (라)에 들어가는 것이 가장 적절하다.

07 정답 ④

보기는 '정보의 순환 속에서 새로운 정보로 거듭나는 역동성에 대한 설명의 사례'이다. (라)의 앞 문단에서는 정보와 지식이 커뮤니케이션 속에서 살아 움직이며 진화함을 말하고 있다. 한 나라의 관광 안내 책자 속 정보가 섬세하고 정확한 것은 소비자들에 의해 오류가 수정되고 개정되는 것이, 정보와 지식이 커뮤니케이션 속에서 새로운 정보로 거듭나는 것을 잘 나타내고 있기 때문이다. 따라서 보기는 (라)에 들어가는 것이 가장 적절하다.

03 ▶ 독해

01	02	03	04	05	06	07	08	09	10
②	④	②	④	④	④	③	②	③	②
11	12	13	14	15	16	17	18	19	20
①	①	②	③	③	④	②	①	②	④

01 정답 ②

제시문의 첫 번째 문단에 따르면 르네상스의 야만인 담론은 이전과는 달리 현실적 구체성을 띠고 있지만 전통 야만인관에 의해 각색되는 것은 여전하다.

02 정답 ④

제시문의 첫 번째 문단에 따르면 인간의 심리적 문제는 비합리적인 신념의 '원인'이 아닌 '산물'이라고 언급했다.

03 정답 ②

제시문 세 번째 문단에서 물의 비열은 변하는 것이 아니라 고유한 특성이라는 정보를 확인할 수 있다.

04 정답 ④

제시문은 중세 유럽에서 유래된 로열티 제도가 산업 혁명부터 현재까지 지적 재산권에 대한 보호와 가치 확보를 위해 발전되었음을 설명하고 있다. 따라서 '로열티 제도의 유래와 발전'이 제목으로 가장 적절하다.

05 정답 ④

제시문의 첫 번째 문장에서 대중문화는 일시적인 유행에 그친다고 생각하고 있다고 했지만, '그러나 이러한 판단은 근거가 확실치 않다.'고 서술하고 있다.

06 정답 ④

제시문에서 언어는 시대를 넘어 문명을 전수하는 역할을 함을 알 수 있다. 언어를 통해 전해진 선인들의 훌륭한 문화유산이나 정신 자산은 당대의 문화나 정신을 살찌우는 밑거름이 되는 것이다. 이러한 언어가 없었다면 인류사회는 앞선 시대와 단절되어 더 이상의 발전을 기대할 수 없었을 것이며, 이는 문명의 발달이 언어를 매개로 이루어져 왔음을 의미한다.

07   정답 ③

제시문은 민요의 시김새가 무엇인지 설명하고 있다. 또한 시김새가 '삭다'라는 말에서 나온 단어라고 서술하고 있다. 따라서 글의 주제로 가장 적절한 것은 '시김새의 정의와 어원'이다.

08   정답 ②

제시문 마지막 문장의 '표준화된 언어와 방언 둘 다의 가치를 인정'하고, '잘 가려서 사용할 줄 아는 능력을 길러야 한다.'는 내용을 바탕으로 글의 주제로 가장 적절한 것은 '표준화된 언어와 방언에는 각각 독자적인 가치와 역할이 있다.'이다.

09   정답 ③

제시문은 산업사회의 여러 가지 특징에 대해 설명함으로써 산업사회가 가지고 있는 문제점들을 강조하고 있다. 따라서 글의 주제로 가장 적절한 것은 '산업사회의 특징과 문제점'이다.

10   정답 ②

제시문에서 '시장집중률은 시장 내 일정 수의 상위 기업들이 차지하는 비중을 나타내 주는 수치, 즉 일정 수의 상위 기업의 시장점유율을 합한 값이다.'라는 개념을 제시하고 있다. 그리고 이를 통해 시장 구조를 구분하고, 시장 내의 공급이 기업에 집중되는 양상을 파악할 수 있는 의의를 밝히고 있다. 따라서 글의 주제로 가장 적절한 것은 '시장집중률의 개념와 의의'이다.

11   정답 ①

쇼펜하우어는 표상 세계 안에서의 이성의 역할, 즉 시간과 공간, 인과율을 통해서 세계를 파악하는 주인의 역할을 함에도 불구하고 이 이성이 다시 의지에 종속됨으로써 제한적이며 표면적일 수밖에 없다는 한계를 지적하고 있다.

[오답분석]
② 제시문에서는 표상 세계의 한계를 지적했을 뿐, 표상 세계의 극복과 그 해결 방안에 대한 내용은 없다.
③ 제시문에서 의지의 세계와 표상 세계는 의지가 표상을 지배하는 종속관계라는 차이를 파악할 수는 있으나, 중심 내용으로는 적절하지 않다.
④ 쇼펜하우어가 주관 또는 이성을 표상의 세계를 이끌어 가는 능력으로 주장하고 있다는 점에서 타당하나 제시문의 중심 내용은 아니다.

12   정답 ①

제시문에서 필자는 3R 원칙을 강조하며 가장 필수적이고 최저한의 동물실험이 필요악임을 주장하고 있다. 특히 '보다 안전한 결과를 도출해내기 위한 동물실험은 필요악이며, 이러한 필수적인 의약실험조차 금지하려 한다는 것은 기술 발전 속도를 늦춰 약이 필요한 누군가의 고통을 감수하자는 이기적인 주장'이라는 대목을 통해 약이 필요한 이들을 위한 의약실험에 초점을 맞추고 있음을 확인할 수 있다. 따라서 생명과 큰 관련이 없는 동물실험을 비판의 근거로 삼는 것은 적절하지 않다.

13   정답 ②

제시문의 핵심 논점을 잡으면 첫 번째 문단의 끝에서 '제로섬(Zero-sum)적인 요소를 지니는 경제 문제'와 두 번째 문단의 끝에서 '우리 자신의 수입을 보호하기 위해 경제적 변화가 일어나는 것을 막거나 혹은 사회가 우리에게 손해를 입히는 공공정책이 강제로 시행되는 것을 막기 위해 싸울 것'에 대한 것이 핵심 주장이므로 이에 부합하는 논지는 '사회경제적인 총합이 많아지는 정책'에 대한 비판이라고 할 수 있다.

14   정답 ③

제시문에 따르면 수신자가 발신자가 될 수 있다면 사회변동이 가능하다. SNS는 수신뿐만 아니라 발신도 자유롭기 때문에 책, 신문, 영화, 라디오, TV와 같은 수신자가 발신자가 될 가능성이 매우 낮은 매체들보다는 사회변동에 큰 영향력을 미치게 된다.

15   정답 ③

미장센은 편집을 통해 연출하는 기법이 아니라, 한 화면 속에 담기는 이미지의 모든 구성 요소를 통해 주제가 나타나도록 하는 감독의 작업이다. 그러나 감독이 사계절의 모습을 담기 위해 봄, 여름, 가을, 겨울을 각각 촬영한 후 결합하여 하나의 장면으로 편집하는 연출 방법은 몽타주 기법이다.

16   정답 ④

제시문은 사례의 적절성을 판단하는 것으로, 본문에서는 대중문화 속에서 사는 현대인들은 자신이, 다른 사람이 나를 어떻게 볼지에 대해 조바심과 공포감을 느끼며, 이러한 현상은 광고 때문에 많이 생긴다고 했다. 그러나 ④의 내용은 단순한 공포심을 나타내고 있을 뿐이다.

[오답분석]
①·②·③ 매체를 통해 정보를 얻고, 그 정보대로 실행하지 않으면 남들보다 열등한 상태에 놓이게 될 것으로 여겨 대중매체가 요구하는 대로 행동하는 사례들이다.

17   정답 ②

ⓒ은 무력한 자아를 되돌아보고 자책하고 한탄하는 내향적 공격성을 나타내는 것이므로, ②는 사례로 적절하지 않다.

18   정답 ①

㉠은 양반의 수 증가, ㉡은 실제가 없는 허명, ㉢은 양반의 신분이 세습됨, ㉣은 생원의 폐단을 겸하고 있음을 말한다. 그리고 ㉤에서 이 네 가지 폐단이 있으니, 모든 사람을 양반을 만들어 양반이 없는 것과 마찬가지인 효과를 내자는 역설적 주장으로 글을 마무리하고 있다. 따라서 ㉠~㉣은 ㉤의 근거가 된다.

19   정답 ②

㉠은 대전제, ㉡은 소전제, ㉤은 결론의 구조를 취하고 있다. 그리고 ㉢은 ㉡에 대한 이유 제시, ㉣은 ㉢에 대한 보충 설명에 해당한다.

20   정답 ④

휴리스틱의 개념 설명을 시작으로 휴리스틱을 이용하는 방법인 이용가능성 휴리스틱에 대한 설명과 휴리스틱의 문제점인 바이어스의 개념을 연이어서 설명하며 휴리스틱에 대한 정보의 폭을 넓혀가며 설명하고 있다.

CHAPTER 02 | 수리력 기출예상문제

01 ▶ 기본계산

01	02	03	04	05	06	07	08	09	10
④	①	①	④	①	③	①	④	③	③

01   정답 ④

$850+677=1,527$

02   정답 ①

$(200,000-15,140) \div 237$
$=184,860 \div 237$
$=780$

03   정답 ①

$1,113 \div 371+175$
$=3+175$
$=178$

04   정답 ④

$48^2=(4\times12)^2=4^2\times12^2$, $16^2=4^2\times4^2$
$(48^2+16^2)\div16+88=(12^2+4^2)+88=(144+16)+88=160+88$
$=248$

05   정답 ①

$32\times\dfrac{4,096}{256}-26\times\dfrac{361}{19}$
$=32\times16-26\times19$
$=18$

06 정답 ③

$$\frac{3}{10} < (\ ) < \frac{2}{5} \rightarrow \frac{18}{60} < (\ ) < \frac{24}{60}$$

$$\frac{18}{60} < \left(\frac{1}{3} = \frac{20}{60}\right) < \frac{24}{60}$$

오답분석

① $\frac{1}{10}\left(=\frac{6}{60}\right) < \frac{3}{10}$

② $\frac{7}{30}\left(=\frac{14}{60}\right) < \frac{3}{10}$

④ $\frac{7}{15}\left(=\frac{28}{60}\right) > \frac{2}{5}$

07 정답 ①

$\frac{122}{95} \fallingdotseq 1.284$, $\frac{93}{76} \fallingdotseq 1.224$

$1.284 > \left(\frac{93}{76} \fallingdotseq 1.224\right) > 1.148$

오답분석

② $\frac{88}{67}(\fallingdotseq 1.313) > \frac{122}{95}$

③ $\frac{66}{47}(\fallingdotseq 1.404) > \frac{122}{95}$

④ $\frac{54}{39}(\fallingdotseq 1.385) > \frac{122}{95}$

08 정답 ④

$$\frac{7}{9} < (\ ) < \frac{7}{6} \rightarrow \frac{28}{36} < (\ ) < \frac{42}{36}$$

$$\frac{28}{36} < \left(\frac{41}{36}\right) < \frac{42}{36}$$

오답분석

① $\frac{64}{54} > \frac{7}{6}\left(=\frac{63}{54}\right)$

② $\frac{13}{18} < \frac{7}{9}\left(=\frac{14}{18}\right)$

③ $\frac{39}{54} < \frac{7}{9}\left(=\frac{42}{54}\right)$

09 정답 ③

$\frac{22}{15} \fallingdotseq 1.467$

$1.797 > \left(\frac{33}{21} \fallingdotseq 1.571\right) > \frac{22}{15}$

오답분석

② $\frac{35}{19} ≒ 1.842$

10

정답 ③

$\sqrt{12} = 2\sqrt{3} ≒ 2 \times 1.732 = 3.464$
$\sqrt{8} = 2\sqrt{2} ≒ 2 \times 1.414 = 2.828$
$3.464 > (\ 2.97\ ) > 2.828$

02 ▶ 응용수리

01	02	03	04	05	06	07	08	09	10
④	④	②	③	①	③	②	③	①	③
11	12	13	14	15	16	17	18	19	20
③	④	②	④	③	③	②	③	④	③
21	22	23	24	25	26	27			
③	③	③	②	②	④	④			

01

정답 ④

두 지점 A, B사이의 거리를 $x$km라 하면 A에서 B로 갈 때 걸리는 시간은 $\frac{x}{16}$, B에서 A로 되돌아올 때 걸리는 시간은 $\frac{x}{8}$이다.
$\frac{x}{16} + \frac{x}{8} \leq \frac{3}{2} \rightarrow 3x \leq 24$
$\therefore x \leq 8$
따라서 두 지점 사이의 거리는 최대 8km가 될 수 있다.

02

정답 ④

수빈이가 쉬기 전까지 걸었던 거리를 $x$km라고 하자.
$\frac{x}{a} + \frac{1}{2} + \frac{x}{b} = 3 \rightarrow \frac{(a+b)}{ab}x = \frac{5}{2}$
$\therefore x = \frac{5ab}{2(a+b)}$
따라서 수빈이가 쉬기 전까지 걸었던 거리는 총 $\frac{5ab}{2(a+b)}$km이다.

03

정답 ②

A와 B가 만날 때까지 걸리는 시간을 x분이라고 하면 (A가 간 거리)=(B가 간 거리)+300가 성립해야 하므로
$200x = 50x + 300$
$\therefore x = 2$
따라서 2분이 지나야 A와 B가 서로 만나게 된다.

04

정답 ③

처음에 퍼낸 소금물의 양을 xg이라고 하자.

$\dfrac{(800-x)\times 0.15}{800-x+150}=0.12 \rightarrow 800-x=\dfrac{0.12}{0.15}\times(950-x)$

$\rightarrow 800-760=x-0.8x$

$\therefore x=200$

따라서 처음에 퍼낸 소금물의 양은 200g임을 알 수 있다.

05

정답 ①

x%를 소금물 A의 농도, y%를 소금물 B의 농도라고 하자.

$\dfrac{x}{100}\times 100+\dfrac{y}{100}\times 150=\dfrac{8}{100}(100+150)$ … ㉠

$\dfrac{x}{100}\times 200+\dfrac{y}{100}\times 50=\dfrac{6}{100}(200+50)$ … ㉡

㉠과 ㉡을 연립하여 계산하면 $x=5$, $y=10$

$\therefore x=5$

따라서 소금물 A의 농도는 5%이다.

06

정답 ③

더 넣어야 하는 물의 양을 $x$kg이라 하자.

$\dfrac{5}{100}\times 20=\dfrac{4}{100}\times(20+x) \rightarrow 100=80+4x$

$\therefore x=5$

따라서 더 넣어야 하는 물의 양은 5kg이다.

07

정답 ②

라임이의 나이를 x세라 하면, 아버지의 나이는 $(x+28)$세이다.

$x+28=3x \rightarrow x=14$

따라서 아버지의 나이는 $3\times 14=42$세이다.

08

정답 ④

x년 후에 현우와 조카의 나이는 각각 $(30+x)$세, $(5+x)$세이므로,

$30+x=2(5+x) \rightarrow 30+x=10+2x$

$\therefore x=20$

따라서 현우의 나이가 조카 나이의 2배가 되는 것은 20년 후이다.

09 정답 ①

막내의 나이를 x살, 서로 나이가 같은 3명의 멤버 중 한 명의 나이를 y살이라 하자.
$y = 105 \div 5 = 21 (\because y = 5$명의 평균 나이$)$
$24 + 3y + x = 105 \rightarrow x + 3 \times 21 = 81$
$\therefore x = 18$
따라서 막내의 나이는 18살이다.

10 정답 ③

옷의 정가를 x만 원이라 하자.
$x \times (1-0.2) \times (1-0.3) = 280,000$
$\rightarrow 0.56x = 280,000$
$\therefore x = 500,000$
따라서 할인받은 총금액은 $50 - 28 = 22$만 원이다.

11 정답 ③

제품의 원가를 x원이라 하면, 정가는 $1.2x$, 판매가는 $1.2x \times (1-0.15) = 1.02x$이다.
$1.02x \times 50 = 127,500 \rightarrow 1.02x = 2,550$
$\therefore x = 2,500$
따라서 이 제품의 원가는 2,500원이다.

12 정답 ④

작년 교통비를 x원, 작년 숙박비를 y원이라 하자.
$1.15x + 1.24y = 1.2(x+y) \cdots \bigcirc$
$x + y = 36 \cdots \bigcirc$
$\bigcirc$과 $\bigcirc$을 연립하면 $x = 16$, $y = 20$이다.
따라서 올해 숙박비는 $20 \times 1.24 = 24.8$만 원이다.

13 정답 ②

천포의 수학점수를 x점이라고 하자.
네 사람의 평균이 105점이므로 $\dfrac{101 + 105 + 108 + x}{4} = 105$
$\rightarrow x + 314 = 420$
$\therefore x = 106$
따라서 천포의 수학점수는 106점이다.

14 정답 ④

4명의 평균점수가 80점으로 총점은 $80 \times 4 = 320$점이다.
따라서 B의 점수는 $320 - (85 + 69 + 77) = 89$점이다.

15

정답 ③

합격 점수를 x점이라 하면 전체 학생의 평균 점수는 $(x-4)$점, 합격자의 평균 점수는 $(x+5)$점, 불합격자의 평균 점수는 $\frac{x}{2}$점이다.
불합격자가 10명이면 합격자는 30명이므로

$$\frac{30\times(x+5)+10\times\frac{x}{2}}{40}=x-4$$

→ $30x+150+5x=40x-160$
→ $5x=310$
∴ $x=62$

따라서 합격 점수는 62점이다.

16

정답 ③

수영장에 물이 가득 찼을 때의 양을 1이라 하면, 수도관 A로는 1시간에 $\frac{1}{6}$, 수도관 B로는 $\frac{1}{4}$을 채울 수 있다.
두 수도관을 모두 사용하여 수영장에 물을 가득 채우는 데 걸리는 시간을 x시간이라 하면

$$\left(\frac{1}{6}+\frac{1}{4}\right)\times x=1 \rightarrow \frac{5}{12}x=1$$

∴ $x=\frac{12}{5}=2\frac{2}{5}$

따라서 물을 가득 채우는 데 2시간 24분이 걸린다.

17

정답 ②

전체 일의 양을 1이라고 하면 동수가 혼자 하루 동안 $\frac{1}{4}$을 만들 수 있고, 세협이는 $\frac{1}{12}$을 만들 수 있다.
둘이 함께 프라모델을 조립한 날을 x일이라고 하면

$$\frac{1}{4}+\left(\frac{1}{4}+\frac{1}{12}\right)\times x+\frac{1}{12}=1$$

→ $3+(3+1)\times x+1=12$ → $4x=8$
∴ $x=2$

따라서 함께 조립한 날은 총 2일이다.

18

정답 ③

톱니바퀴가 회전하여 다시 처음의 위치로 돌아오려면 적어도 두 톱니 수의 최소공배수만큼 회전해야 한다.
25와 35의 최소공배수를 구하면 $25=5^2$, $35=5\times7$이므로 $5^2\times7=175$이다.
따라서 A는 $175\div25=7$바퀴를 회전해야 한다.

19

정답 ④

소민이는 $7+2=9$일마다 일을 시작하고 민준이는 $10+2=12$일마다 일을 시작한다.
따라서 두 사람은 9와 12의 최소공배수인 36일마다 동시에 일을 시작하므로 34일 후에는 연속으로 쉬는 날이 같아진다.

20

정답 ③

12와 14의 최소공배수는 84이므로 할인 행사가 동시에 열리는 주기는 84일이다.
따라서 4월 9일에 할인 행사가 동시에 열렸다면 84일 후인 7월 2일에 다시 동시에 열릴 것이다.

21
정답 ③

휴일이 5일, 7일 간격이기 때문에 각각 6번째 날과 8번째 날이 휴일이 된다. 두 회사 휴일의 최소공배수는 24이므로 두 회사는 24일마다 함께 휴일을 맞는다. 4번째로 함께 하는 휴일은 24×4=96이므로 96÷7=13 ··· 5이다.
따라서 금요일이 4번째로 함께 하는 휴일이다.

22
정답 ③

- 동일한 숫자가 2개, 2개 있는 경우
  0부터 9까지의 숫자 중에서 동일한 숫자 2개를 뽑는 경우의 수는 $_{10}C_2$=45가지이다.
  뽑은 2개의 수로 4자리를 만드는 경우의 수는 $\frac{4!}{2!2!}$=6가지이다.
  그러므로 설정할 수 있는 비밀번호는 45×6=270가지이다.
- 동일한 숫자가 2개만 있는 경우
  0부터 9까지의 숫자 중에서 동일한 숫자 1개를 뽑는 경우의 수는 10가지이다.
  나머지 숫자 2개를 뽑는 경우의 수는 $_9C_2$=36가지이다.
  뽑은 3개의 수로 4자리를 만드는 경우의 수는 $\frac{4!}{2!}$=12가지이다.
  그러므로 설정할 수 있는 비밀번호는 10×36×12=4,320가지이다.

따라서 가능한 모든 경우의 수는 270+4,320=4,590가지이다.

23
정답 ③

A와 B가 이미 특정되어 있기 때문에 4명의 위치만 정하면 된다.
남은 4명의 선수가 각각 들어가는 경우의 수는 $_4C_2 \times _2C_2 \times \frac{1}{2!} \times 2$=6가지이다.

24
정답 ②

구입한 제품 A의 수를 a개, 제품 B의 개수를 b개라고 하자(a, b≥0).
600a+1,000b=12,000
→ 3a+5b=60
a와 b를 (a, b)의 순서쌍으로 나타내면 다음과 같다.
(0, 12), (15, 3), (10, 6), (5, 9), (20, 0)
따라서 모두 5가지의 방법이 있다.

25
정답 ②

A과목과 B과목을 선택한 학생의 비율은 각각 40%, 60%이며 A과목을 선택한 학생 중 여학생은 30%, B과목을 선택한 학생 중 여학생은 40%이다. 그러므로 A과목을 선택한 여학생의 비율은 0.4×0.3=0.12%이고, B과목을 선택한 여학생의 비율은 0.6×0.4 =0.24%이다.

따라서 구하고자 하는 확률은 $\frac{0.24}{0.12+0.24} = \frac{2}{3}$ 이다.

26

정답 ④

두 주사위를 던졌을 때 나올 수 있는 눈의 수의 곱을 표로 정리하면 다음과 같다.

구분	1	2	3	4	5	6
1	1	2	3	4	5	6
2	2	4	6	8	10	12
3	3	6	9	12	15	18
4	4	8	12	16	20	24
5	5	10	15	20	25	30
6	6	12	18	24	30	36

위와 같이 4의 배수가 나오는 경우의 수는 모두 15가지이다.

따라서 구하고자 하는 확률은 $\frac{15}{36} = \frac{5}{12}$ 이다.

27

정답 ④

두 사원이 1~9층에 내리는 경우의 수 : $9 \times 9 = 81$가지
A가 1~9층에 내리는 경우의 수는 9가지, B는 A가 내리지 않은 층에서 내려야 하므로 B가 내리는 경우의 수는 8가지이다.

따라서 서로 다른 층에 내릴 확률은 $\frac{9 \times 8}{81} = \frac{8}{9}$ 이다.

03 ▶ 자료해석

01	02	03	04	05	06	07	08	09	10
④	③	②	②	②	①	③	③	②	②

01

정답 ④

2023년의 아이스크림 매출액 상위 2개 기업은 A와 F이다.
따라서 A와 F의 매출액의 합은 전체의

$$\frac{432.7 + 360.2}{432.7 + 237.6 + 118.5 + 305.9 + 255.6 + 360.2 + 192.7 + 156.6} \times 100 ≒ 38.5\%이다.$$

02

정답 ③

(사교육에 참여한 학생의 시간당 사교육비)

$= \frac{(참여\ 학생\ 1인당\ 월\ 평균\ 사교육비)}{(한\ 달간\ 사교육\ 참여\ 시간)}$

$= \frac{(참여\ 학생\ 1인당\ 월\ 평균\ 사교육비)}{[사교육\ 참여\ 시간(주당평균)] \times 4}$

$= \frac{61.1}{4.8 \times 4} ≒ 3.2$만 원

따라서 일반 고등학교 학생의 시간당 사교육비는 약 32,000원이다.

03

정답 ②

(A), (B), (C)에 들어갈 수로 옳은 것은 다음과 같다.
- A : 299,876−179,743=A → A=120,133
- B : B−75,796=188,524 → B=188,524+75,796
  =264,320
- C : 312,208−C=224,644 → C=312,208−224,644
  =87,564

04

정답 ②

제시된 성과급 지급 기준과 영업팀 평가표를 참고하여 분기별 성과급 지급액을 계산하면 다음과 같다.

구분	성과평가 점수	성과평가 등급	성과급 지급액
1/4분기	8×0.4+8×0.4+6×0.2=7.6	C	80만 원
2/4분기	8×0.4+6×0.4+8×0.2=7.2	C	80만 원
3/4분기	10×0.4+8×0.4+10×0.2=9.2	A	100+10=110만 원
4/4분기	8×0.4+8×0.4+8×0.2=8.0	B	90만 원

따라서 총액은 80+80+110+90=360만 원이다.

05

정답 ②

(1인당 하루 인건비)=(1인당 수당)+(산재보험료)+(고용보험료)=50,000+50,000×0.504%+50,000×1.3%=50,000+252+650=50,902원
(하루에 고용할 수 있는 인원수)=[(본예산)+(예비비)]÷(하루 1인당 인건비)=600,000÷50,902≒11.8
따라서 하루 동안 고용할 수 있는 최대 인원은 11명이다.

06

정답 ①

구입 후 1년 동안 대출되지 않은 도서가 5,302권이므로 절반 이하이다.

오답분석

② 구입 후 1년 동안의 평균 대출횟수는 $\frac{5,302\times0+2,912\times1+970\times2+419\times3+288\times4+109\times5}{10,000}=\frac{7,806}{10,000}≒0.780$이므로 옳은 설명이다.

③ 구입 후 1년 동안 1회 이상 대출된 도서는 4,698권이고, 이 중 2,912권이 1회 대출되었다. $\frac{2,912}{4,698}\times100≒62\%$이므로 옳은 설명이다.

④ 구입 후 3년 동안 4,021권이, 5년 동안 3,041권이 대출되지 않았으므로 옳은 설명이다.

07

정답 ③

사고 전·후 이용 가구 수의 차이가 가장 큰 것은 생수이며, 가구 수의 차이는 140−70=70가구이다.

오답분석

① 수돗물을 이용하는 가구 수가 120가구로 가장 많다.

② 전체 가구인 370가구에서 식수 조달원을 변경한 가구 수는 모두 230가구이므로, $\frac{230}{370}\times100≒62\%$이다.

④ 사고 전에 정수를 이용하던 가구 수는 100가구이며, 사고 후에도 정수를 이용하는 가구 수는 50가구이다. 나머지 50가구는 사고 후 다른 식수 조달원을 이용한다.

08

정답 ③

트럭·버스의 비율은 미국, 캐나다, 호주 모두 약 20%이며, 유럽 국가들은 모두 10% 전후이다. 따라서 유럽 국가들은 승용차가 차지하는 비율이 미국, 캐나다, 호주보다 높다.

[오답분석]

① 자동차 보유 대수에서 승용차가 차지하는 비율이 가장 높다는 것은 트럭·버스의 비율이 가장 낮다는 것이다. 프랑스의 총수는 독일과 거의 같지만, 트럭·버스의 보유 대수는 독일의 거의 2배이다. 따라서 프랑스의 승용차 비율은 가장 높지 않다.
② 프랑스의 승용차와 트럭·버스의 비율은 15,100 : 2,334로 3 : 1이 넘는다.
④ 호주의 트럭·버스의 비율이 10% 미만인지를 판단하면 된다. 총수는 5,577천 대로, 그 10%는 557.7천 대이다. 따라서 트럭·버스의 수 1,071천 대는 10% 이상이기 때문에 승용차의 비율은 90% 미만이 된다.

09

정답 ②

B버스(9시 출발, 소요시간 40분) → KTX(9시 45분 출발, 소요시간 1시간 32분) → 도착시간 오전 11시 17분으로 가장 먼저 도착한다.

[오답분석]

① A버스(9시 20분 출발, 소요시간 24분) → 새마을호(9시 45분 출발, 소요시간 3시간) → 도착시간 오후 12시 45분
③ B버스(9시 출발, 소요시간 40분) → 새마을호(9시 40분 출발, 소요시간 3시간) → 도착시간 오후 12시 40분
④ 지하철(9시 30분 출발, 소요시간 20분) → KTX(10시 30분 출발, 소요시간 1시간 32분) → 도착시간 오후 12시 2분

10

정답 ②

견과류 첨가 제품의 시리얼은 단백질 함량이 1.8g, 2.7g, 2.5g이며, 당 함량을 낮춘 제품의 시리얼은 단백질 함량이 1.4g, 1.6g으로 옳은 설명이다.

[오답분석]

① 당류가 가장 많은 시리얼은 초코볼 시리얼(12.9g)이며, 초코맛 제품이다.
③ 탄수화물 함량이 가장 낮은 시리얼은 후레이크이며, 당류 함량이 가장 낮은 시리얼은 콘프레이크이다.
④ 일반 제품의 시리얼 열량은 체중조절용 제품의 시리얼 열량보다 더 낮은 수치를 보이고 있다.

CHAPTER 03 | 문제해결력 기출예상문제

01 ▶ 수·문자추리

01	02	03	04	05	06	07	08	09	10
④	④	④	③	③	④	①	④	②	②
11	12	13	14	15					
②	③	②	③	③					

01　　　　　　　　　　　　정답 ④

항마다 6씩 증가하는 수열이다.
따라서 (　)=20+6=26이다.

02　　　　　　　　　　　　정답 ④

분모는 +11, +22, +33, …이고, 분자는 -5, -6, -7, …인 수열이다.
따라서 (　)=$\frac{(-19)-9}{121+55}=-\frac{28}{176}$ 이다.

03　　　　　　　　　　　　정답 ④

$A\ B\ C \to A^2+B^2=C$
따라서 (　)=$\sqrt{74-5^2}=\sqrt{49}=7$이다.

04　　　　　　　　　　　　정답 ③

홀수 항은 -7, 짝수 항은 +12의 규칙을 가지고 있다. 따라서 44+63=107이다.

05　　　　　　　　　　　　정답 ③

분모는 11의 배수, 분자는 -5의 규칙을 갖는 수열이다.
101번째 항의 분모는 11×101=1,111, 101번째 항의 분자는 7+(-5)×100=-493이다.
따라서 101번째의 항은 $-\frac{493}{1,111}$ 이다.

06　　　　　　　　　　　　정답 ④

[오답분석]
+1, ×2가 반복되어 나열된 수열이다.
4, 5, 10, 11, 22, 23, 46, 47, 94, 95, 190

07　　　　　　　　　　　　정답 ①

열마다 다음과 같은 규칙이 적용된다.
(첫 번째 항)×(두 번째 항)=(세 번째 항)
따라서 (　)=14÷7=2이다.

08　　　　　　　　　　　　정답 ④

위치에 따라 다음과 같은 규칙을 갖는다.

	A	
B	$A+B$	

따라서 (　)=16+10=26이다.

09　　　　　　　　　　　　정답 ②

삼각형 내부에 위치한 수는 외부에 위치한 세 개의 숫자의 합이다.
따라서 (　)=13-5-2=6이다.

10

정답 ②

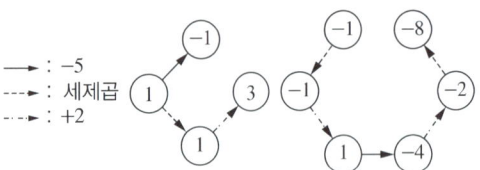

A=1, B=−8
∴ A−B=9

11

정답 ②

앞의 항에 3씩 더하는 문자열이다.

A	D	G	J	M	P	(S)	V
1	4	7	10	13	16	(19)	22

12

정답 ③

홀수 항은 −2, 짝수 항은 +2의 규칙을 갖는 문자열이다.

ㅈ	ㄷ	ㅅ	ㅁ	ㅁ	(ㅅ)
9	3	7	5	5	7

13

정답 ②

홀수 항은 −1, 짝수 항은 +1의 규칙을 갖는 문자열이다.

F	G	E	H	D	(I)	C
6	7	5	8	4	9	3

14

정답 ③

홀수 항은 2씩 더하고, 짝수 항은 2씩 곱하는 수열이다.

E	ㄹ	(G)	ㅇ	I	ㄴ
5	4	7	8	9	16

15

정답 ③

(위의 문자)² −3=(아래의 문자)

02 ▶ 지각능력

01	02	03	04	05	06	07	08	09	10
③	③	②	①	④	①	④	③	②	②
11	12	13	14	15	16	17			
③	④	④	②	④	①	④			

01

정답 ③

오답분석

①·②·④ 앞 문자에 +0, +3, +6으로 나열한 것이다.

02

정답 ③

오답분석

①·②·④ 앞 문자에 +2, −2, +2로 나열한 것이다.

03

정답 ②

오답분석

①·③·④ 앞 문자에 −4, −3, ×2로 나열한 것이다.

04

정답 ①

오답분석

②·③·④ 앞 문자에 ×2, −3, +6으로 나열한 것이다.

05

정답 ④

81631 − 64 − 6466<u>8</u>

06

정답 ①

ナピパコアウヨ<u>パ</u>ー − ナピパコアウヨ<u>パ</u>

07

정답 ④

앵행앨헬헹앵 − 앵행앨헬<u>행</u>앵

08

정답 ③

알로줄제탈독장블 − 알로줄제탈독<u>정</u>블

09   정답 ②

하사날고<u>미</u>다히여 - 하사날고<u>마</u>다히여

10   정답 ②

⑦65④①9⑧5 - ⑦65④①⑨⑧5

11   정답 ③

znl	pjr	vnh	prk	cpx	pri	cdy	quo	tmd	ygz	zbj	dbl
prj	hkz	abz	djt	zxu	yry	anx	dbl	zbd	zbj	zhs	hsc
bmr	fwr	pdj	dbl	znb	gjk	jyh	sfu	dbl	jfx	prj	azb
ovf	znl	pkl	pri	pkz	prj	znl	agj	jkl	jyp	tws	dbl

12   정답 ④

13   정답 ④

Lady Marm<u>e</u>lade Don't cha

14   정답 ②

- 앞 두 자리 : ㅎ, ㅈ → N, I
- 세 번째, 네 번째 자리 : 1, 3
- 다섯 번째, 여섯 번째 자리 : Q, L
- 마지막 자리 : 01

따라서 생성할 비밀번호는 'NI13QL01'이다.

15   정답 ④

황희찬 부장(4월 8일생)의 비밀번호는 'NJ08Q<u>M</u>03'이다.

16   정답 ①

'ㅊ', 'ㅓ', 'ㅇ', 'ㄹ', 'ㅑ', 'ㅇ', 'ㄹ', 'ㅣ', ' ' → 'ㅆ', 'ㅔ', 'ㄲ', 'ㅋ', 'ㅐ', 'ㄲ', 'ㅋ', 'ㅖ', ' ' → qQokPokXZ

17   정답 ④

구분	j	Y	Z	b	O	i	l	X	i	h	U	h
변환문자	ㅊ	ㅓ	ㅡ	ㄴ	ㅐ	ㅈ	ㅌ	ㅖ	ㅈ	ㅇ	ㅙ	ㅇ
원래문자	ㄷ	ㅐ	ㅡ	ㅎ	ㅏ	ㄴ	ㅁ	ㅣ	ㄴ	ㄱ	ㅜ	ㄱ

따라서 해독한 문자는 '대한민국'이다.

03 ▶ 언어추리

01	02	03	04	05	06	07	08	09	10
①	①	①	①	③	④	①	②	②	④
11	12	13	14	15	16	17	18	19	20
①	④	④	③	④	④	④	③	③	①

01 정답 ①

주어진 명제에 따라 각 포의 사거리를 구하면 천자포는 1,500보, 현자포는 800보, 지자포는 900보이므로 사거리 길이가 긴 순서에 따라 나열하면 '천자포 - 지자포 - 현자포'의 순이다. 따라서 천자포의 사거리가 가장 긴 것을 알 수 있다.

02 정답 ①

'복습을 하다.'를 A, '배운 내용을 잊는다.'를 B, '시험 점수가 높게 나오다.'를 C라고 하면, 전제1은 ~A → B, 결론은 C → A이다. 전제1의 대우는 ~B → A이므로 C → ~B → A가 성립하기 위한 전제2는 C → ~B이다. 따라서 '시험 점수가 높게 나오려면 배운 내용을 잊지 않아야 한다.'가 적절하다.

03 정답 ①

'날씨가 좋다.'를 A, '야외활동을 한다.'를 B, '행복하다.'를 C라고 하면, 전제1은 A → B, 전제2는 ~A → ~C이다. 전제2의 대우는 C → A이고 삼단논법에 의해 C → A → B가 성립하므로 결론은 C → B나 ~B → ~C이다. 따라서 빈칸에 들어갈 내용으로 적절한 것은 '야외활동을 하지 않으면 행복하지 않다.'이다.

04 정답 ①

대구 > 서울, 강릉 > 서울로 서울 기온이 가장 낮음을 알 수 있으며, 제시된 사실만으로는 대구와 강릉의 기온을 서로 비교할 수 없다.

05 정답 ③

제시된 일정을 정리하면 다음과 같다.

D일	D+1일	D+2일	D+3일
운동회	–	개교기념일	학생회장 선거

따라서 운동회는 학생회장 선거일 3일 전에 열리는 것을 알 수 있다.

06 정답 ④

8조각으로 나누어져 있는 피자 3판을 6명이 같은 양만큼 나누어 먹으려면 한 사람당 8×3÷6=4조각씩 먹어야 한다. A, B, E는 같은 양을 먹었으므로 A, B, E가 1조각, 2조각, 3조각, 4조각씩 먹은 경우로 나누어볼 수 있다.

- A, B, E가 1조각씩 먹은 경우
  A, B, E를 제외한 나머지는 모두 먹은 양이 달랐으므로 D, F, C는 각각 4, 3, 2조각을 먹었을 것이다. 하지만 6조각이 남았다고 했으므로 24-6=18조각을 먹었어야 하는데 총 1+1+1+4+3+2=12조각이므로 옳지 않다.
- A, B, E가 2조각씩 먹은 경우
  2+2+2+4+3+1=14조각이므로 옳지 않다.
- A, B, E가 3조각씩 먹은 경우
  3+3+3+4+2+1=16조각이므로 옳지 않다.
- A, B, E가 4조각씩 먹은 경우
  4+4+4+3+2+1=18조각이므로 A, B, E는 4조각씩 먹었음을 알 수 있다.

F는 D보다 적게 먹었으며, C보다는 많이 먹었다고 하였으므로 C가 1조각, F가 2조각, D가 3조각을 먹었다.
따라서 2조각을 더 먹어야 하는 사람은 현재 2조각을 먹은 F이다.

07 정답 ①

수필
소설
동화
그림책
잡지
시집
사전

책상 위에 쌓인 순서는 시집<잡지<그림책, 소설, 수필이고 사전<동화인데, 시집의 위치가 맨 아래가 아니라고 하였으므로 사전<시집<잡지<그림책, 소설, 수필이다. 또한, 잡지와 동화는 책 하나를 사이에 두고 있다고 하였는데, 만약 잡지 아래에 있는 시집을 사이에 둘 경우 사전<동화<시집<잡지가 되어 두 번째 조건에 어긋난다. 따라서 잡지<?<동화가 되어야 하는데, 수필과 소설은 서로 맞닿아 있어야 하고 소설은 맨 위가 아니므로, 잡지<그림책<동화<소설<수필이 된다. 이를 정리하면 왼쪽과 같다.

오답분석
② 그림책은 동화와 맞닿아 있다.
③ 정중앙에 위치한 책은 그림책이다.
④ 동화는 그림책보다 위에 있다.

08 정답 ②

피아노를 잘하는 사람의 경우 진실을 말할 수도 있고, 거짓을 말할 수도 있다는 점에 유의한다.
- 갑이 진실을 말했을 경우, 병의 말과 모순된다.
- 을이 진실을 말했을 경우, 병과 갑이 모두 거짓을 말한 것이 된다. 따라서 을이 조각, 병이 피아노(거짓을 말함), 갑이 테니스를 잘하는 사람이다.
- 병이 피아노를 잘하면서 거짓을 말했을 경우는 을이 조각, 갑이 테니스이다. 반대의 경우는 병의 말 자체가 모순되어 성립되지 않는다.

09 정답 ②

첫 번째, 네 번째 조건에 의해 A는 F와 함께 가야 한다. 그러면 두 번째 조건에 의해 B는 D와 함께 가야 하고, 세 번째 조건에 의해 C는 E와 함께 가야 한다. 따라서 선택지에서 한 조가 될 수 있는 두 사람은 B, D이다.

10 정답 ④

각 조건을 정리하면 다음과 같다.
- 스페인 반드시 방문
- 프랑스 → ~영국
- 오스트리아 → ~스페인
- 벨기에 → 영국
- 오스트리아, 벨기에, 독일 중 2개 이상

세 번째 명제의 대우 명제는 '스페인 → ~오스트리아'이고, 스페인을 반드시 방문해야 되므로 오스트리아는 방문하지 않을 것이다. 그러면 마지막 조건에 따라 벨기에와 독일은 방문한다. 네 번째 조건에 따라 영국도 방문하고, 그러면 두 번째 조건에 따라 프랑스는 방문하지 않게 된다.
따라서 아름이가 방문할 국가는 스페인, 벨기에, 독일, 영국이며, 방문하지 않을 국가는 오스트리아와 프랑스임을 알 수 있다.

11 정답 ①

제주는 수·목·금·일요일에 원정 경기를 할 수 있다.

오답분석

② 제주가 수요일에 홈경기가 있든 원정 경기가 있든 화요일이 홈경기이기 때문에 쉬어야 한다.
③ ②와 마찬가지로 토요일에 서울이 홈경기를 하기 때문에 일요일에 경기를 한다면 반드시 쉬어야 한다.
④ 전북이 목요일에 경기를 한다면 울산과 홈경기를 한다. 울산은 원정 경기이므로 금요일에 쉬게 된다. 따라서 금요일에 경기가 있다면 서울과 제주의 경기이다.

12 정답 ④

E가 수요일에 봉사를 간다면 A는 화요일, C는 월요일에 가고, B와 D는 평일에만 봉사를 가므로 토요일에 봉사를 가는 사람은 없다.

오답분석

① B가 화요일에 봉사를 간다면 A는 월요일에 봉사를 가고, C는 수요일 또는 금요일에 봉사를 가므로 토요일에 봉사를 가는 사람은 없다.
② D가 금요일에 봉사를 간다면 C는 수요일과 목요일에 봉사를 갈 수 없으므로 월요일이나 화요일에 봉사를 가게 된다. 따라서 다섯 명은 모두 평일에 봉사를 가게 된다.
③ D가 A보다 봉사를 빨리 가면 D는 월요일, A는 화요일에 봉사를 가므로 C는 수요일이나 금요일에 봉사를 가게 된다. C가 수요일에 봉사를 가면 E는 금요일에 봉사를 가게 되므로 B는 금요일에 봉사를 가지 않는다.

13 정답 ④

C를 고정시키고, 그 다음 E와 D를 기준으로 시작하여 표를 그려보면 다음과 같다.

구분	1	2	3	4	5	6
경우 1	D	F	B	C	E	A
경우 2	D	B	F	C	E	A
경우 3	A	D	F	C	B	E
경우 4	B	D	F	C	A	E

14 정답 ③

조건을 충족하는 경우를 표로 나타내보면 다음과 같다.

A	B	C	D
주황색	남색 또는 노란색	빨간색	남색 또는 노란색
파란색	보라색		
	초록색		

조건에서 이미 결정된 빨간색, 주황색, 초록색 구두를 제외하고, 세 번째 조건에서 B와 D는 파란색을 싫어한다고 했으므로 A 혹은 C가 파란색 구두를 사야 한다. 그런데 C가 두 켤레를 사게 되면 네 번째 조건에 따라 D도 두 켤레가 되고, B는 초록색 구두 외에도 여섯 번째 조건에 따라 구두를 더 사야 하므로 A는 한 켤레만 살 수 있어 조건에 어긋나게 된다. 따라서 A가 파란색 구두를 샀고, C나 D가 보라색 구두를 사게 되면 이 또한 네 번째 조건을 충족할 수 없게 되므로 B가 보라색 구두를 샀다.

15   정답 ④

제시된 조건을 간단히 정리하면 다음과 같다.

구분	족두리	치마	고무신
콩쥐		빨간색 ○	파란색 ×
팥쥐		노란색 ×	검은색 ○
향단		검은색 ×	
춘향	빨간색 ×	빨간색 ×	빨간색 ×

- 치마 : 콩쥐는 빨간색 치마를 입으므로 남은 파란색, 노란색, 검은색 치마는 나머지 사람들이 나눠입는데, 팥쥐는 노란색 치마를 싫어하고 검은색 고무신을 선호하므로 파란색 치마를 배정받고, 향단이는 검은색 치마를 싫어하므로 노란색 치마를 배정받는다. 따라서 남은 검은색 치마는 춘향이가 배정받게 된다.
- 고무신 : 빨간색 치마를 배정받고 파란색 고무신을 싫어하는 콩쥐는 팥쥐가 검은색 고무신을 배정받으므로 노란색 고무신을 배정받고, 노란색 치마를 배정받은 향단이는 춘향이가 빨간색을 싫어하므로 빨간색 고무신을, 춘향이는 파란색 고무신을 배정받게 된다.
- 족두리 : 먼저 춘향이는 빨간색을 제외한 노란색 족두리를 배정받게 되고, 이때 팥쥐는 노란색 또는 빨간색 족두리를 배정받게 되는데 이미 춘향이가 노란색 족두리를 배정받게 되므로 빨간색 족두리를 배정받는다. 그리고 남은 콩쥐와 향단이는 파란색 또는 검은색 족두리를 배정받게 되는데, 이때 누가 어느 것을 배정받을지는 알 수 없다.

이를 다시 정리하면 다음과 같다.

구분	족두리	치마	고무신
콩쥐	파란색 또는 검은색	빨간색	노란색
팥쥐	빨간색	파란색	검은색
향단	파란색 또는 검은색	노란색	빨간색
춘향	노란색	검은색	파란색

16   정답 ④

지하철에는 D를 포함한 두 사람이 탄다는 것을 알 수 있는데, B가 탈 수 있는 교통수단은 지하철뿐이므로 지하철에는 D와 B가 타고, B 또는 D가 회계에 지원했다는 것을 알 수 있다. 그리고 버스와 택시가 지나가는 회사는 마케팅만 중복하고, 출판에는 택시가 가지 않으므로 A는 버스를 탄다는 것을 알 수 있다. 따라서 모든 교통수단을 선택할 수 있는 E는 마케팅을 지원한 것을 알 수 있고, C는 생산 혹은 시설관리를 지원했다는 것을 알 수 있다.

17   정답 ④

우선 A의 아이가 아들이라고 하면 B, C의 아이도 아들이라 하였으므로 이것은 사내아이가 2명밖에 없다는 조건에 모순된다. 그러므로 A의 아이는 딸이다. 다음에 C의 아이가 아들이라고 하면 C의 대답에서 D의 아이는 딸이 되므로 B의 아이는 아들이어야 한다. 그런데 이것은 B의 대답과 모순된다(사내아이의 아버지인 B가 거짓말을 한 것이 되므로). 따라서 C의 아이도 딸이다. 따라서 사내아이의 아버지는 B와 D이다.

18   정답 ③

A와 C의 성적 순위에 대한 B와 E의 진술이 서로 엇갈리고 있으므로, B의 진술이 참인 경우와 E의 진술이 참인 경우로 나누어 생각해본다.
- B의 진술이 거짓이고 E가 참인 경우 : B가 거짓을 말한 것이 되어야 하므로 'B는 E보다 성적이 낮다.'도 거짓이 되어야 하는데, 만약 B가 E보다 성적이 높다면 A의 진술 중 'E는 1등이다.' 역시 거짓이 되어야 하므로 거짓이 2명 이상이 되어 모순이 된다. 따라서 B의 진술이 참이어야 한다.
- B의 진술이 참이고 E의 진술이 거짓인 경우 : 1등은 E, 2등은 B, 3등은 D, 4등은 C, 5등은 A가 되므로 모든 조건이 성립한다.

19   정답 ③

한 명만 거짓말을 하고 있기 때문에 모두의 말을 참이라고 가정하고, 모순이 어디서 발생하는지 생각해 본다. 다섯 명의 말에 따르면, 1등을 할 수 있는 사람은 C밖에 없는데, E의 진술과 모순이 생기는 것을 알 수 있다. 따라서 E의 진술의 부정을 참이라고 가정하면 달리기 순위는 C-E-B-A-D임을 알 수 있다.

20   정답 ①

- A상자 첫 번째 안내문이 참, 두 번째 안내문이 거짓인 경우 B, D상자 첫 번째 안내문, C상자 두 번째 안내문이 참이다. 따라서 ①·②가 참, ③·④가 거짓이다.
- A상자 첫 번째 안내문이 거짓, 두 번째 안내문이 참인 경우 B, C상자 첫 번째 안내문, D상자 두 번째 안내문이 참이다. 따라서 ①·③가 참, ②가 거짓, ④는 참인지 거짓인지 알 수 없다.

따라서 항상 적절한 것은 'B상자에 가짜 열쇠가 들어 있지 않다.'이다.

CHAPTER 04 공간지각력 기출예상문제

01 ▶ 평면도형

01	02	03	04	05	06	07	08	09	10						
②	①	④	①	④	①	③	④	③	①						

01   정답 ②

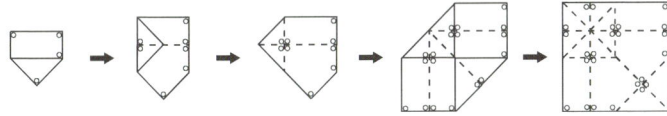

02   정답 ①

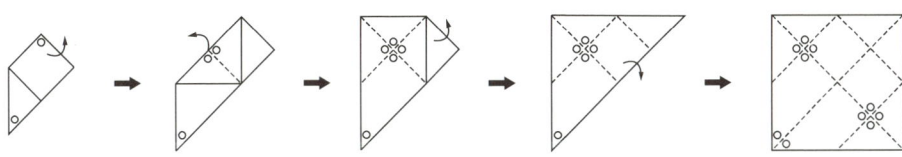

03   정답 ④

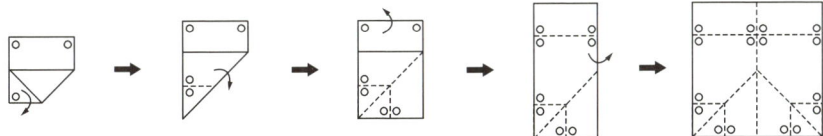

04   정답 ①

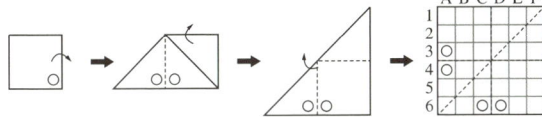

05

정답 ④

06

정답 ①

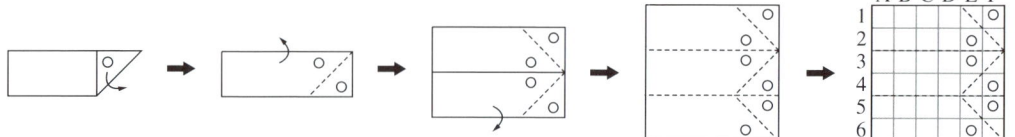

07

정답 ③

규칙은 가로로 적용된다.
가로 첫 번째 도형을 수직으로 반을 잘랐을 때의 왼쪽 도형이 두 번째 도형이고, 두 번째 도형을 수평으로 반을 잘랐을 때의 아래쪽 도형이 세 번째 도형이다.

08

정답 ④

규칙은 가로로 적용된다.
각 행 안의 도형은 모서리 수가 7, 12, 17로 변한다.

09

정답 ③

도형이 오른쪽의 도형으로 변할 때 도형들은 각각의 규칙을 가지고 이동하는데 ⬟은 시계 반대 방향으로 세 칸 이동, ■은 제자리에서 45° 회전, ▷은 시계 방향으로 두 칸 이동을 하며, ◯은 시계 방향으로 한 칸 이동한다. 또한 도형과 배경의 색이 같아질 경우 해당 도형을 색 반전하고, 두 도형이 겹칠 경우 두 도형 중 꼭짓점의 개수가 적은 쪽이 내부에 위치한다. 따라서 주어진 마지막 도형을 기준으로 ?에 들어갈 도형에서 ⬟은 시계 반대 방향으로 세 칸 이동 후 색 반전, ■은 제자리에서 45° 회전, ▷은 시계 방향으로 두 칸 이동하게 되고, ◯은 시계 방향으로 한 칸 이동 후 색 반전을 하게 되어 ③이 된다.

10

정답 ①

도형이 오른쪽의 도형으로 변할 때 도형들은 각각의 규칙을 가지고 이동하는데 △과 ⬠은 좌우 이동, ♥은 시계 방향으로 한 칸씩 이동을 하며, ⬡은 시계 반대 방향으로 한 칸씩 이동한다. 또한 도형의 자리가 겹쳐질 경우, 해당 도형은 색 반전을 하게 된다. 따라서 주어진 마지막 도형을 기준으로 ?에 들어갈 도형에서 △은 왼쪽으로 한 칸, ⬠은 오른쪽으로 한 칸, ♥은 시계 방향으로 한 칸 이동하게 되고, ⬡은 시계 반대 방향으로 한 칸 이동하게 된다. 이때 겹치는 ♥과 ⬡은 색 반전이 되어 ①이 된다.

02 ▶ 입체도형

01	02	03	04	05	06	07	08	09	10	11	12	13	14	15	16	17	18	19	20
④	①	①	③	④	①	④	①	①	③	④	④	④	①	③	④	④	④	④	②

01

02

03

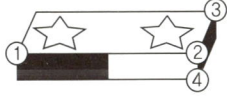 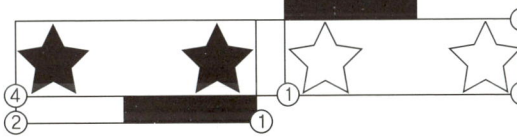

04

 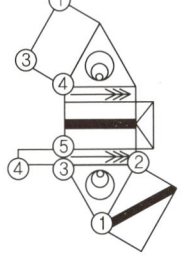

05

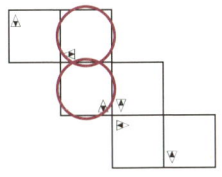

06
정답 ①

07
정답 ④

08
정답 ①

09
정답 ①

10
정답 ③

11 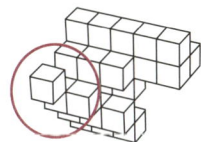  정답 ④

12 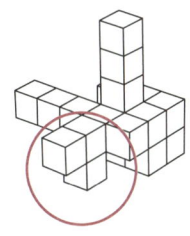 정답 ④

13 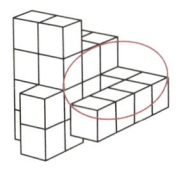  정답 ④

14 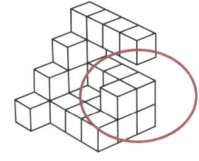 정답 ①

15 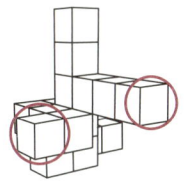  정답 ③

16 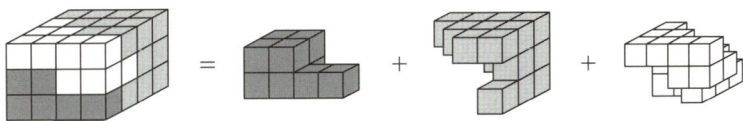 정답 ④

17 정답 ④

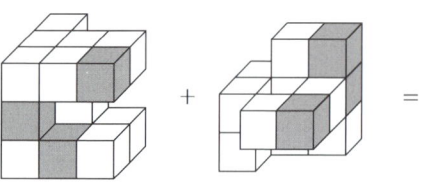 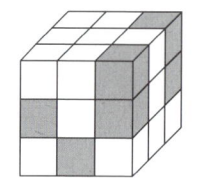

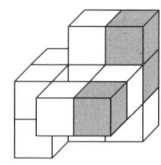 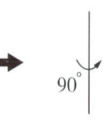  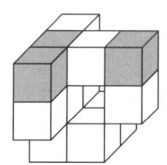

18 정답 ④

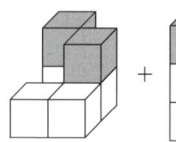 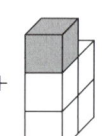 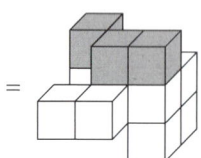

19 정답 ④

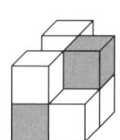 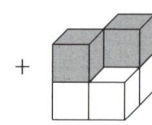 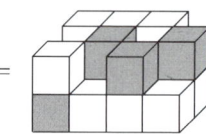

20 정답 ②

오답분석

①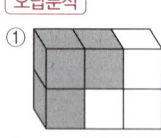

③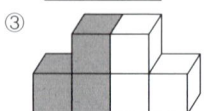

④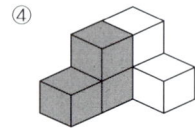

CHAPTER 05 | 관찰탐구력 기출예상문제

01	02	03	04	05	06	07	08	09	10
④	①	②	③	②	④	①	①	④	②

01 정답 ④

- 자기 기록 카드 : 자기 기록 매체에 정보가 기록(저장)될 때에는 전자석의 원리가 이용되며, 기록(저장)된 정보의 재생은 전자기 유도 현상이 이용된다.

02 정답 ①

공식에 따라 물체에 힘이 작용할 때 가속도는 힘의 크기에 비례하고 질량에 반비례하므로, 가속도의 크기는 $\frac{4}{2}=2\text{m/s}^2$이다.

03 정답 ②

화학 반응은 농도가 진할수록, 온도가 높을수록, 표면적이 넓을수록 빨라지며, 정촉매는 활성화 에너지를 낮추어 반응 속도를 빠르게 한다.

04 정답 ③

물이 받는 관성력의 방향이 트럭의 진행 방향 쪽으로 일정하므로 트럭의 가속도 방향은 진행 방향과 반대이다. 따라서 트럭은 속도가 일정하게 감소하고 있다.

05 정답 ②

$F = m \times a$

m이 2(kg)이고, a가 2(m/s^2)이므로 힘의 크기는 4N이다.

06 정답 ④

탄성력은 $F=kx$이므로 탄성계수 k는 $\frac{F}{x}=\frac{4}{5}=0.8\text{N/cm}$이다. 따라서 용수철에 가해진 힘은 $0.8 \times 8 = 6.4\text{N}$이다.

07 정답 ①

통조림 표면의 부식을 막기 위해 도금한 것은 산화–환원반응의 예시이다. 철의 부식은 산소와 물에 의해 일어나므로 통조림 표면에 도금을 하여 철이 산소 또는 물과 직접 접촉하지 못하게 함으로써 부식을 방지한다.

08 정답 ①

[오답분석]
ⓒ은 중력, ⓔ은 관성력의 예이다.

09 정답 ④

추의 무게는 지구가 추를 당기는 힘이다. 이의 반작용은 추가 지구를 당기는 힘이다.

10 정답 ②

$-10+4=-6\text{N}[(-)$는 힘의 방향(왼쪽)을 뜻한다.
뉴턴의 운동 제2법칙(가속도의 법칙)에 따라 $F=m \times a$이다.
$\therefore a = \frac{F}{m} = \frac{6}{3} = 2\text{m/s}^2$

합격의 공식 시대에듀

얼마나 많은 사람들이 책 한 권을 읽음으로써
인생에 새로운 전기를 맞이했던가.

– 헨리 데이비드 소로 –

PART 3
최종점검 모의고사

제1회 최종점검 모의고사

제2회 최종점검 모의고사

제3회 최종점검 모의고사

제4회 최종점검 모의고사

제1회 최종점검 모의고사

01	02	03	04	05	06	07	08	09	10	11	12	13	14	15	16	17	18	19	20
③	③	①	④	①	③	③	②	③	②	③	②	②	②	④	③	①	③	④	④
21	22	23	24	25	26	27	28	29	30	31	32	33	34	35	36	37	38	39	40
③	④	④	④	③	③	③	④	④	④	①	①	④	④	②	①	④	①	②	④
41	42	43	44	45															
③	②	①	②	③															

01
정답 ③

• 격세지감(隔世之感) : 오래지 않은 동안에 몰라보게 변하여 아주 다른 세상이 된 것 같은 느낌

[오답분석]
① 건목수생(乾木水生) : 마른나무에서 물이 난다는 뜻으로, 아무것도 없는 사람에게 무리하게 무엇을 내라고 요구함을 이르는 말
② 견강부회(牽强附會) : 이치에 맞지 않는 말을 억지로 끌어 붙여 자기에게 유리하게 함
④ 독불장군(獨不將軍) : 무슨 일이든 자기 생각대로 혼자서 처리하는 사람

02
정답 ③

'어떤 목적이나 방향으로 남을 가르쳐 이끎'을 뜻하는 '지도'와 유사한 의미를 가진 것은 '일이나 사람 따위가 잘못되지 아니하도록 살피어 단속하거나 일의 전체를 지휘함'을 뜻하는 '감독'이다.

[오답분석]
① 목도 : 눈으로 직접 봄
② 보도 : 대중 전달 매체를 통하여 일반 사람들에게 새로운 소식을 알림. 또는 그 소식
④ 정독 : 뜻을 새겨 가며 자세하게 읽음

03
정답 ①

'겹겹이, 줄줄이'와 같이 첩어, 준첩어인 명사 뒤에는 '이'로 적는 것이 원칙이므로 '번번이'로 수정하는 것이 적절하다.

04
정답 ④

'전거(轉居)'는 '살던 곳에서 옮김'이라는 뜻으로 '이전'과 유의 관계이다.

[오답분석]
①·②·③ 반의 관계이다.

05
정답 ①

밑줄 친 빈칸의 앞부분에는 지금껏 스프링클러가 별다른 감흥을 주지 않았다고 언급했으나, 뒷부분에는 가뭄 사진을 본 이후로 가뭄을 떠올리게 하는 변화를 가져왔다는 내용이 이어지므로 역접의 접속어인 '하지만'이 가장 적절하다.

06

정답 ③

제시문은 여름에도 감기에 걸리는 이유와 예방 및 치료방법에 대해 설명하는 글이다. 따라서 (마) 의외로 여름에도 감기에 걸림 – (가) 찬 음식과 과도한 냉방기 사용으로 체온이 떨어져 면역력이 약해짐 – (라) 감기 예방을 위해 찬 음식은 적당히 먹고 충분한 휴식을 취하고, 귀가 후 손발을 씻어야 함 – (나) 감기에 걸렸다면 수분을 충분히 섭취해야 함 – (다) 열이나 기침이 날 때에는 따뜻한 물을 여러 번 나눠 먹는 것이 좋음의 순으로 나열되는 것이 가장 적절하다.

07

정답 ③

보기의 '또한'이라는 접속어를 통해 외래문화나 전통문화의 대립에 대한 내용이 앞에 있고, (다) 다음의 내용인 '전통문화는 계승과 변화가 다 필요하고 외래문화의 수용과 토착화를 동시에 요구하고 있음'이 뒤에 와야 한다는 것을 알 수 있다. 따라서 보기는 (다)에 들어가는 것이 가장 적절하다.

08

정답 ②

제시문의 중심 내용은 칸트가 생각하는 도덕적 행동에 대한 것이며, 그는 도덕적 행동을 '남이 나에게 해주길 바라는 것을 실천하는 것'이라 말했다. 따라서 글의 주제로 '칸트가 생각하는 도덕적 행동'이 가장 적절하다.

09

정답 ③

제시문의 세 번째 문단에 강화물은 강화를 유도하는 자극을 가리키며 상황에 따라 변할 수 있다고 나와 있다. 따라서 자극이 상황에 관계없이 모두 강화물이 된다는 것은 적절하지 않다.

10

정답 ②

제시문에 따르면 수요 탄력성이 완전 비탄력적인 상품은 가격이 내리면 지출액이 감소하며, 수요 탄력성이 완전 탄력적인 상품은 가격이 내리면 지출액이 많이 늘어난다고 설명하고 있다. 따라서 소비자의 지출액을 줄이려면 수요 탄력성이 낮은 생필품의 가격은 낮추고, 수요 탄력성이 높은 사치품은 가격을 높여야 한다고 추론할 수 있다.

11

정답 ③

$444+333+777+666$
$=1,110+1,110$
$=2,220$

12

정답 ②

$\frac{1}{2} < ( ) < \frac{5}{9} \rightarrow \frac{36}{72} < ( ) < \frac{40}{72}$

$\frac{36}{72} < \left(\frac{19}{36}\left(=\frac{38}{72}\right)\right) < \frac{40}{72}$

오답분석

① $\frac{36}{72} > \frac{5}{18}\left(=\frac{20}{72}\right)$

③ $\frac{40}{72} < \frac{2}{3}\left(=\frac{48}{72}\right)$

④ $\frac{40}{72} < \frac{5}{6}\left(=\frac{60}{72}\right)$

13 정답 ②

주사위 세 개를 던졌을 때 나오는 눈의 합이 4가 되는 경우를 순서쌍으로 나타내면 다음과 같다.
(1, 1, 2), (1, 2, 1), (2, 1, 1)
따라서 나오는 눈의 합이 4가 되는 경우의 수는 3가지이다.

14 정답 ②

한 자리 자연수가 적힌 카드 두 장을 뽑아 더했을 때 짝수가 되는 경우는 두 장 모두 짝수이거나 모두 홀수를 뽑은 경우이다. 2~8의 숫자 카드 중 짝수 카드는 2, 4, 6, 8이므로 모두 4장이고, 홀수 카드는 3, 5, 7이므로 모두 3장이다. 이에 따라 각각의 확률을 구하면 다음과 같다.

- 2장 모두 짝수 카드를 고를 확률 : $\dfrac{_4C_2}{_7C_2} = \dfrac{6}{21}$

- 2장 모두 홀수 카드를 고를 확률 : $\dfrac{_3C_2}{_7C_2} = \dfrac{3}{21}$

따라서 구하고자 하는 확률은 $\dfrac{6+3}{21} = \dfrac{3}{7}$ 이다.

15 정답 ④

집에서 회사까지의 거리는 2,100m이며, 걸은 거리를 xm라 하면 뛰어간 거리는 $(2,100-x)$m이다. 이에 따라 나머지 거리를 구하면 다음과 같다.

$\dfrac{x}{60} + \dfrac{2,100-x}{150} = 30$

→ $5x + 4,200 - 2x = 9,000$

→ $3x = 4,800$

∴ $x = 1,600$

따라서 K씨가 걸은 거리는 1.6km이다.

16 정답 ③

모두 다 섞은 마지막 설탕물의 농도를 $x\%$라 하면 다음과 같다.

$\dfrac{36}{100} \times 50 + \dfrac{20}{100} \times 50 = \dfrac{x}{100} \times 200$

→ $36 + 20 = 4x$

→ $4x = 56$

∴ $x = 14$

따라서 마지막에 만들어지는 설탕물의 농도는 14%이다.

17 정답 ①

- 주말 입장료 : $11,000 + 15,000 + 20,000 \times 2 + 20,000 \times \dfrac{1}{2} = 76,000$원

- 주중 입장료 : $10,000 + 13,000 + 18,000 \times 2 + 18,000 \times \dfrac{1}{2} = 68,000$원

따라서 주말과 주중에 입장할 때의 요금 차이는 $76,000 - 68,000 = 8,000$원이다.

18 정답 ③

남성 합격자 수는 1,003명, 여성 합격자 수는 237명이므로 남성 합격자 수는 여성 합격자 수의 $1,003 \div 237 ≒ 4.2$배이다.
따라서 남성 합격자 수는 여성 합격자 수의 5배 이하이다.

19 정답 ④

제시된 표에 따르면 매월 갑, 을 팀의 총득점과 병, 정 팀의 총득점이 같다.
따라서 빈칸에 들어갈 수는 $1,156+2,000-1,658=1,498$점이다.

20 정답 ④

ㄱ. 제시된 표를 통해 쉽게 확인할 수 있다.
ㄴ. 두 경우 모두 6,570백만 원으로 동일하다.
ㄷ. A시에 적용된 1kWh당 전기요금은 $3,942 \div 3,942 = 100$원이다.

[오답분석]
ㄹ. 필요한 LED 전구 수를 적용 비율로 나누면 $1,500 \div 0.5 = 300$만 개임을 알 수 있다.

21 정답 ③

적용 비율이 80%일 때 연간 절감 전력량은 17,520만 kWh, 적용 비율이 50%일 때 연간 절감 전력량은 10,950만 kWh이므로 3년 후 절감액의 차이는 $(17,520-10,950) \times 3 = 19,710$백만 원이다.

22 정답 ④

홀수 항은 -1 후 $\times 2$를 하는 수열이고, 짝수 항은 $\div 3$을 하는 수열이다.
따라서 ( )$=(238-1) \times 2 = 237 \times 2 = 474$이다.

23 정답 ④

$A\ B\ C \to B^2 = A \times C$
따라서 $8 \times 2 = 16$이므로 ( )$=4$이다.

24 정답 ④

홀수 항은 -4, 짝수 항은 $+2$를 하는 수열이다.

휴	유	츄	츄	뷰	튜	뉴	(휴)
14	8	10	10	6	12	2	14

25

정답 ③

$+3$, $+3^2$, $+3^3$, …인 수열이다.

b	e	n	o	(r)	a
2	5	14	41	122	365

26

정답 ③

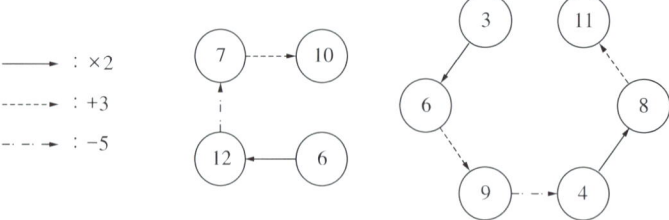

A=3, B=11
∴ A×B=33

27

정답 ③

주어진 조건을 정리하면 '진달래를 좋아함 → 감성적 → 보라색을 좋아함 → 백합을 좋아하지 않음'이다.
따라서 진달래를 좋아하는 사람은 보라색을 좋아한다.

28

정답 ④

모든 1과 사원은 가장 실적이 많은 2과 사원보다 실적이 많고, 3과 사원 중 일부는 가장 실적이 많은 2과 사원보다 실적이 적다.
따라서 3과 사원 중 일부는 모든 1과 사원보다 실적이 적다.

29

정답 ④

A와 C의 진술은 서로 모순되므로 동시에 거짓이거나 참일 경우 성립하지 않는다. 또한 A가 거짓인 경우 불참한 스터디원이 2명 이상이 되므로 A는 반드시 참이어야 한다. 이에 따라 성립 가능한 경우는 다음과 같다.
• B와 C의 진술이 거짓인 경우 : A와 C, E는 스터디에 참석했으며 B와 D가 불참하였다.
• C와 D의 진술이 거짓인 경우 : A와 D, E는 스터디에 참석했으며 B와 C가 불참하였다.
• C와 E의 진술이 거짓인 경우 : 불참한 스터디원이 C, D, E 3명이 되므로 성립하지 않는다.
따라서 불참한 인원인 B와 D 또는 B와 C가 벌금을 내야 한다.

30

정답 ④

제시문에 따라 갑의 점수는 을의 점수의 −15점이며, 병의 점수는 갑의 점수의 +5점이므로 을의 점수의 −10점이다.
따라서 점수는 '갑<병<을'의 순서이다.

31

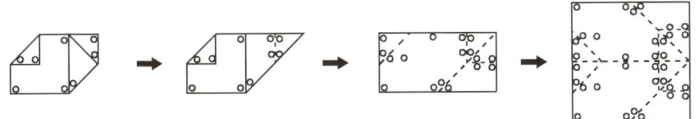

정답 ①

32

정답 ①

33

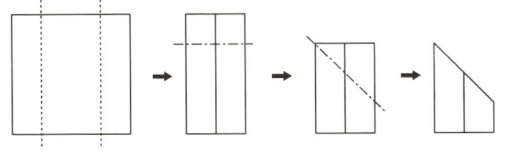

정답 ④

34

정답 ④

35

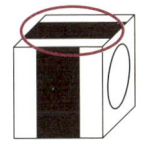

정답 ②

- 1층 : 5×5=25개
- 2층 : 25-1=24개
- 3층 : 25-3=22개
- 4층 : 25-5=20개
- 5층 : 25-14=11개

∴ 25+24+22+20+11=102개

36

- 1층 : 5×5−3=22개
- 2층 : 25−6=19개
- 3층 : 25−9=16개
- 4층 : 25−16=9개
- 5층 : 25−21=4개

∴ 22+19+16+9+4=70개

37

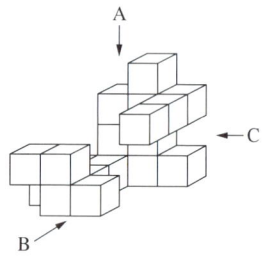

38

선택지 도형의 아래에서 맨 위층의 볼록 튀어나온 블록을 통해 첫 번째 그림(A)이 평면도, 두 번째 그림(B)이 정면도, 세 번째 그림(C)이 우측면도라는 것을 알 수 있다.

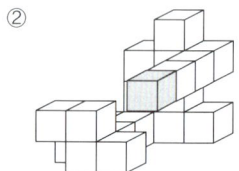

오답분석

②    ③ 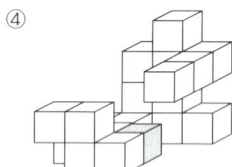   ④

39

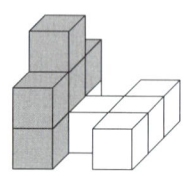

40

제시된 실험은 자기장의 변화로 전류를 발생시키는 것이다. 전자기 센서는 금속 탐지기, 지하철 출입문 등에 사용되는 것으로, 자기장의 영향으로 물질의 성질이 변하는 것을 이용하여 자기장을 측정하는 센서이다. 따라서 실험과 같은 원리라고 할 수 있다.

41   정답 ③

[오답분석]
ㄱ. 도구를 이용하면 힘에는 이득을 얻을 수 있지만 일에서는 이득을 얻을 수 없다(일의 원리).
ㄴ. 구조물은 무게 중심이 낮을수록 안정된다.

42   정답 ②

천지	천시	천세	천자	천채	친지	친채	전재	잔재	전세
천세	천재	전재	전세	천자	친재	잔재	전세	천재	잔재
친지	천민	전세	친지	천재	천자	친지	천세	잔재	천재

43   정답 ①

サナマブワワソキゾノホヘヌナピサグソレリリルスソゼテトソソノペハア

44   정답 ②

[오답분석]
① 켸켜캬큐쿄 - 녀녜냐뉴뇨
③ 쿄캬켸켜큐 - 뇨냐녜녀뉴
④ 캬쿄큐켸켜 - 냐뇨뉴녜녀

45   정답 ③

[오답분석]
① pzyrq - djhfe
② ypzqr - hdjef
④ rzqpy - fjedh

제2회 최종점검 모의고사

01	02	03	04	05	06	07	08	09	10	11	12	13	14	15	16	17	18	19	20
④	②	③	①	②	③	④	④	③	④	①	②	②	④	④	②	④	④	④	④
21	22	23	24	25	26	27	28	29	30	31	32	33	34	35	36	37	38	39	40
③	②	①	③	①	③	①	②	④	③	④	②	④	④	③	③	①	③	③	④
41	42	43	44	45															
④	③	②	③	①															

01 정답 ④

'명령하다'는 '윗사람이나 상위 조직이 아랫사람이나 하위 조직에 무엇을 하게 하다.'는 의미로 '시키다'와 유의 관계이다.

오답분석
① 부양하다 : 생활 능력이 없는 사람의 생활을 돌보다.
② 기절하다 : 두려움, 놀람, 충격 따위로 한동안 정신을 잃다.
③ 명명하다 : 사람, 사물, 사건 따위의 대상에 이름을 지어 붙이다.

02 정답 ②

제시된 단어들 중 뜻을 모두 포괄할 수 있는 단어는 '떼다'이다.
- 그는 좀처럼 입을 떼지(열지) 않았다.
- 어떤 사람에게 물건을 떼느냐(사느냐)에 따라 가격 차이가 난다.
- 월급에서 식대를 떼다(제하다).

03 정답 ③

제시된 단어는 도구와 행위의 관계이다.
'베틀'로 '길쌈'을 하고, '홍두깨'로 '다듬이질'을 한다.

04 정답 ①

'과실'은 '부주의나 태만 등에서 비롯되어 발생된 잘못이나 허물'을 뜻하고, '고의'는 '일부러 하는 태도나 생각'으로 반의 관계이며, 나머지는 유의 관계이다.

05
정답 ②

제시문은 종합지급결제사업자 제도가 등장한 배경과 해당 제도를 통해 얻을 수 있는 이익과 우려되는 상황에 대해 설명하고 있다. 따라서 '종합지급결제사업자 제도의 득과 실'이 주제로 가장 적절하다.

오답분석
① 제시문에서는 은행의 과점체제 해소를 위한 여러 방안 중 금융당국 판단에서 가장 큰 효과가 기대되는 종합지급결제사업자 제도에 대해서만 언급하고 있으므로 지나치게 포괄적인 주제이다. 따라서 주제로 적절하지 않다.
③ 제시문은 비은행 업계가 은행의 권리를 침해한다기보다는 은행의 과점체제인 현 상황을 개선하기 위해 은행 업무 중 일부를 비은행 기관이 같이 하게 된 배경과 그로 인해 발생하는 장점과 단점을 다루고 있다. 따라서 주제로 적절하지 않다.
④ 제시문은 종합지급결제사업자 제도의 도입으로 인한 은행과 비은행의 경쟁과 그로 인해 발생할 수 있는 장점과 단점을 다루고 있으며 이는 소비자의 실익에만 국한되어 있지 않으므로 주제로 적절하지 않다.

06
정답 ③

제시문은 우유니 사막의 위치와 형성, 특징 등에 대해 설명하고 있으므로 '우유니 사막의 자연지리적 특징'이 주제로 가장 적절하다.

07
정답 ④

제시문은 임베디드 금융에 대한 정의와 장점 및 단점 그리고 이에 대한 개선 방안을 설명하는 글이다. 따라서 (라) 임베디드 금융의 정의 – (나) 임베디드 금융의 장점 – (다) 임베디드 금융의 단점 – (가) 단점에 대한 개선 방안 순으로 나열되는 것이 적절하다.

08
정답 ④

제시문의 세 번째 문단에서 녹내장을 예방할 수 있는 방법은 아직 알려져 있지 않고, 가장 좋은 예방법이 조기에 발견하는 것이라고 하였다. 따라서 녹내장 발병을 예방할 수 있는 방법은 아직 없다고 볼 수 있다.

오답분석
① 녹내장은 일반적으로 주변 시야부터 좁아지기 시작해 중심 시야로 진행되는 병이다.
② 상승된 안압이 시신경으로 공급되는 혈류량을 감소시켜 시신경 손상이 발생할 수 있다.
③ 녹내장은 안압이 상승하여 발생하는 병이므로 안압이 상승할 수 있는 상황은 되도록 피해야 한다.

09
정답 ③

제시문의 세 번째, 네 번째 문단에서 인공위성의 자세 제어용 추력기(소형의 추력기)와 반작용 휠은 모두 세 방향으로 설치되어 있음을 확인할 수 있다.

10
정답 ④

제시문은 시작 부분에 '시장', '재분배', '호혜'의 개념을 제시하면서 '호혜'의 특성을 다른 두 개념과 비교하면서 설명하고 있다. 또한 오늘날 분배 체계의 핵심이 되는 시장의 한계를 제시하면서, 호혜가 이를 보완할 수 있는 분배 체계임을 설명하고 나아가 호혜가 행복한 사회를 만들기 위해 필요함을 강조하면서 그 가치를 말하고 있다.

11
정답 ①

$672 \div 112 \times 6 - 24$
$= 6 \times 6 - 24$
$= 36 - 24$
$= 12$

12

정답 ②

$$\frac{3}{11} < (\ \ ) < \frac{36}{121} \rightarrow \frac{33}{121} < (\ \ ) < \frac{36}{121}$$

$$\frac{33}{121} < \left(\frac{35}{121}\right) < \frac{36}{121}$$

오답분석

① $\frac{3}{11} > \frac{1}{11}\left(=\frac{11}{121}\right)$

③ $\frac{36}{121} < \frac{4}{11}\left(=\frac{44}{121}\right)$

④ $\frac{33}{121} > \frac{32}{121}$

13

정답 ②

한 달에 이용하는 횟수를 x번이라고 하면
- A이용권을 사용할 때 쓰는 돈 : $50,000+1,000x$
- B이용권을 사용할 때 쓰는 돈 : $20,000+5,000x$
→ $50,000+1,000x < 20,000+5,000x$
∴ $x > 7.5$
따라서 최소 한 달에 8번 이용해야 A이용권을 이용하는 것이 B이용권을 이용하는 것보다 저렴하게 이용할 수 있다.

14

정답 ④

A열차의 길이를 xm라 하면 A열차의 속력은 $\frac{258+x}{18}$ m/s이고, B열차의 길이가 80m이므로 B열차의 속력은 $\frac{144+80}{16}=14$m/s 이다.

두 열차가 마주보는 방향으로 달려 완전히 지나는 데 9초가 걸렸으므로, 9초 동안 두 열차가 달린 거리의 합은 두 열차의 길이의 합과 같다.

$\left(\frac{258+x}{18}+14\right)\times 9 = x+80$

→ $\frac{258+x}{2}+126 = x+80$

→ $510+x = 2x+160$

∴ $x=350$

따라서 A열차의 길이는 350m이다.

15

정답 ④

(적어도 1개는 하얀 공을 꺼낼 확률) = 1 − (모두 빨간 공을 꺼낼 확률)
- 전체 공의 개수 : $4+6=10$
- 2개 모두 빨간 공을 꺼낼 확률 : $\frac{{}_4C_2}{{}_{10}C_2}=\frac{2}{15}$

따라서 적어도 1개는 하얀 공을 꺼낼 확률은 $1-\frac{2}{15}=\frac{13}{15}$ 이다.

16 정답 ②

농도 8% 설탕물 300g에서 설탕물을 퍼내고 같은 양의 물을 넣었으므로, 농도는 변하지만 양은 변하지 않는다. 여기에 농도 4% 설탕물을 섞어서 농도 6% 설탕물 400g이 만들어지므로, 농도 4% 설탕물의 양은 100g이다.
이에 따라 처음 퍼낸 설탕물의 양을 xg이라 하면

$$\frac{8}{100} \times (300-x) + \frac{4}{100} \times 100 = \frac{6}{100} \times 400$$

→ $2,400 - 8x + 400 = 2,400$
→ $8x = 400$
∴ $x = 50$

따라서 처음 퍼낸 설탕물의 양은 50g이다.

17 정답 ④

사진별로 개수에 따른 용량을 구하면 다음과 같다.
- 반명함 : $150 \times 8,000 = 1,200,000$KB
- 신분증 : $180 \times 6,000 = 1,080,000$KB
- 여권 : $200 \times 7,500 = 1,500,000$KB
- 단체사진 : $250 \times 5,000 = 1,250,000$KB

사진별 용량의 용량 단위 KB를 MB로 전환하면 다음과 같다.
- 반명함 : $1,200,000 \div 1,000 = 1,200$MB
- 신분증 : $1,080,000 \div 1,000 = 1,080$MB
- 여권 : $1,500,000 \div 1,000 = 1,500$MB
- 단체사진 : $1,250,000 \div 1,000 = 1,250$MB

따라서 모든 사진의 용량은 $1,200 + 1,080 + 1,500 + 1,250 = 5,030MB=5.03$GB이므로 필요한 USB 최소 용량은 5GB이다.

18 정답 ④

정상가로 A, B, C과자를 2봉지씩 구매할 수 있는 금액은 $(1,500+1,200+2,000) \times 2 = 4,700 \times 2 = 9,400$원이다. 이 금액으로 A, B, C과자를 할인된 가격으로 2봉지씩 구매하고 남은 금액은 $9,400 - \{(1,500+1,200) \times 0.8 + 2,000 \times 0.6\} \times 2 = 9,400 - 3,360 \times 2 = 9,400 - 6,720 = 2,680$원이다.

따라서 남은 금액으로 A과자를 $\frac{2,680}{1,500 \times 0.8} ≒ 2.23$, 2봉지 더 구매할 수 있다.

19 정답 ④

ㄴ. 2020년 대비 2023년 모든 분야의 침해사고 건수는 감소하였으나, 50% 이상 줄어든 것은 스팸릴레이 한 분야이다.
ㄹ. 기타 해킹 분야의 2023년 침해사고 건수는 2021년 대비 증가했으므로 옳지 않다.

[오답분석]

ㄱ. 단순침입시도 분야의 침해사고는 매년 스팸릴레이 분야의 침해사고 건수의 두 배 이상인 것을 확인할 수 있다.
ㄹ. 2022년 홈페이지 변조 분야의 침해사고 건수가 차지하는 비중은 $\frac{5,216}{16,135} \times 100 ≒ 32.3\%$로, 35% 이하이다.

20

정답 ④

해당연도별 각 기업이 제시한 연봉을 원화로 환산하면 다음과 같다.

구분	2023년 연봉	2024년(전년 대비)	2025년(전년 대비)
미국기업	3만×1,150=3,450만 원	3만×50=150만 원 상승	3만×100=300만 원 하락
중국기업	26만×150=3,900만 원	26만×10=260만 원 하락	26만×20=520만 원 상승
일본기업	290만×11=3,190만 원	290만×1=290만 원 상승	290만×1=290만 원 상승

중국기업 : $\frac{520}{3,640} \times 100 ≒ 14\%$, 일본기업 : $\frac{580}{3,190} \times 100 ≒ 18\%$

오답분석
① 제시된 표를 통해 확인할 수 있다.
② 중국기업 : 3,900−260=3,640만 원, 미국기업 : 3,450+150=3,600만 원, 일본기업 : 3,190+290=3,480만 원
③ 중국기업 : 3,640+520=4,160만 원, 미국기업 : 3,600−300=3,300만 원, 일본기업 : 3,480+290=3,770만 원

21

정답 ③

$+(-1)^2$, $+(-2)^1$, $+(-3)^2$, $+(-4)^1$, $+(-5)^2$, $+(-6)^1$, $+(-7)^2$ 순으로 커지는 수열이다. 이는 '$(-a)^b$'의 형태로 a는 1부터 시작하여 자연수를 순서대로 대입하고, b는 a가 짝수일 경우 1, 홀수일 경우 2를 대입한다.
따라서 ( )=$86+(-8)^1=78$이다.

22

정답 ②

분자는 $+5$이고, 분모는 $\times 3+1$인 수열이다.
따라서 ( )=$\frac{6+5}{10\times 3+1}=\frac{11}{31}$이다.

23

정답 ①

나열된 수를 각각 A, B, C라고 하면
$A\ \ B\ \ C \rightarrow A\times B+2=C$
따라서 ( )=$(10-2)\div 2=4$이다.

24

정답 ③

전개도를 접어 입체도형을 만들었을 때 마주보는 면에 적혀 있는 수의 차가 2이다.
따라서 물음표에 들어갈 값은 8 또는 4이다.

25

정답 ①

현명한 사람은 거짓말을 하지 않고, 거짓말을 하지 않으면 다른 사람의 신뢰를 얻는다. 따라서 '현명한 사람은 다른 사람의 신뢰를 얻는다.'는 항상 옳다.

26

정답 ③

어떤 남자는 산을 좋아하고 산을 좋아하는 남자는 결혼을 했으며, 결혼을 한 남자는 자유롭다. 따라서 '어떤 남자는 자유롭다.'는 항상 옳다.

27 정답 ①

'승우가 도서관에 간다.'를 A, '민우가 도서관에 간다.'를 B, '견우가 도서관에 간다.'를 C, '연우가 도서관에 간다.'를 D, '정우가 도서관에 간다.'를 E라고 하면 '~D → E → ~A → B → C'이므로 정우가 금요일에 도서관에 가면 민우와 견우도 도서관에 간다.

28 정답 ②

A~E의 진술에 따르면 B와 D의 진술은 반드시 동시에 진실 또는 거짓이 되어야 하며, B와 E의 진술은 동시에 진실이나 거짓이 될 수 없다.

1) B와 D의 진술이 거짓인 경우
   참이어야 하는 A와 C의 진술이 서로 모순되므로 성립하지 않는다. 따라서 B와 D의 진술은 모두 진실이다.
2) B와 D의 진술이 참인 경우
   A, C, E 중에서 1명의 진술은 참, 2명의 진술은 거짓인데, 만약 E가 진실이면 C도 진실이 되어 거짓을 말하는 사람이 1명이 되므로 성립하지 않는다. 따라서 C와 E는 거짓을 말하고, A는 진실을 말한다.
   A~E의 진술에 따라 정리하면 다음과 같다.

항목	필기구	의자	복사용지	사무용 전자제품
신청 사원	A, D	C		D

의자를 신청한 사원의 수는 3명이므로 필기구와 사무용 전자제품을 신청한 D와 의자를 신청하지 않은 B를 제외한 A, E가 의자를 신청했음을 알 수 있다. 또한, 복사용지를 신청했다는 E의 진술이 거짓이므로 E가 신청한 나머지 항목은 사무용 전자제품이 된다. 이와 함께 남은 항목의 개수에 따라 신청 사원을 배치하면 다음과 같이 정리할 수 있다.

항목	필기구	의자	복사용지	사무용 전자제품
신청 사원	A, D	A, C, E	B, C	B, D, E

따라서 신청 사원과 신청 물품이 바르게 연결된 것은 ②이다.

29 정답 ④

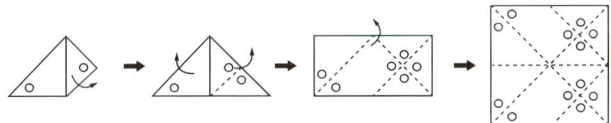

30 정답 ③

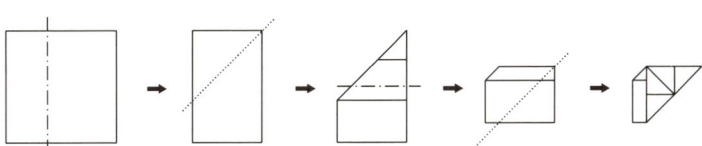

31

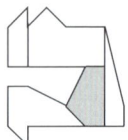

오답분석

① 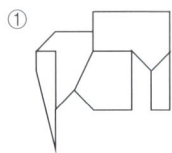   ② 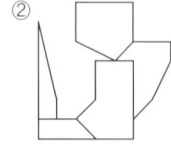   ③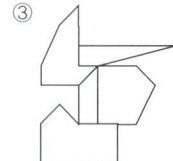

32 정답 ②

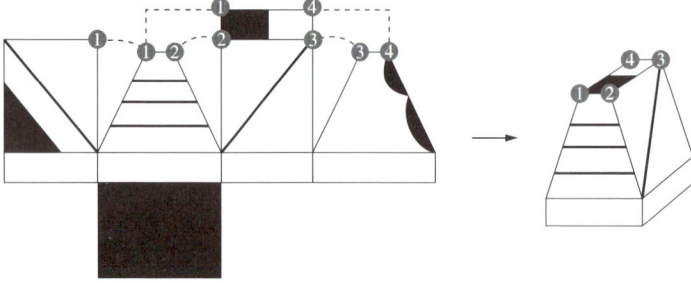

33 정답 ④

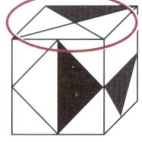

34 정답 ④

 : 평면도   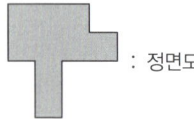 : 정면도   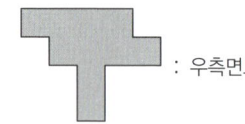 : 우측면도

35

첫 번째 그림(A)이 우측면도, 두 번째 그림(B)이 정면도, 세 번째 그림(C)이 평면도라는 것을 알 수 있다.

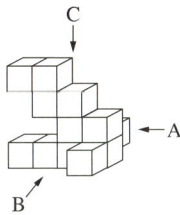

정답 ③

36

- 1층 : 5×4−3=17개
- 2층 : 20−4=16개
- 3층 : 20−7=13개
- 4층 : 20−12=8개

∴ 17+16+13+8=54개

정답 ③

37

- 1층 : 9×3−4=23개
- 2층 : 27−4=23개
- 3층 : 27−6=21개
- 4층 : 27−12=15개

∴ 23+23+21+15=82개

정답 ①

38

- 1층 : 6×5−6=24개
- 2층 : 30−8=22개
- 3층 : 30−12=18개
- 4층 : 30−17=13개

∴ 24+22+18+13=77개

정답 ③

39

- 1층 : 5×5−4=21개
- 2층 : 25−6=19개
- 3층 : 25−8=17개
- 4층 : 25−10=15개
- 5층 : 25−17=8개

∴ 21+19+17+15+8=80개

정답 ③

40

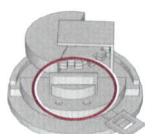

정답 ④

41

정답 ④

ㄱ. 3초부터 8초 사이에는 엘리베이터가 등속운동을 하고 있다. 따라서 혜린이의 몸무게는 원래 몸무게를 유지한다.

ㄴ. 8초부터 10초 사이에 가속도 a는 $\dfrac{0-10}{2} = -5\text{m/s}^2$이다. 따라서 저울이 가리키는 눈금은 $50 \times (10-5) = 250\text{N}$이다.

ㄷ. 엘리베이터가 1층부터 맨 위층까지 이동한 거리는 그래프의 면적과 같다.

그래프의 면적은 $\left(3 \times 10 \times \dfrac{1}{2}\right) + (5 \times 10) + \left(2 \times 10 \times \dfrac{1}{2}\right) = 75\text{m}$이므로 이 건물의 높이는 70m 이상이다.

42

정답 ③

공기 저항을 무시하면 역학적 에너지는 보존된다. '역학적 에너지=운동 에너지+위치 에너지'이므로, 떨어질 때 높이가 감소하면서 감소한 위치 에너지만큼 운동 에너지는 증가한다.

43

정답 ②

값	겂	곲	갰	갬	갬	갛	같	겂	같	값	같
갬	같	괢	갛	괫	같	괫	같	곲	곲	괢	갬
갰	곲	같	곲	겂	괢	곲	갛	갰	갰	갛	갰
같	갰	겂	갬	괫	값	같	괢	괫	갬	같	곲
같	값	갛	곲	같	갛	괢	갰	같	곲	겂	같
갛	갬	괢	같	괢	갰	겂	갬	갛	같	갰	값

44

정답 ③

ⓐ	ⓑ	ⓓ	ⓗ	ⓢ	ⓘ	ⓦ	ⓑ	ⓓ	ⓕ	ⓩ	ⓗ
ⓖ	ⓙ	ⓘ	ⓘ	ⓖ	ⓙ	ⓘ	ⓒ	ⓗ	ⓖ	ⓥ	ⓙ
ⓢ	ⓩ	ⓘ	ⓓ	ⓓ	ⓘ	ⓘ	ⓕ	ⓤ	ⓓ	ⓦ	ⓘ
ⓘ	ⓤ	ⓢ	ⓩ	ⓗ	ⓨ	ⓑ	ⓖ	ⓣ	ⓜ	ⓤ	ⓘ

45

정답 ①

[오답분석]

② ※q규⊃★−2≡6◎§
③ q규⊃★※−≡6◎§<u>2</u>
④ ★⊃※규q−§◎<u>26</u>≡

제3회 최종점검 모의고사

01	02	03	04	05	06	07	08	09	10	11	12	13	14	15	16	17	18	19	20
①	④	④	③	③	③	①	③	①	④	②	③	③	③	③	②	③	③	②	④
21	22	23	24	25	26	27	28	29	30	31	32	33	34	35	36	37	38	39	40
④	③	②	②	③	③	④	④	②	④	①	③	①	③	①	②	②	④	④	②
41	42	43	44	45															
②	②	①	③	④															

01

정답 ①

- 완비 : 빠짐없이 완전히 갖춤
- 불비 : 제대로 다 갖추어져 있지 아니함

[오답분석]
② 우연 : 아무런 인과 관계가 없이 뜻하지 아니하게 일어난 일
③ 필연 : 사물의 관련이나 일의 결과가 반드시 그렇게 될 수밖에 없음
④ 습득 : 학문이나 기술 따위를 배워서 자기 것으로 함

02

정답 ④

- 가랑비에 옷 젖는 줄 모른다 : 사소한 것이라도 그것이 거듭되면 무시하지 못할 정도로 크게 된다는 뜻

[오답분석]
① 거미줄에 목을 멘다 : 어처구니없는 일로 몹시 억울하고 원통하다는 뜻
② 갈수록 태산이다 : 갈수록 더 어려운 지경에 처하게 되는 경우를 뜻함
③ 약방에 감초 : 어떤 일에나 빠짐없이 끼어드는 사람. 또는 꼭 있어야 할 물건을 뜻함

03

정답 ④

군더더기는 '쓸데없이 덧붙은 것'이고, 사족은 뱀에 다리를 그린다는 말로 '쓸데없는 짓을 하여 잘못되게 하는 것'을 뜻한다.

[오답분석]
① 빈약 : 가난하고 힘이 없음
② 이연 : 시일을 차례로 미루어 나감
③ 부족 : 필요한 양이나 기준에 미치지 못해 충분하지 아니함

04

정답 ③

빈칸에 들어갈 접속어로는 빈칸 앞의 사실에 대하여 별로 의미를 부여할 여지가 없다는 의미로, 주로 부정적인 뜻을 가진 문장에 쓰이는 '설혹'이 적절하다.

05 정답 ③

- 제시(提示) : 어떤 의사를 글이나 말로 드러내어 보임
- 표출(表出) : 겉으로 나타냄
- 구현(具縣) : 어떤 내용이 구체적인 사실로 나타나게 함

[오답분석]
- 표시(表示) : 어떤 사항을 알리는 문구나 기호 따위를 외부에 나타내 보임
- 표명(表明) : 의사, 태도 따위를 분명하게 나타냄
- 실현(實現) : 꿈, 기대 따위를 실제로 이룸

06 정답 ③

제시문의 내용은 크게 두 부분으로 나눌 수 있다. 첫 번째 문단은 맥주의 주원료에 대해서, 그 이후부터 글의 마지막 문단까지는 맥주의 제조공정 중 발효에 대해 설명하며 이에 따른 맥주의 종류에 대해 설명하고 있다.

07 정답 ①

국가에서는 과거제를 시행했으므로 다른 사람으로부터 인정을 받는 데 중점을 둔 위인지학을 권장했다. 따라서 국가가 위기지학을 권장했다는 것은 제시문의 내용으로 적절하지 않다.

08 정답 ③

제시문은 우리나라가 지식 기반 산업 위주의 사회로 바뀌면서 내부 노동시장에 의존하던 인력 관리 방식이 외부 노동시장에서의 채용으로 변화함에 따라 지식 격차에 의한 소득 불평등과 국가 간 경제적 불평등 현상이 심화되고 있다고 말하고 있다. 따라서 글의 제목으로 ③이 가장 적절하다.

[오답분석]
① 정보통신 기술을 통해 전 지구적 노동시장이 탄생하여 기업을 비롯한 사회 조직들이 국경을 넘어 인력을 충원하고 재화와 용역을 구매하고 있다고 언급했다. 하지만 이러한 국가 간 노동 인력의 이동이 가져오는 폐해에 대해서는 언급하고 있지 않다.
② 지식 기반 경제로의 이행은 지식 격차에 의한 소득 불평등 심화 현상을 일으킨다. 하지만 이것에 대한 해결책은 언급하고 있지 않다.
④ 생산 기능은 저개발국으로 이전되고 연구 개발 기능은 선진국으로 모여들어 정보 격차가 확대되고 있다. 하지만 국가 간의 격차 축소 정책의 필요성은 언급하고 있지 않다.

09 정답 ①

제시문은 광고를 단순히 상품 판매 도구로만 보지 않고, 문화적 차원에서 소비자와 상품 사이에 일어나는 일종의 담론으로 해석하여 광고라는 대상을 새로운 시각으로 바라보고 있다.

10 정답 ④

㉠의 주장을 요약하면 저작물의 공유 캠페인과 신설된 공정 이용 규정으로 인해 저작권자들의 정당한 권리가 침해받고, 이 때문에 창작물을 창조하는 사람들의 동기가 크게 감소한다는 것이다. 그리고 이에 따라 활용 가능한 저작물이 줄어들게 되어 이용자들도 피해를 당한다고 말한다. 따라서 ㉠은 저작권자의 권리를 인정해주는 것이 결국 이용자에게도 도움이 된다고 주장함을 추론할 수 있다.

11
정답 ②

$451-89+949=1,311$

12
정답 ③

$\frac{1}{3} < (\quad) < \frac{10}{27} \rightarrow \frac{27}{81} < (\quad) < \frac{30}{81}$

$\frac{27}{81} < (\frac{28}{81}) < \frac{30}{81}$

오답분석

① $\frac{22}{81}$

② $\frac{8}{27}\left(=\frac{24}{81}\right) < \frac{27}{81}$

④ $\frac{4}{9}\left(=\frac{36}{81}\right) > \frac{30}{81}$

13
정답 ③

빨간 구슬의 개수를 x개, 흰 구슬의 개수를 $(15-x)$개라 하자.
두 개의 구슬을 꺼내는 모든 경우의 수는 15×14가지이고, 두 개의 구슬이 모두 빨간색일 경우의 수는 $x(x-1)$이다.
5회에 1번 꼴로 모두 빨간 구슬이었다면 확률은 $\frac{1}{5}$이다.

$\frac{x(x-1)}{15 \times 14} = \frac{1}{5} \rightarrow x=7$

따라서 구하는 확률은 $\frac{7}{15}$이다.

14
정답 ③

A의 속력을 xm/분이라 하면 B의 속력은 $1.5x$m/분이다.
A, B가 12분 동안 이동한 거리는 각각 $12x$m, $12 \times 1.5x = 18x$m이고, 두 사람이 이동한 거리의 합은 1,200m이므로
$12x + 18x = 1,200$
∴ $x=40$
따라서 A의 속력은 40m/분이다.

15
정답 ③

세 자리 수가 홀수가 되려면 끝자리 숫자가 홀수여야 한다. 홀수는 1, 3, 5, 7, 9로 5개이고, 백의 자리와 십의 자리의 숫자의 경우의 수를 고려한다. 백의 자리에 올 수 있는 숫자 0을 제외한 8가지, 십의 자리는 0을 포함한 8가지 숫자가 올 수 있다.
따라서 홀수인 세 자리 숫자를 만드는 경우의 수는 $8 \times 8 \times 5 = 320$가지이다.

16
정답 ②

3분기까지의 매출액은 평균 매출이 22억 원이므로 $22 \times 9 = 198$억 원이다. 연 매출액이 246억 원이라고 하였으므로 4분기의 매출액은 $246-198=48$억 원이다. 따라서 4분기의 평균 매출은 $\frac{48}{3}=16$억 원이다.

17

정답 ③

참여율이 4번째로 높은 해는 2020년이다.

(참여율의 증가율)=$\frac{(해당연도\ 참여율)-(전년도\ 참여율)}{(전년도\ 참여율)}\times100$이므로 $\frac{6.9-5.7}{5.7}\times100≒21\%$이다.

18

정답 ③

A의 식단을 끼니별로 나누어 칼로리를 계산하면 다음과 같다. 이때, 주어진 칼로리 정보를 고려하여 g에 비례하여 칼로리를 계산하여야 하는 것에 주의한다.

구분	식단
아침	우유식빵 280kcal, 사과잼 110kcal, 블루베리 30kcal
점심	현미밥 360kcal, 갈비찜 597kcal, 된장찌개 88kcal, 버섯구이 30kcal, 시금치나물 5kcal
저녁	현미밥 180kcal, 미역국 176kcal, 고등어구이 285kcal, 깍두기 50kcal, 연근조림 48kcal

따라서 하루에 섭취하는 총 열량은 280+110+30+360+597+88+30+5+180+176+285+50+48=2,239kcal이다.

19

정답 ②

ㄱ. $\frac{10,023+200\times4}{4}=\frac{10,823}{4}=2,705.75$만 개

ㄷ. • 평균 주화 공급량 : $\frac{10,023}{4}=2,505.75$만 개

   • 주화 공급량의 증가량 : $3,469\times0.1+2,140\times0.2+2,589\times0.2+1,825\times0.1=1,475.2$만 개

   • 증가한 평균 주화 공급량 : $\frac{10,023+1,475.2}{4}=2,874.55$만 개

   $2,505.75\times1.15>2,874.55$이므로, 증가율은 15% 이하이다.

오답분석

ㄴ. • 10원 주화의 공급기관당 공급량 : $\frac{3,469}{1,519}≒2.3$만 개

   • 500원 주화의 공급기관당 공급량 : $\frac{1,825}{953}≒1.9$만 개

ㄹ. 총 주화 공급액이 변하면 주화 종류별 공급량 비율이 변할 수 있다.

20

정답 ④

+2의 규칙을 갖는 문자열이다.

J	L	N	(P)	R	T
10	12	14	(16)	18	20

21

정답 ④

다음 항은 그 전항에 3^n-3(n=1, 2, 3 …)을 더한 수열이다.
따라서 (   )=$349+3^6-3=349+726=1,075$이다.

22

정답 ③

(첫 번째 행)×(두 번째 행)+1=(세 번째 행)이다.
∴ 7×3+1=22
따라서 물음표에 들어갈 수는 22이다.

23

정답 ②

각 상자 위의 세 수의 평균을 구하면 아래의 수와 같다.
$\frac{3+9+21}{3}=\frac{33}{3}=11$, $\frac{16+3+23}{3}=\frac{42}{3}=14$, $\frac{3+7+2}{3}=\frac{12}{3}=4$
따라서 물음표에 들어갈 수는 4이다.

24

정답 ②

'매일 자전거를 타다.'를 A, '폐활량이 좋아진다.'를 B, '주말에 특별한 일이 있다.'를 C라고 하면 첫 번째 명제는 A → B, 두 번째 명제는 ~C → A이다. 삼단논법에 의해 ~C → A → B가 성립하므로 결론은 ~C → B나 ~B → C이다.
따라서 빈칸에 들어갈 내용으로 적절한 것은 '주말에 특별한 일이 없으면 폐활량이 좋아진다.'이다.

25

정답 ③

세 번째 명제의 대우 명제는 '너무 많이 먹으면 둔해진다.'이다. 삼단논법이 성립하려면 빈칸에는 ③의 명제가 필요하다.

26

정답 ③

B의 발언이 참이라면 C가 범인이고 F의 발언도 참이 된다. F는 C 또는 E가 범인이라고 했으므로 C가 범인이라면 E는 범인이 아니고, E의 발언 역시 참이 되어야 한다. 하지만 E의 발언이 참이라면 F가 범인이어야 하므로 모순이다. 따라서 B의 발언이 거짓이며, C 또는 E가 범인이라는 F 역시 범인임을 알 수 있다.

27

정답 ④

문제에 제시된 조건에 따르면 수녀는 언제나 참이므로 A가 될 수 없고, 왕은 언제나 거짓이므로 C가 될 수 없다. 따라서 수녀는 B 또는 C이고, 왕은 A 또는 B가 된다.
ⅰ) 왕이 B이고 수녀가 C라면, A는 농민인데 거짓을 말해야 하는 왕이 A를 긍정하므로 모순된다.
ⅱ) 왕이 A이고 수녀가 B라면, 항상 참을 말해야 하는 수녀가 자신이 농민이라고 거짓을 말하는 왕의 말이 진실이라고 하므로 모순된다.
ⅲ) 왕이 A이고 수녀가 C라면, B는 농민인데 이때 농민은 거짓을 말하는 것이고 수녀는 자신이 농민이 아니라고 참을 말하는 것이므로 성립하게 된다.

28

정답 ④

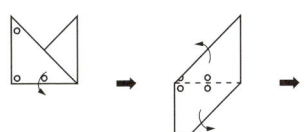 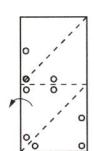 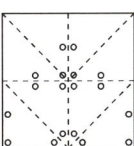

29

정답 ②

오답분석

① 앞으로 접었을 때 앞면, ③ 뒤로 접었을 때 앞면, ④ 뒤로 접었을 때 뒷면

30

정답 ④

- 1층 : 5×3−2=13개
- 2층 : 15−5=10개
- 3층 : 15−9=6개

∴ 13+10+6=29개

31

정답 ①

- 1층 : 5×5−2=23개
- 2층 : 5×5−4=21개
- 3층 : 5×5−9=16개
- 4층 : 5×5−14=11개
- 5층 : 5×5−21=4개

∴ 23+21+16+11+4=75개

32

정답 ③

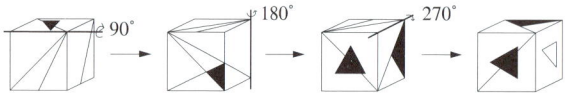

33

정답 ①

34

정답 ③

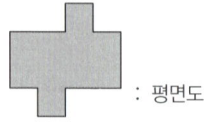 : 평면도

: 우측면도

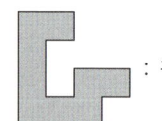 : 정면도

35

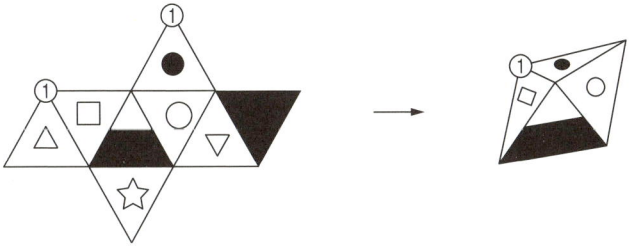

36

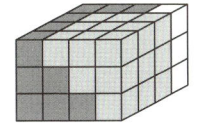 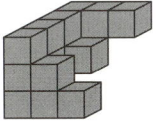 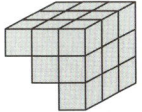 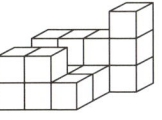

37

지구 자기장의 3요소는 편각, 복각, 수평자력이다. 편각은 지리학적인 자오면과의 각을 말하고, 복각은 자석의 중심을 실로 매달고 자유롭게 움직일 수 있도록 했을 때 자석의 수평면과 이루는 경사를 말한다. 그리고 지구 자기에 의한 어느 점의 자기장 세기에 대한 수평방향의 분력을 수평분력 또는 수평자력이라고 한다.

38

[오답분석]

ㄱ. 광통신은 유선 통신의 일종이다.

39

자각	촉각	매각	소각	기각	내각	후각	감각	둔각	망각	각각	엇각
기각	내각	청각	조각	갑각	해각	종각	자각	주각	간각	매각	시각
망각	지각	갑각	엇각	주각	촉각	매각	청각	부각	내각	조각	기각
대각	후각	촉각	자각	후각	망각	조각	내각	기각	촉각	청각	감각

40

1・%&(2＝5($43!^%&9&・＝0)9%×7＝!)^60!*3・%2×6＋0・%!•($^)5)%&!5*68$1

41

防北神放放頌防珍防快神新快快神快珍珍新快神鎭珍防北放放快防神放

42 정답 ②

오답분석

① ㅁ◎※▽△ - ☏☆ㅋ<u>ㄴ</u>※
③ ◎※▽△ㅁ - ☆ㅋ<u>ㄴ</u>※☏
④ ▽ㅁ△※◎ - <u>ㄴ</u>☏※ㅋ☆

43 정답 ①

7389<u>3</u>424 - 7389<u>2</u>424

44 정답 ③

¥※◇▲♧♪♠◉ - ¥※◇▲♧♪♠◉

45 정답 ④

(가)	(나)
신화는 현대 사회의 탈마법화라는 구호에도 불구하고 현대인들에게 강력한 영향력을 행사하고 있으며, 심지어 신화적인 세계를 <u>갈망하게</u> 만들기도 한다. 신화에 어떤 힘이 있기에 이런 현상이 나타나는 것일까? 신화의 힘은 무엇보다도 나와 인류, 나아가 우주에 대한 <u>근원적인</u> 진실을 보여준다는 데에 있다. 한 신화학자의 표현을 빌리자면, 신화는 삶의 <u>무수한</u> 다양성을 보여주며 역사와 신성의 밀접한 관계를 알게 해준다.	신화는 현대 사회의 탈마법화라는 구호에도 불구하고 현대인들에게 강력한 영향력을 행사하고 있으며, 심지어 신화적인 세계를 <u>열망하게</u> 만들기도 한다. 신화에 어떤 힘이 있기에 이런 현상이 나타나는 것일까? 신화의 힘은 무엇보다도 나와 인류, 나아가 우주에 대한 <u>근본적인</u> 진실을 보여준다는 데에 있다. 한 신화학자의 표현을 빌리자면, 신화는 삶의 <u>무한한</u> 다양성을 보여주며 역사와 신성의 밀접한 관계를 알게 해준다.

(가), (나)를 비교했을 때 서로 다른 부분의 개수는 3개이다.

제4회 최종점검 모의고사

01	02	03	04	05	06	07	08	09	10	11	12	13	14	15	16	17	18	19	20
③	②	③	①	①	③	④	③	①	④	③	②	③	①	③	③	③	①	②	③
21	22	23	24	25	26	27	28	29	30	31	32	33	34	35	36	37	38	39	40
②	②	④	③	④	①	④	④	④	①	④	②	①	①	②	④	②	①	①	②
41	42	43	44	45															
④	③	②	①	④															

01 정답 ③

- 마수걸이 : 맨 처음으로 물건을 파는 일. 또는 거기서 얻은 소득
- 개시(開市) : 하루 중 처음으로, 또는 가게 문을 연 뒤 처음으로 이루어지는 거래

02 정답 ②

제시문과 ②의 '나서다'는 '어떠한 일을 적극적으로 또는 직업적으로 시작하다.'라는 의미이다.

오답분석
① 앞이나 밖으로 나와 서다.
③ 어떠한 일을 가로맡거나 간섭하다.
④ 어디를 가기 위하여 있던 곳을 나오거나 떠나다.

03 정답 ③

잉크는 볼펜의 구성품이다.

오답분석
①·②·④ 기체는 기체, 액체는 액체, 고체는 고체끼리 단어가 연결되어 있다.

04 정답 ①

제시된 단어들을 통해 '날개'를 연상할 수 있다.
- 옷이 (날개)이다.
- 비행기 (날개)
- (날개)가 달리다.

05 정답 ①

• 소명 : 1. 어떤 일이나 임무를 하도록 부르는 명령
       2. 까닭이나 이유를 밝힘

오답분석
② 그녀는 (명망) 있는 집안의 따님이다.
③ 그 일로 인해 회사의 (위신)이 땅에 떨어졌다.
④ • 이 프로젝트는 협력사와의 상호 (신뢰)가 바탕이 되어야 한다.
   • 그 사원에 대한 팀장님의 (신뢰)가 두텁다.
   • 입만 열면 거짓말이니 그의 말을 (신뢰)할 수가 없다.

06 정답 ③

마지막 문단에서 '선비들은 어려서부터 머리가 희어질 때까지 오직 글쓰기나 서예 등만 익혔을 뿐이므로 갑자기 지방 관리가 되면 당황하여 어찌할 바를 모른다.'고 하여 형벌에 대한 사대부들의 무지를 비판하고 있음을 알 수 있다.

07 정답 ④

내용상 기업 결합 심사의 '시작' 부분을 설명한 (다)가 제시된 문단 뒤에 가장 먼저 오고, (다)에서 언급한 '단일 지배 관계의 형성'을 확인하는 예가 되는 (마)가 그 다음에 이어진다. 다음으로 '반면에'라는 접속어를 사용하여 (마)와 상반되는 결합 성립의 경우에 대하여 설명한 (나), (나)에서 언급한 정부의 '시장 범위 확정'의 기준에 대한 설명인 (가), (가)의 '민감도'에 대한 보충 설명인 (라)가 순서대로 이어진다. 따라서 (다) – (마) – (나) – (가) – (라) 순서로 나열하는 것이 적절하다.

08 정답 ③

제시문은 대중문화가 대중을 사회 문제로부터 도피하게 하거나 사회 질서에 순응하게 하는 역기능을 수행하여 혁명을 불가능하게 만든다는 내용이다. 따라서 이 주장에 대한 반박은 대중문화가 순기능을 한다는 것이어야 한다. 그런데 ③은 현대 대중문화의 질적 수준에 대한 평가에 관한 내용이므로 제시문의 주장을 반박하는 내용으로 적절하지 않다.

09 정답 ①

ㄱ・ㄴ. 각각 두 번째 문단과 마지막 문단에서 확인할 수 있다.

오답분석
ㄷ・ㄹ. 네 번째 문단에서 악보로 정리된 시나위를 연주하는 것은 시나위 본래 취지에 어긋난다는 내용과, 두 번째 문단에서 곡의 일정한 틀은 유지한다는 내용을 보면 즉흥성을 잘못 이해한 것을 알 수 있다.

10 정답 ④

제시문에서는 우리 민족과 함께해 온 김치의 역사를 비롯하여 김치의 특징과 다양성 등을 함께 이야기하고 있으며, 복합 산업으로 발전하면서 규모가 성장하고 있는 김치산업에 관해서도 이야기하고 있다. 따라서 제목으로 가장 적절한 것은 '우리 민족의 전통이자 자존심, 김치'이다.

오답분석
① 세 번째 문단에서 김치산업에 대한 내용을 언급하고 있지만, 이는 현재 김치산업의 시장 규모에 대한 내용일 뿐이므로 산업의 활성화 방안과는 거리가 멀다.
③ 첫 번째 문단이나 두 번째 문단의 소제목은 될 수 있으나, 전체 내용을 나타내는 제목으로는 적절하지 않다.

11

정답 ③

$1.65 \times 7 + 55.55 + 0.3 \times 3$
$= 11.55 + 55.55 + 0.9$
$= 67.1 + 0.9$
$= 68$

12

정답 ②

$\dfrac{21}{8} = 2.625 < \left(\dfrac{8}{3} \fallingdotseq 2.67\right) < 3$

[오답분석]

① $\dfrac{5}{2} = 2.5$

③ $\dfrac{9}{4} = 2.25$

④ $\dfrac{18}{7} \fallingdotseq 2.57$

13

정답 ③

오르고자 하는 등산로의 길이를 $x$km라 하면 걸어 올라갈 때 걸리는 시간은 $\dfrac{x}{2}$ 시간이고 걸어 내려갈 때 걸리는 시간은 $\dfrac{x}{3}$ 시간이다.

$\dfrac{x}{2} + \dfrac{x}{3} \leq 5$

$3x + 2x \leq 30$

$\therefore x \leq 6$

따라서 최대 6km까지 오를 수 있다.

14

정답 ①

열차의 길이를 xm라 하면

$\dfrac{480+x}{36} = \dfrac{600+x}{44}$

$\rightarrow 11 \times (480+x) = 9 \times (600+x) \rightarrow 2x = 120$

$\therefore x = 60$

따라서 열차의 길이는 60m이므로 열차의 속력은 $\dfrac{480+60}{36} = 15$m/s이다.

15

정답 ③

32와 24의 최대공약수는 8이므로 정사각형의 한 변의 길이는 8cm이다.

따라서 넓이는 $8 \times 8 = 64$cm^2 이다.

16

물통의 양을 1이라고 할 때 A, B관이 1분에 채울 수 있는 물의 양은 각각 $\frac{1}{10}$, $\frac{1}{15}$이다.

남은 양을 B관으로 채우는 데 걸리는 시간을 x분이라 하면

$\frac{1}{10} \times 4 + \frac{1}{15} \times x = 1 \rightarrow \frac{1}{15}x = \frac{3}{5}$

$\therefore x = 9$

따라서 B관은 9분 동안 틀어야 한다.

17

A사 자동차를 가진 사람의 수를 x명, B사 자동차를 가진 사람의 수를 y명, C사 자동차를 가진 사람의 수를 z명이라 하면

두 번째 결과에 따라 $x = y + 10 \cdots$ ㉠

세 번째 결과에 따라 $y = z + 20 \cdots$ ㉡

네 번째 결과에 따라 $x = 2z \cdots$ ㉢

㉡을 ㉠에 대입하면 $x = z + 30 \cdots$ ㉣

㉢을 ㉣에 대입하면 $z = 30$이고, $x = 60$, $y = 50$이다.

따라서 어떤 자동차도 가지고 있지 않은 사람은 $200 - (60 + 50 + 30) = 60$명이다.

18

ㄱ. ○ 표시는 인과관계가 성립한다는 것이고, × 표시는 인과관계가 성립하지 않는다는 것을 의미한다. 따라서 모든 방향에 있어서 × 표시가 되어 있는 미국, 영국, 독일, 이탈리아는 경제성장과 1차 에너지소비 사이에 어떤 방향으로도 인과관계가 존재하지 않는다는 것을 알 수 있다.

ㄴ. 캐나다, 프랑스, 일본, 한국의 경우는 경제성장에서 1차 에너지소비로의 일방적인 인과관계가 나타나고 있기 때문에, 에너지소비절약 정책이 경제구조를 왜곡시키지는 않을 것으로 예측할 수 있다.

[오답분석]

ㄷ. ㄴ과 같은 맥락에서 볼 때, 한국에서의 에너지절약 정책은 경제성장에 장애를 유발하지 않고 추진될 수 있다고 할 수 있다.

ㄹ. 표에 나타난 국가들은 한국을 제외하고는 모두 G7 국가이다. ㄱ과 ㄴ에 의해, 올바른 진술이 아니다.

19

암 발생률은 인구를 10만 명으로 환산했을 때 새롭게 발생한 암환자 수이다. 나라의 실제 인구가 10만 명은 아니므로 단위가 잘못되었다.

[오답분석]

①·③·④ 그래프의 수치가 도표의 수치와 일치한다.

20

[오답분석]

① 1982년 A국의 석유 수입액은 74달러이고, B국의 석유 수입액은 75달러이므로 B국이 더 많다.

② 2002년 A국의 석유 수입액과 석탄 수입액의 합은 110.7달러고 LNG 수입액의 2배는 108.6달러이므로 2배보다 많다.

④ 두 국가의 1982년 대비 2022년 LNG 수입액 증가율은 다음과 같다.

- A국 : $\frac{79.9 - 29.2}{29.2} \times 100 ≒ 173.6\%$
- B국 : $\frac{102 - 30}{30} \times 100 = 240\%$

따라서 증가율은 B국이 더 크다.

21
정답 ②

n을 자연수라고 할 때, n항의 값은 $(n+1)\times(n+2)\times(n+3)$인 수열이다.
따라서 (   )=$(4+1)\times(4+2)\times(4+3)=5\times6\times7=210$이다.

22
정답 ②

각 항을 3개씩 묶고 이를 각각 A B C라고 하면 다음과 같은 규칙이 성립한다.
$A+C\times2=B$ → $3+7\times2=17$, $7+13\times2=33$
따라서 (   )=$5+10\times2=25$이다.

23
정답 ④

홀수 항은 2씩 더하고, 짝수 항은 4씩 곱하는 수열이다.

c	A	(e)	D	g	P
3	1	5	4	7	16

24
정답 ③

'A카페에 간다.'를 p, '타르트를 주문한다.'를 q, '빙수를 주문한다.'를 r, '아메리카노를 주문한다.'를 s라고 하면, $p \to q \to \sim r$, $p \to q \to s$의 관계가 성립한다. 따라서 'A카페를 가면 아메리카노를 주문한다.'는 참인 명제이므로 이의 대우 명제인 '아메리카노를 주문하지 않으면 A카페를 가지 않았다는 것이다.' 역시 참이다.

25
정답 ④

'책상을 정리한다.'를 A, '업무 효율이 높아진다.'를 B, '지각을 한다.'를 C라고 하면, 첫 번째 명제는 A → B, 두 번째 명제는 ~C → A이다. 삼단논법에 의해 ~C → A → B가 성립하므로 결론은 ~C → B나 ~B → C이다.
따라서 빈칸에 들어갈 내용으로 적절한 것은 '지각을 하지 않으면 업무 효율이 높아진다.'이다.

26
정답 ①

삼단논법이 성립하려면 '호감을 못 얻으면 타인에게 잘 대하지 않은 것이다.'라는 명제가 필요하다. 따라서 이 명제의 대우 명제는 '타인에게 잘 대하면 호감을 얻는다.'이다.

27
정답 ④

제시문에 따르면 홍보팀은 1 : 0으로 승리하였으므로, 골을 넣은 사람은 한 명임을 알 수 있다. 이에 따라 각 진술을 살펴보면 다음과 같다.
- A의 진술이 참인 경우 : 골을 넣은 사람이 C와 D 2명이 되므로 성립하지 않는다.
- B의 진술이 참인 경우 : B, C, D 세 명의 진술이 참이 되므로 성립하지 않는다.
- C의 진술이 참인 경우 : 골을 넣은 사람은 D이다.
- D의 진술이 참인 경우 : A와 D 또는 C와 D 두 명의 진술이 참이 되므로 성립하지 않는다.

따라서 C의 진술이 참이며, 골을 넣은 사람은 D이다.

28

정답 ④

작품상을 p, 감독상을 q, 각본상을 r, 편집상을 s라고 한다면 심사위원의 진술은 다음과 같이 도식화할 수 있다.
- A : $\sim s \rightarrow \sim q$ and $\sim s \rightarrow r$
- B : $p \rightarrow q$
- C : $\sim q \rightarrow \sim s$
- D : $\sim s$ and $\sim r$

이때, D의 진술에 따라 편집상과 각본상을 모두 받지 못한다면, 편집상을 받지 못한다면 대신 각본상을 받을 것이라는 A의 진술이 성립하지 않으므로 A와 D의 진술 중 하나는 반드시 거짓임을 알 수 있다.

i) D의 진술이 참인 경우
    편집상과 각본상을 모두 받지 못하며, 최대 개수를 구하기 위해 작품상을 받는다고 가정하면 B의 진술에 따라 감독상도 받을 수 있으므로 최대 2개의 상을 수상할 수 있다.
ii) D의 진술이 거짓인 경우
    편집상과 각본상을 모두 받으며, 최대 개수를 구하기 위해 작품상을 받는다고 가정하면 감독상도 받을 수 있으므로 최대 4개의 상을 수상할 수 있다.

따라서 해당 작품이 수상할 수 있는 상의 최대 개수는 4개이다.

29

정답 ④

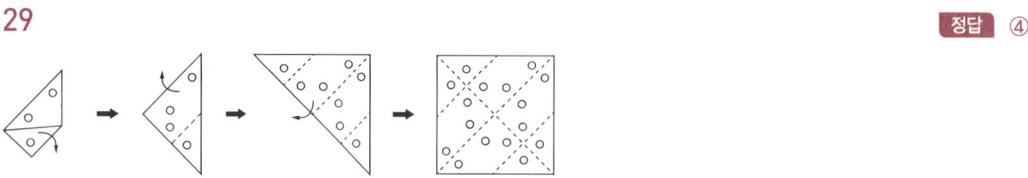

30

정답 ①

[오답분석]
② 앞으로 접었을 때 뒷면, ③ 앞으로 접었을 때 앞면, ④ 뒤로 접었을 때 앞면

31

정답 ④

32

정답 ②

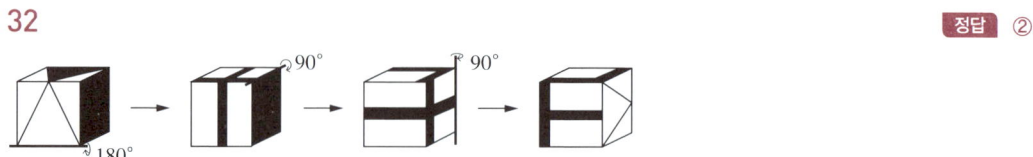

33

정답 ①

Ⓐ 뒤 2칸

Ⓑ 왼쪽 1칸, 앞 1칸

Ⓒ 오른쪽 1칸

34

정답 ①

: 정면도   : 우측면도   : 평면도

35

정답 ②

- 1층 : 8×3−3=21개
- 2층 : 24−3=21개
- 3층 : 24−9=15개
- 4층 : 24−15=9개

∴ 21+21+15+9=66개

36

정답 ④

[오답분석]

① 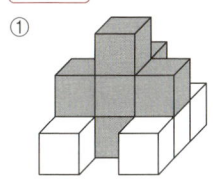 ② 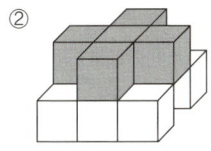 ③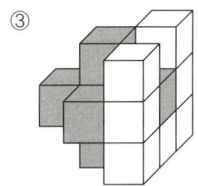

37

정답 ②

회로에서의 전체저항은 $R = \dfrac{20}{2} = 10\,\Omega$이다.

$8 + \dfrac{1}{\dfrac{1}{4} + \dfrac{1}{R_A}} = 10 \;\rightarrow\; \dfrac{1}{4} + \dfrac{1}{R_A} = \dfrac{1}{2} \;\rightarrow\; \dfrac{1}{R_A} = \dfrac{1}{4}$

따라서 $R_A = 4\,\Omega$이다.

38 정답 ①

(받침점에서 작용점까지의 거리) : (받침점에서 힘점까지의 거리) = (지레에 가해주는 힘) : (물체의 무게)
20 : 40 = F : 10
∴ F=5N

39 정답 ①

변화	포탄	고향	원산	목포	가방	반증	무상	무념	문학	방학	밥상
벽지	벽화	사랑	순화	소이	딸기	사망	변혁	변절	수학	교정	기업
니트	종류	평화	출구	예광	변심	반항	소화	파기	**무형**	역사	문화
탄산	맥주	고난	탈출	예방	사또	**화랑**	담배	낙지	선박	**출항**	장갑

40 정답 ②

care	cage	cape	cade	crow	cake	cing	cale	cead	cake	cale	**cane**
cane	cate	case	**cane**	cate	**care**	cape	cate	**care**	case	crow	cage
cake	cabe	cake	**care**	crew	cage	cabe	**cane**	cose	crew	**care**	cabe
cale	cape	cate	cape	cabe	cale	cake	cade	cing	cate	code	case

41 정답 ④

[오답분석]
① '0804'를 통해 2008년 4월에 생산된 버스 모델임을 알 수 있다.
② '35'를 통해 해당 버스는 35인승 버스임을 알 수 있다.
③ 'MF'는 중형버스를 나타내는 식별 코드이다.

42 정답 ③

[오답분석]
① 2007년 6월 미국에서 생산된 12인승 소형버스 7번 모델
② 2006년 12월 미국에서 생산된 35인승 대형버스 6번 모델
④ 2007년 6월 미국에서 생산된 35인승 대형버스 6번 모델

43 정답 ②

[오답분석]
① 2006년 8월 한국에서 생산된 23인승 소형버스 7번 모델
③ 2010년 5월 독일에서 생산된 35인승 중형버스 20번 모델
④ 2010년 12월 미국에서 생산된 28인승 대형버스 15번 모델

44

정답 ①

'MF – 35 – KOR – 15 – 1206'는 '2012년 6월 한국에서 생산된 35인승 중형버스 15번 모델'이고, 'BX – 28 – USA – 15 – 1012'는 2010년 12월 미국에서 생산된 28인승 대형버스 15번 모델이다. 따라서 두 버스는 같은 해에 생산되지 않았다.

[오답분석]
② 2011년 5월 생산 – 2011년 10월 생산
③ 2013년 8월 생산 – 2013년 12월 생산
④ 2014년 4월 생산 – 2014년 8월 생산

45

정답 ④

식별코드 BX – 45 – DEU – 06 – 1105는 2011년 5월에 독일에서 생산된 45인승 대형버스 6번 모델이다. 따라서 2012년 5월에 한국에서 생산되었다는 설명은 적절하지 않다.

합격의 공식 시대에듀

인생이란 결코 공평하지 않다. 이 사실에 익숙해져라.

- 빌 게이츠 -

경상북도교육청 교육공무직원 필기시험 답안카드

경상북도교육청 교육공무직원 필기시험 답안카드

경상북도교육청 교육공무직원 필기시험 답안카드

경상북도교육청 교육공무직원 필기시험 답안카드

경상북도교육청 교육공무직원 필기시험 답안카드

경상북도교육청 교육공무직원 필기시험 답안카드

2025 최신판 시대에듀 경상북도교육청 교육공무직원 필기시험 인성검사 3회 + 모의고사 7회 + 면접 + 무료공무직특강

개정6판1쇄 발행	2025년 02월 20일 (인쇄 2024년 10월 25일)
초 판 발 행	2019년 06월 20일 (인쇄 2019년 05월 22일)
발 행 인	박영일
책 임 편 집	이해욱
편 저	SDC(Sidae Data Center)
편 집 진 행	안희선 · 김지영
표지디자인	박종우
편집디자인	김경원 · 채현주
발 행 처	(주)시대고시기획
출 판 등 록	제10-1521호
주 소	서울시 마포구 큰우물로 75 [도화동 538 성지 B/D] 9F
전 화	1600-3600
팩 스	02-701-8823
홈 페 이 지	www.sdedu.co.kr
I S B N	979-11-383-8030-0 (13320)
정 가	24,000원

※ 이 책은 저작권법의 보호를 받는 저작물이므로 동영상 제작 및 무단전재와 배포를 금합니다.
※ 잘못된 책은 구입하신 서점에서 바꾸어 드립니다.

경상북도 교육청

교육공무직원 필기시험

정답 및 해설

교육공무직 ROAD MAP

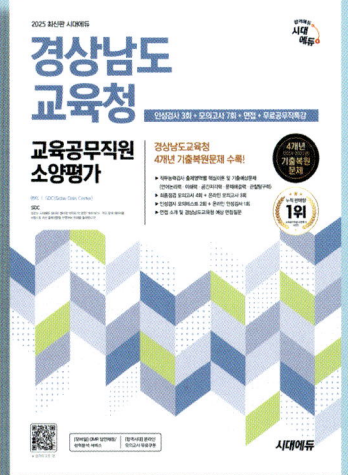
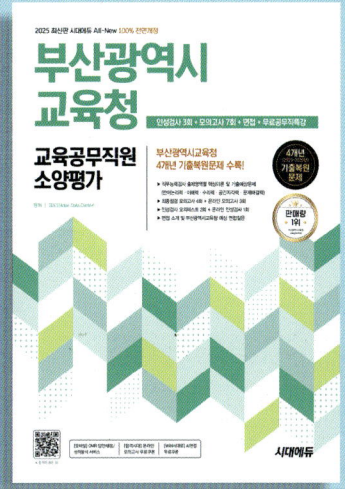

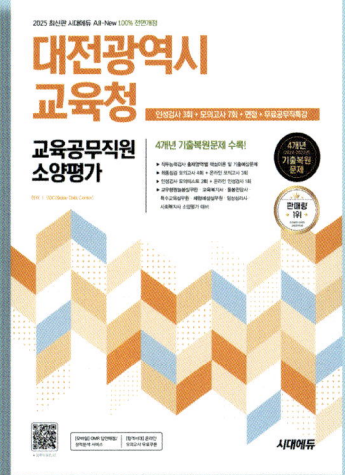
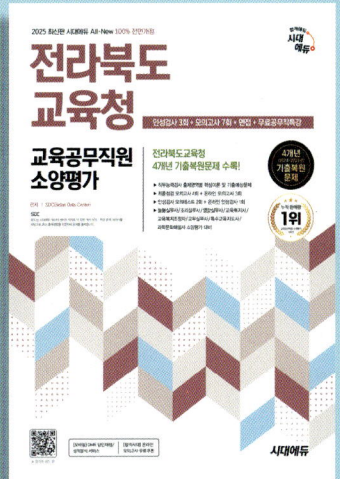

※ 도서 이미지 및 세부 내용은 변경될 수 있습니다.

현재 나의 실력을 객관적으로 파악해 보자!

모바일 OMR
답안채점 / 성적분석 서비스

도서에 수록된 모의고사에 대한 객관적인 결과(정답률, 순위)를 종합적으로 분석하여 제공합니다.

OMR 입력
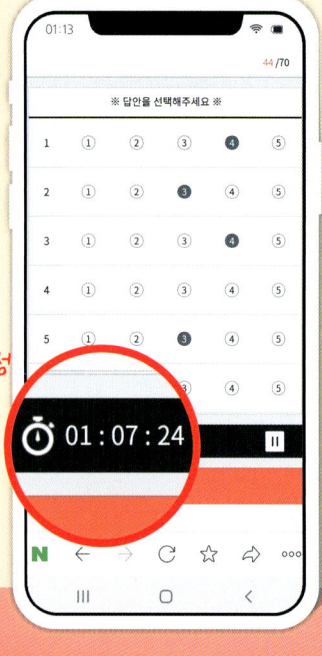
시간측정 가능!!

성적분석
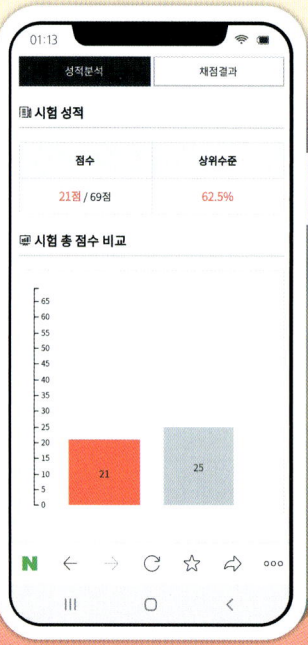

채점결과

※OMR 답안채점 / 성적분석 서비스는 등록 후 30일간 사용가능합니다.

참여방법

 → → → → → →

도서 내 모의고사 우측 상단에 위치한 QR코드 찍기 → 로그인 하기 → '시작하기' 클릭 → '응시하기' 클릭 → 나의 답안을 모바일 OMR 카드에 입력 → '성적분석&채점결과' 클릭 → 현재 내 실력 확인하기